权威 · 前沿 · 原创

B 重庆就业蓝皮书

BLUE BOOK OF CHONGQING'S EMPLOYMENT

重庆就业发展报告

—— 2023 ——

重庆市就业创业促进会
重庆就业研究院 编

重庆大学出版社

图书在版编目(CIP)数据

重庆就业蓝皮书：重庆就业发展报告.2023／重庆
市就业创业促进会，重庆就业研究院编. -- 重庆：重庆
大学出版社，2024.12. -- ISBN 978-7-5689-5024-4

Ⅰ.D669.2

中国国家版本馆 CIP 数据核字第 2025G807T5 号

重庆就业蓝皮书:重庆就业发展报告(2023)

CHONGQING JIUYE LANPISHU:CHONGQING JIUYE FAZHAN BAOGAO(2023)

重庆市就业创业促进会
重庆就业研究院 编

责任编辑:顾丽萍　　版式设计:顾丽萍
责任校对:刘志刚　　责任印制:张　策

*

重庆大学出版社出版发行
出版人:陈晓阳
社址:重庆市沙坪坝区大学城西路21号
邮编:401331
电话:(023)88617190　　88617185(中小学)
传真:(023)88617186　　88617166
网址:http://www.cqup.com.cn
邮箱:fxk@cqup.com.cn(营销中心)
全国新华书店经销
重庆升光电力印务有限公司印刷

*

开本:720mm×1020mm　1/16　印张:24　字数:470千
2024年12月第1版　　2024年12月第1次印刷
ISBN 978-7-5689-5024-4　定价:98.00元

序言

就业是最基本的民生。党中央和国务院高度重视就业工作，始终将就业摆在经济社会发展的优先地位，实施就业优先战略，强化就业优先政策，健全就业促进机制，完善重点群体就业支持体系，确保就业局势稳定。

近年来，重庆市坚决贯彻党中央、国务院决策部署，围绕"促进高质量充分就业"目标，坚持稳中求进工作总基调，以贯彻就业优先战略为主线，健全工作机制，强化就业政策，扩大就业规模，优化就业结构，创新就业服务，在推动经济社会高质量发展中，努力促进就业质量同步提高。

就业是经济社会发展的晴雨表。加强本地区劳动力市场供需情况和劳动力就业状况监测，研究就业领域重大热点、难点问题，对于就业工作以及促进地区经济社会平稳发展具有重要意义。为此，重庆市就业创业促进会和重庆就业研究院紧密合作，共同启动了本轮就业系列调研工作。在一年多时间里，一批高校、研究机构积极参与，深入企业、职工调研，组织专家学者深入研讨，通过数据分析、案例剖析等方式，形成了多项涉及就业形势、行业需求和劳动力供给、青年（高校毕业生）就业、返乡创业、结构性就业矛盾化解等专题的调研报告。这些调研报告中既有敏锐的前沿观察，又有对当前重大问题的深入研究；既有浅明的理论阐述，又有实践调查的案例剖析，对了解掌握当前相关领域就业情况具有一定的参考意义。由于时间有限，各课题组的报告成果可能尚有不足之处，仅供读者参阅之用。

重庆市就业创业促进会

重庆就业研究院

2024 年 10 月

目录
CONTENTS

第一部分　总报告

2023 年就业形势分析报告

数据显示,2023 年市场主体总量稳步增长,新设市场主体同比增幅较大,城镇就业困难人员、2023 届离校未就业高校毕业生就业形势稳中向好,市场需求同比上升。

一、市场主体总量稳步增长,城镇新增就业同比增长

(一)全市城镇新增就业同比增长,主城区发挥了主力军作用

2023 年 1—12 月,全市城镇新增就业 73.86 万人,同比上升 4.5%,完成目标任务的 123.1%。新增就业人数较多的区县是渝北区(6.05 万人)、江北区(5.53 万人)、南岸区(5.14 万人)、渝中区(5.14 万人)、九龙坡区(4.19 万人),新增就业人数较少的区县是石柱土家族自治县(0.37 万人)、武隆区(0.3 万人)、巫山县(0.28 万人)、巫溪县(0.2 万人)、城口县(0.16 万人)。22 个区县同比增长,其中增幅较大的区县是南岸区(45.07%)、江北区(37.12%)、万盛经开区(33.41%)、永川区(33.41%)、沙坪坝区(27.44%)。所有区县都完成了序时进度,其中,前 5 名的区县是黔江区(203.98%)、南岸区(171.41%)、长寿区(139.91%)、彭水县(137.97%)、北碚区(130.51%)。

(二)新设市场主体同比增长,第三产业恢复较好,企业增长较快;注销市场主体同比增长,个体增长较快

2023 年,新设立各类市场主体 63.80 万户,同比增长 20.60%。分类型看,企业 18.69 万户,占比 29.30%,同比增长 22.29%;个体工商户 45.11 万户,占比 70.70%,同比增长 19.91%。分行业看,新设立各类市场主体主要为批发和零售

业、住宿和餐饮业、租赁和商务服务业,占比分别为 40.67%、13.50%、10.23%。从同比增速看,企业方面,除采矿业、教育业外其他行业均实现同比增长,电力/热力/燃气及水生产和供应业(908 家,93.19%)、住宿和餐饮业(4 992 家,65.30%)、卫生和社会服务业(3 243 家,36.72%)、文化/体育和娱乐业(9 687 家,35.48%)、居民服务/修理和其他服务业(5 489 家,31.00%)增速较快;个体工商户方面,所有行业均实现同比增长,其中文化/体育和娱乐业(13 925 家,121.95%)、科学研究和技术服务业(6 233 家,103.76%)、交通运输/仓储和邮政业(12 818 家,90.29%)增速较快,如图 1 所示。

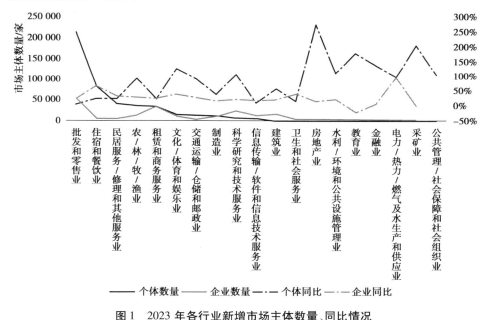

图 1　2023 年各行业新增市场主体数量、同比情况

二、市场劳动力需求同比上升,供给同比下降,用人需求高于求职人数

(一)市场需求同比上升,劳动力需求较 2022 年有所回暖,用工需求以第三产业、民营企业为主,部分行业经营状态需重点关注

2023 年,劳动力总体需求 709.00 万人,同比上升 11.77%。从全年来看,呈现波动走势,3 月到达全年顶峰,为 89.31 万人,7 月降至全年最低点,为 43.57 万人,

如图 2 所示。从季度变化看,第一、二、三、四季度需求人数分别为 215.24 万人、164.54 万人、158.47 万人、170.75 万人,占比分别为 30.36%、23.21%、22.35%、24.08%,同比分别变化 3.64%、-8.06%、15.87%、53.95%。分产业看,2023 年劳动力用工需求以第三产业、民营企业为主。第三产业用工需求总量为 558.90 万人,占总需求人数的 78.83%。民营企业用工需求 376.34 万人,占总需求人数的 53.08%。分行业看,10 个行业总需求下降。房地产业和建筑业用工需求下降明显。其中,房地产业(-22.08 万人,-40.98%)、电力/热力/燃气及水生产和供应业(-0.5 万人,-45.04%)、卫生和社会服务业(-1.72 万人,-53.33%)、建筑业(-6.1 万人,-56.98%)、科学研究和技术服务业(-4.53 万人,-59.42%)同比下降较多。

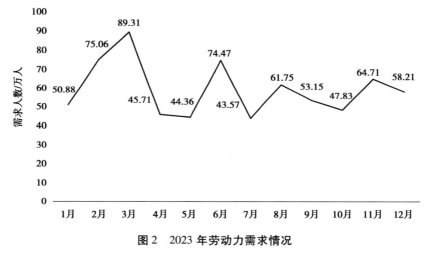

图 2　2023 年劳动力需求情况

(二)劳动力供给同比下降,4 月为全年最低点

2023 年,共有 578.44 万人参与劳动力市场,同比下降 8.29%。从全年看,呈现波动走势,2 月为全年顶峰,78.21 万人参与劳动力市场;4 月为全年最低点;4—7 月逐月上升,达到小高峰,53.56 万人参与劳动力市场;之后总体呈平稳下降趋势,如图 3 所示。分季度看,第一、二、三、四季度供给人数分别为 189.54 万人、124.50 万人、141.05 万人、123.36 万人,占比分别为 32.77%、21.52%、24.38%、21.33%,同比分别变化 5.64%、-34.92%、4.11%、-0.95%。分产业和行业看,2023 年第三产业劳动力供给 399.95 万人,占总供给人数的 69.14%。劳动力供给下降的行业有 7 个,下降较多的行业是房地产业(-22.73 万人,-33.88%)、信息传输/软件和信息技术服务业(-14.66 万人,-13.09%)、文化/体育和娱乐业

（-12.31 万人，-47.44%）、批发和零售业（-7.16 万人，-37.88%）。增长的行业有 12 个，增长较多的行业是租赁和商务服务业（10.29 万人，8.89%）、水利/环境和公共设施管理业（3.99 万人，103.99%）、建筑业（3.90 万人，13.03%）、居民服务/修理和其他服务业（3.23 万人，86.66%），见表1。

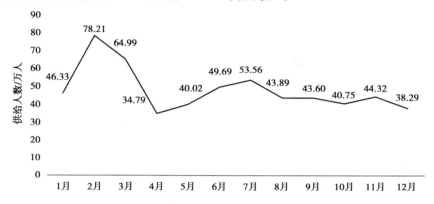

图3　劳动力供给情况

表1　市场劳动力需求、供给、供需比

产业	行业	需求		供给		供需比	
		2023 年	2022 年	2023 年	2022 年	2023 年	2022 年
第一产业	农/林/牧/渔业	8 462 ↓	13 202	49 270 ↑	38 782	5.82 ↑	2.94
第二产业	采矿业	29 926 ↑	15 472	52 685 ↑	46 815	1.76 ↓	3.03
	制造业	1 410 504 ↓	1 454 449	1 297 566 ↑	1 292 709	0.92 ↑	0.89
	电力/热力/燃气及水生产和供应业	6 060 ↓	11 026	46 779 ↑	36 146	7.72 ↑	3.28
	建筑业	46 033 ↓	107 003	338 650 ↑	299 622	7.36 ↑	2.80
第三产业	批发和零售业	113 777 ↓	134 186	117 428 ↓	189 043	1.03 ↓	1.41
	交通运输/仓储和邮政业	246 107 ↑	163 063	202 495 ↑	173 383	0.82 ↓	1.06
	住宿和餐饮业	140 896 ↑	61 844	116 594 ↑	108 871	0.83 ↓	1.76
	信息传输/软件和信息技术服务业	1 684 619 ↑	1 484 931	973 327 ↓	1 119 910	0.58 ↓	0.75

续表

产业	行业	需求		供给		供需比	
		2023 年	2022 年	2023 年	2022 年	2023 年	2022 年
第三产业	金融业	242 694 ↑	149 484	234 453 ↓	334 224	0.97 ↓	2.24
	房地产业	317 949 ↓	538 711	443 634 ↓	670 970	1.40 ↑	1.25
	租赁和商务服务业	2 195 230 ↑	1 657 067	1 260 261 ↑	1 157 383	0.57 ↓	0.70
	科学研究和技术服务业	30 917 ↓	76 184	61 632 ↓	89 825	1.99 ↑	1.18
	水利/环境和公共设施管理业	6 638 ↓	7 473	78 261 ↑	38 366	11.79 ↑	5.13
	居民服务/修理和其他服务业	99 334 ↑	26 963	69 671 ↑	37 325	0.70 ↓	1.38
	教育业	117 221 ↓	148 733	216 147 ↓	291 963	1.84 ↓	1.96
	卫生和社会服务业	15 015 ↓	32 171	59 905 ↓	105 403	3.99 ↑	3.28
	文化/体育和娱乐业	371 296 ↑	254 338	136 436 ↓	259 563	0.37 ↓	1.02
	公共管理/社会保障和社会组织业	7 321 ↑	6 964	29 253 ↑	17 031	4.00 ↑	2.45
合计		7 089 999 ↑	6 343 264	5 784 447 ↓	6 307 334	0.82 ↓	0.99

（三）用人需求高于求职人数，博士和大专以下两个学历段群体供需比较低，硕士、本科、大专学历群体求职竞争压力大，岗位供给质量不高

2023 年，用人需求高于求职人数，全年除 2 月、7 月外均为人才供给不足。2023 年，重庆市供需比为 0.82，供给人数小于需求人数，人才供给不足，与去年相比下降 0.18。从全年来看，除 2 月、7 月供需比大于 1 外，其他月份供需比均小于 1，供给人数小于需求人数，如图 4 所示。从季度变化来看，第一、二、三、四季度供需比分别为 0.88、0.76、0.89、0.72，均为供给人数小于需求人数，人才供给不足。从行业看，居民服务/修理和其他服务业、信息传输/软件和信息技术服务业、租赁和商务服务业、文化/体育和娱乐业的供需比相对较低（分别为 0.70、0.58、0.57、0.37），求职人数小于需求人数，人才供应不足。从企业性质看，2023 年事业单位（2.28）、国企（1.86）供需比较高，岗位供给不足，民营企业供需相对较为平衡

（0.90），合资企业、股份制企业、外资企业供需比分别为 0.83、0.78、0.73，人才供给不足。从学历看，硕士供需比最高（3.66），其次是本科、大专（分别为 3.10、2.74），求职人数大幅大于需求人数，求职压力较大，博士和大专以下相对较低（分别为 0.35、0.22），求职人数大幅小于需求人数，人才供给不足，岗位质量不高。

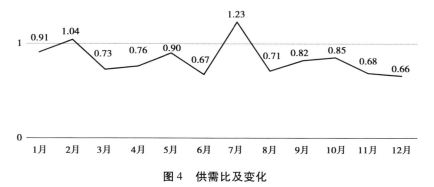

图 4　供需比及变化

第二部分 专题报告

重庆市高校毕业生
基层就业现状与政策优化研究

摘 要: 近年来,党中央、国务院实施一系列有力政策引导和促进高校毕业生基层就业,旨在推动基层社会经济发展,拓宽高校毕业生就业空间。当前重庆市高校毕业生基层就业取得显著成就,但"下不去、留不住、干不好、流不动"的难题仍然存在。本研究在政策分析的基础上立足实证调研和数据分析,把握我市高校毕业生基层就业现实状态,进而通过理论演绎与归纳剖析现存问题并探讨优化路径,为政府构建高校毕业生基层就业的长效机制提供参考。

研究发现,2021—2023 年,我市毕业生基层就业工作总体成效较好。政策供给上以民生为导向,瞄准需求,注重协同与价值塑造,为毕业生基层就业提供了坚实保障。宏观看,基层就业规模供需匹配良好,地方基层项目就业人数高于中央基层项目,以西部计划项目为主要流向。结构上,我市高校留渝毕业生居多,且呈持续上升趋势,女性、本科生占主体。微观看,毕业生基层就业动机总体正向积极,影响因素复杂多元,基层工作效能感和基层就业生态良好。

需要指出,我市高校毕业生基层就业仍存不足,表现为政策供给仍需优化,落实不够到位,宣传渠道静态单一;高校人才培养与基层需求失配,指导服务体系不健全;基层薪酬激励不足,长效支持较弱,工作环境待改善;社会正向评价需强化,舆论引导重心失衡;毕业生个人就业观念存在误区,职前能力准备不足,角色转变受阻等。

为更好地促进我市基层就业工作,有必要加强政府、社会、高校等利益相关者的协同。政府需进一步优化政策制定,有效落实政策执行,强化政策监督评价,搭建各类促进基层就业的平台等,夯实政策主导地位。高校要把好质量关,从观念、能力、服务等方面发挥引导与促进作用。基层要改善生活与工作条件,健全管理制度,建立"引—育—用—留"新机制。毕业生个体要做好思想、知识及能力准备,投身基层促发展。社会要优化舆论氛围,发挥媒体监督作用,建立第三方评估组织,凝聚共识与合力。

关键词: 高校毕业生 基层就业 政策优化 重庆市

一、绪论

（一）研究缘起

基层是一切工作的落脚点，人才是基层工作蓬勃发展的关键。近年来，党中央、国务院高度重视高校毕业生基层就业工作，颁布相关政策文件来推动基层建设事业发展，拓宽高校毕业生就业空间。当前重庆市高校毕业生基层就业政策体系经过不断的调整和发展，已趋于稳定，但基层工作岗位人才不足与高校毕业生就业难的结构性就业矛盾普遍存在，"下不去、留不住、干不好、流不动"仍是高校毕业生基层就业面临的四大难题。

对重庆市高校毕业生基层就业现状进行调查与分析具有重要意义。具体来说，本课题研究具有三重价值。一是宏观上促进社会就业矛盾有效解决。探究重庆市高校毕业生基层就业现状并提出优化路径，是精准解决"无业可就"与"有业不就"的基层结构性就业矛盾的重要手段。二是中观上推动高校育人模式提质增效。厘清重庆市高校毕业生基层就业现状并提出优化路径，有利于助推高校教育结构适应重庆市经济结构和产业结构的快速发展，全面提升重庆市高校办学科学化水平，深化高校综合改革。三是微观上拓宽高校毕业生成长空间。通过优化当前基层就业政策，提升高校毕业生对基层工作的认同感和幸福感，引导高校毕业生在基层工作中砥砺自身本领、增长见识才干，不断实现人生价值。

（二）研究现状

本课题从两方面回顾相关研究成果，一是厘清学术界高校毕业生基层就业研究现状，二是梳理域外省市相关调研报告。

1.学术研究回顾

纵观已有研究，当前关于高校毕业生基层就业的研究主题主要围绕以下四方面展开。

一是高校毕业生基层就业的意愿研究。如不同学者分专业分地区研究基层就业意愿，聚焦基层就业学生的家庭背景、学历层次等差异化特征。二是高校毕业生基层就业的动机研究。从内在动机上，奉献精神、政治效能感等具有价值引领和导向作用；从外在动机上，工资待遇、福利保障等政策性因素和家庭环境对大学生基层就业存在显著影响。三是高校毕业生基层就业的问题及影响因素研究。大部分学者认为长期以来高校毕业生真正愿意到基层就业并长期扎根的数量有限,存在"下得去",但"留不住""干不久"的问题,而家庭和学校等环境变量是影响大学生选择基层就业的关键性因素。四是高校毕业生基层就业的优化路径研究。学界主要聚焦政策优化、高校宣传、体系建设等方面,如有学者建议建立引导高校毕业生到基层建功立业的"五维一体"工作机制,从思想引领、榜样文化、就业指导、实践锻炼、激励保障五个维度建立全方位工作格局。

2. 域外省市调研报告梳理

从研究对象上,按学历层次划分为本科生和研究生两个阶段,以基层就业类别划分为选调生、自主创业人群等。如《上海交通大学电子信息与电气工程学院学生基层就业观调研报告》通过跟踪调查基层就业校友,为改善基层就业的动员工作提供参考意见。从研究结果上,基于《2019 高校毕业生基层就业特征分析》等十余篇研究报告的分析中可知,已就业学生面临薪资待遇低、专业匹配度低等压力,政策落实不到位等外在因素也影响毕业生基层就业。

总体来看,当前研究成果丰富,但存在以下问题:一是大多学者重点关注本科毕业生基层就业现状和影响因素两个方面,缺乏对高职学生、本科生、硕士研究生等多阶段、多层级研究;二是研究对象多以学校为主,缺乏有关部门的统筹规划,调查研究的范围较小、数据较少且不全面,少有研究以政策为着手点开展调查。

(三)研究思路与内容

本报告以通过"三支一扶"等国家与地方基层就业项目、自主创业及自谋职业实现就业的市域高校毕业生为调研对象,全面客观呈现重庆市高校毕业生基层就业状态,是一项混合研究。

1. 数据来源

报告所使用数据和信息来源于三种渠道。一是设计调查表。由重庆市教育委员会学生处发放,共有 49 所市内普通高校和高等职业院校参与,从我市高校2021—2023 年基层就业人数、基层就业流向省域及性别结构等多个维度开展数据采集。二是发布调研函。经重庆市人力资源和社会保障局就业处协助,发放至重庆市委组织部、重庆市教育委员会、重庆市人力资源和社会保障局等部门,收集各基层项目近三年相关数据。三是设计调查问卷和访谈提纲。课题组共向我市12

所普通高校和 13 所高等职业院校发放问卷并选择典型对象进行访谈,回收有效问卷近 2 000 份,经数据清理获得有效基层就业者问卷近 500 份。

2. 研究方法

①文献与内容分析法。梳理分析已有研究和我市近年的基层就业相关政策,了解政策构建逻辑与特征,全面客观地呈现我市基层就业政策现状。

②开展实证调研。通过问卷调查了解基层就业者总体状态,对问卷反映出的部分典型问题进行访谈,并对典型案例进行深入剖析,勾勒基层就业者画像和实然状态。

③理论演绎与归纳研究。对相关问题进一步推理深化,力求发现基层就业的内在逻辑与本质属性。

3. 研究思路

本报告整体遵循政策解构—现状把握—问题诊断—对策探讨路线,从五方面研究我市高校毕业生基层就业状态。

①分析基本政策。对我市市级层面关于毕业生基层就业创业政策进行深入分析,探讨政策构建的逻辑及其内在价值特征,从政策外部特点到内部结构深化机理认识。

②盘点基本数据。全面了解我市高校毕业生基层就业规模样态,深入分析各基层就业项目结构状态,如性别结构、专业结构、学历结构、流动结构等,厘清重庆市高校毕业生基层就业宏观特征。

③把握基本生态。客观调查我市高校毕业生基层就业意愿、压力和效能感,厘清政府、社会、高校、基层等主体权责履行情况,深入分析毕业生基层就业成效与阻力。

④解剖基本问题。通过政策梳理和调查研究进一步了解我市高校毕业生基层就业存在的客观症结,对相关政策实施成效作出判断和分析,并阐述其可能的原因和机理。

⑤探讨关键路径。基于前述研究对我市高校毕业生基层就业提出了优化路径,从政府、高校、基层、个体和社会等多个维度探讨高校毕业生基层就业优化路径。

二、重庆市高校毕业生基层就业政策分析

（一）重庆市高校毕业生基层就业政策的统计分析

课题组通过重庆市各部门官方网站搜集整理了 2018—2023 年有关重庆市高校毕业生基层就业的 28 份政策文件，从政策数量、发布主体、政策内容和政策手段四方面进行分类统计分析。

1. 政策数量：持续增长，但存在不均衡性

从数量上看，从 2018 年到 2023 年每年均有相关政策出台，体现了基层就业政策的一贯性和连续性，2022 年发布政策文件最多，2018 年和 2019 年政策文件数量稀少，体现出一定的不均衡性（图 1）。值得注意的是，从每年发布时间来看，多集中于毕业季，即 5 月、6 月和 7 月，体现出对毕业生群体的聚焦性和适时性。

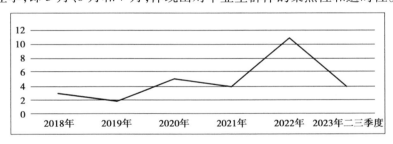

图 1　2018—2023 年 7 月重庆市基层就业政策颁布数量曲线图

2. 发文主体：多部门协同，联合发文占主导

近五年基层就业相关政策的发文单位涵盖了市人力社保局及团市委等 20 个市级部门，其中，以市人力社保局为核心发文部门。发文形式以联合发文较多，占比近六成，体现出高度协同性。

3. 政策内容：覆盖范围扩大，重点领域持续强化

在重庆市激发就业活力、强化兜底帮扶背景下，基层就业相关政策重点落实返乡创业、就业渠道、就业保障与激励、就业服务和就业宣传五大方面的政策保障，范围涵盖教、医、农多个领域，紧扣重庆市重点基层就业计划与民生保障领域拓宽基层就业渠道，重点保障基层就业人员基本生活与未来发展等（表 1）。

表1　2018—2023年重庆市高校毕业生基层就业政策内容分类统计表

年份	综合类	返乡创业	就业渠道	就业保障与激励	就业服务	就业宣传	合计
2018	0	1	1	1	0	0	3
2019	0	0	1	1	0	0	2
2020	3	0	1	0	0	1	5
2021	0	0	1	0	1	2	4
2022	1	0	4	3	0	2	10
2023	0	0	2	1	0	1	4
合计	4	1	10	6	1	6	28

4.政策手段：加强指导与管理，打好政策"组合拳"

重庆高校毕业生基层就业政策采用综合推进手段，类型上主要包括行政手段、经济手段、信息引导与服务手段及宣传手段四类（表2）。行政手段指国家凭借行政权力，通过颁布行政命令、制定政策、措施等形式以实现行政目标；经济手段指按照经济运行规律对社会活动进行宏观调控；信息引导及服务手段指政府在行政管理活动中运用信息调节控制社会发展；宣传手段指通过观点、思想的传播与表达来达到宣传的目的。

表2　2018—2023年重庆市基层就业政策类型分类统计表

年份	综合类	行政手段	经济手段	信息引导与服务政策	宣传手段	合计
2018	0	2	0	1	0	3
2019	0	0	1	1	0	2
2020	3	0	0	1	1	5
2021	0	0	0	2	2	4
2022	1	6	1	0	2	10
2023	0	3	0	0	1	4
合计	4	11	2	5	6	28

（二）重庆市高校毕业生基层就业政策的构建成就

1. 完善优惠举措，加强政策激励与保障

为鼓励更多高校毕业生赴基层就业，重庆市不断加大政策支持力度，确保毕业生"下得去""留得住"。一是优化服务保障，不仅提升基层就业毕业生的工资待遇，还不断完善包含生活补贴、交通补贴、体检费等内容的重庆市大学生服务基层行动经费体系和养老保险、医疗保险等内容的社会保障体系。二是健全激励机制，明确规定对基层就业毕业生在职称认定与晋升中给予倾斜，且在基层服务期满后的升学、再就业、落户、工龄计算等方面给予明确优待。

2. 营造舆论氛围，加强价值引导与宣传

重庆市牢牢抓住宣传引导的"指挥棒"，充分利用新闻、报纸及各类新媒体宣传毕业生基层就业的政策和重要意义。一是树立典型，以榜样的力量带动基层就业热潮。通过举办一年一度的重庆市"最美基层高校毕业生"推荐评选与学习宣传活动，深入挖掘高校毕业生基层工作先进事迹，遴选典型，动态开展表彰宣传，营造"服务农村、扎根农村"的浓厚氛围。二是明确价值导向，以丰富渠道提升宣传质效。重庆市政府强调"牢牢把握信息发布和舆论引导的主动权"，多渠道、多层面加大宣传力度，线上线下联合，利用新闻网站和"两微一端"等主流媒体和新媒体，进一步提升基层就业政策的宣传效果。

3. 推进重点项目，开拓特色计划与空间

重庆市基层就业政策根据中央政策精神，基本全部涵盖中央基层就业项目，并结合本地经济社会发展特色，更具针对性。一是系统深化重点项目，强化"三支一扶"计划人员招募与培训、服务保障等相关工作，深入推行和细化中央基层就业项目。二是广开基层就业门路，重视基层就业项目上的"重庆方案"，注重因地制宜与凸显特色，推出"基层成长计划""千名高校毕业生下基层助推脱贫攻坚"专项招聘、"基层就业领航计划"等特色专项计划，延展基层就业空间。

4. 鼓励自主创业，加码扶持与环境保障

重庆市重视基层自主创业倍增效益，大力推进自主创业支持政策，为实现创业带动就业的良性循环提供环境保障。一是提供优惠创业政策，开设"绿色通道"。

加强金融税收、公共服务、试点示范基础设施等方面的政策优惠与支持,同时简化入门程序、设立专项经费,打造特事特办的"绿色通道"。二是搭建创业基地平台,优化创业环境。积极推动中小企业服务平台、返乡创业园区、返乡创业孵化实训基地等基层创业载体提档升级,推动构建政产学研协同创新生态体系,促进创新创业成果转移转化。

(三)重庆市高校毕业生基层就业政策的主要特征

1.以民生保障为导向

重庆市政府针对基层就业毕业生的民生举措不仅停留在物质保障层面,更关注到基层就业毕业生的能力培养与发展教育,针对基层就业毕业生着力打造在职就业能力培训和职后就业发展教育"两条路子"。通过教育培训和锻炼培养,毕业生在服务基层的同时提升综合素质、培育优质技能,持续推动基层高校毕业生成长成才,从根本上增进民生福祉。

2.以需求满足为引领

重庆市立足实际情况,统筹国家发展需要、区域振兴需求、群体平衡愿望"三位一体"的新格局。一是满足国家发展需要,强调以培养党和国家事业发展需要的基层人才为根本,加快培养一支扎根基层、奉献基层的青年人才队伍,为全面推动国家高质量发展提供人才和智力支持。二是满足区域振兴需求,如扩大各区县基层教育、卫生、农业等领域急需紧缺的岗位和招聘范围,同时根据当地需要设置生态文明建设、乡村振兴等类型的岗位。三是满足群体平衡愿望,针对退役士兵、"三类人员"(零就业家庭子女、城乡低保家庭子女、本人残疾)等特殊毕业生的就业愿望,政府为其开辟优先招募的绿色通道,促进社会公平。对招人难、留人难的艰苦边远地区,可适当放宽专业要求,降低开考比例,提高招募本地户籍生比例。

3.以协同合作为路径

当前重庆市以政策制定与政策执行的"双向协同"为路径,进一步加强组织领导和统筹协调,确保各项政策高效高质地出台与落实。如"三支一扶"计划领导小组由 11 个部门联合组成,分工协作开展;"最美基层高校毕业生"评选与宣传工作同样由多个部门负责,广泛动员、评议发布和集中宣传,各部门协同合作,有序分工。

4.以价值塑造为根基

重庆市通过榜样力量带动、就业舆论引导等方式,采取推荐评选与学习宣传等手段,把握舆论导向,引领基层就业前进方向。一是宣传引导层面,形成包含政府部门、媒体单位、各大高校等多个主体的重庆市基层就业宣传品牌,如大国人才微信公众号、重庆发布微信公众号、七一网等。二是价值立场层面,重庆市政府既重视自身的政治立场,还重视基层高校毕业生的思想政治教育,提出及时吸纳符合条件的基层就业人员加入党组织。

三、重庆市高校毕业生基层就业的规模与结构

(一)重庆市高校毕业生基层就业规模

调研组设计调研函及数据收集表,共收集了重庆市49所高校2021—2023年专科、本科、研究生毕业生基层就业数据,样本高校有较好的代表性。本部分基于所收集数据展开分析讨论。

1.市域高校毕业生基层就业规模

"市域高校毕业生基层就业"即为在重庆市内就读的大学生,毕业后前往全国各地基层单位就业,该项数据由49所调研高校提供。

(1)市域高校毕业生基层就业整体规模

2021—2023年重庆市调研高校毕业生基层就业规模见表3(以下表格来自市内高校填写,不含自主创业和自由择业)。

表3 2021—2023年重庆市调研高校毕业生基层就业规模

单位:人

项目	2021 年		2022 年		2023 年	
	毕业生总人数	基层就业总人数	毕业生总人数	基层就业总人数	毕业生总人数	基层就业总人数
专科生	62 539	506	83 690	995	89 682	529
本科生	99 569	4 680	109 980	3 422	125 956	3 157
研究生	16 806	726	19 359	715	21 707	736
合计	178 914	5 912	213 029	5 132	237 345	4 422

调研结果显示,2021—2023 年重庆市高校毕业生总人数呈逐年上升的趋势,但基层就业的毕业生人数整体呈下降趋势,且占比情况总体不高。在接受调研的重庆市高校中,2021—2023 年基层就业的毕业生人数总体呈下降趋势,其中,本科生占比最多,专科生占比最少且逐年下降。

(2)市域高校毕业生各基层项目就业规模

根据调研结果,2021—2023 年重庆市中央与地方基层就业项目参与人数总体呈上升趋势。其中,参加地方基层项目的人数更多,于 2022 年达到顶峰。本科生参与国家及地方基层就业项目的人数最多,总体呈上升趋势;研究生参与国家基层就业项目的人数较少且逐年缓慢减少,但参与地方基层就业项目的人数逐年上升。

①市域高校西部计划项目就业规模。由表 4 可知,重庆市西部计划招聘人数逐年上升,其中本科生为主力军,占比均超过 95%,研究生毕业生占比最少。

表4　2021—2023 年重庆市高校西部计划就业规模

单位:人

项目	2021 年	2022 年	2023 年
专科生	47	39	16
本科生	1 122	1 445	1 566
研究生	8	22	13
合计	1 177	1 506	1 595

②市域高校特岗教师项目就业规模。总体来看,2021—2023 年国家级特岗教师招募人数较少。

一是分专业规模。从各学科专业三年招收总人数来看,语、数、英三门学科招收人数呈现先增后减的趋势。物理、音乐、信息技术、体育、生物、美术等学科人数逐年减少,尤其是道德与法治学科,2023 年人数约降至 2021 年的 1/5,信息技术2023 年停止招收。整体而言,重庆市特岗教师招录侧重于语、数、英、物等基础性学科,但各学科招录人数总体呈现缩减的趋势,如图 2 所示。

二是分区县规模。由图 3 可知,2021—2023 年重庆市招录特岗教师人数逐年下降且降幅较大。从地区分布来看,2021 年共有 7 个区县招录特岗教师,2023 年回缩到 5 个区县,2021—2023 年均招录特岗教师的只有 3 个区县。

三是分性别规模。课题组通过分析调研数据可知,2021—2023 年重庆市特岗教师岗位招录的男性教师与女性教师人数占比分别约为 0.29∶1、0.24∶1、0.27∶1,女性教师居多,约是男性教师的 4 倍,性别结构较稳定,如图 4 所示。

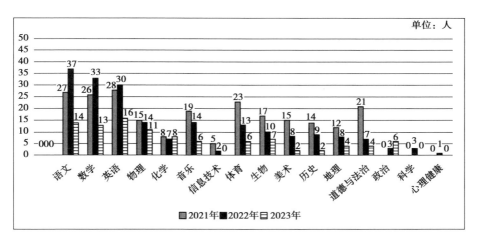

图2 2021—2023年重庆市特岗教师学科专业情况

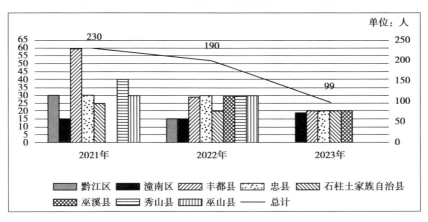

图3 2021—2023年重庆市高校毕业生各区县特岗教师招录情况

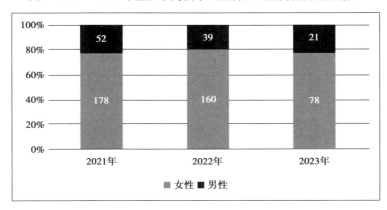

图4 2021—2023年重庆市高校毕业生特岗教师性别情况

③市域高校"三支一扶"项目就业规模。2021—2023 年重庆市"三支一扶"计划就业规模不断扩大(表5),共招募 2 048 人。从学历来看,2021—2023 年重庆市"三支一扶"计划就业人员的学历结构不均衡,本科生占主体地位;研究生人数最少且占比逐年下降;专科生占比呈现先增后减的趋势。从性别结构来看,女性为主要组成部分,占比61.4%。

表5　2021—2023 年重庆市"三支一扶"项目就业规模

单位:人

年份	就业规模	学历数据			性别	
		专科生	本科生	研究生	男	女
2021	586	134	412	40	217	369
2022	656	193	425	38	241	415
2023	806	185	587	34	332	474
总计	2 048	512	1 424	112	790	1 258

④市域高校"选调生"项目就业规模。由表6可知,重庆市级选调生总体数量逐年增多。在招录的选调生中,重庆市内高校学生占比较高,三年均超过30%,且生源地来自重庆、四川、湖北等邻近省份较多。

表6　2021—2023 年重庆市级选调生规模

年份	招录人数(人)	性别(人)		学历(人)		市内高校学生占比(%)	就业岗位分布(人)			生源地(前五位)
		男	女	本科	硕士及以上		市级部门	区县部门	乡镇街道	
2021	767	370	397	289	478	31.6	77	297	393	重庆、四川、湖北、湖南、河南
2022	817	431	386	278	539	33.9	70	351	396	重庆、四川、湖北、河南、贵州
2023	1 106	519	587	302	804	37.3	67	454	585	重庆、四川、河南、湖北、贵州

⑤市域高校毕业生自主创业规模。自主创业是指高校毕业生主要依靠自己的资本、资源、信息、技术、经验以及其他因素自己创办实业,解决就业问题;自谋职业是针对定向就业或分配就业而言的就业类型,指大学生在基层自己找工作,自己择业。在接受调研的高校中,自主创业及自谋职业的高校本科毕业生人数较多,具体数量见表7。

表7 2021—2023年重庆市高校(本科)毕业生自主创业情况统计

年份	自主创业人数(本科)(人)	高校类别(人)	
		双一流高校	非双一流高校
2021	3 212	12	3 200
2022	3 397	12	3 385
2023	3 411	8	3 403
总计	10 020	32	9 988

调研数据显示,重庆市自主创业的高校本科毕业生人数较多,且呈逐年增长趋势。2021—2023年自主创业的本科毕业生人数均突破3 000人且持续增长,但增速放缓。

从本次调研的重庆市高校毕业生就业类型结构来看,重庆市高校毕业生基层就业的路径大多为地方基层项目,如选调生、"三支一扶"、西部计划、特岗教师等。从课题组对重庆市高校毕业生基层就业规模的调研结果可知,重庆市高校毕业生总体数量逐年增长,但基层就业的规模不大并呈现出逐年缓慢下降的趋势,且国家基层项目就业人数总体多于地方基层项目,女性基层就业毕业生数量远多于男性。

2.重庆市基层项目就业岗位供给规模

为对比分析重庆市基层单位招聘需求与实际到岗人数,调研组收集了2021—2023年重庆市各基层就业项目的相关数据,按不同岗位类别逐一分析。

(1)重庆市特岗教师招录规模

总体来看,2021—2023年重庆市特岗教师招聘人数呈逐年下降的趋势,市内高校毕业生占比较高且都达到了预期内的任务指标,见表8。

表8 2021—2023年重庆市特岗教师招聘指标及实际招录规模

年份	招聘区县数量(个)	招聘实际数量(人)	高校毕业生占比(%)	特岗教师指标完成率(%)
2021	7	230	70.00	100
2022	8	199	64.32	99.5
2023	5	99	70.63	99.5

（2）重庆市"三支一扶"招录规模

总体而言,招聘指标和岗位均逐年增多,增加了高校毕业生的就业机会。自2022年起连续超额完成任务,"三支一扶"计划实际就业人数高于任务指标,见表9。

表9　2021—2023年重庆市"三支一扶"计划招募计划与实际招聘规模

年份	招募计划指标（人）	实际就业规模（人）
2021	600	586
2022	650	656
2023	650	806
合计	1 900	2 048

（3）重庆市"西部计划"招录规模

总体来看,2021—2023年西部计划全国项目的招聘指标保持不变,但只有2022年完成指标,见表10。重庆市内的西部计划招聘并未设置指标,实际招聘人数总体呈逐年上升的趋势。近年来,重庆市高度重视高校毕业生"西部计划"的招聘工作,招聘数量逐渐增多且招聘任务完成情况较好,为高校毕业生提供了更多的就业机会。

表10　2021—2023年重庆市西部计划招聘指标及实际招聘规模

年份	项目	招聘指标（人）	招聘实际数量总计（人）	学历			完成率
				本科（人）	研究生（人）	专科（人）	
2021	全国项目	1 355	1 345	1 255	15	75	99.26%
	重庆项目	—	1 653	1 456	10	187	—
2022	全国项目	1 355	1 355	1 287	31	37	100%
	重庆项目	—	1 855	1 750	16	89	—
2023	全国项目	1 355	1 354	1 303	32	19	99.93%
	重庆项目	—	2 628	2 525	42	61	—

（4）重庆市选调生招录规模

总体而言,重庆市招收高校毕业生选调生的数量逐年上升,且市内高校毕业生占比也逐渐增高,见表11。

表 11 2021—2023 年重庆市选调生招聘指标及实际招聘规模

年份	招录人数（人）	市内高校占比	就业岗位分布		
			市级部门（人）	区县部分（人）	乡镇街道（人）
2021	767	31.6%	77	297	393
2022	817	33.9%	70	351	396
2023	1 106	37.3%	67	454	585
合计	2 690	—	214	1 102	1 374

（5）重庆市城乡社区专职工作者招录规模

由表 12 可知，城乡社区专职工作者招录人员中市内高校毕业生录用人数的占比较高。

重庆市近年来高度重视高校毕业生基层就业工作开展，基层单位提供了多样化、多层次的基层就业岗位，且部分岗位数量不设固定指标，达标者均可招录，对于高校毕业生而言是一项利好政策。总体来看，重庆市基层项目招录的市内高校毕业生比例较高，招聘完成度较好。

表 12 2022—2023 年重庆市城乡社区专职工作者招聘指标及实际招聘规模

年份	招录人数（人）	城市社区录用人数（人）	农村社区录用人数（人）	高校毕业生录用人数（人）	高校毕业生录用占比（%）
2022	2 037	802	1 235	802	39.4
2023	1 123	855	268	364	32.4
合计	3 160	1 657	1 503	1 166	—

（二）重庆市高校毕业生基层就业结构——以西部计划为例

西部计划是重庆市高校毕业生基层就业的重要途径，每年招录的高校毕业生众多，其规模大、影响广，对其结构进行分析具有代表性和价值，能较为充分地反映重庆市高校毕业生基层就业的结构与特点。

1. 学历结构

基层就业学历结构主要分为专科生、本科生及研究生。其中，结合上文分析，由于本科生数量最多，因此本科生基层就业的总体规模最大，其次是专科生，最后为研究生。

重庆市西部计划与中央西部计划变化趋势保持一致,其中,专科生占比逐年下降,本科生与研究生占比逐年上升。

2021—2023年,重庆市专科生和本科生更多就职于重庆市本地的基层项目,研究生则相反。在研究生中出现前往中央西部计划的人数多于重庆市西部计划的情况,一是研究生的能力锻炼时间长,更符合中央项目的选拔要求;二是研究生的人力资本投入更多,更愿意到高平台施展才干。

2. 专业结构

整体来看,西部计划专业占比相对稳定,中央和地方基层项目的前三专业完全重合,前十专业重合80%且多为文科类专业,表明西部计划就业项目专业需求的地区差异不大。2021—2023年,通过西部计划前往基层就业的语言类专业人数持续上涨,财会类专业发展趋势有所放缓。总体来看,文科类专业占据绝对优势且优势将继续保持。

3. 性别结构

基层就业环境相对艰苦,要求更高的体力耐力,但调研结果显示,重庆市高校毕业生基层就业人数在性别上呈现出"女多男少"特征,因此需要针对男性毕业生群体进一步加大宣传力度。

女生基层就业比例始终高于男生,但差距在逐渐缩小。从趋势走向上分析,男性占比在波动上升,女性占比略有下降。但无论是中央基层项目还是地方基层项目,女性人数始终是男性人数的两倍有余,性别结构较稳定但不平衡。

4. 来源与流向结构

基层就业毕业生生源地情况及就业流向能体现出重庆市培养的高层次人才的流动与发展情况。本文选取西部计划高校毕业生的生源地情况及重庆市高校毕业生基层项目去向省份(前三名)情况来具体分析。

一是来源结构。2021—2023年,在西部计划就业人员中,重庆高校毕业生占绝大部分,其次是四川高校毕业生。重庆高校毕业生在西部计划就业总人数中的占比虽略有波动,但始终保持人数优势,且总体倾向于地方基层项目就业。

二是流向结构。在接受调研的重庆市高校中,留在重庆市基层就业的毕业生最多。专科生和本科生中的大部分均选择留在重庆市基层就业,其次是四川、新疆等地;基层就业的研究生在2021年和2022年更多人去往四川,但2023年大部分人选择留在重庆。总体看来,重庆市高校毕业生留渝人数最多,且大多前往西部省份就业。

（三）重庆市高校毕业生基层就业的特征

1. 毕业生基层就业比例有所下降

2021—2023 年，重庆市高校毕业生基层就业比例呈现下降趋势，说明基层就业对大学生的吸引力不足或城市就业对大学生的拉力增强。第一，随着重庆市乡镇经济社会发展的步伐加快，城市经济的发展和就业机会的增多，基层岗位可能不能完全满足毕业生的期望和需求。第二，重庆正处于快速发展阶段，生活成本提高，生存压力增大，部分毕业生更倾向于选择高薪、稳定的工作。

2. 基层就业者性别以女性为主

基层就业环境相对艰苦，由于男女的生理差异，男性从生理性别的角度上更适合基层就业。但调研结果显示，重庆市高校毕业生基层就业在性别上呈现出"女多男少"的特征。造成这一现象的原因可能是多样的：一是基层就业工作内容繁杂且与群众联系密切，女性在基层中更能发挥细致、亲和等自身优势；二是基层工作薪酬较低，男性普遍面临的成家立业压力更大，更倾向于追求高报酬的工作；三是女性可能在招考中发挥了更强的细心、踏实等考试能力。

3. 基层就业者学历以本科为主

调研结果显示，重庆市基层就业毕业生的整体学历结构偏低，本科生为主力军。在接受调研的重庆市高校中，研究生毕业生选择基层就业的占比最多，本科毕业生其次，专科毕业生占比最少。但由于本科生人数最多，因此基层就业毕业生中的本科生数量最多。

4. 基层就业以留渝毕业生为主

调研结果显示，重庆市高校培养的毕业生的基层就业流向前三位省份分别为重庆市、新疆维吾尔自治区、四川省，且大多留在了重庆市，表明重庆市高校毕业生留在重庆市本地及西部省份的情况较为普遍。这可能与国家实施一系列专项计划，大力倡导高校毕业生前往西部就业，为基层提供专项帮扶存在一定关系，政策的倾向性一定程度上影响了毕业生选择留在西部基层就业。

5. 基层就业岗位供需规模匹配性好

调研数据显示，当前重庆市基层就业的岗位数量供需匹配度较高，招聘指标基本能够按时按量完成,部分项目甚至超额完成。一般而言,岗位供需匹配度越高,就业群体的工作积极性就越高。近年来,重庆市不断拓宽基层就业途径及方式,持续提升基层就业服务供需匹配度,为高校毕业生基层就业提供了一定的便利。

四、重庆市高校毕业生基层就业现状调查

(一)调研对象基本情况

基于目的抽样、方便抽样原则,以2020—2023年重庆市高校毕业生为调查对象,在25所高校范围内发放线上问卷。最终样本包括基层就业毕业生493人(基层创业者55人)、未基层就业者1 605人。

1. 基层就业毕业生

本次调研对象中基层就业毕业生有493人,占总体样本的23.5%。调研对象具体分布见表13。

表13 基层就业毕业生基本信息表(N=493)

变量	类别	频数	百分比(%)
性别	男	202	40.97
	女	291	59.03
毕业年份	2020 年	44	8.92
	2021 年	96	19.47
	2022 年	166	33.67
	2023 年	187	37.93
学历层次	本科	312	63.29
	博士研究生	0	0.00
	硕士研究生	59	11.97
	专科	122	24.75
学校类型	"双一流"高校	84	17.04
	高等职业学校	117	23.73
	普通本科高校	292	59.23
户籍类别	城镇户口	209	42.39
	农村户口	284	57.61

续表

变量	类别	频数	百分比（%）
政治面貌	共青团员	293	59.43
	群众	76	15.42
	中共党员（含预备党员）	124	25.15
基层就业年限	1 年以内	53	10.75
	1～2 年	213	43.20
	2～3 年	105	21.30
	3 年及以上	122	24.75

　　基层就业毕业生就读学科类型分布情况见表14。就普通院校毕业生而言，样本数据分布在12个学科类型中，人文社科类（哲学、经济学、法学、教育学、文学、管理学、艺术学）共有242人，自然科学类（理学、工学、农学、医学）共有128人，交叉学科共有1人。

表 14　基层就业毕业生就读学科类型分布情况（N=493）

普通院校				高职院校			
序号	就读学科类别	频数	百分比（%）	序号	就读学科类别	频数	百分比（%）
1	教育学	88	23.72	1	教育体育	38	31.15
2	工学	61	16.44	2	医药卫生	35	28.69
3	理学	56	15.09	3	电子信息	17	13.93
4	法学	46	12.40	4	食品药品	13	10.66
5	管理学	39	10.51	5	公共管理	4	3.28
6	艺术学	22	5.93	6	机械制造	4	3.28
7	经济学	21	5.66	7	交通运输	3	2.46
8	农学	9	2.43	8	生物化工	3	2.46
9	文学	18	4.85	9	资源环境	3	2.46
10	哲学	8	2.16	10	财经商贸	1	0.82
11	医学	2	0.54	11	文化艺术	1	0.82
12	交叉学科	1	0.27				

2.未基层就业毕业生

本次调研对象中未基层就业毕业生共有 1 605 人，占总体样本的 76.46%，包含已就业但未在基层工作的毕业生、未就业的毕业生，具体统计见表 15。

表 15　未基层就业毕业生基本信息表（N=1 605）

变量	类别	频数	百分比（%）
性别	男	743	46.29
	女	862	53.71
毕业年份	2020 年	101	6.29
	2021 年	346	21.56
	2022 年	359	22.37
	2023 年	799	49.78
学历层次	本科	782	48.72
	博士研究生	12	0.75
	硕士研究生	332	20.69
	专科	479	29.84
学校类型	"双一流"高校	301	18.75
	高等职业学校	476	29.66
	普通本科高校	828	51.59
户籍类别	城镇户口	638	39.75
	农村户口	967	60.25
政治面貌	共青团员	906	56.45
	群众	312	19.44
	中共党员（含预备党员）	387	24.11

未基层就业毕业生就读学科类型分布情况见表 16。就普通院校毕业生而言，样本数据分布在 13 个学科类型中，除仅有 2 人的交叉学科外，人文社科类共有 560 人，自然科学类共有 564 人。

表 16　未基层就业毕业生就读学科类型分布情况（N=1 605）

普通院校				高职院校			
序号	就读学科类别	频数	百分比（%）	序号	就读学科类别	频数	百分比（%）
1	工学	359	31.88	1	医药卫生	117	24.43
2	理学	174	15.45	2	教育体育	102	21.29
3	法学	155	13.77	3	机械制造	99	20.67
4	教育学	151	13.41	4	电子信息	62	12.94
5	管理学	113	10.04	5	食品药品	31	6.47
6	艺术学	92	8.17	6	生物化工	30	6.26
7	农学	25	2.22	7	文化艺术	20	4.18
8	哲学	21	1.87	8	资源环境	5	1.04
9	文学	15	1.33	9	农林牧渔	4	0.84
10	经济学	12	1.07	10	能源材料	3	0.63
11	医学	6	0.53	11	财经商贸	3	0.63
12	交叉学科	2	0.18	12	公共管理	1	0.21
13	历史学	1	0.09	13	旅游餐饮	1	0.21
				14	土木建筑	1	0.21

（二）基层就业状态数据

1.基层就业途径

根据回收的 493 份有效问卷,研究发现超过四分之一的重庆市高校毕业生通过城乡社区基层公共管理和社会服务岗位实现基层就业。22.27% 的毕业生通过中央和地方基层项目支持基层就业,11.13% 选择自主创业,10.32% 通过选调生途径进入基层。值得注意的是,约三分之一的毕业生并未采取常规途径,而是通过自主应聘、校招等方式来到基层。

2.基层单位类型

研究数据表明,约三分之一(33.94%)的重庆市高校毕业生基层工作单位类型为基层事业单位(如乡镇中小学、社区医院等),超过四分之一(25.90%)的重庆市高校毕业生在基层党政机关(如乡镇政府、街道办等)工作,有11.45%的重庆市高校毕业生在基层企业单位(如乡镇企业、村办企业等)工作,有11.04%的重庆市高校毕业生选择自主创业,不到五分之一(17.67%)的重庆市高校毕业生选择了其他基层单位就业,包括私企、公益性岗位等。

3.基层就业省份

重庆市高校毕业生偏好在本地及周边省份就业,近三分之二选择留渝。四川、云南、贵州、湖北四省份也受青睐,超八成毕业生在重庆本地及其周边省份就业。新疆、西藏就业的毕业生较多,可能与定向专业有关。广东基层就业的毕业生人数多,可能与广东省的基层岗位数量和政策有关,值得关注。

4.基层就业薪资

整体来看,超过一半(59.11%)的重庆市高校毕业生基层工作平均月收入在4 000元以下。约三分之一(29.35%)的重庆市高校毕业生的平均月收入为2 000~3 000元,超过四分之一(25.30%)的重庆市高校毕业生的平均月收入在5 000元,值得关注的是,12.15%的重庆市高校毕业生的平均月收入仅为1 000~2 000元。从实际来看,目前重庆市高校毕业生基层工作平均月收入整体较低,后续政策优化应在基本工资方面给予一定保障。

5.基层就业保障

重庆市已在基层就业的高校毕业生在签约单位的福利待遇方面存在一定差异。其中,76.92%的毕业生签约的基层单位提供五险;住房公积金(58.10%)、编制(45.55%)位居其次;健康保障(37.25%)、当地补贴(26.92%)、住房(23.28%)等进一步关注高校毕业生基层就业及生活质量的福利待遇相对较少;仅有5.67%的毕业生签约单位提供人才引进费;部分单位未提供任何福利待遇。整体来看,重庆市高校毕业生签约单位的福利待遇覆盖面较广,但主要集中在基本保障,其他福利待遇的提供较少,对高校毕业生缺少更深入的关怀,政策上有一定优化和提升的空间。

(三)基层就业职业适应情况

1.基层就业动机

重庆市高校毕业生基层就业动机整体呈现为正向积极的内在动机。61.94%

的高校毕业生选择基层就业主要是为未来职业生涯发展奠定基础。55.67%的毕业生响应国家号召,希望更好地为人民服务。49.80%的毕业生认为奔赴基层能磨炼品质、彰显个人价值。然而,也有毕业生出于无奈,如28.14%的毕业生是因为无其他就业机会,2.43%的毕业生是因为经济条件限制,1.42%的毕业生是非自愿选择。值得一提的是,约33%的毕业生表示选择基层就业是受家庭环境影响。

2.基层工作效能感

（1）工作满意度

根据数据,重庆市高校毕业生对基层就业的总体工作满意度为3.64,处于中等偏上水平。同事间的相处氛围得分最高($M = 3.93$),工作保障的稳定性($M = 3.87$)、工作环境的安全舒适性($M = 3.70$)、组织对个人的关心度($M = 3.69$)和办公设施配置的完备性($M = 3.67$)也较高。然而,薪酬福利待遇的匹配性满意度最低($M = 3.38$),见表17。综上所述,基层单位在工作环境配置和工作氛围方面表现良好,但毕业生对薪酬福利和个人发展的满意度仍有待提升。因此,基层需改善薪酬福利制度和职业发展机会,以提高基层就业满意度。

表 17　基层就业毕业生工作满意度($N=493$)

序号	满意度变量	M	SD
1	薪酬福利制度的科学性	3.55	0.96
2	薪酬福利发放的规范性	3.63	0.93
3	薪酬福利待遇的匹配性	3.38	1.05
4	工作考核制度的科学性	3.52	0.97
5	单位管理体制的规范性	3.65	0.93
6	休假制度的合理性	3.64	0.95
7	工作环境的安全舒适性	3.70	0.91
8	办公地点的交通便利性	3.60	1.00
9	办公设施配置的完备性	3.67	0.87
10	组织对个人的关心度	3.69	0.93
11	同事间的相处氛围	3.93	0.82
12	工作保障的稳定性	3.87	0.85

续表

序号	满意度变量	*M*	*SD*
13	培训和发展的机会	3.62	0.93
14	职业发展前景	3.56	0.95
15	在工作中的自主发挥度	3.65	0.91
16	在工作中的决策参与度	3.57	0.90
17	工作的公平感知度	3.64	0.94
18	总体工作满意度	3.64	0.79

（2）职业效能感

由表18可知,高校毕业生基层工作效能感均值为3.96,高于理论值3,表明基层工作效能感较好。其中,同事沟通得分最高($M=4.01$),毕业生对与同事的沟通协作最为满意。其次是胜任感知和价值感知,二者并列($M=3.98$),表明毕业生对自己在基层工作的能力和效果有较高评价,对工作的价值和意义有积极认知。

表18　基层就业毕业生工作效能感的描述性统计（$N=493$）

项目	群众沟通	同事沟通	人际感知	胜任感知	价值感知	发展感知	工作效能感
M	3.91	4.01	3.92	3.98	3.98	3.96	3.96
SD	0.82	0.80	0.83	0.78	0.79	0.82	0.74

由表19可知,基层创业的高校毕业生工作效能感均值为3.98,高于理论值3,表明工作效能感较好。其中,胜任感知得分最高($M=4.02$),表明毕业生认为自己能够胜任工作。同事沟通和发展感知并列第二($M=4.00$),毕业生对自己与合伙人、同事的沟通协调、团结协作能力有较高评价,对基层企业的发展前景持有积极态度。

表19　基层创业者工作效能感的描述性统计（$N=55$）

项目	群众沟通	同事沟通	人际感知	胜任感知	价值感知	发展感知	工作效能感
M	3.95	4.00	3.91	4.02	3.98	4.00	3.98
SD	0.89	0.84	0.85	0.81	0.913	0.88	0.82

（3）工作压力的情况

由表20、表21可知,高校毕业生基层工作压力程度均值为3.35,高于3,具有一定的压力。工作任务、工资待遇为主要压力源,占比超50%;职位晋升、职业价值也是重要压力源;社会舆论、家庭支持及人脉资源对工作压力影响小。

表20　基层就业毕业生工作压力程度（$N=493$）

项目	工作压力程度
M	3.35
SD	0.78

表21　基层工作压力来源

序号	来源	频率	百分比（%）
1	工作任务	292	59.11
2	工资待遇	260	52.63
3	职位晋升	238	48.18
4	职业价值	196	39.68
5	职场人际	173	35.02
6	工作环境	171	34.62
7	再就业难度	168	34.01
8	社会舆论	102	20.65
9	家庭支持	70	14.17
10	其他（如人脉资源、职业培训）	7	1.42

由表22可知,基层创业的高校毕业生工作压力程度的均值为3.15,高于理论值3,表明基层创业的高校毕业生在基层工作的过程中有一定压力,但未达到高压程度。

表22　基层创业者工作压力程度（$N=55$）

项目	工作压力程度
M	3.15
SD	0.85

（4）职业适应问题

由表23可知，适应基层工作的妨碍因素有两类：知识因素，如脱节、不了解基层、政策理解不足；能力因素，如动手能力差、沟通能力弱。

表23　妨碍适应基层工作的因素统计（$N=493$）

序号	因素	频率	百分比（%）
1	所学知识与工作要求脱节，难以学以致用	258	52.23
2	缺乏对基层社会的深入了解，难以适应基层的工作环境	220	44.53
3	缺乏对国家基层相关政策的深入了解，影响工作的效率或效果	198	40.08
4	缺乏动手解决问题的能力，难以达到实际工作要求	176	35.63
5	缺乏必要的沟通能力，难以获得基层干部和老百姓的支持与信任	167	33.81
6	工作安排不合理（任务过重、分配不公平）	4	0.81
7	其他	18	3.64

（5）留岗意愿情况

由表24可知，基层高校毕业生留岗意愿水平的均值为3.20，高于理论值3，表明超过一半的基层高校毕业生有留岗意愿，但总体来看，留岗意愿仍有待提高。

表24　基层就业毕业生基层留岗意愿的描述性统计（$N=493$）

项目	留岗意愿水平
M	3.20
SD	0.91

从"留不留得住"的角度看，基层存在薪酬匹配度和职业发展机会不足的问题，导致毕业生对基层就业了解不足，能力与需求不匹配，影响扎根决心。因此，提升基层工作吸引力和满意度，提供职业发展机会是亟待解决的问题。

从"想不想留"的角度来看，部分毕业生将基层当作跳板，更愿通过基层工作来积累经验以寻求更广阔的发展空间。政策制定者和教育工作者需要引导他们真正理解基层工作的价值，从而坚定选择扎根基层。

(四)基层就业职业支持情况

1.高校支持情况

重庆市高校总体支持情况均值为3.86。其中,高校鼓励大学生选择基层就业的情况最佳($M=3.96$),其次是高校引导大学生去基层就业的状况($M=3.89$),高校组织大学生到基层进行社会实践情况($M=3.81$)及高校为大学生提供的基层就业指导咨询情况($M=3.80$),见表25。当前重庆市高校对毕业生前往基层就业的支持情况处于中等偏上水平,但切实的行为投入(咨询指导、社会实践等)却较为薄弱,仍需更多的主动性和积极性。

表25 基层就业毕业生感知高校支持情况描述性统计($N=2\,098$)

高校支持情况	M	SD
就读的高校鼓励大学生选择基层就业	3.96	0.78
就读的高校为大学生提供的基层就业指导咨询	3.80	0.85
就读的高校引导大学生去基层就业	3.89	0.82
就读的高校组织大学生到基层进行社会实践	3.81	0.86
总体支持情况	3.86	0.77

在基层创业毕业生对重庆市高校支持情况的反馈中,从整体上来看,总体支持情况均值为3.83。其中,高校鼓励大学生选择基层就业的情况最佳($M=3.91$),随后依次是高校引导大学生去基层就业的状况($M=3.84$),高校为大学生提供的基层就业指导咨询情况($M=3.82$)及高校组织大学生到基层进行社会实践情况($M=3.76$),见表26。当前重庆市高校对毕业生前往基层创业的支持情况处于中等偏上水平,但高校切实的行为投入相对较薄弱,仍需更大的主动性和积极性。

表26 基层创业毕业生感知高校支持情况描述性统计($N=55$)

高校支持情况	M	SD
就读的高校鼓励大学生选择基层就业	3.91	0.80
就读的高校为大学生提供的基层就业指导咨询	3.82	0.88
就读的高校引导大学生去基层就业	3.84	0.90

续表

高校支持情况	*M*	*SD*
就读的高校组织大学生到基层进行社会实践	3.76	0.92
总体支持情况	3.83	0.84

2.政策支持情况

（1）政策普及情况

①普及度。

a.政府基层就业项目普及度。不同基层就业项目在重庆市高校毕业生中的认知情况存在差异。大学生志愿服务西部计划和"三支一扶"计划普及度最高，分别占79.42%和75.85%。其他项目如"特岗教师"计划（49.55%）、选调生（48.74%）、选聘高校毕业生到村任职工作（42.21%）等普及度较低。农业技术推广服务特设岗位计划和其他规模较小的基层就业项目占比最少，仅占13.77%和0.33%。约8.38%的高校毕业生对任何基层就业项目都不了解，见表27。这表明"大学生村官"计划、城乡社区基层公共管理和社会服务岗位等项目的宣传和推广需要进一步加强。

表27 政府基层就业项目普及度描述性统计（*N*=2 098）

基层项目	频率	百分比（%）
大学生志愿服务西部计划	1 667	79.42
"三支一扶"计划	1 592	75.85
农村义务教育阶段学校教师特设岗位计划（即"特岗教师"计划）	1 040	49.55
选调生	1 023	48.74
选聘高校毕业生到村任职工作（即"大学生村官"计划）	886	42.21
城乡社区基层公共管理和社会服务岗位（如专职网格员、聘用制书记员等）	404	19.25
农业技术推广服务特设岗位计划	289	13.77
都不了解	176	8.38
其他	7	0.33

b. 基层就业优惠政策普及度。重庆市基层就业优惠政策中,学费补偿和助学贷款代偿政策、基层服务期满后的再就业政策普及度最高,分别为72.65%和64.36%。基层就业户籍档案政策、基层就业福利待遇倾斜政策普及度较低,分别为34.06%和37.07%。约3.14%的高校毕业生不了解任何政策,见表28。由此可见,毕业生更关注优惠、费用等政策。

表28　高校毕业生基层就业优惠政策普及度描述性统计($N=2\,098$)

优惠政策	频率	百分比(%)
学费补偿和助学贷款代偿政策	1 525	72.65
基层服务期满后的再就业政策(如研究生报考优惠、公务员与事业单位招录优惠、创业优惠等)	1 351	64.36
基层就业户籍档案政策	715	34.06
基层就业福利待遇倾斜政策(如高定工资、工龄计算等)	778	37.07
不了解	66	3.14

②普及渠道。

重庆市高校毕业生获取国家基层就业相关政策信息渠道的选择多元化,其中学校官方公众号、就业指导网站占比最高,达到72.65%。其次是各类社会大众媒体平台(55.36%)和政府官方网站(54.41%)。亲友、同学、任课教师或辅导员等身边的人员对政策信息的传播作用较小。仍有0.91%的高校毕业生未通过任何渠道接收到相关政策信息,该群体未在基层就业,见表29。

表29　高校毕业生获取国家基层就业相关政策信息渠道描述性统计($N=2\,098$)

渠道	频率	百分比(%)
学校官方公众号、就业指导网站	1 525	72.65
政府官方网站	1 142	54.41
各类社会大众媒体平台	1 162	55.36
校外辅导机构	424	20.20
家人、朋友及身边的同学	970	46.21
任课教师或辅导员	809	38.54
线下宣传	419	19.96
不了解	19	0.91

（2）基层就业政策体系建设现状

重庆市基层就业政策体系总体建设情况中等偏上（$M=3.64$）。政府重视高校毕业生到基层就业程度最佳（$M=3.72$），选聘制度总体情况良好（$M=3.65$），政策宣传方面水平也较高（$M=3.63$），政策本身总体情况良好（$M=3.62$），优惠政策完善程度较好（$M=3.65$），优惠力度（$M=3.61$）和吸引力（$M=3.60$）中等，但政策落实维度较薄弱（$M=3.61$），见表30。

表30　基层就业政策体系建设现状描述性统计（$N=2\,098$）

项目	类别	M	SD
政策本身	高校毕业生基层就业优惠政策完善程度	3.65	0.843
	高校毕业生基层就业政策的优惠力度	3.61	0.885
	高校毕业生基层就业优惠政策吸引力	3.60	0.872
	政策本身总体情况	3.62	0.832
政策宣传	高校毕业生基层就业优惠政策宣传到位程度	3.63	0.857
政策落实	高校毕业生基层就业优惠政策落实情况	3.61	0.850
选聘制度	高校毕业生到基层就业选聘制度合理程度	3.63	0.832
	高校毕业生到基层就业选聘流程完善程度	3.67	0.810
	选聘制度总体情况	3.65	0.802
政府焦点	政府重视高校毕业生到基层就业程度	3.72	0.834
	总体建设情况	3.64	0.784

基层创业者对重庆市基层就业政策体系建设的反馈显示，政策本身总体情况均值为3.71，处于中等偏上水平。政府重视高校毕业生到基层就业，优惠政策完善程度最佳（$M=3.78$），但政策落实和宣传较为薄弱（$M=3.65$），亟待改进，见表31。政府需加强政策落实和宣传，以更好地支持高校毕业生在基层发展。

表31　基层就业政策体系建设现状描述性统计（创业者层面，$N=55$）

项目	类别	M	SD
政策本身	高校毕业生基层就业优惠政策完善程度	3.78	0..92
	高校毕业生基层就业政策的优惠力度	3.71	0.92
	高校毕业生基层就业优惠政策吸引力	3.69	0.96
	政策本身总体情况	3.71	0.96

续表

项目	类别	M	SD
政策宣传	高校毕业生基层就业优惠政策宣传到位程度	3.65	0.99
政策落实	高校毕业生基层就业优惠政策落实情况	3.65	1.00
选聘制度	高校毕业生到基层就业选聘制度合理程度	3.67	0.94
	高校毕业生到基层就业选聘流程完善程度	3.75	0.97
	选聘制度总体情况	3.70	0.93
政府焦点	政府重视高校毕业生到基层就业程度	3.78	0.92
	总体建设情况	3.71	0.92

综上所述,重庆市基层就业政策体系建设中等偏上,但创业毕业生感知不足,需加强政策建设、落实和宣传。

3. 社会支持情况

由表 32 可知,重庆市对基层就业的社会支持总体上处于良好水平,均值达3.50。其中,家人对高校毕业生到基层就业的评价最高($M=3.51$),媒体舆论和社会舆论评价相近($M=3.50$ 和 $M=3.49$),但朋友评价相对较低($M=3.48$)。社会支持反映出对基层发展和毕业生贡献的重视。为加强社会支持,应鼓励毕业生多与家人沟通,形成积极的社会氛围。

表 32　基层就业毕业生感知社会支持描述性统计($N=2\,098$)

社会舆论支持变量	M	SD
媒体舆论对高校毕业生到基层就业的评价	3.50	0.860
家人对高校毕业生到基层就业的评价	3.51	0.825
朋友对高校毕业生到基层就业的评价	3.48	0.826
社会舆论对高校毕业生到基层就业的评价	3.49	0.841
总体支持情况	3.50	0.661

由表 33 可知,重庆市对基层就业的舆论支持整体略高于中值 3,为 3.30,显示良好水平。其中,创业者感知家人和朋友的评价最高($M=3.33$),媒体舆论评价次之($M=3.29$),而社会舆论评价最低($M=3.27$)。这表明社会对基层就业看法积

极。为提供更多机会和选择,仍需加强社会舆论引导,形成更积极氛围和多元化支持体系。

表33 社会舆论支持描述性统计(创业者层面,$N=55$)

社会舆论支持变量	M	SD
媒体舆论对高校毕业生到基层就业的评价	3.29	0.85
家人对高校毕业生到基层就业的评价	3.33	0.84
朋友对高校毕业生到基层就业的评价	3.33	0.75
社会舆论对高校毕业生到基层就业的评价	3.27	0.80
总体支持情况	3.30	0.71

(五)基层就业职业需求情况

1.对高校的需求

由表34可知,高校毕业生需要基层实习实践机会(83.99%),专项指导与培训(64.94%),与基层就业创业有关的专业课程需求较小(30.16%)。可以看出,毕业生对基层就业宣传需求较小,对专项指导与培训以及实习实践更感兴趣。此外,少数毕业生建议开展五险一金等与劳动者保障性待遇相关的知识讲座,进行法律知识科普。

表34 基层就业发展建议(高校层面,$N=2\,098$)

序号	建议	频率	百分比(%)
1	开展赴基层就业创业专项指导与培训	1 363	64.94
2	为大学生提供基层实习、实践的机会	1 763	83.99
3	邀请在基层就业创业的杰出校友返校演讲	796	37.92
4	邀请基层单位来校进行宣讲	486	23.15
5	开设与基层就业创业有关的专业课程	633	30.16
6	基层就业政策解读讲座	474	22.58
7	其他	14	0.67

2. 对政府的需求

由表35可知,大部分高校毕业生希望政府增加基层就业补贴(69.18%),切实维护自身的就业权益(68.75%);毕业生对岗位开发需求多样化(68.70%),要求扩大招录规模(44.31%),拓宽基层就业渠道(35.30%);政府还应加强培训(44.26%)和见习工作(43.26%),提供一对一跟踪服务(42.45%)和提高信息化水平(37.26%),吸引和留住毕业生在基层就业。

表35　基层就业发展建议(政府层面,$N=2~098$)

序号	建议	频率	百分比(%)
1	开发更加多样化的政策性岗位	1 442	68.70
2	切实维护高校毕业生基层就业权益	1 443	68.75
3	加大高校毕业生基层就业补贴力度	1 452	69.18
4	推行基层就业一对一跟踪服务	891	42.45
5	加强基层就业相关职业技能培训	929	44.26
6	强化基层就业见习工作	908	43.26
7	督促基层招聘单位公平公正,避免性别、年龄、院校或地域歧视	931	44.35
8	扩大国家机关、事业单位、国有企业的基层岗位招录高校毕业生规模	930	44.31
9	创新地方特色基层服务项目,拓宽基层就业渠道	741	35.30
10	提升基层就业服务信息化水平,如建立信息共享平台、公开招聘平台等	782	37.26
11	其他	14	0.67

(六)基层就业影响因素分析

1. 基层就业意愿的影响因素

(1)描述性分析

①基层就业意愿情况。未选择基层就业的高校毕业生对未来在基层就业的意

愿较强,但预期工作年限较短,表明长期扎根基层的意愿较弱,且他们预期的月薪远高于实际水平,表明薪资期望与现实的矛盾可能阻碍他们选择基层就业,导致难以吸引和留住人才,见表36。

表36 未基层就业毕业生基层就业意愿与预期的描述性统计

项目	就业愿意	预期年限	预期薪资
M	3.47	3.26	6 296.57
SD	0.91	1.65	2 059.26

②期望福利待遇。数据显示,超过4/5的未基层就业毕业生将编制列为期望待遇的第一位,这可能与体制工作的稳定性优势有关。其次是住房和五险一金待遇,反映出他们对生活保障的需求。此外,对当地补贴、健康保障、人才引进费的关注也较多,均在1 500人以上,见表37。可见,未基层就业毕业生到基层工作的期望待遇多样,但主要集中在生活保障和经济补贴方面。

表37 未基层就业毕业生到基层工作期望待遇排序($N=1$ 605)

选项	综合得分	第1位	第2位	第3位	第4位	第5位	第6位	第7位	第8位	小计
编制	2.43	1 397	214	105	71	62	47	44	2	1 942
住房	1.51	303	779	440	197	100	68	37	0	1 924
五险	1.23	183	560	667	233	152	75	28	2	1 900
住房公积金	0.43	40	181	298	412	580	217	76	1	1 805
当地补贴	0.29	38	105	191	621	378	293	142	2	1 770
健康保障	0.32	68	89	157	167	233	451	502	0	1 667
人才引进费	0.21	39	67	94	104	196	441	666	11	1 618
其他	0.21	30	1	3	1	3	5	11	398	452

③具体影响因素。未基层就业毕业生的基层就业意愿主要受职业发展前景($M=3.93$)、岗位编制($M=3.92$)和基层岗位的稳定性($M=3.90$)的影响。他们对职业发展前景的关注度更高,更关注长远发展。同时,对岗位编制和"求稳"取向的重视也反映了政策在基层服务期满后的后续保障和职业发展通道上的完善空间。此外,基层就业后参与研究生($M=3.84$)和学费与助学代偿政策($M=3.68$)也对他们有吸引力,但较少关注社会对基层就业的看法($M=3.4$),而更受家人朋友

的支持($M=3.66$)的影响,见表38。

表38　影响未基层就业毕业生基层就业意愿的因素得分($N=1\,605$)

序号	因素	频率	百分比(%)
1	职业发展前景	3.93	0.89
2	岗位编制	3.92	0.93
3	基层岗位的稳定性	3.90	0.86
4	离岗后的再就业难度	3.89	0.90
5	基层的工资福利待遇	3.88	0.92
6	基层就业后参与研究生	3.84	0.87
7	个人价值的实现	3.81	0.88
8	基层的生活环境	3.79	0.88
9	笔试、面试考试录取方式的制定	3.79	0.87
10	基层的工作环境	3.79	0.87
11	入职后的培训和继续教育	3.78	0.87
12	基础设施建设	3.70	0.89
13	学费与助学代偿政策	3.68	0.92
14	家人朋友的支持	3.66	0.93
15	基层的竞争压力	3.66	0.90
16	岗位与专业的匹配度	3.60	0.96
17	社会对基层就业的看法	3.40	0.99

（2）相关性分析

由表39可知,社会舆论、高校支持、政府支持与未基层就业毕业生的基层就业意愿呈显著正相关($r=0.508,r=0.254,r=0.293,p<0.001$)。社会舆论的积极宣传、高校提供的支持和政府提供的政策支持可以有效地提高未基层就业毕业生对基层就业的意愿。

表39 相关性分析结果(N=1 605)

变量	社会舆论	高校支持	政府支持	基层就业意愿
社会舆论	1	—	—	—
高校支持	0.319***	1	—	—
政府支持	0.425***	0.686***	1	—
基层就业愿意	0.508***	0.254***	0.293***	1

注:*** $p<0.001$。

（3）差异性分析

由表40可知,未基层就业毕业生的基层就业意愿在性别、学历、学校类型、学生工作经历、社会实践经历、户籍所在地上存在显著差异。

表40 未基层就业毕业生的基层就业意愿在人口变量统计学上的差异分析(N=1 605)

变量	类别	基层工作意愿
学历	1. 专科	3.6±0.88
	2. 本科	3.43±0.94
	3. 硕士研究生	3.37±0.86
	4. 博士研究生	3.17±0.72
	F	5.78**
	LSD	1>2,3
学校类型	1. 高等职业院校	3.62±0.87
	2. 普通高等院校	3.45±0.93
	3. "双一流"高校	3.29±0.87
	F	12.50***
	LSD	1>2,3;2>3
性别	男	3.41±0.97
	女	3.52±0.85
	t	−2.19
	p	0.03

变量	类别	基层工作意愿
学生工作经历	无	3.38±0.89
	有	3.52±0.91
	t	−2.30
	p	0
社会实践经历	无	3.44±0.91
	有	3.49±0.91
	t	−1.14
	p	0
创业经历	无	3.48±0.89
	有	3.34±1.20
	t	1.07
	p	0.17
户籍所在地	城镇	3.39±0.93
	农村	3.52±0.89
	t	−2.70
	p	0.01
政治面貌	1. 群众	3.47±0.87
	2. 共青团员	3.44±0.92
	3. 中共党员（含预备党员）	3.54±0.90
	F	1.63
家庭人均年收入	1. 7 000 元以下	3.48±0.95
	2. 7 000～15 000 元	3.51±0.86
	3. 15 000～20 000 元	3.53±0.91
	4. 20 000～35 000 元	3.51±0.85
	5. 35 000～70 000 元	3.35±0.89
	6. 70 000 元以上	3.28±0.95
	F	2.08

注：[***] $p<0.001$。

①性别。对于性别,在未基层就业毕业生中,女性的基层就业意愿显著高于男性的基层就业意愿。因此,在推动基层就业政策和实践时,需考虑性别差异,满足不同需求和期望。同时需要打破就业刻板观念,构建平等和包容的就业市场。

②学历。对于学历,专科毕业生的基层就业意愿显著高于本科和硕士研究生;对于学校类型,高等职业院校毕业生的基层就业意愿显著高于普通高等院校的毕业生,普通高等院校毕业生的基层就业意愿显著高于"双一流"高校的毕业生。因此,在进行高校宣传教育时可以考虑院校类型。

③学生工作经历。有学生工作经历的未基层就业毕业生的基层就业意愿显著高于没有学生工作经历的未基层就业毕业生;有社会实践经历的未基层就业毕业生的基层就业意愿显著高于没有社会实践经历的未基层就业毕业生。

④户籍所在地。对于户籍所在地,农村籍的毕业生相较于城市大学生更倾向于去基层工作。面对巨大城市就业压力以及生源因素,农村大学生的基层就业意愿更高。

结果还显示,未基层就业毕业生的基层就业意愿在创业经历、政治面貌、家庭人均年收入上不存在显著差异,表明政治面貌和家庭人均年收入不会对毕业生的基层就业意愿产生显著影响。

(4)回归分析

经分析,未基层就业毕业生基层就业意愿的标准化回归方程模型为:基层就业意愿=0.48×社会舆论+0.09×高校支持−0.13×学校类型−0.06×学生工作经历+1.61。总体来看,该模型可以解释基层就业毕业生工作满意度29%的变异,见表41。

表41 社会舆论、高校支持、政府支持对工作满意度的回归分析($N=1\ 605$)

被预测变量	预测变量	拟合指标			系数显著性		
		R^2	ΔR^2	F	B	β	t
基层就业意愿 $M1$	常量	0.03	0.03	9.16***	4.07		27.50***
	学历				−0.03	−0.02	−0.49
	学校类型				−0.17	−0.13	−3.16**
	性别				0.07	0.04	1.59
	学生工作经历				−0.15	−0.08	−3.13**
	社会实践经历				−0.08	−0.05	−1.76

续表

被预测变量	预测变量	拟合指标			系数显著性		
		R^2	ΔR^2	F	B	β	t
基层就业意愿 $M2$	常量	0.29	0.27	200.98***	1.61		9.62***
	学历				−0.06	−0.05	−1.34
	学校类型				−0.17	−0.13	−3.53***
	性别				−0.02	−0.01	−0.52
	学生工作经历				−0.11	−0.06	−2.54*
	社会实践经历				−0.02	−0.01	−0.47
	社会舆论				0.61	0.48	20.35***
	高校支持				0.09	0.09	3.15**
	政府支持				0.01	0.01	0.44

注：*** $p<0.001$。

①社会舆论。社会舆论是影响大学生基层就业意愿的重要因素。社会舆论通过传递信息、塑造认知、社会规范和价值观来影响大学生的职业选择。

②高校支持。高校支持对毕业生到基层就业的意愿具有重要影响。高校通过宣传政策、指导大学生基层就业，帮助他们了解适合自己的岗位，激发基层就业动力。

2. 基层就业压力的影响因素

（1）差异性分析

由表42可知，基层就业毕业生的基层工作压力程度在学历、学校类型、学生工作经历、政治面貌上存在显著差异。

表42　基层就业毕业生的基层工作压力在人口变量统计学上的差异分析（$N=493$）

变量	类别	基层就业压力
学历	1. 专科	3.18±0.75
	2. 本科	3.40±0.78
	3. 硕士研究生	3.41±0.79
	F	3.73*
	LSD	2>1

续表

变量	类别	基层就业压力
学校类型	1. 高等职业院校	3.15±0.74
	2. 普通高等院校	3.39±0.77
	3. "双一流"高校	3.45±0.83
	F	4.95**
	LSD	2,3>1
性别	男	3.35±0.85
	女	3.34±0.73
	t	0.11
	p	0.92
学生工作经历	无	3.32±0.76
	有	3.36±0.79
	t	−0.6
	p	0
社会实践经历	无	3.31±0.78
	有	3.38±0.79
	t	−1.1
	p	0.27
创业经历	无	3.36±0.76
	有	3.23±0.93
	t	3.74
	p	0.24
户籍所在地	城镇	3.38±0.78
	农村	3.32±0.79
	t	−0.76
	p	0.45

续表

变量	类别	基层就业压力
政治面貌	1. 群众	3.34±0.76
	2. 共青团员	3.29±0.8
	3. 中共党员（含预备党员）	3.49±0.73
	F	3.04*
	LSD	3>2
家庭人均年收入	1. 7 000 元以下	3.40±0.77
	2. 7 000～15 000 元	3.33±0.74
	3. 15 000～20 000 元	3.38±0.74
	4. 20 000～35 000 元	3.27±0.87
	5. 35 000～70 000 元	3.29±0.87
	6. 70 000 元以上	3.26±0.79
	F	0.48

注：*** $p<0.001$。

①学历。本科基层就业毕业生的工作压力显著高于专科毕业生。本科毕业生在基层工作面临更多机会、责任和复杂问题，对未来职业发展有更高期望，但因职位和资源限制可能难以实现，导致更大压力。

②学校类型。普通本科和"双一流"高校毕业生在基层工作中的压力高于专科毕业生。他们在知识和技能上有优势，但若在基层工作中无法有效转化，反而增加压力。且社会对高等教育的高期望使他们在基层工作需展现更强能力和专业素养，导致更大压力。

③学生工作经历。有学生工作经历的毕业生在基层工作中面临更大压力。他们需适应新角色、期望和职责，完成角色转变，且因实践经验积累较多，进入基层岗位可能因经历差异产生心理落差，导致更大压力。

④政治面貌。政治面貌为中共党员的毕业生在基层工作中的工作压力显著高于共青团员的毕业生。党员通常扮演更积极的政治角色，被赋予更多责任，因此，对党员的要求更高，工作压力更大。

此外，毕业生的基层工作压力在性别、社会实践经历、创业经历、户籍所在地以及家庭平均年收入上无显著差异。

（2）相关性分析

经相关性分析，社会舆论、高校支持、政府支持与高校毕业生的基层工作压力的相关性均不显著，见表43。

表43　相关性分析结果（$N=493$）

变量	社会舆论	高校支持	政府支持	工作压力
社会舆论	1	—	—	—
高校支持	0.43***	1	—	—
政府支持	0.42***	0.69***	1	—
工作压力	0.03	−0.02	−0.07	1

注：*** $p<0.001$。

3.基层就业满意度的影响因素

（1）差异性分析

由表44可知，基层就业毕业生的工作满意度在学生工作经历、政治面貌上存在显著差异，表明学生工作经历和政治面貌会影响工作满意度。

表44　基层就业毕业生的工作满意度在人口变量统计学上的差异分析（$N=493$）

变量	类别	留岗意愿	工作满意度
学历	1.专科	3.19±0.73	3.62±0.08
	2.本科	3.23±0.97	3.67±0.04
	3.硕士研究生	3.07±0.96	3.53±0.08
	F	0.77	0.82
学校类型	1.高等职业院校	3.18±0.74	3.63±0.85
	2.普通高等院校	3.24±0.98	3.65±0.81
	3."双一流"高校	3.07±0.88	3.6±0.59
	F	1.19	1.19
性别	男	3.19±0.96	3.69±0.88
	女	3.2±0.88	3.6±0.71
	t	−0.12	1.17
	p	0.91	0.24

续表

变量	类别	留岗意愿	工作满意度
学生工作经历	无	3.17±0.96	3.49±0.81
	有	3.21±0.89	3.72±0.76
	t	−0.47	−3.20
	p	0.64	0.00
社会实践经历	无	3.15±0.89	3.58±0.76
	有	3.24±0.93	3.69±0.81
	t	−1.12	−1.62
	p	0.27	0.11
创业经历	无	3.18±0.94	3.76±0.93
	有	3.2±0.91	3.62±0.76
	t	−0.18	1.06
	p	0.86	0.29
政治面貌	1. 群众	3.05±0.83	3.43±0.82
	2. 共青团员	3.28±0.92	3.69±0.81
	3. 中共党员（含预备党员）	3.1±0.94	3.65±0.7
	F	2.71	3.15[*]
	LSD	—	2>1
家庭人均年收入	1. 7 000 元以下	3.23±0.88	3.63±0.86
	2. 7 000 ~ 15 000 元	3.15±0.92	3.61±0.72
	3. 15 000 ~ 20 000 元	3.23±0.95	3.51±0.69
	4. 20 000 ~ 35 000 元	3.27±0.84	3.74±0.84
	5. 35 000 ~ 70 000 元	2.93±0.96	3.66±0.64
	6. 70 000 元以上	3.33±1.02	3.75±0.79
	F	1.12	0.69

注：[***] $p<0.001$。

①学生工作经历。在高校就读期间有学生工作经历的毕业生在基层的工作满意度高于没有学生工作经历的基层就业毕业生。有学生工作经历的毕业生通过学生工作了解了自己的兴趣、职业方向,易找到合适的工作,且能力得到提升,服务群众意识增强,对基层工作有积极影响。

②政治面貌。政治面貌为共青团员的毕业生其基层工作满意度高于政治面貌为群众的基层就业毕业生。可能的原因是政治面貌为共青团员的基层就业毕业生把全心全意为人民服务贯穿于日常生活中,在基层工作中奉献自己、服务群众的需求高于对工作薪资、待遇以及环境的要求。

此外,基层就业毕业生的留岗意愿在性别、学历、学校类型、社会实践经历、创业经历、家庭人均年收入上均无显著差异,表明以上因素均不会对基层就业毕业生的留岗意愿产生显著影响。

（2）相关性分析

由表 45 可知,社会舆论、高校支持、政府支持与基层就业毕业生的工作满意度呈显著正相关($r=0.426$, $r=0.627$, $r=0.683$, $p<0.001$),说明社会舆论越积极,高校支持水平越高,政府支持水平越高,则基层就业毕业生的工作满意度水平越高。

表 45　相关性分析结果（$N=493$）

变量	社会舆论	高校支持	政府支持	工作满意度	留岗意愿
社会舆论	1	—	—	—	—
高校支持	0.433***	1	—	—	—
政府支持	0.415***	0.687***	1	—	—
工作满意度	0.426***	0.627***	0.683***	1	—
留岗意愿	0.444***	0.281***	0.298***	0.377***	1

注: *** $p<0.001$。

（3）回归分析

经分析,基层就业毕业生工作满意度的标准化回归方程模型为:工作满意度 = $0.13 \times$ 社会舆论 $+0.26 \times$ 高校支持 $+0.45 \times$ 政府支持 $+0.43$。总体来看,该模型可以解释基层就业毕业生工作满意度 52% 的变异,见表 46。

表46　社会舆论、高校支持、政府支持对工作满意度的回归分析（$N=493$）

被预测变量	预测变量	拟合指标			系数显著性		
		R^2	ΔR^2	F	B	β	t
工作满意度 M_1	常量	0.02	0.02	10.23**	3.49	—	59.10***
	学生工作经历				0.24	0.14	3.20**
工作满意度 M_2	常量	0.52	0.51	173.66***	0.43	—	2.83**
	学生工作经历				0.01	0.01	0.36
	社会舆论				0.15	0.13	3.53***
	高校支持				0.27	0.26	5.97***
	政府支持				0.45	0.45	10.29***

注：*** $p<0.001$。

①社会舆论。社会舆论会显著影响高校毕业生在基层工作的满意度。社会舆论以及亲朋好友、同龄人之间的交流，都在潜移默化中塑造着毕业生的价值观和对工作的期望，对毕业生基层就业工作满意度的影响不可小觑。

②高校支持。高校支持会显著影响高校毕业生在基层工作的满意度。首先，高校支持帮助毕业生正确认识基层工作，调适心理预期与落差。其次，高校指导毕业生进行岗位匹配与选择。最后，高校的就业指导与服务能够提升基层毕业生工作能力，适应基层就业环境。

③政府支持。政府支持对基层就业毕业生的工作满意度具有关键作用。政策准确性、规范性、宣传、落实和选聘制度是影响工作满意度的关键因素。政府应确保政策清晰、公正执行，加强宣传和选聘制度的透明度，以提高基层就业毕业生工作满意度。政府的支持和关注可以提供更好的就业环境和发展空间，提升高校毕业生基层工作满意度。

4.基层就业留岗的影响因素

（1）差异性分析

由表44可知，基层就业毕业生的留岗意愿在性别、学历、学校类型、学生工作经历、社会实践经历、创业经历、政治面貌、家庭人均年收入上均无显著差异，表明以上因素均不会对基层就业毕业生留岗意愿产生显著影响。

（2）相关性分析

由表45可知,社会舆论、高校支持、政府支持与基层就业毕业生留岗意愿呈显著正相关($r=0.444$,$r=0.281$,$r=0.298$,$p<0.001$),说明社会舆论越积极,高校支持水平越高,政府支持水平越高,则基层就业毕业生的留岗意愿越强烈。

（3）回归分析

经分析,基层就业毕业生留岗意愿的标准化回归方程模型为:留岗意愿=$0.38\times$社会舆论+$0.11\times$政府支持+0.7。总体来看,该模型可以解释基层就业毕业生留岗意愿21%的变异,见表47。

表47 社会舆论、高校支持、政府支持对工作满意度的回归分析($N=493$)

预测变量	拟合指标			系数显著性		
	R^2	ΔR^2	F	B	β	t
常量				0.70	—	3.06**
社会舆论	0.21	0.21	44.34***	0.53	0.38	8.42***
高校支持				0.05	0.04	0.68
政府支持				0.13	0.11	2.02*

注:***$p<0.001$。

①社会舆论。社会舆论会显著影响高校毕业生在基层的留岗意愿。社会舆论评价和关注度会影响毕业生对基层工作的认知和价值评估,从而影响职业选择和决策。社会舆论的负面态度或低关注度可能导致基层就业毕业生对工作的认同度和满意度降低,影响留岗意愿。

②政府支持。政府支持对高校毕业生在基层的留岗意愿有显著影响。政策激励和职业认同是重要因素。政府通过生活补贴、优先晋升等优惠政策激励毕业生参与基层工作,提高其满意度和积极性。同时,增强基层工作的社会声誉和地位,提升毕业生的职业认同感,也能有效增强其留岗意愿。

③高校支持。高校支持对高校毕业生在基层的留岗意愿不存在显著影响。

（4）描述性分析

由表48可知,基层就业毕业生长期留岗的主要影响因素是基层的工资福利待遇($M=3.86$)、基层岗位的稳定性($M=3.84$)和职业发展前景($M=3.81$)。提高待遇与保障是留住毕业生的关键。此外,基层的生活环境($M=3.75$)、基层的工作环境($M=3.72$)和基层的基础设施建设($M=3.68$)也会影响毕业生的适应与融入。

社会对基层就业的看法($M=3.41$)影响最小,说明毕业生在长期留岗基层的抉择中更关注个人价值和家庭支持。为留住基层毕业生,政府应提供帮助其施展才华和实现自我价值的平台。

表48 影响基层就业毕业生长期留岗的因素得分($N=493$)

序号	因素	M	SD
1	基层的工资福利待遇	3.86	0.91
2	基层岗位的稳定性	3.84	0.87
3	职业发展前景	3.81	0.9
4	岗位编制	3.78	0.94
5	基层的生活环境	3.75	0.83
6	离岗后的再就业难度	3.75	0.95
7	个人价值的实现	3.73	0.89
8	基层的工作环境	3.72	0.84
9	基层的基础设施建设	3.68	0.87
10	家人朋友的支持	3.67	0.85
11	入职后的培训和继续教育	3.64	0.88
12	基层的竞争压力	3.61	0.86
13	岗位与专业的匹配度	3.59	0.98
14	社会对基层就业的看法	3.41	0.93

五、重庆市高校毕业生基层就业问题分析

基于前述分析,课题组认为重庆市在高校毕业生基层就业工作整体层面取得了显著成绩,但结合调研结果来看,部分环节仍存在相应问题。重庆市高校毕业生基层就业工作在公共政策、教育服务、基层单位、社会支持、个人能力等维度有较大提升空间。

（一）公共政策维度

1. 政策供给问题

一是薪酬水平低。研究数据显示,约六成重庆市高校毕业生基层工作平均月收入低于 4 000 元,超过一半高校毕业生认为工资待遇是工作压力来源之一;约七成高校毕业生希望政府加大高校毕业生基层就业补贴力度。反观其他省市政策中基层就业毕业生可获较高额度的一次性基层就业奖补、一次性创业补贴等多项补贴举措,重庆市高校毕业生基层工作薪资体系仍有优化空间。二是再就业难。当前政策,重庆市对于服务期满的毕业生去留没有精准跟踪,基层就业长效保障力度不足。基层就业毕业生在服务期满后会面临再次择业危机,导致高校毕业生对于基层就业"望而却步"。调查数据显示,近四成的基层就业毕业生不了解基层服务期满后的再就业政策,且离岗后的再就业难度会对其留岗意愿产生较大影响,希望政府开展基层就业一对一跟踪服务。三是职位晋升慢。研究结果显示,因缺乏精准的生涯发展指导以及足够的基层上升空间,毕业生普遍认为基层职位晋升缓慢且难度较大,学习与上升空间较小。其他研究也表明,基层工作自身特性及"职务本位"等一直以来所遵循的晋升原则,导致基层工作晋升进程普遍缓慢,影响就业意愿。

2. 政策宣传问题

一是基层就业政策宣传工作缺乏创新活力。研究结果显示,重庆市基层就业政策宣传难以吸引高校毕业生关注。当前基层就业政策多通过学校官方公众号、就业指导网站及政府官方网站进行宣传,而高校毕业生对这类平台的关注较少,且平台中政策的呈现形式多为平铺直叙,宣传效力较弱。二是忽视政策宣传整体统筹设计,部分政策宣传力度不足。有关部门在宣传优惠政策时往往忽视整体设计,导致优惠政策宣传效果失衡。例如,重点宣传基层就业福利待遇政策,对学费补偿和助学贷款代偿政策的宣传力度有所欠缺。这种厚此薄彼的现象致使部分优惠政策无法进入高校毕业生视野,政策宣传实效有所削弱。

3. 政策落实问题

政策有效性不仅取决于政策内容是否完善、宣传是否有力,还要关注政策的执行是否到位,目前重庆市高校毕业生基层就业政策落实方面仍有提升空间。一是基层就业保障长效机制类政策较难落实。目前仍有毕业生希望落实"基层就业一对一跟踪服务"、畅通"绿色通道"等切实政策,这说明在有关部门出台基层就业纲领性指导文件后,涉及基层就业长效机制政策的部分往往面临"落实难"的困境。二是政策落实细则不完善。现有政策大多只是方向性的指导和要求,缺乏明确的、具体的操作和实施细则,因此存在有关部门没有进一步根据当地实际情况进行制度细化和可操作性评估的情况,政策执行时未采取有力举措,致使许多优惠政策尚未落到实处。

(二)教育服务维度

1.人才培养与基层就业需求匹配失衡

一是高校缺乏对大学生基层服务意识的形塑。部分高校缺少对基层社会发展及治理现状、基层工作内容与挑战等方面的系统性介绍,对知识应用、劳动实践、工作技能的培养和训练尚有不足,导致毕业生对基层工作实际情况的了解远远不足,到基层就业的思想意识不够坚定。二是高校专业教育与基层就业需求不匹配。高校专业设置偏向理论,而基层岗位实践课程较少,忽视了对学生解决实际问题能力和沟通能力的培养,导致学生在面临复杂性与矛盾性较强的基层工作时因必备能力欠缺而措手不及。三是高校基层实习实践教育制度不完善。当前部分高校对基层工作实践教育平台的建设仍需继续完善,与基层政府、企业的沟通反馈机制尚未健全,大学生缺少了解基层工作的机会,对基层工作的认知存在偏差。

2.高校基层就业指导与服务体系不健全

一是宣传工作不到位,基层就业意识尚未深入人心。一些高校对毕业生基层就业宣传的重视程度不够,缺少对基层就业政策正确、深入的解读以及专门的指导。同时,部分高校的就业辅导工作与服务系统建设尚未健全,尽管形式上积极引导学生到基层就业,实际上却很难做到结合岗位情况和学生个人实际进行综合分析和精准指导。二是全过程职业指导不足,缺少基层就业跟踪服务。许多高校未能有效发挥职业生涯规划课程的作用,针对不同年级、不同专业大学生发展特点所提供的针对性指导与立体化服务不足,导致大学生在获取就业信息、了解政策法规等方面存在困难。此外,一些高校尚未健全基层就业毕业生的跟踪反馈机制,导致高校难以及时调整就业指导和优化就业培训。

（三）基层单位维度

1.薪酬激励的工作驱动弱

当前重庆市基层就业工作存在薪酬数额与工作任务量不匹配的问题,高校毕业生在对比岗前期望工资以及同辈工资与工作投入比之后易产生不满情绪和职业倦怠。在经济压力与"不公平"感的共同裹挟下,毕业生无法获得正向激励,对待基层工作可能更加懈怠,从而导致工作满意度、留岗意愿降低。一是薪酬政策制定与基层工作实践存在落差。部分基层工作的实际情况以及高校毕业生的特殊性未得到充分重视,薪酬激励效果不佳。政府有关部门或高校重视基层就业的价值意义,却对基层就业所要承担的责任、所将遇到的困难等少有提及,导致许多高校毕业生在高度期望下面临劳动投入与产出不对等的情况时,易诱发负面情绪。二是薪酬发放过程受基层自身环境制约。在偏远农村地区,一些基层工作者无法享受到应有的社会保障,从而增加了他们的工作压力和生活风险。

2.基层就业长效支持机制不完善

工作考核、晋升空间以及再就业保障是影响高校毕业生基层就业动力的重要因素。一是工作考核制度的科学性有待提升。调研数据显示,身处基层的高校毕业生大多认为现行考核理念与考核制度设计难以对基层工作者的工作表现进行科学的评价。而存在缺陷的考核制度所得出的考核结果会影响基层工作者的收入与福利,导致高校毕业生在衡量自身付出和所获得的物质回报时往往感到不公。二是基层岗位的晋升渠道不畅通。职级、职称在很大程度上决定着个人收入,而基层工作者除仕途晋升外较少有其他晋升通道,其所享受的待遇也相对稳定。如果长期没有机会获得提拔或者提拔进程缓慢,势必导致就职人员对个人收入的不满,进而影响其基层就业的动力与持续力。三是基层就业后续保障性政策建设有短板。当前政策中往往承诺参加基层就业项目的高校毕业生可以享受一系列相关优惠政策,但对于服务期限满后的学生去留没有明确。由于忽视长效就业保障的提供,很多服务于基层的毕业生在服务期满后会面临再次择业的危机。

3.基层工作环境存在改善空间

基层工作环境往往较为艰苦,且其工作特性与高等教育文化环境之间的差异常使基层毕业生难以适应。一是基层就业基础设施保障不足。调研数据显示,已在基层就业的高校毕业生对办公地点的交通和生活条件等满意度不高,这反映出大多基层地区在食宿、交通、医疗等公共服务设施建设方面较薄弱,难以满足部分高校毕业生对高质量生活的需求。二是工作压力值较高,易导致心理倦怠。调研数据显示,工作任务是在基层工作的高校毕业生工作压力最大的来源。基层工作不仅烦琐,而且往往单调、重复,容易使基层工作者感到枯燥和疲惫。同时,基层工作量的大幅增加也会产生工作压力,促成心理倦怠。三是基层工作环境复杂,适应困难。基层社会结构错综复杂,刚进入基层的高校毕业生往往缺少足够的经验与能力来处理基层工作中的各事项;且基层干部和老百姓的信任与支持的获取需要耗费大量的时间与精力,存在工作环境适应问题。

(四)社会支持维度

1.消极社会评价仍存在

一是对基层工作存有偏见。家庭、同辈群体、社会舆论等社会支持对于高校毕业生基层就业具有很大影响。调查显示,部分基层工作毕业生面临着社会舆论和家庭支持的压力。从创业者感知来看,社会支持明显更低,说明当前对高校毕业生前往基层就业的社会认同和舆论环境还不够成熟。二是负面舆论导致动力削弱。社会群体往往聚焦于基层就业条件的不足并不断放大,忽视其积极成分和既有成就,从而导致公众对基层就业的认知偏差。此类负面评价也会导致部分基层队伍的工作动力和服务意识减弱,致使基层就业难以获得较强的社会推动力。

2.舆论引导重心失衡

一是价值取向出现短期功利化。目前部分社会媒体对基层就业宣传多为强调基层工作短期优惠政策和基层工作为个人带来的外在功利价值,对激发“基层工作服务光荣”内生动力的实效较欠缺。在偏离的价值引导下高校毕业生可能将基层就业看作“跳板”,难以在基层扎根。二是朋辈榜样力量发挥不足。研究表明,朋辈群体并未成为促动高校毕业生前往基层就业的积极变量,朋辈群体对高校毕业生到基层就业的评价较低。已在基层就业的毕业生尚未充分认识到自身的榜样作用,与待就业毕业生群体之间未形成良好的循环带动效应。

（五）个体能力维度

1. 就业观念偏差，心态焦虑浮躁

一是择业期望过于追求物质待遇。从未选择基层就业的高校毕业生对基层工作的预期平均月薪可以看出，目前他们对于未来工作的期望薪资与现实基层就业薪资状况存在显著差距。高校毕业生对工资福利待遇、工作生活环境等物质因素的重视远远超出对理想抱负、精神价值实现的追求，呈现出基于个体理性追求自身利益的倾向。二是职业发展追求急功近利。面对"就业难，失业易"的大环境，大多毕业生缺乏"在沉默中建功立业"的心性。对于基层就业毕业生来说，一旦服务期满没有得到相应晋升机会便将面临出路不明的风险，在这种焦虑心态下，基层往往成为"跳板"或"备胎"而不会被坚定选择。

2. 职业规划模糊，能力发挥受限

一是职业规划模糊导致缺乏理性选择。调研数据显示，超过四成的基层就业毕业生缺乏对基层社会及对国家基层就业相关政策的深入了解。模糊的职业规划也会导致时间浪费与创业受阻，无法有效发挥自身能力，就业或创业成果不及预期。二是职前准备不足导致工作能力受阻。所学知识与工作要求脱节，难以学以致用，成为高校毕业生适应工作的首要阻碍因素。此外，超三成的基层就业毕业生也反映自身在校期间的实习实践机会、专项指导与培训参与不足，导致其缺乏必要的沟通能力和解决实际问题的能力。

3. 角色转变受阻，自我期望过高

一是环境转换产生落差，难以适应实际工作。学历和毕业高校层次更高，毕业生的工作压力更大。此类学生在校期间具有较高的自我效能感，但进入基层工作后，先前的认知与行为方式已失去普适作用，在校的"舒适圈"与现实工作之间产生落差，增大了基层工作的压力和失落感。二是追求政治效能感，却未能坚持务实心态。部分基层就业毕业生拥有社会责任感和家国情怀，但过于理想化的设想往往与实际艰苦复杂的基层工作产生强烈冲突。调研结果表明，超过半数的重庆市高校毕业生表示自己因响应国家号召、为更好地服务人民而选择基层就业，但不少基层就业毕业生工作后却发现对基层缺乏深入了解与必备能力从而影响其工作状态，这种强烈对比落差难免阻碍职场过渡。

六、重庆市高校毕业生基层就业路径优化举措

当前重庆市高校毕业生基层就业取得显著成就,但离充分就业、高质量就业仍有距离,政府、高校、社会和基层组织等重要主体需联动合作,协同推动毕业生基层就业高质量发展。课题组认为,为更好促进我市基层就业工作,有必要系统构建、精准施策,实现市域高质量充分就业。

(一)发挥政府主导作用,完善政策与平台建构

1.拓展基层就业空间,促进渠道供给多元化

一是上下联动,建立更加丰富且符合基层需求、适合基层现状的区域性基层项目,市—区(县)—镇(街道)—村(社区)协同,继续挖掘基层社会治理、教育医疗卫生服务、乡村振兴等领域公共服务岗位,发布重庆市基层就业年度岗位目录,创造更多有利于发挥毕业生专长的知识技术型就业岗位;二是就创协同,围绕创业全流程全要素构建支持体系,引导大学生基层创业和返乡创业,搭建高校毕业生基层创业和乡村创业孵化专区和实践基地,为基层创业成功者提供人才供给服务,为基层创业退出者提供再就业岗位服务,鼓励大学生基层就业者就地创业;三是常态与揭榜相结合,立足基层就业常态化推进,对重点或特殊基层岗位实施揭榜制度,确保关键岗位精准选才,并开展针对性政策服务;四是传统与新兴相结合,既重视传统行业推进就业,也重视开辟新职业就业通道,构建新职业基层就业保障与支持体系,将新职业作为基层就业空间拓展的重要方向。

2.提高并落实基层福利待遇,构建多元激励机制

一是提升低收入基层就业者待遇。经调研,约12%的我市基层就业高校毕业生薪资为2 000元以下,超30%基层就业者待遇为2 000～3 000元,亟待提升该群体收入水平。基于此,应合理设置并适当提高工资薪酬与福利待遇标准,构建大学生基层就业薪资市级统筹机制,建立基层组织、区县政府等共同参与的保障机制。二是建立贡献导向、面向完整价值链的激励模式。以尊重、共享和平等为原则,规范绩效考核评价,实行增值评价,按实际贡献获得报酬,建立股权等共享机制。对基层就业高校毕业生后续因地创业,给予应届毕业生创业同等待遇支持。三是注重精神激励。建立与完善精神荣誉激励制度,实行基层就业荣誉证书或服务证书

奖励制度,提高褒奖比例,分类细化褒奖对象,将评选表彰先进个人或典型事迹宣传长期化、制度化,表彰、宣传、引导三合一。

3. 畅通基层发展空间,增强发展前景保障

一是拓宽"中长期优惠"政策范围,深入实施毕业生基层成长计划,建立健全基层优秀青年后备人才选拔机制和重庆市基层就业优秀青年人才库。二是适度增加基层组织和单位编制配给。科学规划,有所侧重,增加基层组织和单位编制配给,为表现优秀、做出突出贡献的高校毕业生增加"转正"机会。三是注重长效激励。将基层就业毕业生纳入区域整体人才规划,重视后续培养发展和未来前景规划,细化、明晰各项中长期发展前景保障政策。强化就业和培养相结合理念,强调基层经历尤其是基层业绩在生涯发展中的功能性作用。四是搭建立交桥。消除高校毕业生在基层和非基层地区之间流动及职业转换的各种制度性障碍,尤其是畅通从基层向非基层地区岗位转换的制度设计。

4. 搭建数据信息平台,实现有效对接与融通

一是构建基层就业供需信息集成平台。建立基层就业需求数据库、市域高校毕业生供给数据库,勾勒各路径基层就业者数字画像,实现人岗精准匹配。实现毕业生与求职信息、用人单位与招聘岗位等供求信息之间长效互通,发布我市高校毕业生基层就业年度报告。二是构建毕业生基层就业状态数据库。将基层就业高校毕业生的录用、在岗、年度考核及期满去向等就业过程前、中、后信息档案数字化,通过存档、更新与监测把握每年岗位招录情况与人员结构状态,提高基层就业信息存储、检索和利用效率,同时对基层服务期内的职称评定、待遇落实、职级晋升等内容及时记录,评估政策的落实程度。三是统筹平台管理与宣传使用。严格落实准入制和信用制,确保信息内容真实有效;在使用中逐渐完善、整合基层就业政策信息,发挥收集、查询、发布、筛选、咨询指导及处理信息等功能;发挥数据库在人才未来成长中的作用与价值。

5. 提高政策设计科学性,强化执行监督与评价

一是提升政策构建科学性。引导高校、毕业生、用人单位、社会媒体等多方利益相关者协同参与高校毕业生基层就业政策制定与完善,细化和优化各类照顾政策,明确优惠内容、条件和对象,提升政策设计科学性。二是强化监督管理。规范基层就业市场,通过定期开展执法检查、完善监督投诉渠道、严格制定与执行违反劳动法和相关政策的处罚等措施,切实保障高校毕业生合法权益,确保工资补助、

助学贷款补贴等按时、规范发放。三是开展第三方评估。充分发挥第三方组织的作用,组建评估专家建立科学的评估指标和方法对市域高校毕业生就业政策执行情况进行评估,基于评估结果反馈对政策目标、政策内容、政策手段进行动态调整,进而调整政策方向、内容和手段。

6.畅通政策宣传渠道,切实提升宣传质效

一是建立线上线下结合宣传阵地。政府组织召开基层就业政策发布会,简明问答,通过对话呈现政策全景;搭建在线平台,通过图解、视频、动漫等形式,结合具体岗位、专业、实际案例等对政策开展多维度、针对性解读,确保"广知晓、能接受"。二是政校联动开辟基层就业官网宣传栏,发布基层就业信息,分类梳理基层就业典型案例,开展新职业主题推介,让大学生真实感受基层就业环境、生态与能力要求等。三是主动出击,走入高校、走进企事业基层组织等进行政策宣贯或现场办公,由"人找政策"转变为"政策找人"。

(二)高校把好质量关,建立基层就业引导机制

1.加强思想引导,激发基层就业内生动力

一是强调大思政引导力。发挥"思政课程"和"课程思政"在毕业生就业选择方面的价值导向和教育形塑功能,正确辨识当前就业形势,积极开展关乎国情、乡情、民情等的思想政治教育,强化扎根基层建功立业的价值引领。二是强调职业生涯规划引导。将基层就业创业观念教育融入高校教育教学改革和日常实践,融基层就业观及政策于职业生涯规划教育全程,并与专业教育、创新创业训练以及形势教育等相结合。三是强调舆论引导力。将基层就业先进典型融入校园文化建设,发挥同辈群体榜样影响力,感染带动基层就业积极主动性,唱响到基层、到祖国最需要的地方建功立业的主旋律。

2.强化课程教学引导,夯实基层就业知识基础

一是优化专业设置。突出基层就业需求导向,根据基层经济社会发展需求合理增设相关专业,优化课程设置,动态调整人才培养方案,夯实胜任基层发展所需的各项知识技能。二是完善课程设置。增设面向基层工作的选修课程,使教学内容与教育实践贴近基层需要;优化基于专业的创业教育和广谱式创业教育,突出各类创业课程的实用性、针对性,系统培养毕业生创业意识和基本理论知识。三是优

化师资结构。严格师资引入标准,引导校外基层就业先进典型兼任高校基层就业指导规划教师,聘任知名招聘平台总监、企业HR、基层就业创业校友、人社部门专员等,夯实毕业生基层就业能力。

3.注重实践引导,强化基层就业综合素质培养

一是强调实践能力培养。提高实践实训比重,积极开展基层创业就业沙龙、中国国际大学生创新大赛(原"互联网十"大赛)等系列创业就业活动,将创业就业延伸到广大基层,指导生源地大学生挖掘基层或返乡入乡创业机会。二是推动实践资源开发。整合校内外资源,搭建基层就业创业实践教学平台和基地,定期开展多元化基层就业观摩,加深学生对基层实况的感知,提高基层就业实操技能和基层工作适应能力。丰富与规范校内学生组织的设置,提供多样化校内基层实践机会。高校协同政府建立基层就业青年见习计划及基层企业、事业单位人才储备计划。三是注重实践性评价。在评奖评优、吸纳党员等环节凸显实践能力与综合素质导向。

4.提质服务举措,构建长效链条

一是分项明确就业创业服务清单。依据基层就业项目类型和高校毕业生多元化就业需求,确定就业创业服务任务,组织开展公共就业人才服务进校园、就业服务月等专项活动。二是设立一站式服务平台。构建基层就业创业一站式专门服务平台,打造专业化服务队伍,提高咨询、指导培训、技术支持等服务质量。三是强化宣传教育服务。高校开展基层就业政策宣传,精准解读基层政策;开展新职业相关领域推介,并提供实践感知平台。四是健全保障机制。加大对扎根基层毕业生的物质与荣誉激励,设立基层就业创业基金和荣誉制度,将基层实践纳入学生评优评奖指标,给予适度倾斜。建立跟踪调查和联络制度,发布毕业生基层就业状态报告,关心支持基层就业毕业生持续发展。

(三)基层优化就业环境,建立"引—育—用—留"新机制

1.改善生活与工作条件,形成物质与人文双保障

一是改进物质保障。完善交通、住房、医疗、卫生等方面的配套设施或配套制度,改善基层工作人员工作环境和人居环境;改善基层单位办公环境,在保证办公场地、用房的基础上,配齐配足办公设备,构建便捷高效的办公环境,做好后勤保

障。二是强化人文与心理关怀。基层组织要建立与高校毕业生定期交流机制,关注思想动态,最大限度地减轻后顾之忧,开展心理疏导,及时传达国家的重视和关怀,力促全身心投入基层事业。三是建立健康和谐的基层人际氛围。形成互帮互助、公平竞合的人际氛围,组织开展业余文体团建活动,促进毕业生和归国留学生等有效融入基层文化和工作环境,提升归属感和认同感。

2. 以公平为内核,健全毕业生基层就业管理制度

一是强化政策落实力度,形成回头看机制。加强基层工作毕业生优惠政策兑现力度,切实落实上级文件规定,并结合自身实际,从薪资待遇、住房与医疗保障、职级评定等系列配套措施方面用足用活政策。二是健全公平合理的选拔考核机制。明确职责内容与评价标准,建立过程考核与年终考核相结合、定期考核与不定期考核相结合的双重约束机制。在评比先进和职称评定中,适当增加高校毕业生名额,破除"论资排辈"观念,建立"能则上、庸则下、劣则汰"的竞争择优机制,增强获得感与成就感。三是建立毕业生基层工作档案袋。加快人事档案管理服务信息化建设,通过数字赋能对基层就业毕业生录用、在岗、年度考核及期满去向等信息档案全过程进行记录与追踪。

3. 增强可持续发展能力,完善基层人才培养制度

一是构建基层人才定向培养制度。市域基层根据需求,勾勒基层人才需求画像,定向选择适合高校开展订单式人才培养,提升人才与基层需求的匹配性和精准性。二是建立传帮带和导师制。强化对毕业生可持续发展的重视,建立健全基层工作毕业生成长链条,通过系统化培训进修和传帮带等方式实施职前和在职岗位技能指导,提升基层工作效能。三是构建基层就业者创业保障制度。重视服务期满后的职业出路设计与规划,尝试扶持基层就业大学生留在基层创业,针对项目、团队等提供帮扶指导。

4. 强化人尽其才,构建灵活用人机制

一是提升人岗匹配度。通过学校反馈、个人档案及谈话等途径加深对赴基层工作的毕业生尤其是归国留学生的全方位了解,根据其特点和优势精准人岗匹配,促进毕业生学有所用、激潜挖能。二是放权赋能。进一步优化工作过程中职责权力的配置,多为基层就业毕业生提供实践锻炼的机会与施展才能的空间,增强毕业生工作中自我价值实现的成就感。三是构建动态流出机制。健全识别、遴选、淘汰机制,提升基层人才质量,在既有遴选标准之外,考虑高校毕业生专业素养、身心适应性、基层就业意愿等要素,基于在职考核建立动态流出机制,发挥淘汰激励作用。

(四)个人树立正确就业观,投身基层促发展

1.在观念上树立高尚风向标

一是科学定位就业目标。理想主义与现实主义相结合,树立"工作没有贵贱之分,只有适合之别"的择业观念,破除功利性就业导向,调整职业理想取向,拓宽择业范围。二是全面认识就业价值。社会价值与自我价值相结合,树立奉献自我与回报社会的价值取向,在实践中体现责任与担当。三是精准把握就业形势。明晰专业就业动态和基层就业实况,依据自身实际制订科学合理的职业生涯规划。积极参加各类就业创业指导活动,勇于尝试自主创业。

2.在素质上做好综合准备

一是知识准备。做好充分的知识准备,包括专业知识、法律知识、管理知识、基层生活知识、就业政策知识、创业知识等,依据就业期望充分扩展自身知识结构。二是能力准备。做好充分的实践能力准备,充分利用基层考察、实习的机会在实际工作中锻炼专业实践能力,做到所学有所用。抓住校内实践机会,培养协调沟通、组织领导能力等,积极参与创新创业大赛、社会调查等活动,奠定实践经验基础。三是身心准备。做好充分的身心准备,提高自身身体素质,同时培养良好的抗压受挫心理素质及吃苦耐劳、甘于奉献精神,提升基层环境适应能力。

3.在实干中强化归属感与获得感

一是夯实群众基础。基层就业毕业生要摆正心态,积极融入基层工作过程中,与基层民众建立友好互动关系,主动向基层民众学习,夯实基层工作的群众基础,将基层工作的成就置于群众利益之上。二是树立榜样意识。强化对基层的认同感,在基层就业舆论宣传中发挥积极示范带动作用,鼓励更多高校毕业生投身基层。三是实干中发展自我。入职后或创业过程中积极参与培训与指导,提高自身工作能力,充实实践经验,并在服务中为基层做出贡献,创造价值;依据自身实际工作情况及时规划服务期满后的职业发展,了解并充分利用优惠政策明确发展通道。

（五）凝聚社会共识与合力，开创基层就业新局面

1. 优化舆论氛围，形成宣传叠加效应

一是发挥舆论导向功能。充分发挥宣传部门和新闻媒体的舆论导向作用，网络、报刊、新兴媒体等要积极宣传科学择业相关知识，宣传推广基层就业创业典型案例，传递正能量。二是宣传基层就业特色亮点。大力宣传毕业生基层就业工作亮点与贡献，营造全民支持的社会氛围，凝聚各方价值认同，真正形成大学生到基层就业创业光荣的舆论环境，进而引导营造尊重并支持大学生基层就业和创业的良好家庭氛围，调动家庭力量共同参与。

2. 发挥媒体监督作用，保障基层就业群体利益

尊重民众话语权，利用网络畅通意见表达渠道，反映真实、普遍存在的基层就业问题，实现对高校毕业生基层就业问题的舆论监督；加强网络空间监管，保证观点自由表达的同时阻止恶意舆论引导行为及侵犯他人权益行为，保证意见表达和无形监督作用的有效发挥。

3. 建立第三方评估机制，增强基层就业工作公信力

由非利益相关群体构成的社会第三方机构，对毕业生基层就业信息进行统计和评价，包括毕业生基层就业满意度、工资福利、工作性质、工作环境等方面的内容，用人单位对毕业生工作满意度、思想素质、工作能力、专业水平等方面的评价以及毕业生对高校教育教学、就业指导、社会用人环境等方面的评价。此外，监督毕业生基层就业政策落实情况、法律保障和发展通道等方面情况。

参考文献

［1］蔡红建.让青春在基层闪光　大学生在基层的成长空间广阔［J］.人民论坛，2018（12）：119-121.

［2］程虹娟，张春和，龚永辉.大学生社会支持的研究综述［J］.成都理工大学学报（社会科学版），2004，12（1）：88-91.

［3］崔盛，苏均宇."久有凌云志"会否"主动下基层"：大学生理想信念与基层就业选择关系的实证研究［J］.重庆高教研究，2021，9（2）：82-94.

[4] 大学生基层就业:政策与实践[J].北京大学教育评论,2015,13(2):1.

[5] 代懋.中国大学生基层就业项目参与意愿的影响因素研究[J].中国青年研究,2020(7):105-111.

[6] 鄂义强.中国大学生就业中政府责任研究[D].长春:东北师范大学,2020.

[7] 高凯,任嘉庆,蒋承.基层就业期望与落实情况对比研究:以北京市大学生为例[J].中国青年研究,2014(5):51-56.

[8] 胡月.山西省大学毕业生基层就业意愿影响因素研究[D].太原:山西财经大学,2023.

[9] 简林刚.社会工作专业硕士就业现状及其影响因素研究:基于2012—2019某高校社工专硕就业状况调查[D].重庆:西南大学,2021.

[10] 蒋承,李笑秋.政策感知与大学生基层就业:基于"三元交互理论"的视角[J].北京大学教育评论,2015,13(2):47-56,188-189.

[11] 蒋承,张思思.大学生基层就业的趋势分析:2003—2017[J].华东师范大学学报(教育科学版),2018,36(5):60-70,167.

[12] 蒋承,周京博,罗尧.如何才能"用得上、留得住":对基层就业大学生工作状态的定量研究[J].北京大学教育评论,2017,15(3):154-168,192.

[13] 孔令轩.基层公务员职业倦怠影响因素分析[J].人才资源开发,2022(2):68-69.

[14] 刘超.我国基层公务员职业倦怠现状及影响因素分析:基于Meta与扎根理论的方法[J].安徽行政学院学报,2022,13(1):52-59.

[15] 刘焕性,蒋承,李笑秋.对基层就业大学生职业发展的实证分析[J].中国高教研究,2016(11):24-27.

[16] 刘渊.乡村振兴背景下高职毕业生基层就业创业的诉求、价值及引导机制[J].就业与保障,2022(7):58-60.

[17] 吕萍.服务型政府视角下基层公务员绩效考核体系的优化[J].济宁学院学报,2021,42(1):60-64.

[18] 孟欢,郑玉洁,蒋承.社会资本与基层就业大学生的个人收入:基于"拜年网"的实证研究[J].世界经济文汇,2020(2):106-120.

[19] 彭博成.促进西南高校大学生到西部艰苦边远地区基层就业的研究:以四川、重庆为例[D].重庆:重庆大学,2019.

[20] 漆新贵.适合教育:一流应用型人才培养的理论逻辑和实践路径[J].重庆高教研究,2022,10(5):5-7.

[21] 秦浩,丁利.国外鼓励高校毕业生到基层工作的政策支持体系及其启示

［J］.现代教育管理,2016(11):58-62.

［22］任延延.乡村振兴视角下高校毕业生基层就业长效机制建构路向［J］.高教论坛,2023(3):78-82.

［23］苏小菱.基层就业核心素养的层次建构与培养［J］.教育评论,2022(1):73-78.

［24］汪卫平,牛新春,郑雅君.为什么要去做定向选调生?:基于某"双一流"建设高校毕业生的质性研究［J］.中国高教研究,2020(8):78-84.

［25］王乐,陈中华.新时代乡村振兴背景下的大学生农村就业现状研究［J］.中国大学生就业,2021(13):40-43.

［26］王丽萍,曾祥龙.农业高校大学生农村就业意愿研究［J］.高教探索,2021(6):121-128.

［27］王苹.乡村振兴背景下大学生农村基层就业问题研究［J］.农业与技术,2021,41(21):158-160.

［28］王巧玉,李志红.在校大学生基层就业意愿影响因素研究:基于对北京市在校大学生的调查［J］.科技促进发展,2017,13(12):994-999.

［29］王霆.大学生高质量就业的影响机制研究:人力资本与社会资本的视角［J］.高教探索,2020(2):108-114.

［30］王向东,张应敏,孙铁燕.高校毕业生就业质量监测及其提升策略研究:以浙江省十年实证调查为例［J］.现代大学教育,2022,38(5):100-111.

［31］王颖,倪超,刘秋燕.中国公务员职业倦怠的产生过程:社会支持与应对方式的调节效应［J］.中国行政管理,2015(4):118-122.

［32］王瑜,何雨竹.基于多源流理论创新大学生基层就业政策的议程设置分析［J］.中国大学生就业,2021(23):34-38.

［33］夏婧.学前教育师范生实习后从业意愿调查研究:基于对中部某省S校的调查［J］.汉江师范学院学报,2020,40(5):119-124.

［34］谢治菊,叶思轩,李小勇.ERG理论下基层公务员职业倦怠问题探讨:基于G省的实证调查［J］.贵州大学学报(社会科学版),2020,38(2):72-84.

［35］玄雪梅.公共政策理论视角下大学生基层就业政策研究［J］.学校党建与思想教育,2018(11):75-77.

［36］闫广芬,田蕊."情"与"理"的交融:大学生返乡发展的源动力:基于X省J市基层调研的质性研究［J］.国家教育行政学院学报,2019(12):81-89.

［37］张廷君."95后"大学生能否成为基层建设的生力军?:基于就业意愿与发展意愿的双重考察［J］.高教探索,2019(10):120-128.

[38] 张艳,张双月,张莉.基于SEM的家庭文化资本对农科大学生农村基层就业意愿的影响分析[J].现代教育管理,2018(4):93-99.

[39] 赵锦山.城乡生源地、高校层次与大学生职业获得研究:基于17所高校2768名大学毕业生的实证[J].广西师范大学学报(哲学社会科学版),2015,51(5):76-82.

[40] 郑东.社会认知生涯理论视角下的基层就业引导策略研究:基于上海59所高校的调查[J].江苏高教,2021(10):95-99.

[41] 钟云华,刘姗.新中国成立以来高校毕业生基层就业政策变迁逻辑与发展理路:基于1949—2020年政策文本的分析[J].高校教育管理,2021,15(2):114-124.

[42] 钟镇江,彭剑啸.公众舆论认同差异化及其根源:基于CGSS数据调查的实证分析[J].社会科学家,2020(12):93-96,124.

[43] 朱军.高校毕业生到乡村基层就业现状调研及对策建议[J].教育评论,2023(8):53-60.

[44] 祝军,杨平.大学生基层就业项目:参与意愿和满意度[J].北京大学教育评论,2015,13(2):2-17,187.

课题负责人:吴叶林
课题组:西南大学
课题主研人员:徐　涵　史镜钰　陈　倩　龚李雪　陈晓岚　刘芷宣　戴　婉　陶　慧　杨　欣

重庆市数字经济发展对就业的影响研究

摘　要:党的十八大以来,以习近平同志为核心的党中央坚持以人民为中心,把增进民生福祉作为发展的根本目的,将就业工作摆在经济社会发展的突出位置。近些年,重庆抢抓机遇,推动实体经济与数字经济融合发展,大力推进数字产业化及产业数字化进程,加快培育数字经济新业态、新产业、新模式,持续推动产业升级转型,就业质量不断提高,就业规模持续扩大。本文以重庆市为样本研究发现,数字经济发展为稳就业保民生注入新动能并对产业就业结构产生显著影响,且数字经济对就业的拉动效率呈现出边际效应下降趋势。此外,数字经济发展对生产力水平的提高起到了促进作用,从而显著提高了劳动者整体工资水平,但对本市居民不同来源收入增幅效应不均衡,且进入发展后半程后,增收后劲乏力。

关键词:数字经济　就业　产业数字化　数字化转型

党的十八大以来,以习近平同志为核心的党中央坚持以人民为中心,把增进民生福祉作为发展的根本目的,将就业工作摆在经济社会发展的突出位置。习近平总书记多次强调,就业是最大的民生工程、民心工程、根基工程,是社会稳定的重要保障,必须抓紧抓实抓好。之后,党和政府再次明确将就业工作作为扶贫脱贫的重要手段、供给侧结构性改革的重要保障、新业态发展的重要动力,不断赋予就业工作新的定位。国务院于2019年12月出台《关于进一步做好稳就业工作的意见》,进一步坚持把稳就业摆在更加突出位置,健全有利于更充分更高质量就业的促进机制,以创造更多就业岗位和稳定现有就业岗位为重点,全力确保就业形势总体稳定。我国不断将就业创业工作纳入政策范围体系,先后制定和实施了《国务院关于做好当前和今后一段时期就业创业工作的意见》《国务院关于强化实施创新驱动发展战略进一步推进大众创业万众创新深入发展的意见》,大力推进大众创业、万众创新,着力推进我国就业工作迈上新台阶。市委六届二次全会也进一步强调,要着力保障和改善民生,完善收入分配机制,促进高质量充分就业。

就业关乎社会大局,既是经济发展的"晴雨表",又是社会稳定的"压舱石"。不断拓展就业岗位,扩大就业容量,提高就业质量,实现高质量充分就业,推动劳动者体面劳动、全面发展,不仅有利于保障人民群众的生存权、发展权,也是实现经济高质量发展与扎实推动共同富裕的重要基础和前提。而解决就业问题关键靠发展。党的十八大以来,以习近平同志为核心的党中央高度重视发展数字经济,不断完善数字基础设施,加快培育新业态新模式,推动我国数字经济快速发展,2022年我国数字经济规模达50.2万亿元,占GDP比重提升至41.5%,为经济社会持续健康发展提供了强大动力。数字经济对就业导向的增强通过对生产、消费、流通、分配等环节的逐步渗透实现。因此,推动数字经济发展就成为解决劳动就业领域问题的关键,而数字经济发展在对就业产生积极作用的同时也带来了新的挑战。本文拟结合重庆数字经济发展以及就业基本情况,分别研究数字经济发展对就业总量及三次产业就业结构、拉动就业的效率水平、对就业人员收入水平等方面的影响以及存在的问题和原因,对于我市有效匹配数字经济发展和劳动力市场,实现高质量充分就业具有重要的指导和实践意义。

一、理论综述

(一)国内外研究综述

近年来,数字技术已经渗透到社会的各行各业,对劳动就业领域产生了深刻影响,并逐渐成为公众与学术界关注的焦点,也因此产生了很多关于数字经济对就业影响的理论和研究。

1.国外研究方面

数字经济这一概念早在1994年由Don Tapscott系统论述,在数字经济一词在世界范围内被人们熟知后,《数字经济》一书也受到了追捧,Don Tapscott开始逐渐被人们称为"数字经济之父"。而数字经济概念也于1998年在美国的政府报告中成型。在提出数字经济的早期,其概念较为局限,Lane、Cohen和Zysman仅仅将数字经济解释为与互联网信息通信技术相关的行业。随着数字经济的发展,越来越多的学者对数字经济的理解不断拓展。Miller和Wilsdon认为数字技术在传统行业中的应用改变了社会经济格局。Atkinson和Mckay同样认为数字经济还应包括信息与通信技术(Information and Communications Technology,以下简称ICT)在机构内部的应用以及组织、个体的交易等方面的使用。

　　数字经济发展对就业的影响主要存在两种观点,其一是认为数字经济的发展将会增加工作机会。Berman 等的研究发现,随着美国对计算机制造业的投入,该时期技能劳动者的就业比重显著提升。2011 年,Hazan 等研究发现,截至 2009 年,互联网经济的综合效应为法国解决了 190 万劳动力的就业问题。2012 年,Elsby 和 Shapiro 指出美国移动网络从 2G 到 3G 的技术更新中及通信相关基础设施建设为美国解决了 158.5 万人的就业需求;而在 3G 向 4G 升级过程中,他们发现 4G 普及率每提高 10%,就会新增 23.1 万个岗位。Shapiro 和 Hassett 研究了互联网对美国就业的影响,结果表明,互联网基础设施的投入会增加就业机会,在 2007 年 4 月到 2011 年 6 月间为美国带来了 158.5 万人的就业。Suvankulov 等通过对德国和韩国进行分析,发现使用互联网的求职者失业的时间较短,互联网平台优化了劳动力供需信息的匹配过程,改善了雇主与求职者之间的沟通渠道,让其在未来一年中找到工作的概率分别高出 7.1 和 12.7 个百分点。Nikulin 同样认为数字化会创造新的就业岗位,并且使劳动市场向灵活性、包容性等方向发展。

　　但是,也有一些学者持相反态度,一些程式化工作的替换事实在这类研究中处于主导地位,认为数字经济的发展将会减少工作机会。一些研究表明,随着人工智能和大数据技术的创新,很大一部分目前由人工完成的工作可能很容易被计算机程序化和标准化过程所替代。Aaron Smith 和 Janna Anderson 指出蓝领的工作受自动化的影响最大,而白领的工作也可能会随着技术创新而被取代。某些高技能的工人可能会在新的就业形势下保住工作,但是绝大部分都可能被转入服务行业甚至面临失业。同时,Marcolin 等的研究认为,随着 ICT 在其他行业中的应用,会在大多数但不是所有职业中创造出更多的就业机会:常规密集型工作,即具有顺序任务的工作,容易在 ICT 应用逐步深入时而被取代。Balsmeier 等基于瑞士的调查数据证实,数字化投资的增加,与不同技能水平劳动者的就业分化具有相关性,相比数字化技术的无形载体如电子商务,数字化技术的有形载体如机器人、3D 打印和物联网,对就业的影响更显著。

2. 国内研究方面

(1)数字经济发展对就业总量的影响

　　一是数字经济的发展会导致失业增加。数字经济发展给就业带来的替代效应主要是由于 ICT 与其他行业的融合提高了劳动生产率和资本生产率,对其他行业产生了挤出效应,导致失业增加。云霞从多个方面分析了"机器换人"的驱动因素,认为从短期来看,随着我国供给侧结构性改革的不断推进,在生产中利用大量的机器人,将不可避免地会对传统行业的就业产生不利影响;从长期看,我国就业市场还存在结构性失衡问题。闫雪凌等的研究表明,工业机器人对制造业的就业会造成负面冲击。邱玥和杜辉的研究表明,智能化产品在生产流程中的应用,会对行业内部岗位结构和劳动力需求的调整产生影响。韩文龙和刘璐认为数字化会增加劳动者的失业风险。

二是数字经济的发展会增加就业机会。纪雯雯和赖德胜认为,网络平台可以起到优化劳动力供需结构的作用,利用互联网技术高效配置信息的特点,促进经济的发展并带来新的就业岗位。吴清军和张皓从服务业数字化的角度进行分析,认为数字经济发展下出现的各大网络平台在创造就业机会、提高就业质量以及提升就业能力等方面起到了"稳增就业"的作用和价值,是服务业数字化升级的核心动力。何宗樾和宋旭光发现数字经济对非农就业中的受雇型非正规就业具有显著的促进作用,对创业者,尤其是那些受教育程度较高、社会关系网络较弱和社会融资能力较弱的群体,也有积极影响。牛禄青认为数字经济创造出的新的就业岗位和增加的就业容量,一定程度上对冲了因"去产能"带来的需要安置的职工数量,并且将加速渗透裂变劳动就业市场。

三是从时空角度来看,数字经济发展对就业的影响效果不同。龚玉泉和袁志刚从时间角度分析了技术进步对就业的双重效应:在较短的时间周期内,技术进步提高劳动生产率,进而减少就业需求,而把时间尺度进一步拉长可以发现,技术进步提高人均收入水平,增加消费需求,拉动就业增长。王君等和陈桢也指出,人工智能等数字技术的进步在发挥短期就业替代效应的同时也会进行长期就业补偿,技术进步对就业影响的总效应是这两种效应共同作用的结果。中国信息通信研究院(简称"信通院")针对信息通信产业和数字经济融合的研究表明,2017年我国数字经济基础部分和融合部分的就业人数分别为1 175万人、1.6亿人,数字经济总就业人数占比为22.1%,可见我国传统行业在数字化转型过程中吸纳了大量的劳动力;但数字经济在扩大就业的同时也带来了技术性失业风险。邓婷心认为,数字经济与就业规模呈线性正相关关系,但对就业规模的影响在中国东中西部存在异质性,在东中西部地区均存在显著影响,其中中部影响最深,西部影响滞后。

(2)数字经济发展对就业结构的影响

一是数字经济发展对不同产业结构的影响效应差距显著。王光栋等人利用我国1990—2005年省域面板数据进行研究,结果表明技术水平的提高使三次产业的就业变化量呈现"三二一"的特征。赵利认为新技术的兴起和发展将深刻影响产业结构,引发传统产业、产品的衰退和新产业、产品的兴起。熊雄认为,不同产业劳动力在数字化转型过程中的难度不同,这会导致产业之间的就业人数比重发生变化。李丽认为,数字经济的发展带动就业市场的规模与结构发生了巨大变化,各种新业态、新模式层出不穷,就业市场呈现出就业方式多元化、组织模式平台化、信息传递高效化等新特点。

二是数字经济引发的就业效应与行业类型具有较强的相关性。赵利等认为在较短的时间尺度内,技术进步会对传统行业的某些岗位造成冲击,从而减少就业机会。夏炎等的研究表明,数字经济的发展不断扩大消费导向型就业效应,且会促进技术密集型制造业和生产型服务业的就业,促使我国经济良性转型。何勤分析了人工智能技术对不同职业种类就业的影响进程,认为技术创新进步对就业的排斥作用先发生在低端服务业、制造业等行业,而后则会慢慢影响到医疗、教育等行业。杨慧玲和张力认为,数字经济为服务业提供了技术媒介,使其在一定程度上取代传统制造业,成为创造经济价值的主要动力。

总之,以数字技术为核心的数字经济对就业的影响主要源于数字技术应用过程中对就业的作用,体现在数字经济发展过程中对就业具有促进效应和替代效应两种影响,最终的就业效应取决于这两种效应力量共同作用的结果。随着数字技术从第三产业向第一、二产业的扩散,会在原有岗位上出现与相关技能相匹配的新岗位。同时,由于新技术的应用,会创造一些新行业,这些新兴行业将会带来大量的就业岗位,引发产业间的大批劳动力转移。

(二)相关概念、作用机理以及研究方法

1.数字经济与就业的相关概念

数字经济是继农业经济、工业经济之后的主要经济形态,是以数据资源为关键要素,以现代信息网络为主要载体,以信息通信技术融合应用、全要素数字化转型为重要推动力,促进公平与效率更加统一的新经济形态。直接或间接利用数据来引导资源发挥作用、推动生产力发展的经济形态都可以纳入数字经济的范畴。从技术层面看,包括大数据、云计算、物联网、区块链、人工智能、5G通信等新兴技术;在应用层面,"新零售""新制造"等都是其典型代表。数字经济发展速度之快、辐射范围之广、影响程度之深前所未有,正推动生产方式、生活方式和治理方式深刻变革,成为重组全球要素资源、重塑全球经济结构、改变全球竞争格局的关键力量。

就业是指一个人有一定的工作时长,而且获得的劳动报酬不低于当地的最低工资标准。就业人员是指在具有劳动能力的一定年龄以上的为取得劳动报酬或者经营收入而从事一定社会劳动的人员。新增就业是指在统计时段内以前未就业的

人员(非新生劳动力但有就业意愿人员和新生劳动力)实现就业。城镇新增就业今后主要是指城镇长期居住人员的新增就业。城镇新增就业人数是落实国家就业政策和反映全社会就业情况的重要指标。

2.数字经济与就业的作用机理

(1)数字经济拓宽就业渠道

数字经济已成为新型就业岗位的"孵化器"和"蓄水池",产生正向的溢出效应,也成为拓宽就业渠道的重要途径,主要体现在以下三方面。一是创造新的就业机会。数字经济推动了新兴产业的出现,如电商、共享经济、大数据、人工智能等,这些产业创造了大量的就业机会。二是提高传统行业的生产效率。数字经济推动智能化、自动化、信息化、数字化的发展,使传统行业的生产效率大幅提升,更多的员工能够从中获益。三是促进个体简单创业。数字经济下的个体经济更加便利,如网络销售、自媒体等,个体创业门槛大幅降低,拓宽了就业渠道。四是打破传统就业结构。数字经济开创了新的就业模式和就业机会,打破了传统的雇佣制度,给人们提供了更多选择。例如,更多的人可以选择自主创业、兼职或远程办公等。此外,数字经济对思维方式、管理方式、商业模式和技术系统带来了新的改变,要求人们具备更高的职业技能和创新思维,为人们提高自身素质提供了推动力,为人们提供了更广泛、更多元的就业机会,也促进了人们自我发展和素质提升。

(2)数字经济优化就业结构

数字经济的蓬勃发展有力推动了产业数字化、智能化、服务化转型进程,催生了大量新兴就业岗位,促进了就业形态和模式的创新。这不仅有效提升了就业质量,更为就业结构的优化升级提供了强劲动力,对构建更高水平的就业服务体系具有重要的战略意义。主要体现在以下三个方面。一是促进了传统产业的转型升级。例如,制造业不断实现智能化和自动化,服务业也掀起了数字化和平台化的发展浪潮。这些新技术、新模式和新业态的出现为传统产业注入了新的活力,也为就业创造了更加丰富和多样的岗位。二是促进了新兴产业的快速发展。数字经济带来的新技术、新模式、新业态和新市场,成为数字化、网络化、平台化的新兴产业。例如,移动互联网、虚拟现实等,这些新兴产业快速崛起,为就业创造了大量的新型岗位和就业机会。三是促进了知识和技术密集型产业的发展。数字经济强调创新、技术和知识,推动了知识和技术密集型产业的快速发展。这些产业需要高素质、高技能的人才,所创造的工作岗位和就业机会对劳动者的要求相对较高,带动了人才结构的升级和就业质量的提高。数字经济的快速发展为就业结构的升级提供了强大支撑,企业和个人都可以通过数字技术的应用和数字经济的发展,实现更高效、更灵活的就业和创业。总之,数字经济将生产方式、市场模式、产业结构等多个方面推向了数字化、智能化和服务化的方向,这些变革不仅推动了传统产业转型升级,也为新兴产业的诞生提供了条件。数字化、智能化、服务化的新兴产业聚集了大量高素质、高技能的人才,吸引了更多年轻人成为其中的一分子,对产业结构和就业结构的推动作用深远而长久。

（3）数字经济创造新就业形态

数字技术正以前所未有的深度与广度对传统就业形态产生颠覆性影响,带来新就业形态的蓬勃发展,成为"稳就业"的重要手段。新就业形态的典型代表是平台雇佣模式,工业互联网平台就业、信息内容平台就业、电商平台就业、劳务平台就业是平台化就业的四种主要模式。新就业形态在雇佣关系、组织方式、就业边界等方面都区别于传统雇佣模式,在乡村振兴、区域协调发展、稳定疫情常态化等方面提供了坚实助力。数字经济在新就业形态中具有多方面的助力和促进作用。一是为促进新就业形态的普及提供了有力支撑。例如,数字经济在农村地区的发展,可以促进"互联网+农业"行业的快速发展,从而推动了新型农民就业形态的普及。二是加速就业人员技能迭代升级。数字经济的快速发展使数字技术的应用更加普及和广泛,从而提供了更多学习和技能提升的机会,帮助新就业形态的人员提高技术水平和增强竞争力。三是为新就业形态提供数字化工具。数字经济发展带动了数字化工具的广泛应用,数字化工具为新就业形态提供了必要的支持和基础资源,例如对于新经济行业而言,智能手机和快速稳定的网络已经成为必需的配备。

（4）数字经济促进高质量充分就业

一是在数字经济时代,新生产力的不断涌现,更加精细的分工和高效灵活的生产方式,带来了更多新的就业机会。数字经济催生了一批新兴产业,如电子商务、移动互联网、人工智能等,这些新兴产业不仅催生了新的就业岗位,还吸引了一批具备高技能的人才,推动了市场的活力和经济的持续发展,一些特殊就业群体也获得了更加公平、灵活的就业机会,促进了劳动力市场半径的拓展。二是数字经济的发展也促进了传统产业的转型升级,提高了传统产业的效率和竞争力,为就业市场提供了新的就业渠道。同时,数字经济推出了许多的优秀典型,值得在雇佣关系灵活性、通信技术普及率、服务业的扩张等方面作为参考。比如,数字贸易和数字时代的数字媒体行业等,都提供了更多灵活的就业机会,同时,也激励人们去寻找更具创新性和高附加值的就业方式。三是数字经济推动了人力资源素质的进步。数字经济对于人才的要求越来越高,导致人才市场中对技能和经验的要求也逐渐增加。为了适应数字经济的发展,许多行业也纷纷加强人才培养和技能提升,并采取更加开放和灵活的人才政策,以吸引更多优秀的人才加入数字经济产业。

（5）数字经济就业替代效应

历次技术革命证实了由手工生产到机器生产的过渡会产生明显的劳动替代效应,技术进步而升级的资本要素(机器人、软件及服务)不仅会替代其他非技术要素,更能直接对劳动要素进行替代,从而带来部分就业岗位的直接消失,甚至技术性失业,出现"机器换人"的局面。据调研测算,"数字经济易替代职业"主要为客服人员、行政人员、会计、操作工等,其中,生产制造行业中设备和程序操作工的替代率达到27.13%,随着人工智能的发展,替代率将持续扩大。

二、重庆数字经济与就业的现状

（一）我市数字经济发展基本情况

重庆作为国家首批数字经济创新发展试验区,高度重视数字经济发展,出台了《重庆市数字经济"十四五"发展规划(2021—2025 年)》《重庆市软件和信息服务业"满天星"行动计划(2022—2025 年)》等系列政策文件。依托大数据、人工智能、互联网等信息技术,促进数字经济与实体经济深度融合,赋能传统产业转型升级。数字产业集群不断壮大,2023 年,重庆数字经济核心产业增加值占 GDP 比重超过42%。数字经济内涵广阔,智能制造、软件信息服务等都属于数字经济的重要组成部分,重庆均取得了显著成绩。

智能装备及智能制造方面。广泛推动新一代信息技术植入渗透,推动主要整机产品谱系化发展,2023 年全产业集群实现产值 2 747.6 亿元。仪器仪表方面,拥有以我国工业自动化领域领军企业川仪自动化为代表的企业 80 余家,形成"测量+执行+科学+核能"仪器仪表产品谱系。工业机器人方面,拥有华中数控工业机器人板块企业重庆华数机器人。工业母机方面,拥有国内领先的齿轮加工机床企业重庆机床集团,精密高效磨齿机、滚齿机分别占据国内市场的 40% 和 50%。其他装备整机方面,通机装备、微耕机产量分别占全国的二分之一和三分之二。关键零部件方面,拥有重庆齿轮箱、重庆水泵厂等企业,其产品有力保障自主三代核电、新型舰船等重大工程与重要装备。

软件信息服务业方面。谋划实施软件信息服务业"满天星"行动,积极培育"北斗星""启明星"企业,创设软件人才"超级工厂"培养模式,2023 年软件业务收入达 3 152 亿元,排名全国第八。在产业生态打造方面,累计集聚软信企业超 3.8万家、从业人数超 34 万人。在产品开发方面,推动国内首个计算机辅助公差

（CAT）全自动建模软件在渝发布并达到国际先进水平,成功研发首款国产通用型科学计算软件。在新兴领域方面,中国星网卫星通信运营总部落地重庆,累计集聚卫星互联网、北斗领域企业分别超60家、30家。

重庆正在探索"产业大脑+未来工厂"的数字经济新模式,通过智能化改造和数字化转型,提升产业治理数字化水平和数字企业发展生态。预计到2025年,重庆的数字经济产业规模将超过1万亿元,数字经济企业数量将突破2万家,将成为推动产业转型升级、经济高质量发展、解决就业问题的重要动力源。

（二）重庆就业现状

1. 重庆就业总体情况

2018—2022年重庆就业规模均维持在1 640万人以上。2023年劳动力总体需求709万人,同比上升11.77%。分产业看,2023年劳动力用工需求以第三产业为主,第三产业用工需求总量为558.90万人,占总需求人数的78.83%,共有578.44万人参与劳动力市场,同比下降8.29%;分产业和行业看,2023年第三产业劳动力供给399.95万人,占总供给人数的69.14%。其中,信息传输/软件和信息技术服务业总需求168.46万人,较上年同期需求增加20万人,但总供给仅97.33万人,同比减少14万人,供需比从2022年的0.75下降至2023年的0.58,数字经济人才供不应求,见表1。

表1　市场劳动力需求、供给、供需比

产业	行业	需求（人）		供给（人）		供需比	
		2023年	2022年	2023年	2022年	2023年	2022年
第一产业	农/林/牧/渔业	8 462 ↓	13 202	49 270 ↑	38 782	5.82 ↑	2.94
第二产业	采矿业	29 926 ↑	15 472	52 685 ↑	46 815	1.76 ↓	3.03
	制造业	1 410 504 ↓	1 454 449	1 297 566 ↑	1 292 709	0.92 ↑	0.89
	电力/热力/燃气及水生产和供应业	6 060 ↓	11 026	46 779 ↑	36 146	7.72 ↑	3.28
	建筑业	46 033 ↓	107 003	338 650 ↑	299 622	7.36 ↑	2.80

续表

产业	行业	需求（人）		供给（人）		供需比	
		2023 年	2022 年	2023 年	2022 年	2023 年	2022 年
第三产业	批发和零售业	113 777 ↓	134 186	117 428 ↓	189 043	1.03 ↓	1.41
	交通运输/仓储和邮政业	246 107 ↑	163 063	202 495 ↑	173 383	0.82 ↓	1.06
	住宿和餐饮业	140 896 ↑	61 844	116 594 ↑	108 871	0.83 ↓	1.76
	信息传输/软件和信息技术服务业	1 684 619 ↑	1 484 931	973 327 ↓	1 119 910	0.58 ↓	0.75
	金融业	242 694 ↑	149 484	234 453 ↓	334 224	0.97 ↓	2.24
	房地产业	317 949 ↓	538 711	443 634 ↓	670 970	1.40 ↑	1.25
	租赁和商务服务业	2 195 230 ↑	1 657 067	1 260 261 ↑	1 157 383	0.57 ↓	0.70
	科学研究和技术服务业	30 917 ↓	76 184	61 632 ↓	89 825	1.99 ↑	1.18
	水利/环境和公共设施管理业	6 638 ↓	7 473	78 261 ↑	38 366	11.79 ↑	5.13
	居民服务/修理和其他服务业	99 334 ↑	26 963	69 671 ↑	37 325	0.70 ↓	1.38
	教育业	117 221 ↓	148 733	216 147 ↓	291 963	1.84 ↓	1.96
	卫生和社会服务业	15 015 ↓	32 171	59 905 ↓	105 403	3.99 ↑	3.28
	文化/体育和娱乐业	371 296 ↑	254 338	136 436 ↓	259 563	0.37 ↓	1.02
	公共管理/社会保障和社会组织业	7 321 ↑	6 964	29 253 ↑	17 031	4.00 ↑	2.45
合计		7 089 999 ↑	6 343 264	5 784 447 ↓	6 307 334	0.82 ↓	0.99

2. 重庆就业特征

中低端岗位较多。制造业产业链、价值链仍处于中低端，岗位供给中"车间流水线作业"岗位多，研发等"含金量"高的岗位少，工资水平总体偏低。服务业能级较低，批发零售、餐饮住宿等仍是主力军，现代服务业总量规模不大，发展不够充分，岗位供给中，保洁员、餐厅服务员等劳动密集型较多，知识密集型较少，见表2和表3。2023年，全市要求专科及以上学历的岗位占比仅19.38%，专科以下学历岗位的占比达 80.62%。

新领域行业人才供不应求。智能网联新能源汽车、智能装备及智能制造、软件信息服务等新领域人才总体上供不应求,电子/半导体/集成电路、互联网、新媒体等领域人才供需比分别低至 0.29 、0.72、0.21,见表 4。

表 2　2023 年前 6 月全市最紧缺职业前十五名

岗位缺口 TOP15(万人)						
职位	6 月	5 月	4 月	3 月	2 月	1 月
普工/技工	17.6	9.4	8.9	16.6	8.1	11
交通运输	1.2	1	0.8	1.1	0.5	2.8
配送理货	3.2	2.2	1.8	2.8	1.5	2.5
餐饮服务	0.3	0.3	0.4	1.7	1.5	2
印刷包装	3.2	1.9	1.6	2.2	0.4	2
客户服务	2.4	0.4	0.5	2	0.6	1.9
物业/安保	1.6	1.1	0.8	1.7	0.2	1.5
生产质量管理	1.5	1.1	1	1.5	0.5	0.9
零售百货	0.4	0.6	0.3	0.9	1.3	0.9
家政/维修	0.6	0.4	0.5	0.5	/	0.2
旅游服务	0.3	/	/	/	/	/
主播/演艺人员/经纪人	1.2	1.6	1.6			
教务管理	0.6	0.2	/	/	0.2	/
影视制作	0.2	/	/	/	/	/
仓储管理	0.9	/	/	/	/	/

注:"/"表示不在缺口最大的前十五个职业内。

表 3　2023 年前 6 月全市供给过剩职业前十五名

职位	月份					
	6 月	5 月	4 月	3 月	2 月	1 月
财务	6.5	5.2	4.1	6.5	2.5	4.3

续表

职位	月份					
	6 月	5 月	4 月	3 月	2 月	1 月
行政	4.2	3.3	2.8	3.1	1.1	1.8
工程管理	2.2	1.7	1.4	2.4	1.3	1.2
文员/助理	1.9	1.7	1.4	1.8	0.4	1.2
人事	2.6	2.3	1.7	2.8	0.7	0.9
采购/供应链/材料管理	1.2	0.8	0.6	1.1	0.4	0.6
运维支持	0.9	0.7	0.7	0.8	0.3	0.5
软件研发	0.9	0.6	0.7	/	0.3	0.5
工程开发技术人员	1.3	1	0.8	1	0.5	0.4
机械设计/制造	0.6	0.6	0.5	0.7	0.4	0.4
高级管理	0.6	0.4	0.3	0.5	0.4	0.3
施工员	0.7	0.6	0.4	1.5	0.4	/
电子/电器/自动化	0.6	/	/	/	/	/
售前售后工程师	0.6	/	0.4	/	0.2	/
工程安全/工程质检	0.5	0.4	/	0.7	/	/

注:"/"表示不在过剩职业前十五名。

表 4　全市部分新领域行业人才供需情况

行业类别	细分行业	需求(人)	求职(人)	供需比
智能网联 新能源汽车	汽车 4S 店/经销商	53 165	22 280	0.42
	汽车研发/制造	214 241	108 207	0.51
	新能源汽车	38 506	9 492	0.25
	汽车零部件	26 854	20 002	0.74
	汽车智能互联	1 006	501	0.50
	汽车后市场	1 095	108	0.10
	新能源	45 627	31 398	0.69

续表

行业类别	细分行业	需求（人）	求职（人）	供需比
智能网联 新能源汽车	汽车金融	3 520	3 021	0.86
	通信/网络设备	58 867	53 895	0.92
	电子/半导体/集成电路	206 820	60 571	0.29
	消费电子产品	18 597	321	0.02
	光电子行业	399	344	0.86
智能装备及 智能制造	人工智能	10 216	12 973	1.27
	电气机械/电力设备	63 947	60 336	0.94
	电子设备制造	146 186	26 888	0.18
	通用设备制造	33 855	18 693	0.55
	机器人	12	17	1.42
软件信息服务	电子商务	114 308	38 346	0.34
	企业服务	163 607	62 237	0.38
	在线教育	4 761	1 787	0.38
	新媒体	56 676	11 696	0.21
	互联网	140 348	100 708	0.72
	游戏	7 463	3 585	0.48
	云计算/大数据	3 732	4 333	1.16
	网络/信息安全	7 081	10 577	1.49
	在线生活服务（O2O）	6 050	4 064	0.67
	在线音乐/视频/阅读	3 172	16	0.01
	运营商/增值服务	21 519	13 968	0.65

三、重庆数字经济对就业的影响分析

（一）数字经济对就业总量及三次产业的影响

近些年,重庆奋力抢占数字经济发展制高点,大力促进数字产业化及产业数字化,加快数字经济与实体经济融合发展,加快培育数字经济新产业、新业态、新模式,持续推动产业升级转型,就业规模持续扩大,就业质量不断提高。

从就业总量来看,数字经济增加值从 2018 年的 3 400 亿元,增加到 2022 年的 8 739 亿元,年均增长高达 26.6% 以上,高于 GDP 增速 23 个百分点,有力拉动经济增长,促进稳就业保民生。数字经济直接拉动居民就业。近年来,重庆深入实施"满天星"行动计划,全市软件产业人才呈现加速汇聚之势——2023 年,全市新增软件从业者 9.8 万人,目前全市软件产业从业者达 36 万人,产业与人才形成"同频共振",为重庆数字经济发展积蓄了蓬勃力量。长安汽车大力推动数字化转型,旗下新能源汽车、轻型车、软件科技等公司带动了 2 万家上下游企业在渝发展,提供80 万个就业岗位,为重庆引进核心领域人才 229 人。数字经济赋能就业服务。2023 年以来,重庆利用数字经济发展利好,推动就业多场景应用数字服务迭代升级,优化农民工就业创业服务"一键办",全市 793.7 万农民工务工规模保持稳定;推广高校毕业生就业一件事"打包办",33 万高校毕业生去向落实率达到 83.1%,同比上升 4.7 个百分点;开发困难人员就业援助"一键通",困难人员就业 9.6 万人,同比增长 25.5%。

从产业结构来看,2018—2021 年,随着数字经济增加值的增长,第一产业、第二产业就业人数总体上呈现下降趋势,第三产业就业人数呈现增长趋势;2022 年,第一产业就业人数突然增长到 2018 年水平,第二产业继续保持下降趋势,第三产业降低到 2019 年水平之下;第一产业、第二产业、第三产业就业结构由 2018 年的23.5:26.6:49.9 调整为 2021 年的 21.9:25.6:52.5,又进一步调整到 2022 年的23.6:25.2:51.2,进一步印证了三次产业就业人口的流动趋势,见表 5。究其原因,数字经济发展带来的技术进步使第二产业逐渐向中高端不断延展,对劳动力要求越来越高,增加了高技能工人就业,同时降低了对低技能工人的需求,使第一产业劳动力主要向技能要求较低的第三产业流动;城镇化战略、乡村振兴战略的协同实施,促使第一产业劳动力先流出、后回流,不过先期流出的主要是技能水平较低的第三产业以及流向第二产业的低技能岗位,后期回流的主要是适应高标准农业的劳动力。

表5 重庆2018—2022年数字经济增加值与就业水平情况表

年份	数字经济增加值（亿元）	总就业人数（万人）	第一产业就业人数（万人）	第二产业就业人数（万人）	第三产业就业人数（万人）
2018	3 400	1 663.2	390.6	442.6	830.1
2019	5 250	1 668.2	381.5	434.1	852.6
2020	6 487	1 676	378	421	877
2021	7 581	1 668.3	366.2	426.8	875.3
2022	8 739	1 644.4	388.5	414.4	841.4

（二）数字经济对就业的拉动效率水平分析

本文数字经济对就业的拉动效率采用一定时期内全社会新增就业人数与数字经济增加值之比，也就是单位数字经济增加值所承担就业规模，该数值越大，表明数字经济对就业的吸纳效应越好，不过此方法只能简单作为评判数字经济对就业的拉动效率的高低的依据。按照该计算方法，由表6可知，重庆数字经济对就业的拉动效率从2018年的221.5人/亿元下降到2022年的81.2人/亿元，下降幅度高达63.3%，这也基本符合全国实际情况，呈现出边际效应下降趋势。

表6 重庆2018—2022年数字经济对就业的拉动效率情况表

年份	数字经济增加值（亿元）	新增就业（万人）	效率水平（人/亿元）
2018	3 400	75.3	221.5
2019	5 250	75.2	143.2
2020	6 487	65.6	101.1
2021	7 581	75.1	99.1
2022	8 739	71	81.2

（三）数字经济对就业人员收入的影响分析

收入是测度就业质量的重要指标，也是就业人员最直接的获得感。由表7可知，2018—2021年，随着数字经济增加值的增加，非私营单位就业人员平均工资从

78 928 元增长到 101 670 元,增幅为 28.8%,私营单位就业人员平均工资从 52 558 元增长到 59 307 元,增幅为 12.8%,究其原因,数字经济发展促进了生产力水平的提高,从而显著提高了劳动者整体工资水平。

表 7　重庆 2018—2021 年数字经济与就业人员平均工资情况表

年份	数字经济增加值 （亿元）	非私营单位就业人员 平均工资（元）	私营单位就业人员 平均工资（元）
2018	3 400	78 928	52 558
2019	5 250	86 559	54 845
2020	6 487	93 816	55 678
2021	7 581	101 670	59 307

从全市居民人均可支配收入增速来看,"十三五"开局以来,我市数字经济的高速发展,为居民增收带来了强劲动力:2016—2022 年,我市城乡居民收入年均增长 8.5%,较全国高 2.9 个百分点;城市和农村分别增长 7.6% 和 9.1%,分别较全国高 2.9 个、2.8 个百分点,见表 8。同时,大数据、云计算等数字技术在薪酬监测、最低工资标准调整、优化三次分配结构等方面的应用,对促进发展成果由全体人民共享、增进人民的获得感等方面起到了积极作用,保持了全市居民人均可支配收入年均增速高于经济增速 2 个百分点左右,近 7 年来仅 2016 年略低于经济增速 1.03 个百分点,其余年份较经济增长高 1.4～3.3 个百分点,如图 1 所示。但值得关注的是,2023 年上半年、前三季度全市居民人均可支配收入增速分别较全国低 0.5 个、0.8 个百分点,2023 年一季度、前三季度收入增速均较经济增速低 0.5 个百分点,数字经济对就业收入的提升效率水平后劲不足,见表 8。

表 8　全国与重庆居民人均可支配收入增速及对比

项目	居民人均 可支配 收入	2016 年	2017 年	2018 年	2019 年	2020 年	2021 年	2022 年	2023 年 第一 季度	2023 年 上半年	2023 年 前三 季度
全国	增速（%）	6.3	7.3	6.5	5.8	2.1	8.1	2.9	3.8	5.8	5.9
重庆	增速（%）	9.6	9.6	9.2	9.6	6.6	9.7	5.5	4.2	5.3	5.1
重庆	GDP 增速（%）	10.7	9.3	6.0	6.3	3.9	8.3	2.6	4.7	4.6	5.6

图1 重庆居民人均可支配收入增速及对比

从收入结构来看,数字经济发展对不同来源收入的影响显著不同。"十三五"以来,重庆居民工资性收入增长较快,经营净收入占比下降,财产净收入与全国差距继续扩大,反映出我市数字经济发展对经营增收的放大效应偏弱,中小微企业特别是家庭经营农户运用"互联网+"模式创收增收成本过高、渠道受限,且受东南沿海地区和少数头部网红流量虹吸影响,收益水平普遍不高,数字化、智能化、网络化发展受限,打造具有重庆辨识度的区域网红品牌体系带动经营增收面临巨大挑战。此外,聚焦数字经济开发流通性强、安全性好、收益值高的数字金融产品缺乏强有力的抓手,配套地区市场规则和法规体系也不完善,难以通过数字金融扭转重庆传统财产净收入低于中西部其他省会城市的情形。

一是工资性收入持续增长,占比稳步提升,与全国差距不断缩小。①工资性收入占比年均提高0.2个百分点。2016—2022年,重庆居民工资性收入由11 558元提高至19 178元,年均增加1 270元,占总收入的比重由52.5%提升至53.8%。②工资性收入增长是我市追赶全国的主要支撑,如表9和图2所示。与全国的差距由1 897元缩小至1 412元,其中城镇居民差距由3 622元缩小至3 022元;与"标兵"内蒙古相比,全体居民工资性收入差距由11 558元降低至8 912元,差距缩小2 646元。

表9 全国与重庆居民工资性收入情况

项目	工资性收入	2016 年	2017 年	2018 年	2019 年	2020 年	2021 年	2022 年
全国	绝对值(元)	13 455	14 620	15 829	17 186	17 917	19 629	20 590
	增速(%)	8.0	8.7	8.3	8.6	4.3	9.6	4.9
重庆	绝对值(元)	11 558	12 604	13 928	15 475	16 514	18 138	19 178
	增速(%)	8.3	9.1	10.5	11.1	6.7	9.8	5.7

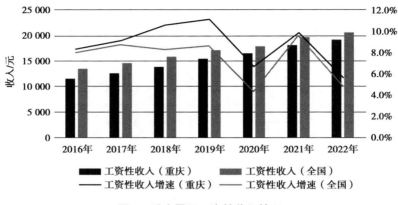

图 2　重庆居民工资性收入情况

二是经营净收入稳步增加,但占比有所下降。①工资性收入占比年均提高 0.2 个百分点。2016—2022 年,重庆居民经营净收入由 3 684 元提高至 5 525 元,累计增长 49.97% ,年均增速 6.99% 。②农村增速较慢是拉低增速的主要原因。农村经营性收入年均分别增长 7.4% ,分别低于城镇、全体居民增速 0.6 个、0.2 个百分点。③经营收入占比年均下降 0.2 个百分点,占总收入的比重由 16.72% 降低至 15.49% ,如表 10 和图 3 所示。

表 10　全国和重庆居民经营净收入情况

项目	经营净收入	2016 年	2017 年	2018 年	2019 年	2020 年	2021 年	2022 年
全国	绝对值(元)	4 218	4 502	4 852	5 247	5 307	5 893	6 175
	增速(%)	6.6	6.7	7.8	8.1	1.1	11.0	4.8
重庆	绝对值(元)	3 684	4 017	4 311	4 697	4 902	5 358	5 525
	增速(%)	11.1	9.0	7.3	8.9	4.4	9.3	3.1
	全口径收入增速(%)	9.6	9.6	9.2	9.6	6.6	9.7	5.5
	农村增速(%)	9.9	8.2	7.2	8.2	6.8	9.8	2.0
	城镇增速(%)	12.6	10.1	7.8	9.8	2.7	9.2	4.2

三是财产净收入增长缓慢,与全国差距继续扩大。①财产净收入在"四大收入"中增长最慢。2016—2022 年,重庆居民财产净收入由 1 414 元提高至 2 217 元,年均增加 114.7 元,年均增速分别低于工资性、经营性、转移性收入 1.5 个、0.4 个、1.9 个百分点,如表 11 和图 4 所示。②财产净收入是拉低全口径收入的主要原因。与全国差距由 475 元扩大至 1 010 元,财产净收入占全国的比重也由 74.85% 降低

至 68.7%，其中城镇居民差距由 1 050 元扩大至 1 973 元。与"标兵"内蒙古相比，全体居民财产净收入差距由 2017 年的 298 元扩大到 2022 年的 390 元。

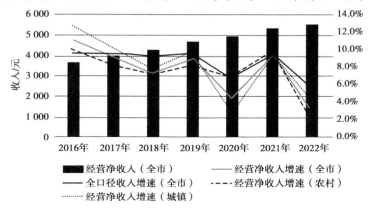

图 3　重庆居民经营净收入情况

表 11　全国和重庆居民财产净收入情况

项目	财产净收入	2016 年	2017 年	2018 年	2019 年	2020 年	2021 年	2022 年
全国	绝对值（元）	1 889	2 107	2 379	2 619	2 791	3 076	3 227
	增速（%）	8.6	11.6	12.9	10.1	6.6	10.2	4.9
重庆	绝对值（元）	1 414	1 526	1 649	1 792	1 907	2 090	2 217
	增速（%）	3.4	7.9	8.1	8.7	6.4	9.6	6.1

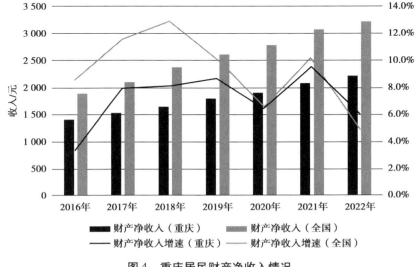

图 4　重庆居民财产净收入情况

四、数字经济在促进就业方面存在的问题

(一)传统和新兴产业就业领域加速分化

传统产业数字化将使大量工作岗位被自动化技术替代,尤其加速从事程序化工作的中低技能劳动力如低端制造业产业工人的代替,造成结构性失业。同时,新兴行业人才供需关系与人力资源素质的不匹配进一步激化了就业矛盾,41%的市场用人需求中注明了技术等级或职称要求,其中,对技术等级有要求的占26%,对专业技术职务有要求的占15%,人才需求和人才培养的脱节造成高端技术岗位"一才难求"的局面。因此,不同学历劳动力的就业难度、薪资期望将随着数字经济的发展进一步分化,由于技能可替代性强,中低学历劳动力应对风险能力较弱,议价能力持续走低,学历贬值成为时代趋势。此外,人口老龄化和劳动价值的提高导致用工成本攀升,工业智能化进程的加速不可逆转,我市就业人口整体受教育水平偏低、年龄构成偏大的结构性矛盾短期难以缓解。

(二)区域数字就业发展不平衡矛盾凸显

数字经济发展水平是区域产生虹吸效应的重要方面,而其很大程度上取决于基础设施、产业结构、产业布局,因此,地区经济社会发展水平的既有差距将在数字经济时代进一步放大,不均衡的区域数字经济竞争力加剧区域间的就业不平衡矛盾,劳动力区域结构也随之重新调整。具体来看,渝东南、渝东北数字经济平均工资较主城都市区分别低1 500元和2 000元左右,因此主城都市区企业对数字人才的招聘具有绝对优势。在缺乏产业梯次转移衔接机制的背景下,主城都市区的生产方式自动化、数字化和智能化将对渝东北、渝东南劳动力资源产生挤出效应,处于渝东北、渝东南地区的数字经济基础设施和公共服务发展仍然较为滞后,既不足以消化低技能就业存量,又无法吸引高技能人才汇聚,区域间劳动力数字技能和素养的差距进一步拉大,地区产业就业矛盾进一步加剧。

(三)非标准工作安排加大就业增收风险

一方面,数字经济灵活就业人员社会保障水平仍然有待提高。虽然灵活就业人员可通过自主缴纳的方式参与养老保险和医疗保险,但制度设计上没有充分考虑灵活就业收入普遍低于正规就业水平的现实情况,以在岗职工为标准的社保缴

费制度设计,造成灵活就业人员缴费负担较重,同时一些地区设置的参保户籍限制,也造成灵活就业人员社保接续不畅,综合造成数字经济灵活就业人员参保意愿和社保覆盖率偏低。另一方面,数字经济发展带来的资本、技术、知识、管理等生产要素的集聚拉大了收入分配差距。数字经济的发展为资本的流动扩张提供了条件,更多生产要素向在数字化转型中走在先列的优质企业集中,通过串联上下游企业,形成行业垄断,挤压中小微企业的生存空间和创新积极性,在过程中资本要素逐步替代劳动要素,价值回报更多取决于技术专利、股票分红,从而导致劳动报酬降低,出现大规模的"割韭菜"现象。

(四)就业基础设施及公共服务建设滞后

数字就业基础设施的建设很大程度上依赖地方财政投入,不少区县仍存在财政投入和社会资本撬动难度大、基础设施及信息化建设滞后等情况。另外,受直播经济、平台经济的影响,灵活就业群体的收入结构发生较大变化,但因缺乏相应监管机制,该群体的非法收入取缔和过高收入调节还存在较多盲区。此外,教育、培训和服务能力与数字就业需求脱节,现行高等教育、职业教育、职业技能培训体系主要聚焦于传统行业的技能培养,聚焦新业态、新产业、新行业的岗位技能需求对教学实践内容的调整明显滞后,覆盖面、专业度以及服务质量都有待提升。

(五)拉动就业和居民增收后续乏力

数字经济在初始发展阶段对就业和居民增收具有显著的拉动作用,但由于产业转型逐步完成、新概念推出缓慢,数字产业市场进入饱和期,对就业和居民增收的拉动效率水平大幅下降,2023年全市居民人均可支配收入增速首次出现"双低"现象。从收入结构来分析,可以发现我市数字经济发展对居民不同收入来源的增收效应不均衡,经营净收入和财产净收入处于短板位置,个体经营户因成本过高、渠道受限、流量虹吸导致增收不明显,打造具有重庆辨识度的区域网红品牌体系带动全市经营性产业增收也面临巨大挑战。此外,开发流通性强、安全性好、收益值高的数字金融产品增加本市居民财产净收入也缺乏具体抓手。

五、结论与政策建议

本文通过研究重庆市2016—2022年数字经济对于就业的影响效应发现,随着数字经济增加值的增加,重庆总体就业规模均维持在1 640万人以上,特别是2020

年之后,就业规模基本保持稳定,为稳就业保民生注入新动能。从三次产业就业来看,第一产业、第二产业就业人数总体上呈现下降趋势,第三产业就业人数呈现增长趋势;就业结构由 2018 年的 23.5∶26.6∶49.9 调整为 2021 年的 21.9∶25.6∶52.5,又进一步调整到 2022 年的 23.6∶25.2∶51.2。重庆数字经济对就业的拉动效率从 2018 年的 221.5 人/亿元下降到 2022 年的 81.2 人/亿元,下降幅度高达63.3%,呈现出边际效应下降趋势。此外,数字经济发展促进了生产力水平的提高,从而显著提高了劳动者整体工资水平。2018 年以来,无论非私营单位还是私营单位的就业人员平均工资水平均呈现大幅度提升,前者增幅高达 28.8%,后者增幅也达到 12.8%,但本市数字经济发展对居民不同来源收入增幅效应不均衡,且进入发展后半程后,增收后劲有所不足。

(一)抢抓数字经济机遇,推动落实就业优先战略

一是优化产业结构,塑造新增长点。借鉴浙江等地做法,充分发挥两江新区、重庆高新区、西部(重庆)科学城以及自贸试验区、综合保税区等国家级(市级)开发开放平台的积极作用,突出集群式打造、雁阵式培育、引领型发展、数字化转型、绿色化改造,聚焦打造"33618"现代制造业集群体系,加快建设具有重庆特色的现代化产业体系,推动制造业高端化、智能化、绿色化、融合化,实现由传统块状特色产业向智能化产业集群的迭代升级。同时,借鉴安徽等地的做法,成立驻京央企招商小组,积极对接与重庆大力发展智能网联新能源汽车、新一代电子信息技术、先进材料产业规划相契合的央企,推介重庆在落实国家重大战略、优化营商环境、数字化治理等方面的新优势,加大招商引资力度。

二是落实创新创业举措。借鉴江苏等地做法,提供"停薪留职"的模式,鼓励机关事业单位内正式编制的公务员出国创业,允许他们在出国创业的同时保留原单位的人事关系和社保,减少他们在创业过程中的后顾之忧,进一步激活数字经济市场活力。借鉴浙江等地的经验做法,实施"青年回农村"计划,通过将农创客纳入乡村人才分类目录,给予落户、住房保障等方面的支持,引导大学生积极投身农村创业创新;实施"乡贤回农村"计划,依托各类商会建立县、镇、村三级"引贤"机构,定期发布乡贤回归投资重大项目库,回引在省外打工、经营中成长起来的本乡创业能手。

(二)推进产业数字化转型,发展壮大数字相关产业

一是加速壮大数字产业,拓展就业空间。抢抓发展机遇,深入推进创新驱动发

展战略,加快数字基础设施建设,着力发展壮大互联网、物联网、大数据、云计算、人工智能等信息技术产业,建立国家统一数据开放平台,健全数字市场地方性法规,扩大升级信息消费,促进电子商务、共享经济等新业态蓬勃发展,做强做优做大市场主体,推动经济转型提质,不断开辟就业创业新领域新方向。

二是加快传统产业数字化转型,变换就业赛道。建设"数字+农业"新业态,利用数字技术为农业生产、经营、管理、服务提质增效,推进农业现代化建设,促进农村一二三产业融合发展,全面推进乡村振兴。深入推进数字经济与实体经济融合融通,推动传统制造业向数字化、智能化、服务化转型,加速传统服务业向数字化、网络化转型,提升精准服务、高效服务、智慧服务能力。

三是激发数字经济创新创业活力,厚植就业增长沃土。坚持以科技创新为引领,积极争取国家战略科技资源,引进互联网龙头企业和掌握先进数字技术知识的高层次人才,培育推动数字经济创新发展的国际化专家团队,建设国家级创新生态园区和返乡创业示范基地,营造富有活力的数字经济创新创业环境。

(三)完善财政税收政策,缓解短期数字化转型分配不平等

一是发挥财政政策对企业和就业的支撑作用。运用财政应急资金保障重点行业人员稳岗就业,提高融资支持和授信担保,靶向解决企业融资难、融资贵问题,减轻中小微企业生存压力。

二是完善并调整税收激励政策。加大税收调节力度,增加资本所占税基的相对比例,出台反映现有失业方案的"自动化税"。加大数字创业、就业培训和职业技术教育领域的税收优惠力度,出台更加积极的税费优惠政策,形成覆盖就业与人力资源开发各个环节的税费优惠政策体系。

三是建立最低工资标准定期调整制度。借鉴长春等地的做法,定期发布工资指导线和人力资源市场工资指导价,引导企业完善收入分配制度,科学合理提高职工收入水平。建立低收入企业增资督导机制,对工资增速较慢但有增资潜力的企业,开展专项调研督导服务,促进职工工资增长。

(四)健全数字经济就业机制,提升应对数字就业风险能力

一是优化数字就业技能培训。根据数字经济发展对行业结构和产业结构的影响效应,重点针对数字化转型难度较大且占据重庆就业人口总数较大比重的第一产业和第二产业,以及低端服务业、制造业从业人员开展政策、技能专项培训,缩减新引进就业群体和传统就业群体的人力素质代差,减轻数字经济发展对重庆就业

岗位的负面冲击。借鉴长安汽车两江工厂"全体长安青年学代码"数字化转型工程经验,出台具体产业、行业、单位的培训指导方案。借鉴四川、甘肃等地的经验做法,结合重庆实际,探索建立"巴渝工匠"乡村驿站,打造"边城秀娘""忠橙电商""宁河巧姐"等乡土技能人才品牌,培育"云阳面工""大足雕客"等特色劳务品牌,带动农民就地就近就业。

二是完善就业相关法律和社会保障制度。设计和完善更加合理的灵活就业人员的社保制度,拓宽失业保险覆盖范围,降低参保缴费基数,放宽参保户籍限制,创新社保经办服务管理模式,完善全市统一的社会保险公共服务平台,提升数字经济灵活就业人员参保意愿。强化数字经济公益性岗位保障,提升灵活就业人员社会保险参保率,加快补齐基础民生领域岗位"短板",缓冲数字经济发展造成的低技能劳动者就业存量,降低中低教育水平和中低技能劳动者替代比率。

(五)推动就业创业服务数字化转型,加强数字经济就业平台建设

一是发展数字化人力资源服务机构。放宽市场准入条件,提高人力资源服务业的数字赋能水平,出台相应激励措施引导和鼓励人力资源服务企业研发应用数字化管理服务系统,加快业务办理的线上化、平台化,推动线上业务向精准匹配、智能服务转型。

二是搭建数字经济创新创业服务孵化平台。探索职普融通、产教融合、科教融汇新路径,鼓励高校、科研机构发挥技术优势,企业发挥应用、资金优势,超前布局,联合培养,建设一批以众创空间、孵化器为核心,创业企业、科研机构、金融机构、中介服务机构、资本市场和其他创业资源多跨结合的数字经济创新创业孵化平台,构建以市场主体为主导,政产学研用金融合的产业链供应链创新网络。借鉴山东等地做法,全面梳理评估现有创新创业平台的既定奖励、奖补政策,进一步完善分类支持方式和财政资金支持机制,同时深化创业服务品牌、创业导师队伍等建设,集中力量打造一批"国字号"创新平台。

参考文献

[1] HAZAN E,MANYIKA J,DU RAUSAS M P . Sizing the internet's economic impact [J]. McKinsey Quarterly,2011(4):18-21.

[2] SUVANKULOV F,LAU M C K,CHAU F H C. Job search on the Internet and its outcome[J]. Internet Research,2012,22(3):298-317.

［3］BALSMEIER B，WOERTER M. Is this time different？ How digitalization influences job creation and destruction［J］. Research Policy，2019，48（8）：103765.

［4］云霞."机器换人"对就业结构的影响［J］.中国国情国力，2017（3）：57-60.

［5］闫雪凌，朱博楷，马超.工业机器人使用与制造业就业：来自中国的证据［J］.统计研究，2020，37（1）：74-87.

［6］邱玥，杜辉.人工智能对就业的影响因素及作用机制研究［J］.中国劳动关系学院学报，2019，33（3）：5-14.

［7］韩文龙，刘璐.数字劳动过程中的"去劳动关系化"现象、本质与中国应对［J］.当代经济研究，2020（10）：15-23.

［8］纪雯雯，赖德胜.从创业到就业：新业态对劳动关系的重塑与挑战——以网络预约出租车为例［J］.中国劳动关系学院学报，2016，30（2）：23-28.

［9］吴清军，张皓.生活服务平台：数字化与就业生态［J］.新经济导刊，2019（2）：44-50.

［10］何宗樾，宋旭光.数字经济促进就业的机理与启示：疫情发生之后的思考［J］.经济学家，2020（5）：58-68.

［11］牛禄青.数字经济对就业的影响［J］.新经济导刊，2017（10）：28-33.

［12］龚玉泉，袁志刚.中国经济增长与就业增长的非一致性及其形成机理［J］.经济学动态，2002（10）：35-39.

［13］王君，张于喆，张义博，等.人工智能等新技术进步影响就业的机理与对策［J］.宏观经济研究，2017（10）：169-181.

［14］陈桢.技术进步的就业效应及其形成机理［J］.西南民族大学学报（人文社会科学版），2011，32（10）：93-97.

［15］邓婷心.数字经济对就业的影响分析［J］.金融，2023，13（3）：534-545.

［16］赵利.技术进步对劳动就业的影响研究：基于山东省的分析［D］.天津：天津大学，2009.

［17］熊雄.工业互联网助推制造业数字化转型：专访中国信息通信研究院院长刘多［J］.中国电信业，2019（3）：16-18.

［18］李丽.数字经济对就业的影响及应对策略［J］.经济问题，2022（4）：37-42.

［19］赵利，张红霞，王振兴.技术进步对劳动就业影响的作用机理分析［J］.山东财政学院学报，2012（5）：101-110.

［20］夏炎，王会娟，张凤，等.数字经济对中国经济增长和非农就业影响研究：基于投入占用产出模型［J］.中国科学院院刊，2018，33（7）：707-716.

［21］何勤.人工智能与就业变革［J］.中国劳动关系学院学报,2019,33(3):1-4.

［22］杨慧玲,张力.技术周期、经济高质量发展与稳定金融:中国经济动能转换的金融—技术路径［J］.政治经济学评论,2020,11(5):15-40.

课题负责人:陈　强

课题组:重庆西部大数据前沿应用研究院

课题主研人员:王明健　王舒萌　杨晓庆　程婷婷　钱迎飞　王　凡　王志飞

新形势下纾解制造业招工难、用工难的对策研究

摘　要：制造业是实体经济的主体，党的二十大报告强调，要把发展经济的着力点放在实体经济上，加快建设制造强国。制造业高质量发展离不开产业人才队伍的支撑。然而，随着当前我国人口老龄化程度逐渐加深，以创新驱动为核心的技术进步与产业变革进一步加速，劳动力市场人才短缺显著，企业"招工难""用工难"现象进一步凸显，成为制约制造业高质量发展的关键因素。新形势下"招工难""用工难"现象的根本原因是制造业劳动力市场供给、需求、供求匹配以及就业整体状况等方面发生变化。因此，立足当前制造业发展的趋势和就业的基本现状，剖析新形势下制造业企业招工、用工"两难"背后的深层次原因并提出相应的对策，对于进一步强化人才对制造业高质量发展的支撑作用具有重要现实意义。

本课题以重庆市为对象，首先分析了我市制造业发展情况、就业趋势、就业特征，发现目前制造业劳动力市场呈现出供给方偏好于互联网行业就业、"慢就业"和人才外流突出等趋势；同时存在就业规模下降、员工年龄老化、高学历劳动者占比低、薪酬水平缺乏竞争力等就业特征。通过运用问卷调查法对我市制造业企业的调研发现，"招工难""用工难"主要表现为高端人才和普工两头难招、难留。在此基础上，从经济外部、企业内部、劳动者个人三个不同视角深入剖析了企业招工、用工"两难"背后的深层次原因。

在借鉴国内部分省市（上海市、深圳市、成都市）和国外德、日、美等典型国家的制造业高质量就业相关经验的基础上，围绕如何降低企业经营成本、拓宽企业就业来源、优化人才培养模式、健全就业公共服务等八个方面提出了新形势下纾解制造业"招工难"和"用工难"的相关对策建议。

关键词：就业　制造业　重庆市　招工难　用工难

一、绪论

（一）研究背景

制造业是实体经济的主体，是立国之本、强国之基，在创造经济价值、优化供给结构、承载创新活力和集聚高端要素等方面发挥着不可替代的作用。党的二十大报告提出，"要推动制造业高端化、智能化、绿色化发展"，指明了制造业高质量发展的前进方向。产业工人队伍是支撑中国制造的重要力量，制造业高质量发展离不开高素质的产业工人队伍。然而，受经济环境变化的影响，当前我国制造业"招工难"问题进一步凸显，呈现出总就业量下降、各类岗位全面招工难、就业吸引力下降等特征，在一定程度上影响了制造业企业的生产经营活动，成为制造业高质量发展的掣肘。从就业总量来看，我国制造业就业人数下降的趋势十分明显，2013—2019 年，城镇单位制造业总就业人数从 5 258 万人减少到 3 806 万人，降幅达到 27.6%，连续 7 年呈现下降趋势，在所有行业中下降最快，而与之形成鲜明对比的是新兴产业社交电商领域的就业人数由 1 024 万人大幅增加到 4 801 万人，年均增速超过 90%，就业"跷跷板"效应加剧；从就业岗位来看，人社部发布的"2022 年第二季度全国招聘大于求职'最缺工'的 100 个职业排行"显示，有 37 个属于生产制造岗位，产业缺工情况较为突出。因此，整体来看，当前我国制造业招工缺口不断扩大，熟练工人、高技术人才短缺问题日益严重。与此同时，从劳动力供给方来看又存在就业难的问题，根据国家统计局发布的数据，2023 年 3 月我国青年群体失业率高达 19.3%，这表明我国劳动力市场面临着结构性矛盾。

制造业企业招工难、就业人数下降现象背后的原因有很多。从宏观上看，我国人口结构深度调整，使劳动力供给减少。从中观上看，一方面，制造业高质量发展加速就业结构优化和升级，就业人员供给和需求表现出不适应。另一方面，随着"机器换人"与智能制造等战略深度推进，在短期内技术进步会减少对就业的吸纳或者改变就业结构。从微观上看，近年来青年群体就业观念变化与零工经济等新兴经济形态的迅猛发展，也使服务业对制造业就业产生了"虹吸效应"。由此可见，制造业招工难、用工难现象是多重因素、新旧矛盾交织叠加的结果。实施制造强国战略需保持制造业比重基本稳定、防止过早"去工业化"，为此需要进一步深入探讨新形势下制造业招工难、用工难问题的政策应对。

（二）研究意义

制造业是实现我国经济高质量发展的坚实基础。提升制造业核心竞争能力，发挥制造业推动高质量发展的积极作用，关键在于推动制造业领域高质量就业，以人才优势赋能产业优势。然而，当前世界面临百年未有之大变局，人口老龄化、数字经济、区域经济一体化以及新冠疫情带来的产业链供应链传导压力等新形势对我国制造业领域就业产生了深远的影响。尤其是近年来全国各省市都普遍面临常态化的"招工难""用工难"问题，在一定程度上成为制造业高质量发展的掣肘。

制造业是重庆市的立市之本、强市之基，为推动制造业高质量发展，2023年6月重庆市召开推动制造业高质量发展大会，提出要着力打造"33618"现代制造业集群体系。本课题旨在结合重庆的现实情况，探讨新形势下制造业结构性就业现象背后的深层次原因和影响因素，进而提出纾解制造业"招工难、用工难"的政策建议，为构建与重庆市制造业高质量发展相适应的人才政策提供决策依据，对重庆市制造强市战略的实施具有重要的现实意义。

二、文献综述与理论基础

（一）文献综述

1. 人才在制造业高质量发展中的作用

关于人才在推动制造业高质量发展中的积极作用方面，相关文献形成了以下三种视角。一是人口红利视角。蔡昉提出经济发展中人口数量红利的观点，较早发现人口数量增长对促进经济增长具有增益效应。近年来随着制造业转型升级，学者们认识到人口质量红利将逐渐取代人口数量红利，成为驱动制造业高质量发展的主导因素。二是科技创新与技术进步视角。人才队伍既是科技创新的主体，又是成果传播与产业化的主体，能够通过扩散效应和流动效应促进制造业高质量发展。三是人力资本与技术进步交互作用视角。人力资本积累能够促进技术进步，技术进步则使新产品、新工艺不断取代旧产品、旧工艺，为人力资本的进一步积累创造了条件。

2. 制造业人才队伍建设与人才结构性错配

制造业人才队伍建设实质是通过恰当的干预手段引导人力资本在制造业有效

配置,其目标是促进人力资本在地区、行业、企业等层次达到最优均衡状态。当人力资本无法在不同层面有效配置时,会导致人才供需出现扭曲和失衡现象,此时人力资本扩张就很难转化为创新效率,无法有效驱动经济发展,这种现象即为人力资本错配。

随着我国建成规模庞大的教育体系,人力资本在数量上快速扩张和积累,人力资本错配现象却比较严重,表现为高考扩招形成的人力资本大量涌入高度管制的垄断部门与政府部门,相对而言竞争部门处于人才吸引弱势地位,带来的直接后果是竞争性和创新性部门人力资本投入不足,对技术创新、全要素生产率产生抑制影响。马颖等也发现,我国人力资本错配导致全要素生产率降低。高中华和贺俊针对制造业企业的"用工荒"难题,指出其本质就是人才结构性错配问题。

从2004年开始,我国不同地区先后出现的制造业"用工荒"现象,在一定程度上是现实中供需错配、竞争错配、意愿错配等因素叠加的结果。

已有研究表明,当前我国制造业企业的招工难、用工难具有以下特点:一是持久性,即制造业的人才结构性错配正在从临时性现象转变为持久性难题;二是复杂性,即呈现出"普工荒"与"技工荒"并存的局面;三是动态性,传统制造业部分岗位逐渐被工业机器人所取代,"用工荒"在传统劳动密集型制造业中得到缓解,但制造业的转型升级将带来新岗位需求,由此带来新一轮"用工荒"现象。

3. 制造业就业的影响因素

关于制造业就业的影响因素研究,学者们主要从以下两个方面展开论述。

(1)产业结构对就业的影响

配第-克拉克定理、库兹涅茨产业结构演变规律等理论描述了产业结构与就业结构之间的关系,其中配第-克拉克定理表明不同行业间的薪资会影响就业流动,就业人员会向能够带来更高收入的产业集中流动,就业总人数比重会在三次产业中有明显的波动变化。库兹涅茨曲线则认为随着经济的发展,第二、三产业的比重会逐渐增加,就业结构也会随着产业结构的变动而变动。Cuadrado等通过研究发现,非农业部门劳动生产率边际效益的上升对劳动力资源具有正向虹吸效应,有助于加速劳动力供给由农业向非农业方向发展转变。

国内方面,已有文献研究表明,产业结构调整是推动制造业就业结构调整的直接因素之一。当前,中国制造业正在经历大规模的就业创造和就业消失,不同行业的就业弹性差异显著,制造业不同部门同时受到行业结构效应和素质结构效应的双重影响,因此产业结构优化可以促进就业结构改善。同时,中国制造业出现先集聚后扩散的趋势并呈现一定程度的就业极化现象。

（2）技术进步对就业的影响

技术进步对就业市场会产生两种相反的效应：一是破坏效应，即技术替代劳动力，从而导致失业；二是补偿效应，即技术促使生产力水平提高，从而促进行业扩张，对劳动力的需求提高。因此，长期看技术进步会重塑劳动力市场结构。近期有学者关注人工智能等新技术对制造业就业的影响。Acemoglu 和 Restrepo 等就美国工业机器人技术对制造业就业结构的影响进行了实证检验，发现美国工业机器人的使用显著抑制了制造业的就业和工资。蔡啸和黄旭美的研究发现，我国人工智能技术的应用显著降低了制造业的劳动力占比。

4. 人才结构性错配治理

国内学者对我国如何治理结构性就业矛盾提出了不同的建议。胡增亮和刘霞强调政府在人才结构性错配治理过程中的作用，认为政府在产业布局、高等教育结构、职业教育、劳动力市场、企业发展和社会保障等方面都可以发挥宏观调控作用。卢纯佶认为就业结构性问题治理应从政府协调、调查统计、择业观念、职业培训等方面加以应对。刘丙泽分别从重视教育、调整经济结构、完善劳动力市场体系和健全社会保障制度四个方面提出缓解我国结构性就业矛盾的对策建议。

近年来，随着制造业人才结构性错配现象上升为就业领域的主要矛盾之一，国内学者围绕新形势下如何实现更加充分更高质量的就业目标，零散地提出了促进先进制造业和现代服务业深度融合、制定双轨道产业发展政策、保持产业转型升级与劳动技能升级的协同、激发劳动者技能升级等对策建议。

5. 文献评述

制造业企业招工难、用工难现象属于表象，其实质是人才结构性错配问题。与20世纪初我国劳动密集型企业面临用工难题不同，当前的招工难、用工难是多种因素、新旧矛盾叠加的结果。第一，现有文献多结合宏观层面的数据对制造业就业结构的单一方面加以研究，鲜有全面论证新形势下制造业就业结构变化趋势与特征的研究；第二，已有文献虽验证了产业结构、人工智能引发的技术进步等因素所产生的重要影响，但较少有文献真正从微观层面揭示企业招工难、用工难的困境及其深层次的原因；第三，已有研究在分析制造业人才结构性问题的治理对策时大都集中于短期策略层面，尚未从制造业高质量发展出发，寻找根本性、全局性、长期性的解决思路。因此，本课题通过对重庆市制造业企业的调查，揭示新形势下制造业招工难、用工难的困境，并提出针对性的对策建议，为构建与重庆市制造业高质量发展相适应的人才政策提供决策依据。

（二）理论基础

1. 劳动力市场供求理论

经济学认为劳动力是一种生产要素也是一种商品，存在供给和需求曲线，供求均衡决定了均衡工资水平和劳动力供给量。因此，劳动力也存在供给大于需求、供给小于需求以及供给等于需求三种状态，其中供给等于需求为"均衡状态"，是最理想的状态，即劳动力的供给与需求在数量、质量与结构等各方面完全对称，这种状态也是政府对劳动力市场进行干预的目标与落脚点。

然而，现实中劳动力供需处于失衡状态才是常态，这种失衡可分为总量失衡和结构失衡。总量失衡是指劳动力的供需数量不均衡，导致大量失业现象长期存在或者大量岗位长期空缺；结构失衡是指由于劳动力的供需结构不匹配，劳动力供给结构包括劳动者自身的素质、劳动者户籍地、就业观念等，需求结构包括产业构成、企业类型等，加上市场信息不对称等因素，从而产生的失衡现象。这种因为劳动力的供给与需求结构之间不匹配导致的失业现象即为结构性失业。

当前我国制造业招工难与青年群体就业难正是由劳动力素质不能完全适应经济结构和产业结构变化、技能水平与岗位需求不匹配等原因造成的。

2. 劳动力市场分割理论

劳动力市场是影响劳动关系变化的重要因素之一。以新古典经济学流派为基础的劳动力市场理论认为，劳动力市场是一个统一的竞争性市场，而劳动者生产效率之间的差异是造成工资差异的决定性因素，因而只要工人提高其自身人力资本水平就可以改善生产率，从而实现低工资部门向高工资部门流动。

与新古典理论的观点不同，劳动力市场分割理论（Segmented Labor Markets Theory，简称 SLM 理论）则认为，劳动力市场并非传统意义上的统一整体，而是被分割为一级劳动力市场和二级劳动力市场两个细分市场，其中一级劳动力市场表现出工资高、工作条件好、晋升机会多、雇佣关系稳定等特征；而二级劳动力市场则完全与之相反。而且两个劳动力市场之间的工作流动是受到限制的，二级劳动力市场的劳动者无法向一级劳动力市场流动，并不是因为技能上的劣势，而是由两个市场之间的某些制度障碍造成的，流动障碍的客观存在也解释了我国劳动力市场城乡分割、国有与非国有部门分割下工资不平等、歧视等现象的持续存在。这一理论也为理解制造业就业结构扭曲提供了一个较好的理论视角。

3.鲍莫尔-富克斯假说

鲍莫尔-富克斯假说阐释了服务业就业增长和经济发展理论,鲍莫尔认为制造业中劳动是中间产品,劳动只起到初级作用,技术创新使生产中对劳动力的需求减少,而服务业中劳动是最终产品,劳动力投入的多少决定了该部门产品质量的好坏,因此将制造业称为"进步"部门,将服务业称为"停滞"部门。鲍莫尔提出进步部门劳动生产率会稳定上升,而停滞部门劳动生产率维持不变,当两部门名义工资上涨时,停滞部门成本也随之上涨,当其产品缺乏弹性时,工资上升会导致消费者对停滞部门产品需求不断上升,致使劳动力转移到服务业,而制造业劳动比例趋近于0。富克斯则基于美国1929—1965年的数据认为服务业就业增长原因可归结为最终需求增长、服务业专业化水平的提高以及服务业生产率增长缓慢。富克斯认为当工资上涨时,居民对服务业需求增加,从而提升了服务业就业率。而当服务业专业化水平提高时,制造业对服务业的生产和需求会增加。综上,鲍莫尔和富克斯都认为最终需求增长和服务业专业化水平的提高是服务业就业率增长的原因,而服务业生产率相对滞后是其产业就业比重上升的主要原因。

三、重庆市制造业发展及其就业趋势与特征

(一)制造业发展情况

重庆市作为中国重要制造业基地之一,近年来一直致力于由国家老工业基地向重点现代制造业基地转型。从产业规模来看,由表1可知,近5年来重庆市工业生产总值一直保持上升态势。同时,重庆市拥有全部31个制造业大类行业,基本建成门类齐全、产品多样的制造业体系,其中微型计算机、手机、摩托车等产量占全国比重已超过24%、9%和29%。此外,重庆已累计建成10个国家重点实验室,37家国家企业技术中心,规模以上工业企业研发投入强度超过1.6%,位居全国前列;工业技改投资平均增长达到1.5%,规模以上工业战略性新兴产业、高技术产业占规模以上工业产值比重分别已达到32%和28%。

2023年6月,我市召开推动制造业高质量发展大会,提出着力打造"33618"现代制造业产业集群体系,聚力打造智能网联新能源汽车、新一代电子信息制造业、先进材料三大万亿元级主导产业集群,升级打造智能装备及智能制造、食品及农产品加工、软件信息服务三大五千亿元级支柱产业集群,创新打造新型显示、高端摩

托车、轻合金材料、轻纺、生物医药、新能源及新型储能六大千亿元级特色优势产业集群,聚焦未来产业和高成长性产业培育壮大18个"新星"产业集群。

表1 重庆市总产值和投资额数据

年份	工业生产总值(亿元)	增长率(%)	投资额比上年增长情况(%)
2017	5 896.16	4.89	7.16
2018	6 202.3	5.19	9.3
2019	6 268.10	1.06	8.9
2020	6 551.84	4.53	3.7
2021	6 990.77	6.70	10.6

数据来源:重庆统计年鉴

(二)制造业就业趋势

第一,慢就业趋势增强。从就业流向上看,根据重庆市教委发布的2018—2021年我市普通高校毕业生就业情况报告,高校毕业生就业流向如图1所示。可以看出,2018—2021年,高校毕业生就业流向位列前三的分别是非国有企业、升学以及国有企业。纵向对比来看,4年来,选择升学的人数逐渐增加,流向非国有企业的人数总体上呈下降态势。这反映了当前重庆市重点劳动群体的就业偏好发生了变化,相较于更早迈入社会,有越来越多的高校毕业生选择了升学以推迟就业,就业观逐渐转向"慢就业"。

第二,人才有流向四川省和东部地区的趋势。从区域流向上看,位列前三名的地区分别是重庆市、东部地区、四川省(图2)。其中,重庆市大约占比57%,流向东部地区的大约占比18%,流向四川省的大约占比7%。虽然有超过一半的劳动力倾向于留在本市,但也有接近40%的就业者选择到其他地区发展,特别地,近些年四川省对重庆市劳动力的吸引力在不断增强。

第三,大量制造业劳动力流入服务业。零工经济的繁荣正在对传统劳动密集型的产业和行业形成"虹吸效应"。从流动趋势来看,2018年我国从事外卖、快递、网约车等新兴行业的人数就已超过700万人、300万人、2 000万人。同时据美团统计,2020年疫情期间,美团和饿了么新增加的300万骑手中有近三成来自制造业。此外,2021年国家信息中心公布的统计数据表明,包括家政服务人员、网约车司机等在内的共享经济从业人数已达到8 400万人。

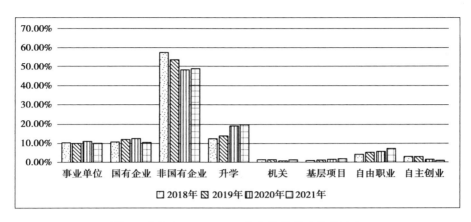

图1　重庆市 2018—2021 年高校毕业生就业流向

数据来源：重庆市教育委员会

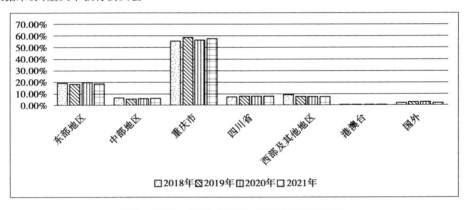

图2　2018—2021 年重庆市劳动者区域流向

数据来源：重庆市教育委员会

（三）制造业就业特征

1. 制造业就业规模呈下降趋势

首先，从就业人数来看，来自重庆市统计年鉴的数据表明，2016—2020 年我市制造业从业人数总体上呈下降趋势，共减少了 30.82 万人，直至 2021 年才有所回升，见表2。与之相反的是，近些年来重庆市工业生产总值呈增长态势，从 2016 年的 5 896.16 亿元增长到 2021 年的 7 888.68 亿元，增长规模已达千亿级别。可见，重庆市制造业从业人数并未随着制造业规模扩大而上升。

表2　2016—2021年重庆市制造业从业人数和工业生产总值

年份	制造业从业人数（万人）	工业生产总值（亿元）
2016	247.06	5 896.16
2017	238.92	6 202.3
2018	227.13	6 268.10
2019	221.59	6 551.84
2020	216.24	6 990.77
2021	222.61	7 888.68

数据来源：重庆市统计年鉴

2.员工年龄结构存在老化趋势

来自课题的问卷调查数据显示,我市制造业企业员工年龄占比从高到低分别为30～40岁、40～50岁、50岁以上、18～30岁。其中,处于30～40岁的就职员工最多,比例达到32.5%,其次是40～50岁,占比29.4%。从工龄来看,10年以上工龄的人数占比最高,达44.7%,其次是5～10年,占比达21.1%,1～3年占比为16.7%,排第三,10年以上工龄人数比5～10年的多了一倍,可见,新流入制造业的员工占比不高,员工"活力"不强,制造业员工年龄结构存在老龄化趋势,见表3。

表3　重庆市制造业企业就职人员基本特征

调查内容	变量	频率	占比（%）
性别	男	233	55.7
	女	185	44.3
年龄	18～30岁	57	13.6
	30～40岁	136	32.5
	40～50岁	123	29.4
	50岁以上	102	24.4

调查内容	变量	频率	占比（%）
学历	小学	22	5.3
	初中	125	29.9
	中专	32	7.7
	高中\高职	69	16.5
	大专	90	21.5
	本科	79	18.9
	硕士研究生及以上	1	0.2
工龄	1 年以下	26	6.2
	1～3 年	70	16.7
	3～5 年	47	11.2
	5～10 年	88	21.1
	10 年以上	187	44.7
月薪资水平	1 500 以下	5	1.2
	1 500～3 000 元	122	29.2
	3 000～4 500 元	124	29.7
	4 500～6 000 元	102	24.4
	6 000 元以上	65	15.6

3. 高学历劳动者占比没有明显提升

学历方面,由表3可知,制造业企业员工学历位列前三的分别是初中、大专、本科,分别为29.9%、21.5%、18.9%,初中学历阶段的人数占比比本科和大专分别高了8.4%、11%,而本科及以上学历仅占19.1%,这表明目前制造业员工的学历整体偏低,高学历劳动者占比较低,没有明显提升。

4. 薪酬水平缺乏竞争力

从表3可知,薪资水平排在前三的分别是 3 000～4 500 元、1 500～3 000 元、

4 500 ~ 6 000 元,分别占比为 29.7%、29.2%、24.4%,以 3 000 ~ 4 500 元为主,且月工资水平在 3 000 ~ 4 500 元的人数占比仅比 1 500 ~ 3 000 元的人数占比高了 0.5%,低于 2022 年西部地区从事生产制造及有关行业人员的月平均工资水平(5 960 元);也低于重庆市 2022 年城镇非私营单位就业人员年平均工资水平(107 008 元)和城镇私营单位就业人员年平均工资水平(60 380 元)。由此可见,现阶段重庆市制造业员工的薪资水平在全国处于下游水平,缺乏竞争力。

四、重庆市制造业企业招工难、用工难的现实表现

(一)调研设计与实施

为探究新形势下重庆市制造业企业招工难、用工难的具体表现,本课题对重庆市 25 个区县共 231 家制造业企业进行了访谈调研。调研内容涵盖公司基本信息、招聘情况、用工需求等多个方面。

从所属行业、所属类型、公司规模、经营年份等方面对 231 家重庆市制造业企业的基本信息进行了考察,具体结果见表 4。由表 4 可知,在被调研的制造业企业中有大部分属于规模以上民营企业且经营年份在 10 年以上。在人员结构方面,被调查企业员工年龄主要集中在 31 ~ 40 岁,学历主要集中在大专,一线平均工资主要在 3 500 ~ 5 500 元。

表4　被调研制造业企业基本信息

调查内容	变量	占比(%)
所属行业	轻纺工业	18
	资源加工类	20
	机械电子制造	42
	其他	20
所属类型	国有企业	14
	民营企业	78
	外资或合资企业	8
公司规模	规模以上企业	89
	规模以下企业	11

调查内容	变量	占比（%）
经营年份	1 ~ 3 年	7
	4 ~ 6 年	16
	7 ~ 10 年	15
	10 年以上	62
员工主要年龄段	30 岁以下	7
	31 ~ 40 岁	44
	41 ~ 50 岁	37
	51 岁以上	3
	各个阶段的人数分布大致相同	9
员工主要学历	初中	4
	中专	23
	高职	18
	大专	25
	本科	13
	硕士研究生及以上	1
	各个学历阶段的人数分布大致相同	4
一线员工平均薪资	3 500 元以下	6
	3 500 ~ 4 500 元	28
	4 500 ~ 5 500 元	42
	5 500 ~ 7 000 元	21
	7 000 ~ 10 000 元	3
	10 000 元以上	0

（二）调研结果分析

1. 招聘难度普遍上升，缺工问题普遍存在

由表5可知，有52%的企业表示2019—2021年来招聘难度呈现上升趋势，招聘渠道以网络招聘为主，人员则主要来源于社会招聘，其次是应届毕业生。在本次调查中，有81%的企业表示存在招工难的现象，且该问题主要存在于技术研发人员、技术工人、普通一线操作工人。

表5 被调研制造业企业招聘情况

单位：%

调查内容	变量	总体	国企	民营企业	外资（或合资）企业	中心城区	区县
招聘难度	越来越难	52	58	52	42	57	49
	越来越容易	15	16	15	21	12	17
	无法说明	33	26	34	37	30	34
招聘渠道	社会招聘	33	23	36	27	27	36
	校园招聘	20	35	16	24	26	16
	网上招聘	47	42	48	49	47	47
招聘人员主要来源	应届毕业生	22	38	17	33	27	19
	社会招聘	53	38	57	46	46	58
	劳务派遣	16	15	16	15	21	12
	其他	9	8	9	5	5	11
是否存在招工难	是	81	81	80	89	88	77
	否	19	19	20	11	12	23
招工难的岗位	经营管理人员	7	5	8	4	4	10
	技术研发人员	32	38	31	33	34	32
	技术工人	30	28	30	33	33	28
	非管理岗位的行政办公人员	3	0	3	7	1	4
	普通一线操作工人	28	30	28	22	29	26

　　由表6可知,有58%的企业明确表示存在缺工,其中15%属于长时间缺工,43%属于短期临时性缺工。在紧缺人才类型及学历方面,目前企业表示经营管理人员、技术研发人员、技术工人、非管理岗位的行政办公人员以及普通一线操作工人均存在紧缺情况,其中紧缺程度位列前三的分别是技术研发人员、普通一线操作工人、技术工人。从学历上看,对本科及以上学历的需求度达60%。从用工情况上看,大部分企业表示存在"用工难"的现象,其中,技术研发人员、技术工人、普通一线操作工人离职率较高,分别为20%、28%、52%。

表6　被调研制造业企业缺工及用工情况

单位:%

调查内容	变量	总体	国企	民营企业	外资(或合资)企业	中心城区	区县
缺工情况	长时间缺工	15	19	15	16	12	17
	短期临时性缺工	43	41	44	27	56	36
	基本不缺工	42	40	42	47	32	47
紧缺人才类型	经营管理人员	10	6	11	3	5	13
	技术研发人员	34	41	33	33	34	34
	技术工人	27	29	26	33	32	24
	非管理岗位的行政办公人员	1	0	1	3	1	1
	普通一线操作工人	28	24	29	27	28	28
紧缺人才学历	中专	19	18	20	11	15	21
	大专	22	20	23	15	28	18
	本科	35	32	35	37	34	35
	硕士研究生及以上	25	30	23	37	23	26
离职率较高的岗位	普通一线操作工人	52	48	53	50	53	51
	技术工人	28	29	28	25	30	26
	技术研发人员	20	24	19	25	17	23

2. 国企招聘难度相对较大,技术人员较为紧缺,民企普工更为紧缺

由表5可知,从公司股权性质来看,大部分国企、民营企业、外资(或合资)企业均表示2019—2021年的招聘难度表现为"越来越难",其中表示招聘难度上升的国企占比最高,达58%。从招聘渠道上看,三类企业的招聘渠道依次是网上招聘、社会招聘、校园招聘,与总体趋势一致。从是否存在招工难这一现象来看,无论哪类企业,超过80%的比例表示存在招工难的现象。从招工难的岗位上看,民营企业、外资(或合资)企业提到次数排名前三的分别为技术研发人员、技术工人、普通一线操作工人,国企则为技术研发人员、普通一线操作工人、技术工人。虽需求略有差异,但招聘难问题均存在于技术研发人员、技术工人、普通一线操作工人中,与总体调查结果一致。

由表6可知,从公司股权性质来看,有60%、59%、43%的国企、民营企业、外资(或合资)企业明确表示存在缺工情况,且大部分表现为短期临时性缺工。从紧缺人才类型来看,国企、民营企业、外资(或合资)企业提到次数位列前三名为技术研发人员、普通一线操作工人、技术工人,其中最为紧缺的是技术研发人员,被提及次数占比分别为41%、33%、33%,国企紧缺程度更甚。从紧缺人才学历来看,国企、民营企业、外资(或合资)企业目前紧缺人才学历要求排名前三的分别为本科、硕士研究生及以上、大专,表明不同股权性质的企业用人需求均正在转向高学历人才。从用工情况看,不管哪类企业均存在用工难现象,普通一线操作工人、技术工人、技术研发人员离职率较高且普通一线操作工人离职率最高,民营企业普通一线操作工人更为紧缺。究其原因可能是民营企业在薪资待遇、福利保障、工作环境等方面相对较差,工作强度相对较强,加上工作稳定性相对较低,从而导致民营企业普工离职率更高。

3. 中心城区企业招聘更为困难,缺工问题更加严重

由表5可知,从地理位置来看,位于中心城区和区县的企业均表示2019—2021年来企业招聘难度逐年上升,比例分别为57%、49%,相对于区县而言,位于中心城区的企业招聘更为困难。可能的原因是大量企业集中在中心城区,导致人才竞争更加激烈。从招聘渠道和人员主要来源上看,中心城区和区县企业均表示网上招聘是其最常用的渠道,人员主要来源于社会招聘和应届毕业生,二者情况一致。从是否存在招聘难来看,大部分中心城区和区县企业均表示存在"招工难",其中中心城区企业更突出,占比达88%。从招聘难岗位上看,不管地理位置如何,中心城区和区县企业均表示存在招聘难岗位前三名分别为技术研发人员、技术工人、普通一线操作工人,与总体调查情况一致。

从地理位置来看,有68%、53%分别位于中心城区和区县的企业表现存在缺工情况,大部分表现为短期临时性缺工,中心城区缺工情况更甚。从紧缺人才类型上看,被提及次数排名前三的仍是技术研发人员、普通一线操作工人、技术工人,特别是中心城区的企业技术工人更为紧缺,比区县企业高了8%,而技术研发人员和普通一线操作工人被提及次数均为34%、28%。从紧缺人才学历上看,中心城区和区县企业紧缺人才学历均为本科。从用工情况上看,中心城区、区县企业均存在用工难现象,具体表现为普通一线操作工人、技术工人、技术研发人员离职率较高,中心城区企业普通一线操作工人、技术工人离职率略高于区县企业。

五、重庆市制造业招工难、用工难的原因分析

(一)外部原因分析

1.制造业企业核心竞争力不足、平均利润率低,导致薪酬竞争力不足

在世界整个产业链分工中,中国制造业依然处于供应链的中下游,业务以加工为主,而不是应用创新,创造的附加值较低,核心竞争力不足导致行业平均利润率低。根据赛迪顾问统计数据,2020年中国拥有世界500强制造业企业61个,但平均利润率仅为2.0%,而重庆2021年规模以上工业利润率仅为6.93%。美国、英国、瑞士等国家制造业企业平均利润分别为8.3%、12.3%、11.7%,由此可见,中国制造业平均利润率与世界存在一定差距,这背后反映出我国制造业缺少核心竞争力,限制了员工薪酬的上涨空间。

2.经济下行压力大,进一步压缩了制造业利润空间

2022年受新冠疫情、经济逆全球化等影响,世界经济下行压力进一步加大,经济复苏动力不足,致使能源价格波动,导致制造业原材料成本上涨,进一步压缩了企业利润空间。如石油价格高位运行,导致炼油行业企业效益持续承压,纺织、塑料制品等轻工行业成本上升,利润受到挤压。2023年出于需求收缩等原因,制造业PMI(采购经理人指数)全年均值为49.9%,虽然高于2022年全年均值0.8个百分点,但仍然低于50%的荣枯分水线。在这种情形下,产业链下游的制造业企业面临着成本上升、利润压缩的困境,无法提供有竞争力的薪酬。

3. 区域间人才竞争激烈,重庆引才能力有待进一步提升

近年来,在人口老龄化、劳动人口数量减少的背景下,各地区开启了激烈的人才竞争。根据智联招聘发布的《中国城市人才吸引力排名:2022》,重庆位居20强,落后地理位置相邻近的成都14名。从细分指标数据来看,2021年重庆人才净流入占比为-0.4%,硕士及以上和应届生流入占比分别为1.7%、2.2%,而成都这三项指标数据分别为0%、4.2%、4.7%。由此可见,在区域人才竞争中,重庆相较北京、上海、广州、深圳、成都、长沙等城市,竞争力偏弱。

4. 技术进步使企业对高技能劳动力的需求增加

人工智能等技术在制造业的应用,正在逐渐改变制造业就业结构,使企业用工需求开始从低端劳动力向高端劳动力转变。根据全国百城劳动力市场监测数据,2016—2020年,市场总体求人倍率为1.2,而高级工程师的求人倍率的平均值为2.5,高级技师同期的求人倍率平均值为2.2,分别高于市场总体求人倍率1.3和1.0。根据《重庆市制造业高质量发展人才需求目录(2023—2025)》,2025年全市制造业技术人才和技能人才增量需求约16.93万人,其中技能人才需求7.35万人。

然而,相对于用工需求转向高级劳动力,制造业劳动力供给却出现不适应和错配的情况。第一,作为高技能型人才的主要供给方,职业教育院校的人才培养体系缺乏实践导向,加之生源质量本身较差,难以很好地满足制造业转型升级对高技能型人才的需求。第二,制造业存在人才错配现象,本科及以上的高学历人才前往制造业就业意愿不强。根据2021年重庆市各理工类高校的毕业生就业报告,各高校从事制造业的毕业生人数最高占比未超过30%。

(二)企业内部原因分析

1. 问卷设计与实施

为分析制造业企业招工难、用工难的影响因素,本课题设计了"制造业招工及用工影响因素调查",采用李克特五级量法,从工作满意度、薪酬福利、工作环境、职业发展等方面设计了调查问题,探究制造业员工工作满意度的影响因素以间接分析影响制造业招工用工的因素。问卷发出后,共回收477份问卷,剔除59份无效问卷后,剩余418份有效问卷。

2. 实证分析

第一,信度分析。通过使用 SPSS27.0 对问卷进行信度分析,结果见表 7。通过克隆巴赫系数检验方法分析各个维度的内部一致性。克隆巴赫系数取值为 0 ~ 1,一般认为信度系数在 0.6 以上则问卷可信。由表 7 可知,该问卷各个维度和整体维度的克隆巴赫系数均在 0.6 以上,说明本次分析所使用的量表具有可信度。

表7 问卷信度分析结果

变量	克隆巴赫	项数
工作满意度	0.923	5
薪酬福利	0.924	5
工作环境	0.674	5
职业发展	0.911	5
整体维度	0.955	20

第二,效度分析。继续使用 SPSS27.0 对问卷的效度进行检验。首先,做 KMO 和 Bartlett 检验,其结果见表 8。从表 8 可知,KMO 值为 0.949,大于 0.9,且 p 值为 0,显著小于 0.05,据此表明问卷数据满足相关的检验标准,适合做因子分析。其次,利用主成分分析法对问卷数据进行探索性因子分析(表 9),共提取了 3 个因子成分,其特征值分别为 11.995、1.132、1.019,均大于 1,方差百分比分别为 59.973%、5.659%、5.095%,累计方差 70.727%,大于 60%,达到效度要求,可进行下一步研究。

表8 问卷效度分析结果

KMO 取样适切性量数		0.949
巴特利特球形度检验	近似卡方	7 886.255
	自由度	190
	显著性	0

表9　各成分方差解释

成分	初始特征值			提取载荷平方和			旋转载荷平方和		
	总计	方差百分比(%)	累积(%)	总计	方差百分比(%)	累积(%)	总计	方差百分比(%)	累积(%)
1	11.995	59.973	59.973	11.995	59.973	59.973	6.992	34.96	34.960
2	1.132	5.659	65.632	1.132	5.659	65.632	5.216	26.078	61.038
3	1.019	5.095	70.727	1.019	5.095	70.727	1.938	9.69	70.727
4	0.968	4.839	75.566						
5	0.72	3.6	79.165						
6	0.576	2.881	82.047						
7	0.533	2.663	84.709						
8	0.447	2.235	86.944						
9	0.379	1.894	88.838						
10	0.36	1.8	90.639						
11	0.297	1.487	92.126						
12	0.286	1.428	93.554						
13	0.251	1.253	94.808						
14	0.207	1.036	95.844						
15	0.195	0.977	96.82						
16	0.171	0.853	97.673						
17	0.148	0.741	98.414						
18	0.134	0.669	99.083						
19	0.105	0.526	99.608						
20	0.078	0.392	100						

第三,相关性分析。通过 Pearson 相关分析对多个变量之间的相关性进行探索性分析,结果见表10。可以发现,各个变量之间存在显著的相关关系。

表 10 相关分析结果

变量	入职感受	薪酬福利	工作环境	职业发展
工作满意度	1			
薪酬福利	0.778**	1		
工作环境	0.734**	0.778**	1	
职业发展	0.748**	0.749**	0.747**	1

第四,多元线性回归分析。首先,建立多元线性回归模型。设员工工作满意度为 Y,薪酬福利、工作环境、职业发展分别为 X_1、X_2、X_3,则多元线性回归方程为: $Y = \beta_0 + \beta_1 X_1 + \beta_2 X_2 + \beta_3 X_3 + \varepsilon$。其次,利用 SPSS27.0 对问卷数据进行回归分析,其结果见表 11。从表 11 可知,β_0、β_1、β_2、β_3 分别为 0.953、0.398、0.199、0.301,且 p 值均为 0,表明该系数在 1% 的显著性水平下显著为正,由此可得具体的多元回归线性方程为:

$$Y = 0.953 + 0.398X_1 + 0.199X_2 + 0.301X_3 + \varepsilon \tag{1}$$

公式(1)表明,X_1、X_2、X_3 均对 Y 产生正向影响,当其增加 1 个单位时,会分别提升 0.398、0.199、0.301 个单位的 Y,即薪酬水平、工作环境、职业发展的确是影响制造业招工及用工的因素,其中薪酬福利影响力最大,其次是职业发展,最后是工作环境。

表 11 回归结果

变量	β	t	p
(常量)	0.953	8.088	0
X_1	0.398	8.259	0
X_2	0.199	4.136	0
X_3	0.301	6.602	0
R 方	0.681		
调整后 R 方	0.679		

3. 主要结论

(1)制造业平均薪资偏低,对劳动者吸引力不足

由上述分析可知,薪酬福利是影响制造业企业招工及用工最重要的因素。而

根据问卷调查和调研数据可知,目前重庆市制造业企业就职员工的月工资普遍集中在 3 000~4 500 元,低于全国制造业从业人员月平均工资 5 960 元,也远远低于重庆市 2022 年城镇非私营单位就业人员年平均工资(107 008 元)和城镇私营单位就业人员年平均工资(60 380 元)。此外,与网约车、外卖等服务业相比较,服务业月工资水平为 5 000~8 000 元,制造业工资水平也不具有竞争优势。由此可见,重庆市制造业平均薪资水平偏低是造成其招工难、用工难的重要原因。

(2)制造业企业工作环境较差

工作环境是影响企业招工用工的重要因素。根据梳理的调研资料,发现有 34 家制造业企业明确提到了招不来、留不住员工的原因是制造业企业工作环境较差,包括公司地理位置偏僻、周边设施配套不完善、工作强度较高、存在两班倒的情况、工作时间不自由等。如某科技有限公司提到"制造业工作时间较长,薪酬福利达不到求职者预期";某食品开发有限公司则提到"公司食、宿、福利等不完善"是企业招不来、留不住人才的重要原因。

(3)制造业企业员工培训及激励制度不到位

目前制造业企业普遍存在职业培训缺乏连续性、激励制度缺乏创新性等问题。随着制造业转向高质量发展,对员工的技术要求相应提高,但配套的职业培训却没跟上,大多企业仅开展了入职培训。如重庆某水处理设备有限公司提到"公司内部培训制度跟不上人才结构"。激励方式方面,企业主要依靠薪资福利待遇激励员工,缺乏对心理层面的激励,难以适应新形势下劳动者对职业发展的追求。

(三)劳动者个人原因分析

制造业企业招工难、用工难的其中一个原因体现在新形势下劳动力群体就业观念和就业方式发生了转变。以"90 后"和"00 后"为主的产业工人的就业观念已不同于父辈,他们会相对较多考虑非经济因素,更希望在工作中发挥个性,更喜欢独立空间和灵活化的管理方式,而制造业传统机械式工作和严苛的纪律管理难以被年轻人接受。在这种情况下,劳动力群体就业方式变得更加灵活化,工人是"铁饭碗"的观念已不再是主流,而新产业、新业态、新模式不断涌现,吸引了大批青年从事新兴领域的直播带货"平台博主"新兴职业。

六、市内外制造业就业的相关政策分析与经验借鉴

(一)重庆市制造业就业的相关政策沿革

第一,降低企业要素成本。2018 年、2020 年、2021 年重庆市政府为降低制造业

企业成本先后发布了若干政策措施,包括优化供地降低成本,科学降低社保成本,有效降低运输成本,落实税收优惠政策,合理降低能源成本、融资成本等。

第二,放宽贷款标准以缓解企业压力。为缓解制造业企业压力,重庆市充分发挥财政资金激励作用,先后出台了一系列针对制造业贷款的相关政策。如2020年《重庆市加大制造业中长期融资支持力度若干政策措施》提出要引导金融机构加大信贷投放、完善制造业中长期贷款服务机制、优化制造业项目贷款服务、推动构建制造业新型银企关系等。

第三,强化人才支撑。为更好地推动制造业高质量发展和促进制造业就业,重庆市积极采取了一系列措施以强化人才支撑,如连续举办多年"巴渝工匠"系列比赛,开展工业互联网和智能制造职称评定;通过专题培训、社会培训等形式,加大对企业人才的培训力度;推动院校优化学科设置以持续增加科技型创新人才供给。

第四,鼓励企业吸纳就业,提升劳动者群体技能水平。为鼓励企业吸纳就业,重庆市近年来连续出台一系列政策,具体见表12,涉及公平的工作机会、中小企业就业扶持政策、农民工培训体系构建、青年职业技能培训等方面。

第五,面向青年群体提供就业保障服务。近年来,重庆市在发放就业补贴、规范求职市场、保护就业权益等方面对青年群体出台了一系列的就业帮扶政策。如2013年,市政府出台了关于高校毕业生等青年的就业补贴政策,政策提到按国家规定对高校毕业生发放就业技能培训补贴、创业补贴以及岗前培训补贴。2018年,市教委则提出要"严格用人单位资质和招聘信息审核以及严禁违法违规招聘行为,为市内青年创造平等公正的求职环境"。

表12 重庆市制造业相关就业促进政策

年份	文件	主要内容
2010	《重庆市就业促进条例》(重庆市人民代表大会常务委员会公告2010年第5号)	1.鼓励小企业吸纳重点群体就业 2.给予生活低保人员、残疾人等重点困难群体专项就业资金 3.设立公共就业服务机构 4.支持登记失业人员、农村劳动者等弱势群体的职业培训
2010	《重庆市人民政府办公厅关于进一步做好农民工培训工作的通知》	1.制订新一轮的农民工培训计划 2.对非农产业务工经商的农村劳动者开展专项技能或初级技能培训 3.对创业具备一定条件和意愿的农村劳动者和返乡农民工进行创业能力培训

续表

年份	文件	主要内容
2011	《重庆市人民政府关于进一步做好普通高等学校毕业生就业工作的通知》	1. 实施基层就业项目,引导高校毕业生面向基层就业 2. 落实创业扶持政策,支持高校毕业生自主创业 3. 实施就业促进项目,提升高校毕业生就业能力 4. 切实保障就业权益,防止各类就业歧视
2011	《重庆市人民政府办公厅关于加强职业培训促进就业的实施意见》	1. 完善职业培训体系,加强职业培训基础能力建设 2. 健全职业培训制度,大力开展各种形式的职业培训 3. 加强职业技能鉴定 4. 加快职业培训信息化建设 5. 完善政府购买培训成果机制,加大职业培训资金投入
2013	《重庆市人力资源和社会保障局重庆市财政局关于促进高校毕业生就业有关问题的通知》	1. 提供高校毕业生就业培训及补贴 2. 提供高校毕业生社会保险补贴 3. 为高校毕业生提供公益性岗位
2014	《重庆市人民政府办公厅关于做好2014年普通高等学校毕业生就业创业工作的通知》	1. 放宽在乡镇基层单位从事技术工作高校毕业生外语和专业职称评定要求 2. 推进离校未就业毕业生实名制登记工作 3. 各高校发布高校毕业生就业质量年度报告
2015	《重庆市教育委员会关于做好2015年普通高校毕业生就业创业工作的通知》	1. 建立大学生创业指导服务机构,各高校建设创新创业实践、实习和项目孵化基地等创新创业平台 2. 各高校要加强就业指导课程及学科建设 3. 建立和完善特殊困难群体毕业生信息台账

续表

年份	文件	主要内容
2016	《重庆市人民政府办公厅关于印发促进农民工等人员返乡创业实施方案的通知》	1. 明确区域重点产业发展方向 2. 积极引导返乡创业企业发展产业配套 3. 鼓励开发返乡创业项目 4. 合力搭建返乡创业平台
2018	《重庆市教育委员会关于进一步加强和改进普通高校毕业生就业创业工作的通知》	1. 严格用人单位资质和招聘信息审核,严禁违法违规招聘行为 2. 开设就业指导必修课,切实加强就业教育指导
2018	《重庆市人民政府办公厅关于印发重庆市降低制造业企业成本若干政策措施的通知》	1. 优化供地降低成本 2. 科学降低社保成本 3. 有效降低运输成本 4. 落实税收优惠政策 5. 合理降低能源成本
2020	《重庆市人民政府办公厅关于印发重庆市加大制造业中长期融资支持力度若干政策措施的通知》	1. 引导金融机构加大信贷投放 2. 完善制造业中长期贷款服务机制 3. 优化制造业项目贷款服务 4. 推动构建制造业新型银企关系 5. 完善制造业政银企对接机制
2020	《重庆市人力资源和社会保障局办公室关于进一步调整就业有关扶持政策的通知》	1. 一次性吸纳补贴 2. 社会保险补贴 3. 公益性岗位
2021	《重庆市人力资源和社会保障局等5个部门关于延续实施部分减负稳岗扩就业政策措施的通知》	1. 继续实施以工代训政策 2. 继续实施困难人员培训生活费补贴政策 3. 调整失业保险技能提升补贴申领条件 4. 继续实施就业见习补贴提前发放政策 5. 支持毕业生基层就业和升学入伍
2021	《重庆市人民政府关于印发支持制造业高质量发展若干政策措施的通知》	1. 推动制造业企业智能化改造 2. 鼓励技术创新,培育优质企业 3. 降低企业各类成本 4. 强化企业人才保障

续表

年份	文件	主要内容
2022	《重庆市人力资源和社会保障局等13个部门关于进一步稳定和扩大就业若干政策措施的通知》	1. 对吸纳应届高校毕业生稳定就业6个月以上的中小微企业进行补贴 2. 对当年新招用高校毕业生占职工总数比例达到15%的小微企业提供创业担保补贴
2022	《重庆市就业工作领导小组关于进一步做好高校毕业生等青年就业创业工作的通知》	1. 从企业、基层、公共部门和自主创业等多渠道开发就业岗位 2. 精准开展就业帮扶,提供"一人一档""一人一策" 3. 简化优化求职就业手续
2023	《重庆市经济和信息化委员会关于组织开展推动制造业高质量发展投融资服务系列活动的通知》	1. 银行信贷供需对接 2. 基金投资项目路演 3. 担保保险产品推介 4. 上市培育专项服务 5. 金融助力产业强链
2023	《重庆市经济和信息化委员会 重庆市财政局 重庆市地方金融监督管理局 中国人民银行重庆营业管理部 国家金融监督管理总局重庆监管局关于印发重庆市先进制造业高质量发展"技改专项贷"实施方案(2023—2027年)的通知》	1. 建立"重点技改项目储备库" 2. 遴选合作银行 3. 建立项目推送机制 4. 制定贷款贴息和担保补助政策

(二)国内其他省市制造业就业的相关政策分析

1.上海市

第一,保障产业优质空间载体。为保障产业发展用地,上海市对符合总体功能导向和规划布局要求的成片预留区,和对符合条件的产业园区"二转二"开发贷款给予贴息支持,鼓励各区采用贷款贴息等方式,支持各类园区开发主体按照产业导向和区域规划定位,推动工业用地二次开发。此外,为鼓励工业用地和节约利用研发用地,上海市提出探索工业上楼新模式,鼓励建设功能复合楼宇,形成集生产、研发、中试、展示、销售、配套于一体的多功能厂房,鼓励产业用地混合使用。

第二,加强制造业企业后勤保障。上海市加强了优质低价标准厂房和通用研发类物业供给,鼓励支持国有园区、国有企业等建设优质低价标准厂房和通用研发类物业。同时鼓励建设配套员工宿舍,鼓励各产业园区按照规划统一建设职工宿舍,地价按照本市租赁住房价格体系执行,并支持符合产业导向的大型企业利用自有土地的 15% 配套指标建设职工宿舍。"十四五"期间,上海市产业园区已提供 2 万套以上职工宿舍。

第三,加快产业人才聚集。为加快制造业人才聚集上海,上海市支持高端制造业企业纳入人才引进重点机构范围,支持紧缺技能人才落户,每年培育引进 200 名高水平技能人才,鼓励用人单位根据不同类型技能人才特点,开展技能等级认定。实施"产业菁英"高层次人才培养专项,加大人才激励、项目扶持力度。扩大产业人才奖励范围,优化奖励金额设置,对符合相关条件的企业核心团队成员,根据其个人贡献分级分段给予最高不超过 50 万元奖励。

第四,营造良好人才生态。2023 年颁布的《上海市就业促进条例》明确提出,要营造技能人才成长的良好氛围,包括鼓励用人单位增加就业岗位,鼓励社会力量支持创新创业,鼓励人力资源服务机构提供专业化就业服务,鼓励各类院校、培训机构、用人单位建立产教融合的人才培养机制;进一步健全终身职业技能培训制度,聚焦企业职工、高校毕业生、失业人员等重点群体大规模开展职业技能提升培训;进一步畅通技能人才职业发展通道,完善多元化评价方式,加快推行新"八级"职业技能等级序列,完善人才评价机制,营造良好人才生态。

2. 深圳市

第一,大力降低资源要素成本。为降低制造业企业运行成本,提升企业利润空间,深圳市积极采取了一系列措施,包括探索设立市属征信服务公司,建设企业征信服务平台,对企业征信服务平台评分良好的企业,政府性融资担保机构为其银行信用贷款提供担保;支持各区通过新建、购买和统租等方式筹建工业保障房,符合条件的中小微企业可以申请以低价租赁工业保障房。通过降低企业融资成本、稳定工业用房价格、稳定用工成本等一系列措施以降低企业要素资源成本,提升利润空间。

第二,强化制造业人才支撑。加大制造业"高精尖缺"人才引进力度,建立高层次人才市场化认定机制,深入推进技能人才多元化评价改革;加快高水平大学和新工科建设,实施高水平职业院校和专业建设计划,动态调整学科专业设置,推动产教深度融合发展;支持院校、企业、行业协会等建设公共实训基地、职工培训中心等培养载体;实施"技能菁英"培养计划,开展"鹏城工匠"评选,大力弘扬工匠精神。通过人才引进、产教融合、打造实训基地、以赛促技等措施构建"引培育"一体的人才体系,强化制造业人才支撑。

第三,完善企业服务体系。为有针对性地向制造业企业提供服务,深圳市组建企业服务专员队伍,研究解决企业服务重大问题,并加快推动落实"首接负责制",依托"深i企"平台建立企业诉求快速响应机制,打造企业线上"一站式"服务平台,完善企业服务体系,提高政企沟通效率,切实解决企业发展过程中遇到的一系列问题,为企业提供好后勤保障。

3.成都市

第一,加大制造业金融服务支持力度。成都市为带动社会资本投资,加大对制造业企业金融服务支持力度,统筹构建了目标总规模3 000亿元以上的制造业发展基金体系。鼓励种子基金、天使基金、股权投资基金的风险容忍度大于30%以加大对制造业信贷支持力度,并力争实现制造业贷款增速不低于全市各项贷款增速,同时鼓励金融机构为制造业企业提供"投贷联动"等个性化金融创新产品服务。此外,为降低企业信贷成本,成都市对申请贷款的中小企业给予贴息,并对中小企业形成贷款担保代偿的担保机构给予补助。

第二,打造产业链人才计划。为实施产业建圈强链人才计划,加强人才产业支撑,成都市赋予企业人才评审权,通过资金补贴、子女入学等方式吸引人才留蓉。

第三,推动校院企地深度融合发展。成都市提出将高校院所视为"城市发展合伙人",依托其66个产业功能区,探索构建校院企地利益联结机制。通过搭建"智创融E"线上平台,持续推进"校院地年度峰会""每月一对接"等线下活动,推动校院企地签约,并引聚各类高水平人才。

(三)国外典型国家制造业就业的相关政策分析

1.德国

德国作为世界制造强国,早已在制造业发展上遥遥领先,这与其在产业政策上实施政府扶持、企业参与、高校与企业合作密不可分。在技术研发平台开发上德国有其独特之处,德国政府在推动基础研发和技术转移的基础上打造了国际化的技术转移平台——史太白技术转移中心,该机构成立于1868年,经过几百年的发展,每年服务落地5 000余项技术成果,创造超过2亿欧元的年价值,解决10 000个就业岗位。史太白涵盖技术转移中心、咨询服务中心、研究创新中心三大核心业务,已形成全角度、全方位创新服务生态网络。

在培育产业技术人才方面，德国则是采取了双元制的人才培养模式。其特点在于学校与企业的"双元"教育，学校和企业共同合作完成学生的每一项教育计划，二者分配理论和实践的比例，在企时间占70%，在校时间占30%，培训时长在两年到三年半之间，这种模式为德国这一世界制造强国打下了坚实的人才基础。

2. 日本

日本曾凭质量革命一跃成为世界制造龙头，如今仍是世界制造强国，其产业政策涵盖推动企业技术升级、降低企业经营成本、培养技术人才等方面。为推动制造业技术升级，日本制造业企业联合成立了工业价值链促进会，日本政府也在全国不同层级设立了工业技术中心，旨在推动技术研究平台和智慧工厂的建设。同时为降低企业经营成本，日本政府会通过采取税收减免和采购优惠等方式实现目的。在技术人才培养方面，日本则是采取了地区协同联动模式，即以高中为核心构筑同地方政府、高等教育机构、产业界等的联盟，将地区需求作为学校重点教育内容，并配置协调专员和专业人才，依托地区发展人才需求，创新有利于地区发展的课程体系。

3. 美国

为抵消"去工业化"带给制造业的负面影响，美国密集持续地出台了一系列制造业回流的措施。美国十分重视创新引领，在技术研发领域中，联邦政府成立了由公司、研究型大学、社区学院和非营利机构等多类型成员组成的国家创新中心。在资金支持上，美国国家基金会等部分机构通过增加尖端交叉技术的研发基金为先进制造业的研发提供资助，通过促进制造业技术升级创造更多就业岗位。2021年美国发布了再就业计划，重点对美国本土制造业商品提供优惠性的政策补助，同时在财政预算案里提出税收减免、研发税收抵免等相关措施。

在产业技术人才培养方面，美国加强了以制造业为重点的STEM教育（科学、技术、工程和数学），要求STEM教育培训从小学、中学到大学直至研究生阶段一以贯之，从技术培训、再培训到学徒培训直至获取行业资质证书全面覆盖。此外，美国大力推广学徒制和行业证书制度，要求成立"学徒扩展工作组"，让学徒在专业人士指导下获取理论和实践的培训，在培训结束后可获得相应的职业资格证书和报酬，这种"边赚边学"的模式已成为美国培养高技能劳动力的有效途径之一。

（四）国内外制造业就业的相关政策经验借鉴

第一，大力支持制造业企业进行技术创新。德国、日本、美国等世界制造强国的产业政策都提到要大力支持企业进行技术创新。为此，首先政府要提高财政资金支持力度，可设立制造业领域尖端技术研发专项基金和加大项目研究补贴力度，为企业技术研发提供进一步资金支持。其次，成立综合技术创新平台，设立技术转移中心等，帮助企业进行研究创新和技术应用落地。通过种种措施助力制造业技术升级，在促进制造业高质量发展的同时提升制造业就业率。

第二，营造良好的营商环境。重点可围绕完善企业服务、降低要素成本、加强金融支持等方面营造良好的营商环境。一是可组建专业对接企业的服务专员队伍和平台，提高政企沟通效率，为企业提供服务保障。二是从土地用房、融资成本等方面降低企业要素成本，包括支持企业以低价租赁工业保障房、为征信较好的企业提供信用贷款保证、提供优质低价厂房和在用能方面给予优惠，通过降低企业要素成本释放利润空间，让企业更有能力去"招人留人"。三是加大对企业的金融支持力度，包括对申请贷款的企业提供补贴、提高贷款风险容忍度、提供"投贷联动"个性化金融产品服务等措施。

第三，完善制造业企业就业服务体系。一是可建立"一人一企"服务专员机制，配备专员重点解决制造业企业在招工及用工中遇到的问题，为制造业企业提供"订单式"服务。二是要创新就业供需平台，结合企业重点招聘需求，进一步打造"线上+线下"招聘平台，加强人力资源市场建设。同时重点监测企业缺工情况，结合制造业企业紧缺用工需求，搭建用工余缺调剂平台，探索"共享员工"新用工模式，拓宽制造业灵活用工渠道，切实解决企业缺工问题。

第四，完善人才引进体系，打造人才集聚洼地。一是要发挥政府奖励导向作用，支持将高端制造业纳入人才引进重点机构范围，赋予企业人才评审权，鼓励企业根据不同类型技能人才特点，开展技能等级认定，并按等级给予一定资金奖励。二是要强化人才激励机制，加大高技能人才引入专项资金投入，通过提供人才公寓、完善疗养制度、安排子女入学等措施切实解决外来员工在住房、医疗、教育等生活方面的关键问题，为外来人才提供进一步的生活保障。

第五，深入推动产教融合的人才培养模式。通过研究国内外省市的制造业就业促进政策发现，打造产教融合的人才培养模式是缓解制造业用人困难的关键之策。成都市的校院企深度融合发展、德国的双元制培养模式、日本的地区协调联动培养模式和美国的以制造业为重点的 STEM 教育都是旨在推动校企产教融合，为制造业输送一批专业化人才。

七、纾解制造业"招工难及用工难"的政策建议

（一）探索建立"先进制造特区"，优化制造业产业生态

为深入贯彻落实党中央、国务院关于大力发展先进制造业的重大战略部署，推动国家重要先进制造业高地建设的"再提升"，根据我市"33618"现代制造业集群体系建设的需要，探索建立"先进制造特区"试点，在土地政策、财税政策、人才政策等制度建设方面先行先试，加快吸引智能网联新能源汽车、新一代电子信息制造业、先进材料等领域高能级企业作为"种子"产业在重庆扎根。适时恳请中央支持重庆设立中西部先进制造特区，率先在中西部地区建成国家重要先进制造业中心，为中西部先进制造业发展探索路径、积累经验、做出示范。

一是以制定特殊的人才政策和建设良好的人才工作环境为突破口，带动人才体制机制的创新，以此吸引创新创业，率先在我市建成地域特色突出、高端人才集聚、科技创新活跃、新兴产业高速发展的品牌区域。

二是对特区开放贷款贴息的支持，在房屋、能耗方面给予优惠政策和资金支持，并提供特有的税收优惠政策和采购补贴，在土地规模、用地指标、能耗指标、财政政策等方面给予大力支持。

（二）降低企业成本，推动制造业高质量发展

一是优化营商环境，降低企业制度性成本。实行惠企政策兑现一站式服务。增强政策操作简便性，将各项可以公开的政策措施由原申请享受调整为主动实施，改变企业对政策看不透、摸不着的困境，提高惠企暖企的通畅性。确保相关政策能真正落实到位，惠企政策能得到更好兑现。

二是立足多方发力，有效降低制造业投融资成本。建立健全完善制造业政策性金融服务机制，引导政策性金融机构低成本资金浇灌制造业；加大财政贴息力度，重视民企融资市场需求，减轻中小微制造企业融资成本压力；完善信贷风险分担机制，降低银行信用风险成本，有效开拓利率下浮空间；积极支持信托、租赁等非银行业金融机构降低投融资成本，为中小微制造业企业生产经营发展减轻负担。

（三）加快推动传统企业智能化改造升级，提升劳动生产率

一是强化激励机制，破解企业"不愿转、不敢转"困境。加大对中小型制造企业智能化转型的普适性财税支持力度，对企业购买的智能化设备、智能技术等提供税收减免和补助，切实减轻智能化转型成本；设立智能化改造财政专项支持资金，按照项目进行财政资助；落实中小企业技改资助模式，采用"以投资代资助"模式，引入投资基金对中小企业智能化改造提供资金支持。

二是加强转型指导服务，破解"不会转"困境。通过招标等方式，安排服务商为企业提供免费诊断服务；编制市级重点工业互联网平台、标杆工厂、智能工厂和"互联网+先进制造业"特色基地建设指南，将相关建设及应用示范标准化；举办重点行业的供需对接活动，围绕智能装备、网络等领域，遴选服务商提供数字化转型服务。

三是打造与企业智能转型升级相适应的技能人才队伍，破"缺人"困境。加快我市职业院校传统制造类专业数字化转型升级，鼓励职业院校优化调整开设数字化制造、智能化制造等前沿专业；建立以市场为导向，制造企业深度参与、校企融合、多学科联合共建的人才培养模式，推动数字技能人才职业教育发展。

（四）健全就业公共服务体系，促进青年群体制造业高质量就业

一是加强宣传和推广。通过主流媒体平台，宣传制造业在经济发展、科技创新、就业创造等方面的作用和贡献，让更多年轻人了解制造业的发展现状和前景。

二是举办各类活动。举办技能人才校企合作洽谈会等活动，邀请行业专家、企业家、投资人等参加，让大学生等青年群体亲身感受制造业的魅力和活力，增进相互了解和信任。

三是鼓励年轻人投身制造业。通过举办制造业企业专场招聘活动，提供创业基金、税收优惠、租赁场地等支持措施，加大求职者对制造业企业的了解，鼓励年轻人尤其是大学生投身制造业创新创业，增加对制造业的热爱和信心。

四是构建制造业技工人力资源专项服务平台。充分发挥行业协会作用，加快公共技能人力资源服务体系建设，联合企业管理部门建立我市制造业技能人才数据库，实现技能人才数据动态跟踪、实时共享。

（五）增加制造业灵活用工比重，拓宽企业就业来源

一是搭建制造业灵活就业服务平台。鼓励人力资源服务机构搭建线上线下信

息服务平台、用工余缺调剂平台等,实时监测重点制造业企业缺工用工情况,广泛发布短工、零工、兼职及自由职业等需求信息,通过共享用工、业务外包、产线外包、岗位外包等多种方式,支持有用工需求的制造业企业精准、高效匹配人力资源。

二是加大针对制造业灵活就业的政策保障力度。通过提高保险资金投资收益、加快国资划转等途径,优先考虑提高制造业灵活就业人员参加企业职工基本养老保险的总体覆盖率与保障水平,将更多制造业领域灵活就业者纳入城乡居民养老保险。持续推进制造领域非全日制从业人员按项目参加工伤保险,对为制造业非全日制从业人员缴纳工伤保险的平台或企业予以一定比例的补贴。

(六)以就业为导向优化人才培养模式,保障人才供给质量

一是强化本地高等院校制造业人才培养力度。围绕制造业高新重点领域,引导市内高校本科招生计划向制造业智能制造、新能源、新材料等专业倾斜,扩大制造业重要领域基础研究、重大科研方向的硕士研究生及博士研究生的培养规模。着力培养关键制造工艺、材料、工业控制及自动化、工业服务和大数据运用等制造业领域的专业技术人才。

二是构建适应制造业需求的职业技术教育体系。加大对职业教育支持力度,扩大办学规模,完善培训体系,增设大数据分析、工业软件、数据安全等适应新时代就业需求的技能培训。深化产教融合,加强校企合作,鼓励重点制造业企业与职业院校形成对口合作,精准培养面向生产服务一线的产业工人。全面推行企业新型学徒制和现代学徒制培训,大力推广培养和评价"双结合"、企业实训基地和院校培训基地"双基地"、企业导师和院校导师"双导师"培养模式,不断提升职业技能培训质量。

三是提高制造业技能型人才的社会地位,切实解决技能型人才在住房、医疗、子女教育、晋升渠道等方面的实际问题,营造全社会尊崇工匠精神的浓厚氛围。

(七)健全向产业工人倾斜的收入分配制度,促进收入稳步提升

一是完善劳动技能参与收入分配制度,健全高技能人才岗位使用机制。推动企业将职业技能等级认定和专项职业能力考核纳入产业工人薪酬待遇体系,建立能力与使用相结合、贡献与待遇相联系的激励机制。积极引导企业对在技术革新或技术攻关中做出突出贡献的一线技术人员和高技能人才给予奖励。鼓励企业探索对高技能人才实行年薪制、协议工资制等薪酬制度,加大对高技能人才的激励力度。畅通为高技能人才建立企业年金的机制,完善高技能人才特殊待遇政策。

二是加快建立区域性、行业性工资集体协商制度,使之成为企业集体协商的依据,推进工资集体协商。探索发布行业性最低工资指导标准,指导企业形成以一线职工为重点的工资增长制度,形成"区域谈底线、行业谈标准、企业谈增长"的集体协商分层推进工作体系。

(八)构建良好的社会文化氛围,提高全社会对产业工人的认同感

一是更大力度宣传制造强国、工业文化和工匠精神,通过举办报告会等形式,开展"巴渝工匠进校园"活动,用劳模的优秀品质引领学生,充分发挥劳动模范的引导、示范和辐射作用;评选表彰劳模工匠,建设劳模工匠展示场馆、主题公园,举办劳动和技能竞赛,开展工匠进校园、进工厂等活动,把工匠精神"种"进年轻人的心里。

二是推行职业启蒙教育,落实技能人才培养"从娃娃抓起"。在青少年群体中开展工业研学游等活动,激发青少年投身制造业的兴趣和志向,强健制造业人才"造血能力";将职业启蒙和体验教育纳入各学校课程,鼓励各级学校建立职业体验基地,安排青少年进入重点制造业企业实地参观。

参考文献

[1] 蔡昉.人口转变、人口红利与刘易斯转折点[J].经济研究,2010,45(4):4-13.

[2] 林毅夫.新结构经济学的理论基础和发展方向[J].经济评论,2017(3):4-16.

[3] 杨仁发,郑媛媛.人力资本结构与制造业高质量发展:影响机制与实证检验[J].经济体制改革,2022(4):112-119.

[4] 赖德胜,纪雯雯.人力资本配置与创新[J].经济学动态,2015(3):22-30.

[5] 马颖,何清,李静.行业间人力资本错配及其对产出的影响[J].中国工业经济,2018(11):5-23.

[6] 高中华,贺俊.制造业人才结构性错配的形成逻辑及高质量发展导向下的破解思路[J].产经评论,2023,14(1):5-12.

[7] 蔡昉,王美艳."民工荒"现象的经济学分析:珠江三角洲调查研究[J].广东社会科学,2005(2):5-10.

[8] 陈利锋.供求错配、产能过剩与产品市场供给侧结构性改革:一个包含产能过剩与劳动力成本的"新共识"框架[J].长白学刊,2017(4):95-102.

[9] 王呈斌,毛晓燕.后危机时代民营企业"用工荒"现象探析[J].经济理论与经

济管理,2010,30(4):74-79.

[10] 黄旭,许文立.公共政策如何应对人工智能引发的失业风险?[J].中央财经大学学报,2022(10):71-84,93.

[11] 李春玲.青年群体就业心态演变新趋势[J].人民论坛,2022(8):24-27.

[12] 邱语,张卫国.机器人应用与劳动力就业:来自中国制造企业的经验证据[J].广东财经大学学报,2023,38(4):18-36.

[13] CLARK C. The conditions of economic progress[M]. London:Macmillan and Co.,Limited, 1940.

[14] GIBBS D. Integrating sustainable development and economic restructuring:a role for regulation theory? [J]. Geoforum,1996,27(1):1-10.

[15] ALVAREZ-CUADRADO F,POSCHKE M. Structural change out of agriculture:labor push versus labor pull[J]. American Economic Journal:Macroeconomics, 2011,3(3):127-158.

[16] 丁守海.中国就业弹性究竟有多大?:兼论金融危机对就业的滞后冲击[J].管理世界,2009,25(5):36-46.

[17] 马弘,乔雪,徐嫄.中国制造业的就业创造与就业消失[J].经济研究,2013,48(12):68-80.

[18] 金煜,陈钊,陆铭.中国的地区工业集聚:经济地理、新经济地理与经济政策[J].经济研究,2006,41(4):79-89.

[19] 蔡昉.中国劳动力市场发育与就业变化[J].经济研究,2007,42(7):4-14,22.

[20] 赖德胜,石丹淅.新时代劳动力市场的宏观调控与实践路径[J].求是学刊,2018,45(6):42-52.

[21] 吕世斌,张世伟.中国劳动力"极化"现象及原因的经验研究[J].经济学(季刊),2015,15(2):757-778.

[22] 申广军,姚洋,钟宁桦.民营企业融资难与我国劳动力市场的结构性问题[J].管理世界,2020,36(2):41-58,217.

[23] FREY C B,OSBORNE M A. The future of employment:how susceptible are jobs to computerisation? [J]. Technological Forecasting and Social Change, 2017, 114:254-280.

[24] ACEMOGLU D,RESTREPO P. Automation and new tasks:how technology displaces and reinstates labor[J]. Journal of Economic Perspectives, 2019, 33(2):3-29.

[25] 蔡啸,黄旭美.人工智能技术会抑制制造业就业吗?:理论推演与实证检验

［J］.商业研究,2019(6):53-62.

［26］胡增亮,刘霞.治理结构性失业的政府作为探析［J］.东华理工大学学报(社会科学版),2013,32(1):37-40.

［27］卢纯佶.结构性失业的发生与应对［J］.中国就业,2010(7):57-58.

［28］刘丙泽.我国结构性失业问题研究［D］.济南:山东财经大学,2012.

［29］荣晨.推动制造业高质量发展须把"稳就业"放在突出位置:兼析新一轮科技革命进程中的就业结构变化［J］.价格理论与实践,2021(2):25-29.

［30］文宗瑜.化解"就业难"与"人才荒"结构性矛盾:以产业产品附加值提升为视角［J］.人民论坛,2021(2):64-67.

［31］敖翔.当下我国制造业就业的挑战与机遇［J］.现代管理科学,2019(3):18-20.

［32］闻效仪.去技能化陷阱:警惕零工经济对制造业的结构性风险［J］.探索与争鸣,2020(11):150-159,180.

［33］王耀中,陈洁.鲍莫尔-富克斯假说研究新进展［J］.经济学动态,2012(6):123-129.

［34］李春玲.青年群体就业心态演变新趋势［J］.人民论坛,2022(8):24-27.

［35］李颖.新时代大学生就业观研究［D］.保定:河北大学,2021.

课题负责人:李攀艺

课题组:重庆理工大学

课题主研人员:张　婷　赵宸元　于福波　高　明　向　贞

重庆市劳动力供需平衡研究

摘　要：人口结构变化带来劳动力供给特征的变化，经济高速发展带来劳动力需求的增加，这都是研究劳动力市场供需平衡的关键。因此，本课题以劳动力市场作为研究对象，分析劳动力市场供需关系变化、影响因素和平衡策略。在分析政策背景基础上，对重庆地区劳动力供需均衡状况进行详细分析。针对重庆市劳动力供需现状，构建供需平衡模型，从实证的角度详述重庆劳动力供求关系平衡的真实水平，继而分别构建劳动力供需预测模型，对未来重庆市劳动力供给和需求进行预测并对可能出现的供需失衡进行分析。

关键词：劳动力　供需平衡　重庆

党的二十大报告指出，"强化就业优先政策，健全就业促进机制，促进高质量充分就业"。我国经济取得的巨大成就离不开劳动力市场要素的贡献。当前，劳动力市场供求关系发生了结构性变化，用工缺口、企业裁员等都凸显了劳动力市场供需不平衡的问题，而服务国家战略，推进现代化新重庆建设，特别是打造"33618"现代产业制造业集群体系离不开劳动力的供需平衡。因此，本研究不仅能推动重庆高质量充分就业，对重庆高质量经济发展也具有重要意义。

伴随着劳动力市场供求关系出现的新变化，人们开始更深入地研究劳动力市场的供给与需求问题。但是近年来，这方面的专题研究明显不足，有的学者仅从某一个方面切入，有的研究与时俱进不够，一些地方的项目研究成果质量不高。诸如《中国劳动力市场发展报告》《重庆人力资源蓝皮书》这样的体系化研究还较少。所以目前，市内外专题性、体系化的同类项目研究还有待进一步深化。

通过梳理总结当前相关研究成果可以得出以下看法：一是在经济发展面临"三期叠加"的转型期，劳动力供给趋于减少和劳动力需求继续扩大的趋势短期内较难改变；二是不论劳动力市场的供求关系如何变化，维持可持续发展已不能仅仅依赖于简单的生产要素投入；三是要实现重庆市劳动力供需平衡，必须在加快推动成渝地区双城经济圈与西部陆海新通道建设的战略视野下和现代化新重庆建设进程中,在化解劳动力市场结构性矛盾、优化人才配置等方面取得新突破。

一、重庆市劳动力就业情况分析

(一)重庆市劳动力供需现状

数据来源于第六次(2010年)和第七次(2020年)全国人口普查数据。

1. 重庆劳动力适龄人口供给现状

(1)适龄劳动人口规模不断扩大

近年来,重庆外出市外人口逐渐回流、市外外来人口加速增长,人口净流出状况持续改善成为常态,带动全市劳动力适龄人口规模持续扩大。2010年重庆劳动力适龄人口总量为2 056.13万人,到2013年突破2 100万人,2014—2020年保持在这个水平;2020年,全市劳动力适龄人口规模达到2 150.57万人,较上年增长0.4%,见表1。

表1　重庆劳动年龄人口情况

年份	年末总人口（万人）	劳动力适龄人口（万人）	占总人口比例（%）	比上年增长（%）
2010	2 884.62	2 056.13	71.28	—
2011	2 944.43	2 085.26	70.82	1.4
2012	2 974.88	2 097.34	70.5	0.6
2013	3 011.03	2 120.4	70.42	1.1
2014	3 043.48	2 126.24	69.86	0.3
2015	3 070.02	2 130.11	69.38	0.2
2016	3 109.96	2 140.73	68.84	0.5
2017	3 143.51	2 142.36	68.15	0.1
2018	3 163.14	2 137.29	67.57	-0.2
2019	3 187.84	2 141.85	67.19	0.2
2020	3 208.93	2 150.57	67.02	0.4

（2）各年龄段人口分化发展

从表 2 可以看出，2020 年，重庆劳动力适龄人口中 20 ~ 54 岁年龄层在总的适龄劳动人口中占 74.9%，目前是制造业劳动力供给的重点来源，见表 2。

表 2　重庆劳动力适龄人口年龄及性别比例

| 按年龄分组 | 2010 年 | | | 2020 年 | | |
	比重（%）	男性比例（%）	女性比例（%）	比重（%）	男性比例（%）	女性比例（%）
16 ~ 19	8.83	8.87	8.78	6.65	7.00	6.30
20 ~ 24	10.70	10.50	10.90	8.90	9.02	8.78
25 ~ 29	7.80	7.59	8.00	10.09	10.19	9.98
30 ~ 34	7.25	7.03	7.47	11.49	11.53	11.45
35 ~ 39	14.20	14.12	14.27	8.39	8.42	8.36
40 ~ 44	13.57	13.62	13.52	7.39	7.25	7.53
45 ~ 49	10.96	10.98	10.94	14.55	14.40	14.70
50 ~ 54	7.63	7.89	7.39	14.10	13.83	14.38
55 ~ 59	10.90	10.94	10.85	11.17	10.93	11.41
60 ~ 64	8.18	8.47	7.89	7.28	7.44	7.11

从年龄看，16 ~ 24 岁、35 ~ 44 岁劳动年龄人口呈现下降趋势，45 ~ 59 岁劳动力呈现快速增长。2020 年，16 ~ 24 岁劳动年龄人口为 328.55 万人，25 ~ 44 岁劳动年龄人口为 788.90 万人，与 2010 年相比，分别减少 63.70 万人和 71.13 万人，分别下降 16.2% 和 8.3%。2020 年 45 ~ 59 岁劳动年龄人口达到 840.90 万人，较 2010 年相比，增加 248.53 万人，增长 42.0%。

从性别比例，近年来外出市外人口逐年下降，市外外来人口规模不断扩大，使劳动年龄人口性别比 2020 年（101.94）较 2010 年（100.07）上升了 1.87 个点。其中男性 988.56 万人，女性 969.79 万人，分别较 2010 年增加 65.93 万人和 47.77 万人。

2. 重庆产业升级劳动力需求情况

（1）劳动密集型产业占比减少，技术密集型产业需求加大

从就业结构来看，资本密集型产业就业人员占比持续快速下降且维持在较低

水平,如图1所示。2010年,资本密集型产业就业人员占15.13%,受化工和黑色金属压延产业全国性行业震荡影响,就业人员占比从2014年的14.7%连续下滑,2015年下降至个位,2020年仅占全市制造业就业人员的7.9%,其中化学、黑色金属压延占全市制造业就业的比重分别较2010年下降3.8和2.0个百分点。

劳动密集型产业就业人员占比经历波动后有所下降,从2010年的28.6%波动式上升到2015年峰值36.3%,2016—2020年期间总体呈持续下降趋势,2020年下降至26.6%,其中影响较大的纺织和非金属矿物制品分别较2010年下降2.5和2.4个百分点。

技术密集型产业就业人员占比稳步上升。2010年,技术密集型产业就业人员占比为56.4%,在三个类型的产业中稳居首位,至2014年超过60%,2021年稳步增长到68.5%,其中电子产业占全市制造业的比重较2010年大幅提高18.3个百分点。由此可见,重庆制造业的就业结构顺应产业结构的调整而变动,在技术密集型制造业产值比重提升的同时,其就业比重也在增加。

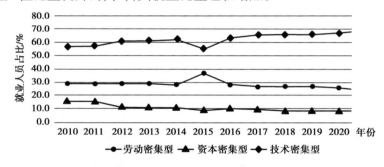

图1　2010—2020年三种类型行业就业人员占比情况

（2）技术进步对就业产生"替代效应",部分行业从业人数呈下滑趋势

从重庆31个行业大类看,与2015年相比,2020年纺织业,纺织服装、服饰制造业,以及皮革、毛皮、羽毛及其制品和制鞋业三个劳动密集型行业的工业增加值在全市的占比分别下降了0.6、0.4和0.7个百分点,三个行业的从业人员平均人数呈同趋势下降,分别下降2.0、0.3和0.5个百分点,见表3。同时,技术进步也对就业产生"替代效应",非金属矿物制品业、黑色金属冶炼及压延加工业和有色金属冶炼及压延加工业在全市的工业增加值比重分别提高了2.3、0.2和0.6个百分点,但是从业人员平均人数占比分别下降0.7、1.5和0.1个百分点。汽车制造业和专用设备制造业虽然工业增加值占比分别下降5.9和0.2个百分点,但是从业人员平均人数占比分别下降9.4和0.6个百分点,降幅远高于工业增加值的降幅。这反映了制造业转型升级、技术进步取得明显成效,但在一定程度上对就业产生了挤压。

表3　2015年和2020年规模工业增加值和从业人员平均人数占比比较

行业名称	工业增加值占比（%）	较2015年（百分点）	从业人员平均人数占比（%）	较2015年（百分点）
烟草制品业	2.6	0.3	0.3	-0.1
纺织业	0.4	-0.6	0.5	-2.0
纺织服装、服饰制造业	0.3	-0.4	0.8	-0.3
皮革、毛皮、羽毛及其制品和制鞋业	0.4	-0.7	0.8	-0.5
石油加工、炼焦及核燃料加工业	0.3	-0.1	0.1	-0.3
化学原料和化学制品制造业	4.3	0	2.8	-2.8
医药制造业	3.3	0.3	2.7	0.5
橡胶和塑料制品业	2.6	-0.4	2.6	0
非金属矿物制品业	8.6	2.3	7.1	-0.7
黑色金属冶炼及压延加工业	3.0	0.2	1.2	-1.5
有色金属冶炼及压延加工业	4.0	0.6	1.9	-0.1
金属制品业	2.9	0	3.6	1.4
专用设备制造业	2.6	-0.2	2.7	-0.6
汽车制造业	15.0	-5.9	17.2	-9.4
铁路、船舶、航空航天和其他运输设备制造业	4.2	-2.8	6.8	6.8
电气机械及器材制造业	3.9	-0.6	4.4	1.2
计算机、通信和其他电子设备制造业	14	6	18.4	16.4
仪器仪表制造业	0.8	-0.1	1.3	-0.5

（3）对高素质人才的需求日益增长，对非技术劳动力的需求下降

大批新兴技术密集型产业的兴起和部分传统制造产业的衰落，使制造业对高级工程师、高级技师和技师等的高素质劳动力需求大幅提高，具有知识和技术的劳

动者供不应求,而大量传统意义上的劳动力则供大于求,导致大批非技术型劳动力失业或就业不充分。从近年的重庆城镇调查失业率看,随着我市制造业持续转型升级,企业加大自动化、智能化设备使用,提高机器替代人工的比例,传统劳动岗位逐渐减少。

(二)重庆市劳动力就业政策成效

党的十八大提出,"积极适应发展新要求,培育新动能,促进就业"。重庆市也积极响应这一政策,推出了多项就业政策,以促进本市的经济发展和社会稳定,政策成效明显。

1.就业创业成效显著,就业规模稳步增长

党的十八大以来,重庆市国民经济的持续健康发展和社会生活的全方位进步为就业提供了更为广阔的扩展空间,特别是第三产业和非公有制经济的大力发展保证并促进了全市就业规模的稳步增长,经济发展和扩大就业实现良性互动。2021年全市就业人员1 668.27万人,比2012年增加62.38万人,增长3.9%,年均增加6.93万人,如图2所示。

图2 2012—2021年重庆市就业人员情况

2.就业结构持续优化,就业质量不断提升

(1)产业结构合理调整,就业结构持续优化

全市积极引导和推动经济结构战略性调整,伴随传统支柱产业、战略性新兴产业和现代服务业多点发展,就业结构同步呈现出第一产业持续降低、第二产业保持稳定、第三产业持续较快增长的变化趋势。2021年,第一产业就业人员366.16万人,较2012年减少165.02万人,较2012年下降31.1%;第二产业就业人员426.83

万人,较 2012 年增加 4.10 万人,增长 1.0%;第三产业就业人数达到 875.28 万人,较 2012 年增加 223.30 万人,增长 34.2%。三次产业就业结构由 2012 年的 33.1%、26.3%、40.6% 调整为 2021 年的 21.9%、25.6%、52.5%,如图 3 所示。

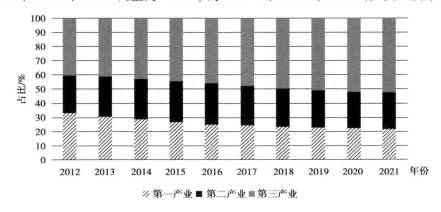

图 3 2012—2021 年重庆市三次产业就业结构

（2）协调发展成效显著,行业就业转型升级

新动能积聚壮大,新产业快速成长。打造产业集群,形成了以汽车电子为引领、高技术产业和战略性新兴制造业全面开花的经济格局。科学研究和技术服务业从业人员由 2012 年的 10.51 万人增加到 2021 年的 18.86 万人,年均增长 6.7%。

新模式新业态发展良好。伴随"互联网+"与产业深度融合,消费新模式新业态快速发展。2021 年,信息传输、软件和信息技术服务业就业人员达到 24.37 万人,较 2012 年增加 12.03 万人,年均增长 7.9%。电子商务快速发展,网络零售发展迅猛,商圈层次日益丰富,特色商业街迅速崛起,批发和零售业就业人员达到 260.39 万人,较 2012 年增加 77.66 万人,年均增长 4.0%。

基础设施和民生领域短板加快补齐,积极扩大医疗、养老、教育等服务供给。2021 年,教育、卫生和社会工作,文化,体育和娱乐业就业人员分别达到 55.98 万人、32.76 万人和 9.85 万人,较 2012 年年均分别增长 3.3%、6.3%、7.3%。

（3）新型城镇化持续推进,城镇就业集聚能力增强

城镇化持续推进为城镇劳动力市场提供更多就业岗位,城镇就业人口比重持续提高。2021 年,全市城镇就业人员为 1 108.23 万人,比 2012 年增加 272.53 万人,增长 32.6%,城镇就业人员占就业人员的比重达到 66.4%,较 2012 年提高 14.4 个百分点,如图 4 所示。

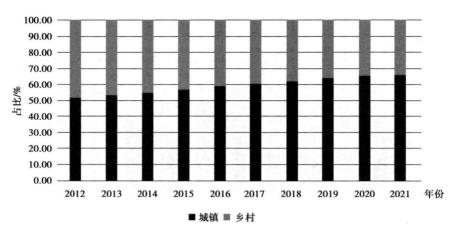

图 4　2012—2021 年重庆市城乡就业结构

（4）内陆开放高地建设加快推进,非公有制就业迅猛发展

党的十八大以来,重庆市委、市政府坚持毫不动摇鼓励、支持、引导非公有制经济发展,持续激活非公有制经济活力,非公有制经济吸纳就业能力进一步增强。2021 年,非公有制经济就业人数达到 1 148.51 万人,占就业人员的比重为 68.8%,较 2012 年增加 313.77 万人,提高 16.9 个百分点,其中私营和个体就业人员 908.78 万人,增加 288.24 万人,占比 54.5%,提高 15.9 个百分点,其他经济就业人员 239.73 万人,增加 25.53 万人,占比 14.3%,提高 1.0 个百分点,如图 5 所示。

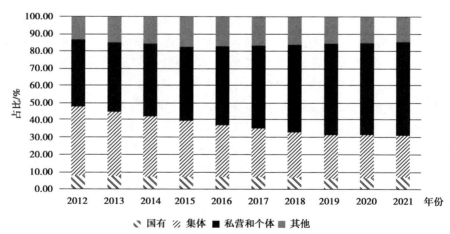

图 5　2012—2021 年重庆市分所有制就业结构

（三）重庆市劳动力就业困境

1. 重庆劳动力供给存在的主要问题

（1）劳动年龄人口老龄化趋势明显加剧

随着人口老龄化的加剧,劳动力人口老龄化趋势同样增强。2020 年,16～24 岁的年轻劳动年龄人口占全部劳动年龄人口的比重为 6.8%,比 2010 年下降 4.5 个百分点;25～44 岁占比为 40.3%,下降 6.3 个百分点;45～59 岁占比为 42.9%,上升 0.8 个百分点。劳动年龄人口平均年龄从 2010 年的 37.67 岁提高到 2020 年的 39.09 岁,提高了 1.42 岁。

（2）劳动年龄人口的就业占比持续下降

2020 年,全市劳动力年龄人口的就业占比为 66.9%,比 2010 年下降 6.6 个百分点。分年龄段看,55～59 岁就业占比下降最多,为 13.3 个百分点;其次为 16～19 岁和 20～24 岁的年轻劳动力,分别下降 11.8 和 11.6 个百分点;其他年龄段的就业占比也略有下降。就业占比的下降是社会经济发展的必然结果,但劳动年龄人口就业占比减少可能导致劳动力市场活跃度减弱,从而导致劳动力有效供给不足以及劳动力价格优势减弱的问题。

2. 重庆劳动力经济结构存在的矛盾

为分析产业结构调整引发的就业结构供需变化,本研究计算就业结构偏离度,反映各经济结构增加值与相应的劳动力比重的差异程度,以体现各经济结构的劳动力供需匹配情况。二者结构趋于协调有利于解决供需矛盾,促进社会经济协调发展。

（1）产业结构供需矛盾:第二产业有劳动力需求空间,第三产业供需已基本平衡

第一产业劳动力始终供大于求。2000—2020 年,第一产业就业—产业结构偏离度①一直为负,维持在 -0.7 上下浮动,说明第一产业劳动力虽然快速下降,但供

---

① 某一产业就业—产业结构偏离度为正值,说明该产业的增加值比重与就业比重之比大于 1,表明该产业劳动生产率较高,具有一定劳动力吸纳潜力,存在劳动力转入的可能性;就业—产业结构偏离度为负值,表明存在劳动力转出的可能性;就业—产业结构偏离度等于 0,表明该产业产值和就业均衡发展,劳动力供需处于平衡状态。

给依然大于需求,仍存在一定剩余劳动力。第二产业就业—产业结构偏离度历经了由高到低的演变过程,显示出劳动力从紧缺到有所缓解的变化,但2017年开始就业—产业结构偏离系数微弱回升,表明产业结构与就业结构仍不够协调,就业—产业结构偏离度在0.6水平波动,说明仍有一定的劳动力需求空间。第三产业劳动力供需基本平衡,就业—产业结构偏离度从2000年的0.55下降到2020年的0.01,逐渐回归0,表明第三产业产业结构与就业结构发展趋于均衡,如图6所示。

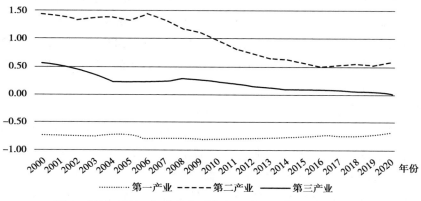

图6 2000—2020年重庆市三次产业就业—产业结构偏离度

(2)行业结构性供需矛盾:金融业、工业劳动力需求潜力较大

从主要行业看,金融业和房地产业就业—行业结构偏离度高位回归,劳动力供不应求的状况显著改善。2000年,金融业和房地产业由于行业快速发展导致劳动力需求旺盛,供给严重不足,就业—行业结构偏离度均超10。随着行业逐渐成熟和供给的增长,偏离度明显下行,供不应求的状态持续好转,2020年,房地产业偏离度已至2以下。考虑"房住不炒"主基调和房地产市场需求逐步趋于饱和的现状,房地产业偏离度将进一步下行,供不应求的状况或将逐步逆转。但金融业偏离度仍高于5,居各行业之首,劳动力依然供不应求,如图7所示。

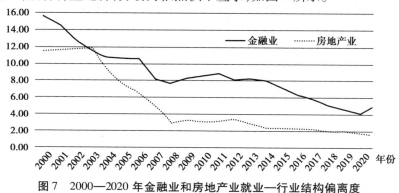

图7 2000—2020年金融业和房地产业就业—行业结构偏离度

二、重庆市劳动力供需平衡模型构建与机制分析

（一）理论模型

1. 全域均衡模型

借鉴 Allen 等的研究思路,假定代表性消费者具有 CES(Customer Effort Score)偏好,其从不同的地点 j 中消费 $\{q_{ij}\}_{j=1}^{N}$ 种类的商品,从中获得的效用为:

$$U_j = \Big(\sum_{i=1}^{N} (q_{ij})^{\frac{\sigma-1}{\sigma}} \Big)^{\frac{\sigma}{\sigma-1}} f_j \tag{1}$$

其中, $\sigma \geq 0$ 表示恒定的替代弹性。 U_i 为代表性个体的效用, f_i 是 i 地区的(非消费)便利设施条件。除了消费带给人的效用外,各地的便利设施 f_i 也是劳动者择业时优先考虑的重要因素。便利设施,如方便的城市交通减少了通勤时间,节约了通勤成本。还比如政府投资便利设施带来环境的改善等间接地使劳动者身心愉悦,也会带来效用增量。这些都成为劳动力供给方优先考虑的因素。

为了得到每个地方的均衡收入和支出,设定三个市场出清条件如下:

首先,由于劳动是唯一的生产要素,而且存在完全竞争,满足在一个地点赚取的收入可以全部用来购买劳动,即: $w_i L_i = Y_i$。同时结合 $MA_i^{\text{out}} \equiv \Big(\dfrac{w_i}{A_i} \Big)^{\sigma-1} Y_i$,可知劳动力需求方程为:

$$\ln w_i = -\frac{1}{\sigma}\ln L_i + \frac{\sigma-1}{\sigma}\ln A_i + \frac{1}{\sigma}\ln MA_i^{\text{out}} \tag{2}$$

其次,居住地点 i 的代表性消费者所获得的效用 U_i 取决于消费水平和当地便利设施 f_i,并将其他地方的效用水平标准化为 1,得到劳动力供给方程如下:

$$\ln w_i = -\ln f_i - \frac{1}{\sigma-1}\ln MA_i^{\text{in}} \tag{3}$$

最后,假定收入等于支出,即 $Y_i = E_i$。这意味着每个地点输出的商品价值等于该地点输入的商品价值,即此时贸易是平衡的。

在资本给定的情况下,假设工人的生产率部分取决于该地工人总数:

$$A_i = \overline{A_i} L_i^{\alpha} \tag{4}$$

同样地,假设代表性个体从居住地获得的便利程度部分取决于该地点的居民总数:

$$f_i = \overline{f_i} L_i^\beta \tag{5}$$

其中，α 和 β 既可以是正的也可以是负的。

同时，将式（4）代入劳动力需求式（2），并令 $\varepsilon_{local}^D = -\dfrac{1}{\sigma}[1-\alpha(\sigma-1)]$，$\varepsilon_{global}^D = \dfrac{1}{\sigma}$，$\ln\ C_i^D = \dfrac{\sigma-1}{\sigma}\ln \overline{A}_i$，则劳动力需求曲线化为：

$$\ln\ w_i = \varepsilon_{local}^D \ln\ L_i + \varepsilon_{global}^D \ln MA_i^{out} + \ln\ C_i^D \tag{6}$$

同理，令 $\varepsilon_{local}^S = -\beta$，$\varepsilon_{global}^S = -\dfrac{1}{\sigma-1}$，$\ln\ C_i^S = \ln\overline{f_i}$，则劳动力供给曲线化为：

$$\ln\ w_i = \varepsilon_{local}^S \ln\ L_i + \varepsilon_{global}^S \ln MA_i^{in} - \ln\ C_i^S \tag{7}$$

2. 模型估计时存在的问题与解决方法

由上述过程可知，估计上述劳动供求平衡的过程中会产生以下几方面的问题：

第一，通过劳动力供求曲线相互运动得到了方程组的均衡解及各弹性系数的估计值，但此过程不可避免地会与生产率 C_i^D 和便利设施 C_i^S 存在相关性，使估计产生偏误。为了解决此问题，可以通过寻找合适的与生产率 C_i^D 和便利设施 C_i^S 相关的工具变量，且两个工具变量之间不相关，便可得到一致的估计值。但是，同一时间各个地区的不同人口和工资可能与各种因素相关。因此，更可取的是根据每个地区的变化来考察不同地区的工资和人口变化。因此，在劳动供需方程中加入包含地点的固定效应即可解决此偏误问题。

第二，由于市场准入会与一个地区的生产率 C_i^D 和便利设施 C_i^S 存在相关性，仍需采用工具变量的方法避免相关性带来的偏误问题。利用带有地区固定效应的局部均衡模型，求得模型此时的弹性值，进而求得模型的均衡解。最终，利用收入全部来自劳动的假设，得到此时的均衡收入 y_i。

另外，为了分析各地区随时间变化的趋势，本研究接下来的分析便将上述模型进行了简单的扩展，以使其适用于面板数据，分析得到的结果也更加直观、有效，也更有利于分析均衡条件的动态变化对均衡造成的冲击等。

因此，最终的劳动力供需方程如下：

$$\ln\ w_{it} = \varepsilon_{local}^D \ln\ L_{it} + \varepsilon_{global}^D \ln MA_{it}^{out} + \ln\ C_{it}^D + \mu_j + ma_{it}^{out} i \neq j \tag{8}$$

$$\ln\ w_{it} = \varepsilon_{local}^S \ln\ L_{it} + \varepsilon_{global}^S \ln MA_{it}^{in} - \ln\ C_{it}^S + \varphi_j + ma_{it}^{in} i \neq j \tag{9}$$

其中，μ_i 和 φ_i 分别表示劳动供需方程下的地区固定效应。ma_{it}^{out} 和 ma_{it}^{in} 分别表示按照局部均衡模型并加入地区固定效应而计算出的假定市场准入效应项。

(二)变量选取与数据来源

根据前文的分析,为了解决劳动力供需均衡问题,我们需要收集各地区的收入(工资)和人口(从业人员)数据以及各地区之间的地理距离。本研究选取各地区每年的人均 GDP 值来构建各地区之间的经济矩阵(T_{ij})①。另外,为了考虑经济矩阵随着时间的变动,本研究根据每年的 Y_{ij}^{PGDP} 得到不同年份下的经济矩阵(T_{ijt}),以期得到更有说服力的结果。

考虑到重庆的劳动力供求均衡受到全国其他地区劳动力供求的影响,因此本研究首先分析了全国背景下的劳动力整体供求状况。其次,为了增加可比性,本研究将重庆各区县之间劳动力的流动视作一个"局部"的全局均衡样本,研究各区县之间的劳动力供求均衡,并和全国的均衡状况进行比较分析,以期得到更加翔实的结论,为政府指导重庆各地区的劳动力市场均衡及劳动力的合理流动奠定基础。

为构建全国样本的劳动力供求均衡模型,本研究选取各省的总收入(W_{it}^{GDP})和总人口(L_{it}^{P})来研究总体状态下的劳动力供求均衡结果,并重点分析重庆地区的均衡状态及其与全国其他省市之间互动而达到的动态均衡(其中,i 表示全国不同的省份,t 表示研究的样本期间,下同)。同理,本研究将重庆各区县之间的劳动力流动过程同样视为一个"局部化"的"全局均衡模型"。

另外,根据前述理论部分的阐述,在测算劳动力供求弹性的过程中,为了避免出现相关性使估计出现偏差,需要用各地的固定效应和假定的局部均衡收入测算得到的市场准入值作为工具变量进行回归。但考虑到数据的可得性以及此处工具变量的含义,在估计全国全局均衡模型时,本研究选取以高速公路里程和铁路里程计算得到的市场准入值 ma_{it}^{in} 和 ma_{it}^{out} 作为工具变量进行替代②。另外,在分析重庆各区县组成的全局模型时,考虑到数据的可得性,本研究选取公路里程来计算替代的市场准入作为工具变量。

以上各变量基于全国模型下的省域数据均来自各年的《中国统计年鉴》,研究样本为 31 个省(区/市),研究期间为 2011—2021 年。重庆各区县数据来源于各年的《重庆统计年鉴》,对其中数据不全的部分用《中国城市统计年鉴》及《中国区域经济统计年鉴》的相关数据补齐,研究的样本为重庆的 38 个区县(不含万盛和双桥区)。为了与前文和全国情况进行对比,对重庆各区县的研究期间也调整

---

① 由于缺乏重庆各区县的人均 GDP 指数,因此,计算各区县的经济矩阵 T_{ij} 采用人均 GDP 进行直接计算。

② 由于西藏地区在 2014 年之前没有高速公路,为了方便后续的研究,此处取值为 1。

为2011—2021年。

（三）实证分析

1. 各变量的描述性分析

根据以上模型的运算规则,本研究采用牛顿迭代法对两式组成的非线性方程组进行求解,运行相关的MATLAB代码,得到各地区不同的市场准入值。

（1）全国劳动力市场准入情况分析

根据全国的全局模型估算结果对各变量进行描述性分析,见表4。

表4 全国全局模型各变量描述性分析

Variable	Obs	Mean	Std. Dev.	Min	Max
w_{it}	341	9.778 519	0.987 279 6	6.406 6	11.731
l_{it}	341	8.130 196	0.842 439 4	5.733 34	9.448 1
MA_{it}^{in}	341	0.984 053 1	0.770 683 3	0.036 104	3.297 37
MA_{it}^{out}	341	1	0.186 201 5	0.835 039	1.687 67

注:此处的w_{it}和l_{it}为取过对数之后的值,下同。

由表4可知,在研究样本期间内,w_{it}和l_{it}的取值变动幅度相似,而各地区市场准入值差别较大。如MA_{it}^{in}的最大值和最小值有接近100倍的差值,反映了各地区之间在市场销售潜力上的显著区别。而同时,MA_{it}^{out}之间的差别就略显平缓,最大值与最小值之间仅有两倍的差距,表明各地的购买能力相似,国内大市场的格局正在逐步形成。

为了展示重庆地区在样本研究期间的市场准入情况,本部分绘制了该地区市场准入情况的趋势图,如图8所示。

由图8可知,重庆的内向市场准入在各年的变动幅度不大,除2018年稍有下降外,其余的样本期间基本呈现出一种"趋同"的情形。结合MA^{in}的含义可知,平均来看,重庆从其他地区购买的能力在稳步提升,而相对同时期的其他地区,重庆存在着微弱的竞争优势,这可从重庆经济在全国的排名情况反映出来。重庆经济实力的相对增长,带来了劳动力需求的大幅提升,吸纳了更多的劳动力就业,劳动力市场均衡状况企稳向好。

另外,样本期间,重庆地区的外向市场准入呈逐步增长的变动趋势,2020年达

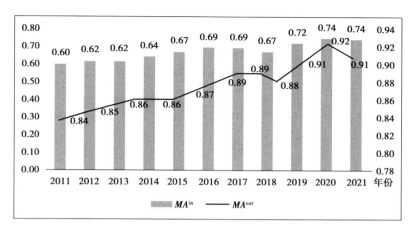

图 8　重庆 2011—2021 年市场准入趋势图

注:主坐标轴(左轴)显示 MA^{in} 的值,次坐标轴(右轴)表示 MA^{out} 的值,下同。

到了最高点,到 2021 年又稍有下降,可能与重庆受疫情影响存在一定的相关性。结合 MA^{out} 的含义可知,重庆周边及其他地区对重庆产品的需求水平也开始逐步提高,或者是重庆输出型的产品倾向性正在占据主导位置,对刺激未来本地区的劳动力市场的发展具有重要的潜在优势。随着外部政策以及经济环境的改善,如疫情管控放开、中欧班列增开等政策的正向效应进一步释放,在把握政策红利的前提下,重庆地区的劳动力市场会更加具备增长潜力,劳动供求平衡会逐步达到一个新的高点。

(2)重庆各区县劳动力市场准入情况分析

将重庆各个区县组成的区域整体视为一个全局模型时,有利于从各区县的角度对各地区的劳动力供求状况进行更加微观的分析。按照上文的分析步骤,对重庆各区县组成的相关变量结果进行描述性分析,见表5①。

表 5　重庆全局模型各变量描述性分析

Variable	Obs	Mean	Std. Dev.	Min	Max
w_{it}	418	15.023 01	0.852 052 5	12.825 7	16.922 6
l_{it}	418	4.401 996	0.436 581 3	3.180 97	5.170 77

① 与前文全国数据进行比较分析可知,此处 w_{it} 的值明显偏大,这是由于此处的单位为"万元",而全国的数据为"亿元",不同研究对象的收入等级会有差别,两者采用不同的单位是为了便于后文的分析说明。

续表

Variable	Obs	Mean	Std. Dev.	Min	Max
MA_{it}^{in}	418	0.957 878 1	0.689 508 7	0.081 621	3.498 54
MA_{it}^{out}	418	0.999 999 9	0.246 390 4	0.794 804	2.210 96

由表5可知,重庆各区县的总收入差别相对较大,但总劳动力差别趋于平缓,各年的变动趋势趋于稳定。但是同样,重庆区县视角下 MA_{it}^{in} 及 MA_{it}^{out} 的值差别较大,各区县表现出了不一样的市场准入模式,需要区别分析。"主城都市区"①作为重庆市发展潜力和发展速度较快的一些地区,它们一起构成了重庆快速发展的一个缩影,因此,本研究做出了样本期间内"主城都市区"各年度的市场准入简单算术平均值的趋势图,如图9所示。

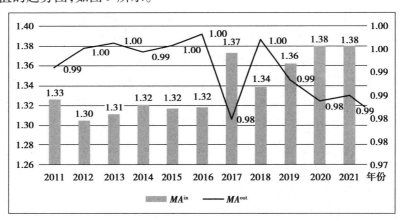

图9 "主城都市区"市场准入趋势图

由图9可知,"主城都市区"的内向市场准入 MA^{in} 在样本期间内虽有一定的波动,但整体呈上升态势。2017年出现了一个极值点,其内向市场准入均值达到了接近1.37,2018年又快速下降,最后又缓慢回升稳定在了1.38左右。同时,外向市场准入值 MA^{out} 在2016年之前一直保持高位运行的状态,2017年出现了快速的波动,急剧下降到0.98的平均值水平。随后的2018年又急速回升至之前的最高

---

① 根据本研究的研究对象,此处的"主城都市区"共包含21个区,具体如下:"渝中区""大渡口区""江北区""沙坪坝区""九龙坡区""南岸区""北碚区""渝北区""巴南区""涪陵区""长寿区""江津区""合川区""永川区""南川区""綦江区""大足区""璧山区""铜梁区""潼南区""荣昌区"。

点附近,而最后两年逐年下降并趋于平稳。从上述趋势图可以看出,"主城都市区"的平均内向和外向市场准入值呈现一种互补的状态,即存在此消彼长的变动趋势。各地区经济波动较明显,进而引致的劳动力供求也会出现暂时脱离均衡的状态。

结合相关图表可以看出,虽然"主城都市区"是重庆地区经济发展的主要动力源泉,但是非"主城都市区"在经济平稳运行和相应的劳动力供求调节上正发挥着不可替代的作用。伴随着各区县之间的便利设施的趋同,劳动者在就业选择上,除考虑单纯的收入外,还要进行横向的比较,以期做出更加符合自身利益的效用最大化选择。

(3)研究小结

第一,从整体趋势来看,重庆在市场准入方面表现出色,与其他地区的经济联系日益密切。这为重庆的劳动力市场提供了更多的机会和流动性。随着重庆与全国其他地区的市场联系不断加强,劳动力资源的配置将更加优化,有助于缓解部分地区的劳动力过剩问题,同时为其他地区提供更多的劳动力供给。

第二,从劳动力供给方面来看,随着重庆与其他地区的经济联系日益紧密,重庆的劳动力市场将吸引更多的外来劳动力。重庆地理位置优势和产业基础等因素使其成为劳动力流入的热门城市之一。这将为重庆提供更多的劳动力资源,满足其经济发展和产业转型升级的需求。

第三,需要注意的是,重庆在劳动力需求方面也面临着一些挑战。随着产业结构的调整和转型升级的推进,新兴产业的发展将带来更多的就业机会,但同时也对劳动力的技能和素质提出了更高的要求。重庆需要加大对职业教育和技能培训的投入,提高劳动力的素质和技能水平,以适应市场需求的变化。

第四,要注重区域协调,"主城都市区"具有地理优势,应加强与其他地区的经济联系,缩小地区间的经济距离,发挥其在"稳就业"方面的正向效应,为重庆劳动力市场的持续均衡发挥"加速器"作用。同时,其他区县应挖掘自身优势,完善基础设施配套,发挥好劳动力供求"压舱石"的作用。

2. 全国劳动力供需均衡分析

接下来,本研究首先对全国背景下的劳动力供求全局模型进行实证分析。按照前述的理论可知,首先需要对劳动力供给曲线和需求曲线进行回归得到劳动力供求的局部和全局弹性,才能对后续分析供求均衡的冲击奠定基础。

（1）劳动力需求分析

基于以上的分析，首先对劳动力需求模型进行回归，见表6[①]。

表6　全国劳动力需求模型回归结果

$\ln w_{it}$	Coef.	z	$P>|z|$
$\ln L_{it}$	6.178 16	10.71	0.000***
$\ln MA_{it}^{out}$	2.937 026	2.28	0.022**
constant	−40.384 99	−8.62	0.000***

注:z 值表示渐进服从正态分布的统计量,"*""**"以及"***"分别表示在10%、
　5%、1%的显著性水平上显著,下同。

由表6可知,劳动力需求局部弹性 ε_{local}^{D} 的值为6.178 16,与常见的劳动力需求曲线向下的趋势相反,出现了"黑洞"均衡。究其原因,可能是外部经济或规模经济的存在,导致劳动力的生产率极大提高。另外,外向市场准入 $\ln MA_{it}^{out}$ 的系数为2.937 026,而且在5%的显著性水平下显著,这一结果增大了劳动力需求曲线向上的倾斜程度。虽然常数项的系数为较大的负值,对劳动力需求曲线有一定的反向拉力,但是这些不确定性因素的时变效应是不稳定的。因此,政府应继续加大对外向型经济效率问题的关注,做好防范预案,确保劳动市场均衡不会产生较大的波动效应。

最后,根据前述理论过程,本研究对重庆地区的 $\ln C_{it}^{D}$ 变动趋势进行了相关分析,检验企业的生产率变动对重庆劳动力市场均衡的影响情况[②]。

由图10可以看出,重庆地区的企业生产率对劳动力需求市场产生均衡影响。总体来看,重庆企业的平均生产率在样本期间内是逐步提升的,但在2020年稍有降低,随后又急速升高,对重庆地区的劳动力均衡产生了一定的扰动。疫情三年对重庆地区企业投资、抬升劳动力需求都产生了一定的负向扰动,作为劳动力需求方的企业,其生产效率的高低越来越受到外在经济政策和宏观环境的影响,企业的抗风险能力不足就会引发劳动市场的波动,未来的政策要在为企业防风险、提实效上下功夫。

---

① 考虑到模型回归的整体效果,此处回归的过程中,除加入前述的工具变量外,又加入了因变量 $\ln w_{it}$ 的滞后项,以保证回归的效果,这也是大多数工具变量回归模型经常采用的方法,下同。

② 此处的生产率的计算是根据回归的残差直接求得的结果,未对其进行反函数计算原值,下同。

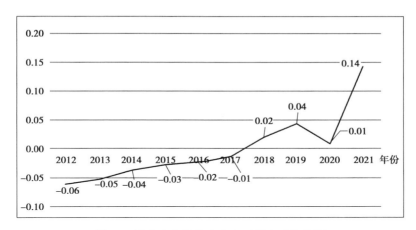

图 10　重庆企业平均生产率对数变动趋势图

（2）劳动力供给分析

接下来,本研究对劳动力供给模型进行工具变量回归,所得结果见表7。

表 7　全国劳动力供给模型回归结果

$\ln w_{it}$	Coef.	z	$P>\mid z\mid$
$\ln L_{it}$	5.933 122	12.86	0.000 ***
$\ln MA_{it}^{\text{in}}$	−0.175 235	−1.35	0.179
constant	−38.499 85	−10.18	0.000 ***

由表7的回归结果可知,在全国全局劳动供求模型条件下,劳动力的局部弹性 $\varepsilon_{\text{local}}^{\text{S}}$ 的值为5.93,符合劳动力供给曲线向上倾斜的特征,即劳动力变动1个单位,会引起收入变动大约6个单位,说明了就业对产出的正向效应。而同时期的全局内向市场准入弹性 $\varepsilon_{\text{global}}^{\text{S}}$ 为−0.18,与预期相反,但是只在约20%的程度上可信。这也说明在劳动力供给模型下内向市场准入的全局弹性向反方向拉动整体劳动力供给弹性的能力有限,各个地区之间商品的同质化生产较高,产生了负面效应。或者相对其他地区经济水平,各个地区之间的经济发展活力减弱,劳动力供给偏多,劳动力市场逐渐出现了非均衡状态,需要引起政府相关部门的关注等。

另外,由前述理论过程的论述可知,模型回归的残差可视为地区便利设施对劳动力市场供给的影响。因此,本研究提供了重庆地区上述残差对数的趋势图,以便分析其变动趋势和对重庆地区劳动力市场供求均衡的影响。

从图11可以看到,重庆地区平均便利设施对重庆劳动力供给市场的影响也是呈逐年上升的态势。这种便利设施可以表现为居住环境的改善、通勤效率的提升以及工作生活等软环境的改善等。2016年之前,重庆整体便利设施带来的效用较弱,吸引劳动力供给的效能未能全面激发出来。2016年之后,便利设施的改善或者提升幸福指数政策的实施等,使重庆地区越来越成为吸引劳动力提供方的正向因素,对改善重庆劳动力供求结构,提高劳动力素养水平等,都产生了越来越重要的促进作用。但同时,结合劳动力需求便利设施的趋势,政府也应该认识到,除了要给劳动力供给方提供便利,对劳动力需求方的企业也要持续加大投入,两者并行推进才能构建更加科学、稳健的劳动力市场均衡状态。

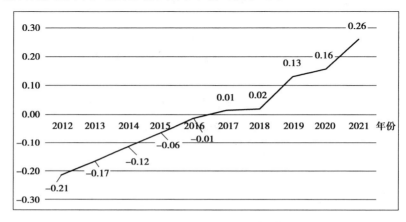

图11　重庆地区平均劳动力供给便利设施对数趋势图

为了分析全国其他地区与重庆的横向对比情况,本文将全国全局均衡模型分析得到的企业平均生产率与便利设施的情况做出趋势图。

由图12可知,全国除重庆地区外的企业平均生产率与劳动力供给的便利设施效用水平也都呈现出了较强的增长趋势,2020年之后的增长趋势更是表现出了较强的后劲。增长的生产率意味着企业对劳动力的需求特别是高质量的劳动力需求在不断提高,与同时期重庆地区的企业平均劳动生产率进行比较可以发现,重庆地区的企业竞争力还相对较弱,对劳动力的需求呈现"弱势"一方,可能会造成重庆与其他地区之间的"缺工缺人"的供需失衡状态。同时,从重庆便利设施对劳动力效用的变动趋势上来看,重庆地区对劳动力的吸引效用较全国其他地区形成了一种相对优势,这是重庆未来吸引劳动力来渝就业创业的优势。如何将重庆地区便利设施对劳动力的效用最大化,吸引更高质量的劳动力来渝,是未来劳动力政策制定与定向筛选劳动力时必须综合考虑的现实情况。

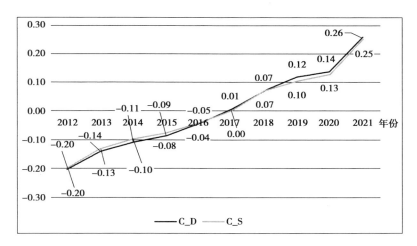

图12 全国其他地区企业平均生产率与便利设施对数趋势图

（3）研究小结

首先，重庆地区需要提高其企业生产率和劳动力市场竞争力。增长的生产率意味着企业对高质量劳动力的需求在不断提高。与同时期重庆地区的企业平均劳动生产率进行比较，重庆地区的企业竞争力相对较弱，对劳动力的需求呈现"弱势"一方，可能导致重庆与其他地区之间的"缺工缺人"的供需失衡状态。重庆要加大投资力度，提高企业生产技术和管理水平，以提高生产率和劳动力市场竞争力。

其次，重庆便利设施对劳动力的吸引效用的变动趋势显示，重庆地区对劳动力的吸引效用较全国其他地区形成了一种相对优势。这是重庆未来吸引劳动力来渝就业创业的优势。这表明重庆地区在吸引劳动力方面具有一定的潜力，需要通过政策制定和定向筛选来充分发挥这一优势，优化重庆的劳动力市场。

再次，要将重庆地区便利设施对劳动力的效用最大化，吸引更高质量的劳动力来渝，是未来劳动力政策制定与定向筛选劳动力时必须综合考虑的现实情况。

最后，重庆地区应注重劳动力市场的均衡发展，不仅要吸引外部劳动力，还要提高本地劳动力的素质和技能水平，以适应经济发展的需要。要加强与周边地区的经济联系和合作，实现资源共享和优势互补，提高整体竞争力。相关部门要多出台稳就业相关政策，鼓励企业投资，创造就业机会，同时引导劳动者合理流动，实现劳动力市场供需平衡。

3. 重庆各区县劳动力供需均衡分析

接下来，本研究将以重庆劳动力供求均衡模型为基础继续展开相关分析。通过分析重庆各区县之间的劳动力供求现状,为从更加微观的区县视角深入理解重庆劳动力供求市场情况奠定理论基础。

(1)各区县劳动力需求分析

按照前文的逻辑,先分析重庆各区县的劳动力需求模型,进行工具变量回归的结果见表8。

表8 重庆各区县劳动力需求模型回归结果

$\ln w_{it}$	Coef.	z	$P > \|z\|$
$\ln L_{it}$	5.920 065	2.59	0.010***
$\ln MA_{it}^{\text{out}}$	5.234 909	1.76	0.079*
constant	−10.875 15	−1.09	0.277

由表8可知,在样本期内重庆各区县之间也表现出了较强的"黑洞"均衡,与全国样本基本保持一致。随着生产的专业化和技术的不断进步,企业对劳动力的需求在各区县之间总体保持了一种规模经济效应,劳动力的需求弹性逐步提高。这虽然是一种进步的表现,但是也会带来一些潜在的风险,如抵御多样化冲击的能力较低,劳动力过于专业化,不能满足企业创新及企业对产品的多样化需求等。面对外在经济和社会环境的冲击,在保持专业化生产的同时,适当地增加高素质且具有创新性的劳动力储备,也是保证劳动力市场"稳态均衡"的必要基础。

(2)各区县劳动力供给分析

接下来,本研究继续对重庆各区县组成的全局模型进行分析,对劳动力市场的供给模型进行回归,得到结果见表9。

表9 重庆各区县劳动力供给模型回归结果

$\ln w_{it}$	Coef.	z	$P > \|z\|$
$\ln L_{it}$	3.109 72	6.39	0.000***
$\ln MA_{it}^{\text{in}}$	2.510 244	15.99	0.000***
constant	2.175 429	1.02	0.309

由表9的重庆市各区县组成的"区域型"的劳动力供给模型的估计结果来看,各个弹性值都比较符合预期,而且各变量的系数都在1%的水平上显著。具体来说,重庆劳动力的区域供给弹性 $\varepsilon_{\text{local}}^{S}$ 值为3.109 72,劳动力的供给每提升一个单

位,对收入的变动提升约 3.1 个单位。另外,重庆劳动力的区域全局内向市场准入供给弹性 $\varepsilon_{\text{global}}^{S}$ 值为 2.5,也即内向市场准入每提高一个单位,地区收入就会增加约 2.5 个单位。从整体的效果来看,就业对收入的拉动作用更加明显。因此,提升各区县之间的劳动力市场的就业效率,保持劳动力的合理流动就显得尤为重要。

(3)各区县便利设施与企业生产率分析

本研究将主城都市区在劳动力供需模型下的便利设施水平及企业生产率发挥的效用进行综合分析,如图 13 所示。

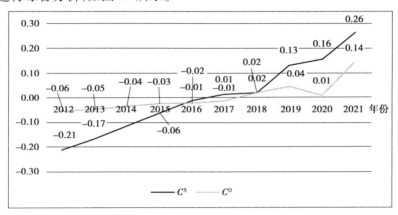

图13 主城都市区平均便利设施及生产率对数趋势图

注:根据前述理论,此处的企业平均生产率及便利设施的值为对主城都市区进行工具变量回归后的残差项算术平均值的对数值。

由图 13 可以看出,主城都市区的企业平均生产率效用与重庆整体水平基本保持一致,也大致呈现出了逐步上升的态势。不同点是主城都市区的波动点发生在 2017—2018 年的变动中,增速放缓后,随即又快速回升。同时,重庆各区县之间在企业平均生产率的效用方面所发挥的相互协调作用日益明显,为稳固重庆市整体劳动力市场均衡状态起到了不可或缺的作用。除 2018 年的小幅度下降外,样本期内其余年份,都市区内的企业对劳动力的需求均保持明显的拉升作用。

另外,从劳动力供给方面来看,主城都市区平均便利设施效用与重庆整体便利设施效用也基本保持一致。在研究样本期间内,增长趋势明显,效用逐步提升。在满足劳动者的效用最大化方面,除商品种类的增多等实质性要求外,对便利性的追求也成为自我满足的一种形式,劳动力的整体素质水平正在逐步提高。这说明劳动力正在由"粗放式拥有型"逐步转变为"高质量享受型"的"劳动—收入"供给模式转变。

4.研究启示

从全国的宏观视角和重庆整个区县的中观视角两个维度构建的劳动力供求均衡模型来看,其所得结论基本相似,侧面验证了本研究结论的稳健性。

第一,从市场准入的计算结果来看,重庆地区的外向型市场准入整体表现出了波动上升的趋势,表明重庆地区企业的竞争力增强,其对全国其他地区具有日趋变大的商品销售潜力,而这一潜力的形成需要劳动力提供源源不断的动力,即反映重庆地区的劳动力市场呈现出了较强的供给优势。这种优势不仅表现在劳动力市场的规模和多样性上,还体现在就业机会的渠道和前景上。与其他地区相比,重庆地区的就业市场更具吸引力和竞争力,这使劳动力在同等条件下更加看好重庆地区的市场潜力。随着重庆市的经济发展和产业结构调整,服务业等第三产业正在成为主导产业。这种转型带来了更多的就业机会和选择,为劳动力市场提供了广阔的发展空间。重庆市政府采取了一系列政策措施,鼓励外来劳动力参与当地经济发展,并为劳动者提供了良好的便利设施。这些政策措施增强了重庆地区的吸引力和竞争力,进一步推动了劳动力市场的繁荣和发展。

第二,从劳动力全局均衡模型回归的结果来看。首先,重庆地区的劳动力便利化效用水平与全国其他地区基本相当,表明重庆若要吸引更多的劳动力,尤其是高质量劳动力来渝,则需要持续加大提升人力资源"幸福感指数"的便利设施的投入力度,如减少工业园区和生活区的交通出行成本、推出来渝就业创业人员子女入学就近化措施等。其次,在全国范围内,除重庆地区外的企业平均生产率呈现了较强的增长趋势。这种增长趋势表明,企业在提高生产效率、降低成本、增加产出等方面取得了积极进展。增长的生产率意味着企业对高质量劳动力的需求在不断增加。为了满足这种需求,企业需要采取措施提高劳动力供给的便利化效用水平。与同时期重庆地区的企业平均劳动生产率进行比较可以发现,重庆地区的企业竞争力相对较弱,平均来看,其他地区在质和量两方面都较重庆保持着优势。这可能是因为重庆地区的企业在技术创新、管理理念、市场开拓等方面与全国其他地区的企业存在差距。这种相对弱势的地位可能会导致重庆地区的企业在吸引和留住高质量劳动力方面面临困难。

综上可知,重庆劳动力供求在全国背景下来看,劳动力的"强供给"助推了重庆产品对外销售的潜力。同时从全局均衡模型的分析结果来看,重庆地区的劳动力需求相对全国其他地区的平均水平还存在着一定的差距,尤其是高质量的劳动力供需都存在着巨大的提升空间,表现出了相对较大的"弱需求"特征。如何协调重庆劳动力市场的"强供给—弱需求"之间的矛盾,从"强供给"向"强利用"、从

"弱需求"到需求"多元化"方面转型,是重庆市政府在未来需要持续关注的重要方面。相对来说,政府还更应关注企业端普遍存在的"弱需求"现象。在秉持劳动力需求"多元化"导向下,要加强高素质劳动力队伍的打造和引进能够吸纳大量就业的制造业及高科技企业等举措,对缓解重庆地区的劳动力供需矛盾将会起到重要的推动作用。

三、重庆市劳动力供需预测

劳动力的变化在实际生活中会受多方面不同指标的影响,因此,对劳动力供求的预测属于非线性预测范围。而基于机器学习理论的神经网络能较好地对非线性数据进行建模,可以更好地适应复杂的数据结构,提高预测准确性。因此,本研究此部分将运用基于机器学习方法的 BP 神经网络模型对重庆市劳动力供求进行预测分析。

(一)重庆市劳动力供给预测

1. 劳动力供给指标及数据选择

根据研究现状,本研究共筛选出了 7 个变量来描述重庆劳动力供给。第一,本研究的选题为重庆市劳动力供求状况,因此,本研究将重点关注 15 ~ 64 岁的劳动力人口数量(YL),他们共同构成了现在及将来劳动力供应的主力军,使研究更具针对性和适应性。第二,劳动力的供给还受出生率(BR)和死亡率(DR)的影响,出生率的提高会增大未来劳动力供给的潜力,而死亡率的提高则会使更多比例的劳动力人群退出工作岗位,形成对劳动力供给的负面冲击。第三,随着经济的发展和交通基础设施的不断完善,人口的迁移也成为影响某一地区劳动力存量的关键部分。随着信息技术的普及,劳动力的流动会更加频繁。有吸引力的基础设施等"硬环境"和适宜创新、创业等的"软环境"将会成为主导城市发展、劳动力涌入的关键。因此,本文选择外出至市外人口(OC)和市外外来人口(IC)两个变量作为劳动力供给状态的影响因素之一。第四,良好的医疗条件也会影响劳动力供给的状态。随着国人对医疗水平的要求逐步提高,更便捷、更高效的医疗条件正逐渐成为劳动者的首选项。因此,本研究选择用卫生机构数(MN)来反映地区的医疗条件水平,也是影响劳动力供给的指标之一。第五,日常消费水平也会成为决定劳动力去留的关键要素之一。高物价、高通胀以及随之而来的工资水平的长期"趋稳",越来越成为各企业、各地区等能否留得住人的关键。因此,本研究用居民消费价格指数(*PI*)来反映价格因素对劳动者供给的影响指标之一。

2.劳动力供给预测结果分析

根据前文的分析,本文采用了三层神经元的 BP 神经网络模型对重庆市劳动力供给进行预测。具体来说,第一层的输入层包含 7 个神经元,分别为 15 ~ 64 岁的劳动力人口数量(*YL*)、出生率(*BR*)、死亡率(*DR*)、外出至市外人口(*OC*)、市外外来人口(*IC*)、卫生机构数(*MN*)及居民消费价格指数(*PI*)等。第二层为隐藏层,包含 10 个神经元,负责对输入数据进行非线性变换,以实现从输入到输出的高维空间映射。第三层为输出层,也包含了 7 个神经元,分别与输入层的 7 个神经元一一对应。具体如图 14 所示。

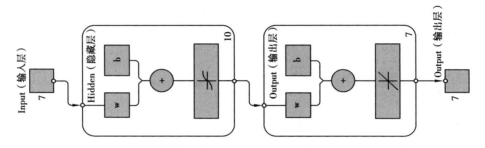

图 14　重庆市劳动力供给 BP 神经网络预测层级图

根据神经网络的分析结果,并结合前文相关指标的数据,在训练 16 次之后,最终达到了最佳的验证性能。根据该 BP 神经网络性能图结果,按照最小化均方误差的判断标准,其在第 10 轮的验证中达到了最佳状态,均方误差值为 0.000 28,此时达到了模型要求,保证了预测的准确性。

(1)重庆市劳动力供给预测分析

由于 15 ~ 64 岁的劳动力人口不能实现全部参与就业的状态,需要扣除升学等劳动力转换状态,因此本文需要合理评估重庆市 15 ~ 64 岁的劳动力人口的劳动参与率(*LPR*),才能得到最终的劳动力供给水平(*RYL*)。经与专家组会谈,并结合未来就业变动及可能会出台的延迟退休政策等,最终确定 2022—2031 年 15 ~ 64 岁劳动力人口的劳动参与率以 2022 年的 0.821 为基础,每年增加 0.01 即 2031 年为0.83。随后的 2032—2035 年,由于就业等政策会大概率趋于可预期的变动空间,劳动参与率预期会保持在 0.83 的水平。基于此,本文预测了 2022—2035 年的劳动力供给情况,结果见表 10。

表 10 重庆 2022—2035 年劳动力供给预测情况

年份	2022	2023	2024	2025	2026
YL(万人)	2 121.95	2 118.06	2 110.01	2 113.52	2 114.48
LPR	0.821	0.822	0.823	0.824	0.825
RYL(万人)	1 742.12	1 741.05	1 736.54	1 741.54	1 744.44
年份	2027	2028	2029	2030	2031
YL(万人)	2 099.31	2 082.12	2 037.05	1 866.40	1 757.92
LPR	0.826	0.827	0.828	0.829	0.83
RYL(万人)	1 734.03	1 721.91	1 686.68	1 547.25	1 459.07
年份	2032	2033	2034	2035	
YL(万人)	1 871.54	1 865.02	1 858.12	1 863.91	
LPR	0.83	0.83	0.83	0.83	
RYL(万人)	1 553.38	1 547.97	1 542.24	1 547.04	

首先,从重庆市 16~64 岁劳动力人口数量来看,2022—2031 年其数量呈逐年递减的状态,到预测的第十年也就是 2031 年,劳动力人口只有约 1 758 万人。2031年仅为 2021 年的 81.7%,减少了将近 1/5。2032—2035 年,劳动力人口开始逐步企稳,劳动力供给市场开始出现相对稳定的局面。其次,从劳动力供给趋势来看(变动趋势如图 15 所示),2027 年之前,重庆市劳动力供给基本保持在 1 730 万人以上,随后开始出现平稳下降的过程,劳动力供给短缺开始显现,而且下降幅度较大,势必会给未来重庆市劳动力市场的均衡造成极大的干扰,各级政府部门要做好前期规划,避免劳动力市场出现供需失衡的矛盾。而 2032 年之后直到 2035 年,劳动力供给情况有所改善,基本维持在 1 500 万人左右,稳定了劳动力市场的供求预期,有利于劳动力市场的健康发展。

总之,随着经济社会的不断进步和社会福利水平的不断提高,青年群体的生育理念也在不断更新,从"养儿防老"到"社会化养老",正在逐渐成为年轻生育群体的共识。另外,不断走高的生育、抚养成本也裹挟了更多年轻群体加入少子化和无子化"洪流"之中。劳动力供给减少的问题在 2022—2035 年就会初现端倪,最直接的后果就是劳动力市场可能会出现供需失衡现象。另外,随着科技的进步,更多的重复性和中低端工作岗位可能会被自动化和智能化的机器取代,也大概率会减缓

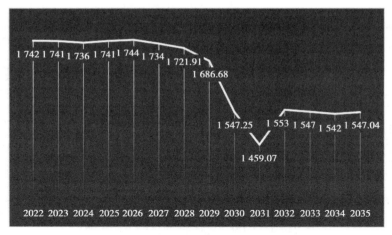

图15　重庆市劳动力供给预测趋势图

劳动力供给减少带来的负面效应。因此,劳动均衡分析要综合考虑劳动力需求和供给的相对水平才能得出科学合理的结论。

为了与前文进行呼应,本文还预测了2022—2035年劳动力迁移对重庆市劳动力供给的影响,具体如图16所示。

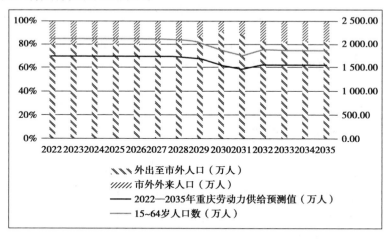

图16　重庆市劳动力供给与迁移预测对比图

由图16可知,根据预测的结果,重庆市2022—2031年15~64岁的劳动力总量及供给数量都会逐年降低。2027年后,外出至市外人口将会出现突破全市流动人口80%占比红线,给重庆劳动力供应市场带来了一定的挑战。2030年会出现相对较大的下降趋势,平均跌幅约为8.3%,会对重庆市劳动力供求带来一定的冲击,相关部门应做好长期规划,避免劳动市场供求波动带来的负面影响等。随后直到 2035 年,劳动力供给总量及参与量还有迁入迁出基本维持在相对稳定的水平,体现了重庆市劳动力市场供给方的稳健性会逐步趋于完善。另外,2022—2031年,外出至市外人口占据所有重庆市劳动力迁移总数的 80.1% 左右,而在 2032—2035 年,这一比例将会在逐步抬升后恢复至稳定水平,表明全国其他地区对重庆劳动力的"虹吸效应"依然存在,劳动力外向型供给现象从趋势上并未出现根本性的改善,本地企业的劳动力需求不足仍待加强。重庆市要保证自身发展有充足的劳动力供应,就要坚持大力发展本地的"软硬"两环境,为重庆市的长期发展奠定充足的人才储备。

另外,重庆作为对外劳动力输出大省(市),农民工的变动构成了未来劳动力市场的强流出方,为此需要关注重庆近年来的农民工变动数据,以便对本文有关劳动力迁移变动的预测结果进行相关的修正。为此,本文列出了最近十年来农民工的变动情况。

由图 17 可知,2013—2022 年重庆市农民工数量在波动变化下整体稳定在 750万人左右。未来农民工的外出趋势仍有可能进一步增加,对未来重庆劳动力供给市场产生了一定程度的影响。结合前文对劳动力市场的整体预测情况来看,把更多的潜在劳动力留在当地是减少劳动力市场供需失衡的有效手段之一。为农民工家庭创造更多的便利条件,完成子女及家属的就近入学、就近就医等便利设施水平的改进工作,也是政府未来需要重点平衡的劳动力市场政策之一。

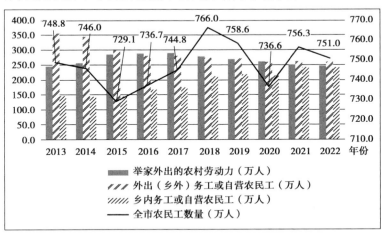

图 17　近十年重庆市农民工迁移变动

(2)研究小结

第一,劳动力人口数量逐年递减会引发重庆劳动力供给短缺问题。从 2027 年开始,重庆市劳动力供给基本保持在 1 730 万人以上,但随后开始出现平稳下降的过程。这种下降趋势将导致劳动力供给短缺,势必会对未来重庆市劳动力市场的均衡造成极大的干扰。这种趋势将持续到2035年左右,之后劳动力人口将开始逐步企稳。

第二,外出至市外人口占比高。直到2035年,外出至市外人口占据所有重庆市劳动力迁移总数的80.1%左右。这一现象表明全国其他地区对重庆劳动力的"虹吸效应"依然存在,劳动力外向型供给现象并未得到根本性改善。

第三,本地企业劳动力需求不足。要保证重庆市的长期发展,需要坚持大力发展本地的"软硬"两环境,提高本地企业的劳动力需求,以吸引更多劳动力回归本地就业。

(二)重庆市劳动力需求预测

1. 劳动力需求预测变量的选取

基于劳动力需求数据的可获得性,并忽略摩擦失业等因素的影响,本研究采用重庆市就业人口数(EM)代表重庆市劳动力需求数量。同时为了后文分析的方便,本部分还分别选取了三大产业的就业数量(分别表示为:FEM、SEM、TEM)来说明产业结构调整带来的劳动力需求的变动。经济增长是劳动力需求变动的基础,中国改革开放的历史进程证明,只有经济不断发展才能撬动更多的就业。因此,经济增长速度的提升,会带来更多岗位需求,为劳动力充分就业创造条件。此外,采用全市生产总值及生产总值指数(上年=100)来表示重庆经济总量在"量和质"两方面的提升(TEG、EG)。为了与前文形成对照,本部分还列出了三大产业在样本期间的增长速率(FEG、SEG、TEG)。同时,为了考察总体人均增速对劳动力需求的影响,本部分还列示了人均GDP指数。

除以上变量外,本研究认为,由于重庆是制造业的聚集地,而制成品的进出口贸易在我国三驾马车中有着举足轻重的地位,因此,本部分选取出口额(EX)和进口额(IM)两个变量来反映对外贸易对重庆市劳动力需求的影响。同时,作为三驾马车之一的对外投资也在劳动力需求中贡献了极大的力量,因此本部分将实际利用外资额(FDI)也纳入劳动力需求模型中。另外,金融业作为企业流通资金的中介,承担着为企业融通资金的使命,而企业在资金充裕的情形下才能开展投资、扩大再生产等,从而会带动劳动力的需求。因此,本部分将金融机构(含外资)本外币存、贷款余额(FD、FL)两个变量纳入本文的指标体系中,以反映中介变量对重庆市劳动力需求的间接影响。最后,随着经济的发展,企业对人员素质的要求也在不断地提升,尤其是近年来随着数字经济、智能制造等行业的兴起,高素质劳动队伍的不断壮大才能引致更多的有效需求。基于此,本部分选择当年流动人员职称评定(CA)这一变量,以反映人力资源素质对重庆市劳动力需求的潜在影响。

基于数据的可得性,该部分数据来源于统计及调研资料的整理以确保预测数据的准确性及可信性,以上数据的样本期间选择为2000—2021年。

2. 劳动力需求预测的结果分析

李炫基于《重庆市国民经济和社会发展第十四个五年规划和二〇三五年远景目标纲要》《重庆市制造业高质量发展"十四五"规划(2021—2025年)》《重庆市服务业发展"十四五"规划(2021—2025年)》等文件中提出的"十四五"经济社会发展主要目标进行劳动力需求的预测。本文基于BP神经网络的方法,并参考李炫的研究思路展开重庆劳动力需求的预测研究。根据上文的神经网络模型的分析过程,并结合前文的输入、输出层指标的选取,本文得到了各变量2022—2035年的预测值。

(1)重庆市劳动力需求预测分析

由于本文的重点是说明重庆市劳动力需求的变动问题,因此,此处仅展示重庆市劳动力需求预测值。另外,为了说明产业结构的变动对未来劳动力需求的影响,此处还展示了三大产业就业人员数的预测值。同时人力资源素质也是本文关注的对象,它表明了未来重庆市高水平劳动力的变动趋势,为重庆产业转型升级提供了人才储备。最后,为了同时可比,本文此处的预测时限与劳动力供给保持一致。

由表11可以看出,2022—2031年,重庆市劳动力需求基本保持在1 700万人左右,而2032—2035年需求有所放缓,下降到1 500万人左右,最可能是由于未来产业升级带来的劳动力需求结构的调整。三大产业就业人员总量也基本保持平衡,尤其是2027年开始,第三产业人员占比略高,到2035年达到了一个新的状态。另外,职称评定人数较之前年份也出现了一定程度的下降,表明未来重庆高端人才供应会出现一定程度的缺口,直到2035年才恢复到基本稳定状态。

表11 重庆市劳动力需求预测值

年份	EM(万人)	FEM(万人)	SEM(万人)	TEM(万人)	CA(人)
2022	1 682.102	518.578 7	191.112 4	621.049 2	9 942.385
2023	1 710.292	554.694 5	178.815 3	658.876 3	10 410.81
2024	1 700.347	590.521 5	163.133 7	686.325	10 454.99

续表

年份	EM（万人）	FEM（万人）	SEM（万人）	TEM（万人）	CA（人）
2025	1 724.723	538.465 4	182.623 9	650.309 9	10 456.01
2026	1 791.464	459.696 4	260.142 1	571.228 4	9 954.413
2027	1 698.991	598.457 7	190.981 3	669.664 5	10 343.88
2028	1 677.314	598.590 5	207.658 1	663.885 4	10 830.74
2029	1 736.73	486.738 9	253.704 2	588.195 6	8 497.239
2030	1 755.129	474.716 7	258.099 2	580.147 3	7 936.875
2031	1 685.554	534.578 6	230.075 8	623.592 6	10 045.24
2032	1 518.103	758.144	255.228	492.609	4 683.388
2033	1 648.763	834.232	234.899	477.199	3 586.592
2034	1 517.879	849.078	303.328	527.241	2 427.816
2035	1 513.419	848.571	303.946	530.341	2 363.988

　　为了详细分析重庆市 2022—2035 年劳动力需求各变量的预测波动情况,本文做出了其变化趋势图,如图 18 所示。

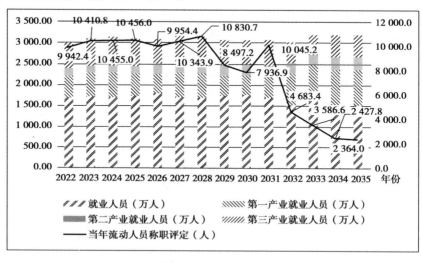

图 18　重庆市劳动力需求预测趋势图

　　由图 18 可知,2022—2031 年重庆市劳动力需求预测值除 2027 年和 2028 年稍有下降外,其余年份基本保持平稳,表明重庆市未来就业趋势基本保持在基本面的水平,保证现有政策的执行便可实现一定程度上的"稳就业"目标。随后的2035年基本维持在1 500万人左右的就业人口,在一定程度上实现了2035年重庆市劳动力市场均衡的目标。另外,从三产的就业结构来看,第三产业和第一产业是未来就业的"蓄水池"。同时,第三产业人员占比依然保持高位增长的态势,表明未来重庆市劳动力需求重点方向将会是第三产业,这与重庆市快速的城市化进程是紧密联系的。但除了第三产业中部分科技含量较高,如软件设计、咨询服务等行业外,第三产业的大部分行业会以餐饮服务、销售服务等低技术密集型行业为主,如何提高高技术行业的企业密度,打造具有竞争力的"科技重庆",仍是未来调整劳动力供需结构的重要参考因素。

结合重庆职称评定人员未来的变化趋势来看,高科技劳动力的供给方面已具备了一定的潜力。从需求端考虑,就需要政府加大力度引进更多高科技企业,扩容本地高职称、高技术含量人员的就业队伍,打造高精尖产业集聚区,为扩容高端人才队伍的需求奠定基础。最后,从第二产业的就业人员数可以看出,重庆市2022—2031年第二产业的劳动力需求占比较小,出现了"蓝领产业工人"固化现象,对传统制造业的发展带来了一定的挑战,"重庆制造"的潜力尚待挖掘。因此,政府应当制定适宜的帮扶政策,助力低端制造业的转型升级,提升产品的竞争力。利用好数字革命带来的发展红利,借助制造业数字化、智能化改造过程中引致的新型劳动力需求扩张的转变,可以有效缓解重庆市劳动力供需矛盾,实现更高水平、更高质量的劳动力供需均衡。

(2)研究小结

首先,劳动力需求基本保持在1 700万人左右,但在2032—2035年有所放缓,下降到1 500万人左右。这很可能是由于未来产业升级带来的劳动力需求结构的调整。

其次,从三产的就业结构来看,第三产业和第一产业是未来就业的"蓄水池",而第三产业人员占比依然保持高位增长的态势,表明未来重庆市劳动力需求重点方向将会是第三产业。

最后,从重庆市职称评定人员未来的变化趋势来看,高科技劳动力的供给方面已具备一定的潜力,但若不加以合理引导,则会在后续的发展变化之中形成不了持续的推动力。因此,政府应当加大力度引进更多高科技企业,扩容本地高职称、高技术含量人员的就业队伍,打造高精尖产业集聚区,为扩容高端人才队伍的需求奠定基础。

因此,政府要鼓励创新与技术升级,打造高精尖产业集聚区。对技术型、创新型劳动力的高需求有利于发展高科技企业和高技术含量行业,打造高精尖产业集聚区。利用数字革命带来的发展红利,通过制造业数字化、智能化改造过程中的新型劳动力需求扩张的转变,可以有效缓解重庆市劳动力供需矛盾。政府还应发挥引导作用,通过制定相关政策措施鼓励企业加大对创新研发和人才培养等方面的投入,提高企业的核心竞争力,并带动整个行业的发展。同时,也可以通过提供财政扶持和税收优惠等措施,吸引更多的企业和人才到重庆创新创业,助力重庆实现高质量发展的目标。

(三)重庆未来劳动力供需失衡分析

1. 重庆未来劳动力供需失衡预测分析

为了详细分析重庆市未来劳动力供给和需求存在的问题,本研究汇总了重庆市劳动力供求的预测值并做出了两者变化的趋势表,见表12。

表12　重庆市劳动力供需预测值表

年份	RYL(万人)	EM(万人)	Δ(万人)
2022	1 742.12	1 682.1	60.02
2023	1 741.05	1 710.29	30.76
2024	1 736.54	1 700.35	36.19
2025	1 741.54	1 724.72	16.82
2026	1 744.44	1 791.46	−47.02
2027	1 734.03	1 698.99	35.04
2028	1 721.91	1 677.314	44.60
2029	1 686.68	1 736.73	−50.05
2030	1 547.25	1 755.13	−207.88
2031	1 459.07	1 685.55	−226.48
2032	1 553.38	1 518.10	35.28
2033	1 547.97	1 648.76	−100.80
2034	1 542.24	1 517.88	24.36
2035	1 547.04	1 513.42	33.62

注:Δ 表示重庆市预测劳动力供给 RYL 与需求 EM 的差额。

由表 12 可知,在 2022—2025 年,劳动力市场呈现出了一定程度的供给过剩现象,劳动力需求相对不足。但企业端显示,其正在逐步发力于劳动力需求市场,未来将会为缓解重庆劳动力供求矛盾做出实质性贡献。但是,到 2026 年,供需差额为−47.02 万人,即劳动力需求超过劳动力供给 47.02 万人,可能是由前期或者临时性因素所致,表明劳动力市场开始面临供需失衡的问题。随后几年,尽管劳动力供给(RYL)有所波动,但总体上呈现下降趋势,而劳动力需求(EM)则相对稳定。到 2031 年,供需差额为−226.48 万人,说明若维持现有劳动力市场政策不变,则随着时间的推移,由劳动力短缺导致的重庆劳动力市场供需失衡问题会逐渐加剧。最后几年,除 2033 年出现了劳动力市场的短暂失衡现象外,直到 2035 年,重庆劳动力市场基本维持在了供略大于需的均衡状态,大概率不会存在大量失业或"招工难"的结构性失衡局面。

为直观地了解重庆市 2022—2035 年劳动力供求的变化情况,本文做出了该时间段下的劳动力供求柱状图以及供求差额的趋势图,以期对重庆劳动力市场变化做出全面分析。

由图 19 可知,在 2022—2035 年劳动力市场中,重庆未来的劳动力市场总体上可能会面临供需失衡的问题,但是随着时间的推移,供需失衡的矛盾会逐步得到缓解。2035 年的劳动力市场供需状况较前些年会有所改善,这也是重庆市劳动力市场不断完善的体现。总体上劳动力需求超过供给的情况主要体现在 2029—2031年及 2033 年,尤其是重庆"十四五"规划之后,劳动力的供需矛盾日益明显。针对这一劳动力市场失衡的现象,需要政府和企业采取措施来积极应对。政府可以鼓励劳动力供给的增长,例如加大职业教育和培训投入、鼓励人才引进等。同时,企业可以优化人力资源配置、提高劳动生产率等,以适应劳动力市场的变化并缓解供需失衡问题。

2. 重庆未来劳动力供需失衡的原因分析

为详细地了解重庆未来劳动力供需失衡的原因,本文拟从基本面、供给端和需求端三个方向加以分析,以期为重庆未来劳动力市场均衡、平稳发展提供参考意见。

第一,从全局来看。重庆市的经济发展在近年来一直保持稳定增长,特别是在制造业、建筑业、金融业等领域的发展较为显著。这种经济增长趋势带来了更多的就业机会,但同时也可能导致劳动力需求的增加。同时,重庆市的人口结构正在发生变化,老龄化程度逐渐加深,导致劳动力供给逐渐减少。此外,城市化进程加快,农村劳动力向城市转移,也使城市劳动力供给减少。最后,随着教育水平的提高,重庆市劳动力的素质和技能水平也在不断提高。这使劳动力供给的质量得到提升,但同时也可能导致劳动力需求的增加。

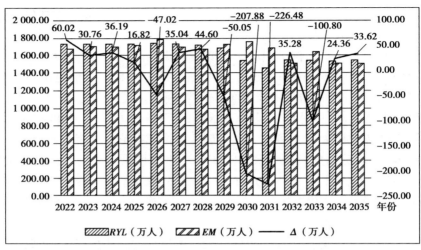

图19 重庆市 2022—2035 年劳动力供求趋势图

第二,从供给端来看。首先,重庆市的教育培训体系可能存在不足,导致劳动力供给的质量和数量无法满足市场需求。例如,职业教育和技能培训的投入不足,导致劳动力缺乏必要的技能和知识。其次,重庆市可能面临人才流失的问题,一些高素质的劳动力可能选择在其他地区就业,导致重庆市的劳动力供给不足。最后,随着重庆市产业结构调整和转型升级的推进,一些传统产业的就业岗位可能会减少,而新兴产业的就业岗位可能会增加。这可能导致劳动力供给的结构性失衡。

第三,从需求端来看。首先,重庆企业面临产业转型升级问题。重庆市正在推动产业转型升级,加强新兴产业的发展。这些新兴产业的发展需要高素质的劳动力,对劳动力的技能和知识要求较高,可能导致劳动力需求的增加。其次,重庆市的城市化进程加快,需要更多的劳动力来支持城市建设和公共服务等方面的发展,可能导致劳动力需求的增加。最后,重庆市的人口老龄化程度正在逐步加深,需要更多的劳动力来支持老年人的养老和医疗等方面的发展,可能导致劳动力需求的增加。

四、促进重庆市劳动力供需平衡实现高质量充分就业的政策建议

(一)短期建议

1.加强对重庆市劳动力供需平衡的分析预测

建议国家统计局重庆调查总队、重庆市统计局等要借第五次全国经济普查之

际,系统梳理重庆市各行各业产业规模、布局,以及岗位供需和劳动力供需情况,对未来重庆市劳动力供需进行总量平衡和动态平衡分析,对照现代化新重庆提出的到 2027 年,重庆市 GDP 总量 4 万亿元和人均 GDP12 万元的目标要求,对未来五年至十年重庆市劳动力供需情况进行分析预测。在服务国家战略的视野下,特别是要瞄准我市制造业高质量发展的"33618"集群体系,对应其涉及的主导产业、支柱产业、特色优势产业及未来高成长性产业,进行行业细分,做好产业结构、岗位设置、金融资源、科技人才等领域供需平衡测度和相关预测,维护好劳动力供需总量平衡和动态平衡,以便更好地赋能产业和实体经济发展,加快推动成渝地区双城经济圈建设和现代化新重庆建设。又如,党的二十大以来,我市与央企和金融机构密切互动,签署了不少战略合作协议。要让这些战略合作协议走深走实,落到实处,也必须在加强宏观经济形势分析的基础上,加强关联行业、产业及对应岗位和劳动力的分析和预测,以及对就业形势的战略研判,以便更好地发挥央企指导和金融资本对实体经济的输血作用。

2. 促进重庆市稳就业促就业的政策措施走深走实

要针对我国就业形势总体稳定但就业动能不足问题,坚持就业优先,不断深化和出台我市稳就业促就业的政策措施并促进其走深走实。市就业工作领导小组要进一步强化实施就业优先的政策协调和部门协作,引导市级有关部门和区县加强就业治理,对高校毕业生等青年就业予以重点关注,对已落实就业意向的毕业生要进一步追踪,直至落实就业岗位。在全市统筹的前提下,允许一区一策、一县一策,尽快让需要就业的劳动力实现充分就业。在不公布调查失业率的情况下,依然要最大限度实现多就业、少失业。继续实施失业保险稳岗返还政策,对企业吸纳重点群体就业的,按规定给予税收减免、社会保险补贴等,促进市场化就业,加大对"双创"的政策支持,推动支持灵活就业的相关措施落地。要制定与就业相匹配的产业政策,在做强、做大优势产业布局基础上,要为其他产业留足发展空间。

3. 破解重庆市老龄化、劳动力供需双减少背景下的岗位匹配和就业难问题

推进现代化新重庆建设,必须有人口高质量发展支撑。针对日益严峻的老龄化形势,要加强养老建设。市人力社保局要联合市老龄工委,鼓励退休人员尤其是退休领导干部、高级职称人员发挥余热,创办老年大学或老年活动中心,或者老年研究院等民非机构,组织老年智库建言献策,为行业组织和社区发展分忧解愁。要大力发展银发经济,实现老年价值最大化。针对 2022—2031 年劳动力供需双减少情况,鼓励多生优生,更加突出就业优先导向,优化岗位配置,大力发展人工智能,

积极促进关键岗位、关键领域的就业,确保重点群体就业稳定。此外,还要从加强国家战略大后方和腹地建设的高度,在抓重大战略产业备份的同时,做好劳动力的相关储备工作。

4.做好重庆市劳动力供需平衡的考核评估工作

要把就业工作纳入重庆各市级部门和区县工作目标考核,持续改善营商环境。做好重庆市劳动力供需平衡,要构建一套科学有效的第三方评估体系。对重庆市劳动力的统筹使用、分类管理、教育培训、绩效考核等,要开展年度第三方评估,加强成效评估、问题评估和风险评估,助力市委、市政府及市级有关部门科学民主依法决策。

(二)中长期建议

1.出台重庆市劳动力发展战略规划,保障高质量充分就业

要站在服务国家战略和促进现代化新重庆建设的战略高度,结合重庆市劳动力供需平衡分析预测,编制"重庆市劳动力发展战略规划:2023—2035 年",做好2025 年、2027 年、2035 年等时间节点的重庆市劳动力战略定位、发展目标,明确主要任务和优化路径,把握劳动力总量平衡和结构平衡,保障充分就业和高质量就业,为促进重庆高质量发展提供有效的人力资源支撑。

2.加强重庆市劳动力供需区域均衡协调

在劳动力市场协作方面,要在全国统一大市场建设背景下,坚持有为政府与有效市场相结合,探索建立全国统一的劳务协作机制。通过加强央地合作和省际合作,打通央地间省际的劳务协作渠道,尤其是渝鲁协作方面,确保各地及时精准掌握其他地区企业用工、本地区劳动力流向等信息,及时调配重庆劳动力资源,精准提供公共就业服务。在区域协作方面,要加强重庆"一区两群"内区县之间的劳动力供需均衡协调。在成渝地区双城经济圈建设背景下,重庆市协调发展,不仅在经济发展上要体现,在劳动力供需关系和便利设施共建共享等方面也要体现互补、协同。缩减各地区之间的交通成本,增加对区县的产业政策倾斜,完成各级各类人才实现跨区域的流动,促进城乡融合,是实现重庆更高质量劳动力均衡的最有效手段。市人力社保局要加强对区县劳动力配置的统筹协调工作,优化劳动力区县布局。在产业协作方面,要重点对标我市主导产业、支柱产业、特色优势产业及未来高成长性产业,出台合适的产业政策,加强产业集聚和产业协同,实现有限资源最大化利用。

3.优化重庆市劳动力教育培训体系

市人力社保局要进一步优化重庆市劳动力教育培养体系,制订五年行动计划,完善全市常态化的技能培训体系,进一步降低劳动人群中初中及以下学历人数占比,加大高中毕业生、大学毕业生的职业技能培训力度,增强年轻群体的就业能力和对未来产业升级适应性。

4.优先支持重庆市民营企业劳动力就业

要在市委、市政府出台《中共重庆市委 重庆市人民政府关于促进民营经济高质量发展的实施意见》的基础上,从中长期角度考量优先支持民营企业劳动力就业。建议市人力社保局、市经信委、市工商联等部门要改善民营经济发展的制度环境,协同出台相关细则,在政策上予以常态化倾斜。同时,建议市人大加强立法工作,出台《重庆市民营经济促进条例》,从立法上保障并支持民营经济高质量发展,进一步优先支持民营企业劳动力实现高质量充分就业。

参考文献

[1] 蔡昉.中国面临的就业挑战:从短期看长期[J].国际经济评论,2022(5):9-21,4.

[2] ALLEN T,ARKOLAKIS C,TAKAHASHI Y. Universal gravity[J]. Journal of Political Economy,2020,128(2):393-433.

[3] KRUGMAN P. Increasing returns and economic-geography[J]. Journal of Political Economy,1991,99(3):483-499.

[4] MONTE F,REDDING S J,ROSSI-HANSBERG E. Commuting,migration,and local employment elasticities[J]. American Economic Review,2018,108(12):3855-3890.

[5] ALLEN T,ARKOLAKIS C. Economic activity across space:a supply and demand approach[J]. Journal of Economic Perspectives,2023,37(2):3-28.

[6] 李炫.基于机器学习和多期 DID 模型的重庆市劳动力供需匹配状况及发展趋势研究[D].重庆:重庆工商大学,2023.

[7] 马忠东,吕智浩,叶孔嘉.劳动参与率与劳动力增长:1982—2050 年[J].中国

人口科学,2010(1):11-27,111.

[8] 齐明珠,王亚.北京劳动力供需变动趋势研究:2021—2035[J].人口与经济,2022(2):42-57.

[9] 王欢,黄健元,王薇.人口结构转变、产业及就业结构调整背景下劳动力供求关系分析[J].人口与经济,2014(2):96-105.

[10] 王涛生.中国农民工短缺的实证分析及其趋势预测[J].中国农村经济,2006(7):11-20,29.

[11] 吴立鹤.湖北省劳动力人口供求分析及预测[D].荆州:长江大学,2019.

[12] 国务院发展研究中心"人口结构变化与就业形势研究"课题组,李建伟,钱诚.未来十年我国劳动力供求趋势分析[J].理论导报,2020(10),44-46.

课题负责人:莫远明

课题组:重庆工商大学

课题主研人员:王永綦　徐文庆　姜申未　湛桂荣

乡村振兴背景下返乡就业青年
培养路径研究

　　摘　要:返乡就业青年是实现乡村振兴的中坚力量。党的二十大报告强调,要加快建设农业强国,扎实推动乡村人才振兴。青年群体返乡就业创业不仅能够有效缓解乡村的"空心化""老龄化"问题,还能促进资金、技术、文化等要素在城乡间的自由流动,缩小城乡收入差距,推进一二三产业融合发展,为全面推进乡村振兴、助力农业农村现代化提供强劲动力。重庆市作为中西部地区唯一的直辖市,牢牢抓住"一带一路"和长江经济带、成渝地区双城经济圈等重大历史机遇,出台了一系列返乡就业创业相关政策,推进乡村振兴战略,推动了就业结构优化、就业人员素质提升和就业保障。

　　但是,调研发现重庆市在对返乡就业创业青年的培养上,还存在政策供给精准性不高、政策落实效果有待提升等问题。为更好地支持青年返乡就业创业,课题组通过问卷调查、座谈访谈、政策分析等方式,对重庆市返乡就业创业青年特征、发展现状、培养质量等情况展开分析,明晰重庆市在返乡就业创业青年培养上存在的问题及返乡就业创业青年的真实政策需求,指出要明确"三个突出"的培养思路,建立"五位一体"的培养路径,并提出要从组织保障、要素支持、人力资本提升、资源开拓四个方面进一步完善返乡就业创业青年培养政策体系。

　　关键词:乡村振兴　返乡就业创业　返乡就业青年　培养路径

　　乡村振兴,人才是关键,产业是重中之重。乡村发展的核心在于人才的培养和发展,青年群体则是推动这一进程的重要力量。随着乡村振兴的全面推进,返乡就业创业青年群体的发展和培养成为助推乡村产业振兴、人才振兴的重要支撑力量。重庆市积极响应、落实党中央相关工作会议精神,为青年返乡创业就业提供政策保障。然而,重庆市仍面临乡村就业人员比重低、劳动力"空心化"加剧、乡村青年人才需求大、高校毕业生就业需求大等难题,亟须进一步推进青年返乡就业创业,完善培养体系和政策支持体系。

本课题旨在通过分析当前返乡就业创业青年的发展现状、存在问题以及影响因素,提出重庆市返乡就业创业青年培养路径,遵循"理论分析—现实参考—机理探索—路径设计"的思路开展研究,框架如图1所示。

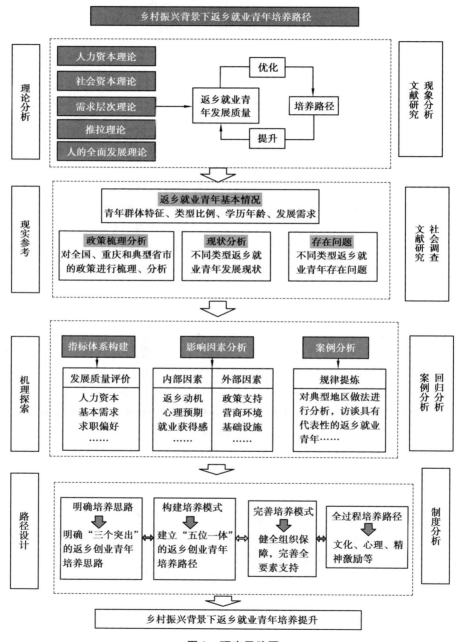

图1　研究思路图

一、研究现状分析与相关概念

（一）研究现状

1.国外研究现状

国外对返乡青年创新创业的研究较少,主要集中在青年返乡原因、就业创业动机以及影响就业创业成功与否的因素。

（1）青年返乡就业创业驱动因素方面

研究发现,工作与商业经验、资金储蓄、金融环境、社会资本对青年返乡就业创业的可能性有着显著影响[1]。对于创业动机而言,创业教育、创业能力、创业态度、自我效能等对其影响显著,创业能力对创业态度和创业意向之间的关系具有正向调节作用[2]。创业教育、机会识别直接影响着创业意向,自我效能感的中介作用的发挥则间接影响着创业意向[3]。青年之间由于性别、工作经验不同,对创业的态度也存在着一定差异[4]。

（2）青年就业创业成败的决定性因素方面

就创业提升路径来说,互联网信息技术不仅是返乡创业者获得经济回报的重要工具,更是他们提升创业技能的关键途径[5]。创业是否成功受到多种因素影响。

[1] LIN L Q,REVINDO M D,GAN C,et al. Return home and start new businesses:internal migration in China [J]. Asian-Pacific Economic Literature,2021,35(1):49-66.

[2] MOREIRA FERREIRA A D S,LOIOLA E,GUEDES GONDIM S M,et al. Effects of entrepreneurial competence and planning guidance on the relation between university students' attitude and entrepreneurial intention [J]. Journal of Entrepreneurship,2022,31(1):7-29.

[3] ANWAR I,THOUDAM P,SALEEM I. Role of entrepreneurial education in shaping entrepreneurial intention among university students:testing the hypotheses using mediation and moderation approach[J]. Journal of Education for Business,2022,97(1):8-20.

[4] GHOUSE S M,BARBER D,HARRIS M L,et al. Role of gender and exposure on entrepreneurial attitudes of Omani university students[J]. Journal for International Business and Entrepreneurship Development,2021,13 (1):1-21.

[5] DULIN G C. The effects of personal computer and on-line games to the study habits of students in the college of business,entrpreneurship and accountancy[J]. International Journal of Advanced Research in Management and Social Sciences,2015,4(11):190-203.

移民的创业行为会在很大程度上受到迁出地经济发展水平和产业结构的约束,而创业决策是否正确以及效率如何则与他们之前的工作经历有着显著关联①。之前的工作经历对创业知识体系的形成有着正向影响,这两个因素促使人们积极地将创业意愿转化为创业行动②。无论是对现有工作的厌烦情绪,还是职业生涯规划中自我主导意识的存在,都能够激发个体创业意愿和创业倾向,同时,过往的工作经历为个体创业活动提供了相关技能③。

2. 国内研究现状

(1)返乡就业创业青年的动机研究

国内学者主要从文化、情感、经济三个视角探讨了青年的返乡动机。从文化视角上,新生代的高素质返乡青年具有文化优势,对乡居生活的价值重构成为其重要的返乡动机④。从情感视角上,大城市的隐性社会排斥和传统家庭责任伦理是青年返乡的重要原因⑤,乡村振兴与城市竞争压力的交互作用、传统文化和家庭责任的双重作用、自我实现的价值追求以及乡土情怀、地缘优势的牵引都是其重要动机⑥。从经济视角上,以经验驱动型和经济利益的资源驱动型为主⑦。综合以上三个视角,推动青年返乡就业创业的因素包括城市难以满足基本生存需要与城市归属感低,拉动力包括政策与乡土支持、满足自我实现以及乡土情结⑧。此外,从主体性视角出发,存在三种类型的内在返乡就业创业动机,包括市场需求导向的产业

① KRICHEVSKIY D,QIRJO D,CHRYSOSTOME E. Does the level of economic development and the market size of immigrants' country of birth matter for their engagement in entrepreneurial activities in the USA? Evidence from the Princeton's New Immigrant Surveys of 2003 and 2007[J]. Journal of Small Business and Entrepreneurship,2016,28(3):223-249.

② MIRALLES F,GIONES F,RIVEROLA C. Evaluating the impact of prior experience in entrepreneurial intention [J]. International Entrepreneurship and Management Journal,2016,12(3):791-813.

③ ORAZEM P F,JOLLY R,YU L. Once an entrepreneur,always an entrepreneur? The impacts of skills developed before,during and after college on firm start-ups[J]. IZA Journal of Labor Economics,2015,4(1):1-27.

④ 崔岩,张宾,赵常杰.农村青年返乡意愿影响因素研究:以外卖骑手为例[J].中国青年社会科学,2022,41(5):78-86.

⑤ 王兴周,庞嘉楠,李岩崇.家庭责任伦理与新生代农民工返乡创业[J].青年探索,2022(6):85-97.

⑥ 袁剑,吴重庆.青年县域城乡流动及对乡村振兴的参与研究[J].青年探索,2022(1):20-29.

⑦ 刘志阳,李斌.乡村振兴战略视野下的农民工返乡创业:基于"千村调查"的证据[J].福建论坛(人文社会科学版),2019(3):34-41.

⑧ 刘甲坤,万利.发展环境与乡土情怀并行:乡村振兴战略背景下大学生返乡就业创业意愿研究[J].创新与创业教育,2022,13(3):36-46.

发展型、追求幸福健康生活的身心健康型以及探索城乡协同发展的文化理论型①。

（2）返乡就业创业青年发展困境方面

青年返乡后会面临政策执行难、乡村生活再适应等阻力因素②，乡村社会规范的不适应和社会文化融入难等问题。返乡青年从事农业则面临着共同的市场风险和组织化困境③。开设劳动密集型企业的返乡青年一方面利用乡土的劳动力资源优势，顺应国内产业转移趋势；另一方面又陷入劳动力流动性强、转移产业结构与乡村社会既定结构之间的矛盾困境④。返乡创业青年要解决的问题包括雇工、工厂场域的利益关系，乡土场域的乡土社会关系和家族场域的亲缘关系冲突及关联问题⑤。

（3）返乡就业创业青年培养研究

青年人从"离乡"到"返乡"的基本逻辑，是以国家政策为关键、美丽环境为动力、乡土情怀留住年轻人，让青年参与乡村振兴⑥。针对返乡青年在就业创业过程中面临自身能力存在缺陷及社会支持力度不够的问题，主张构建相应的社会支持体系⑦。政府应在成本融资、人才培育等方面为返乡就业创业青年构建培养政策支持体系⑧，适度发展县域乡村集聚经济，扩大乡村的就业机会，促使青年人在城乡之间双向良性流动，发挥他们在乡村振兴战略中的积极作用⑨。

3. 研究述评

总体来看，学界从青年返乡就业创业动机、困境及优化路径等多个方面对返乡青年群体进行了深入研讨，且大多以返乡创业青年或在基层组织中担任职务的青

① 何慧丽，苏志豪. 返乡青年何以返乡？：基于主体性视角的考察[J]. 贵州社会科学，2019（10）：72-78.

② 张艳斌. 返乡青年的形成机制及主体性建构：基于个体化的视角[J]. 兰州学刊，2022（8）：125-134.

③ 梁栋. 青年农民从事农业的市场与组织困境及其突围：基于西部 L 镇 31 个青年农民的个案研究[J]. 中国青年研究，2018（3）：97-105.

④ 梁伟，陈锋. 青年职业农民的乡土嵌入机制与村庄再造：基于 D 镇返乡创业大学生的案例研究[J]. 中国青年研究，2022（5）：111-118，110.

⑤ 董怡琳. 场域关联与关系再生产：返乡创业青年的雇工逻辑：基于鲁西南 Z 村电子厂的个案研究[J]. 农林经济管理学报，2022，21（1）：111-119.

⑥ 罗敏. 从"离乡"到"返乡"：青年参与乡村振兴的行动逻辑：基于 H 省 Z 市 1231 名青年的问卷调查分析[J]. 中国青年研究，2019（9）：11-17.

⑦ 孔青，徐宪红，郑丹. 新发展理念下大学生创业 SWOT 策略研究[J]. 河南社会科学，2018，26（11）：113-117.

⑧ 胡清华. 新生代农民工人力资本投资策略探析[J]. 学术交流，2012（12）：108-111.

⑨ 陈奕山. 乡村振兴与乡村青年人就业问题[J]. 青年探索，2022（1）：30-39.

年群体为主,相关研究主要聚焦在青年返乡创业的特点、动力、机制、困境、政策建议等方面,返乡就业创业青年培养强调从返乡就业创业青年出发形成个人正向努力机制和政府政策主导机制,集中在返乡创业青年社会价值及培育措施上面,强调所得结论的宏观政策倡导意义,但是缺乏地域性返乡就业创业青年群体培养路径研究。因此,通过对乡村振兴背景下重庆市返乡就业创业青年培养路径进行研究,有助于针对重庆自身的地域、人文特点,因地制宜地提出培养路径建议。

(二)理论基础

1. 人力资本理论

20 世纪五六十年代是人力资本从"思想"真正形成"理论"并繁荣发展的时期,以舒尔茨为代表的众多学者的研究共同构筑起现代人力资本理论的系统框架。该理论将人力资本视为一种投资,认为个体可以通过教育、培训、工作经验等方式来增加自身的人力资本,从而提高他们未来获得收入的概率。根据人力资本理论,在落实乡村振兴战略时,需要注重对青年资源的开发和利用,并通过不断培育高素质、具有市场竞争力的"新农民"队伍,促进农业现代化、加快产业转型升级,为乡村振兴提供充足、高质量的人才支撑,推动整个社会经济可持续发展。

2. 社会资本理论

布尔迪厄第一次明确阐述"社会资本"的内涵,他认为社会资本是指实际或潜在资源的集合体。科尔曼在布尔迪厄的基础上进一步扩大了社会资本的运用范围,提出了社会资本不仅是增加个人利益的手段,也是集体行动的资源。帕特南在前人的基础上把社会资本理论扩展到了宏观的民主治理研究中,他认为社会资本可以促进集体合作意愿的达成,进而提高工作效率。在乡村振兴中,培养返乡就业创业青年并让其参与其中是十分重要的一环。一方面,可以通过自身积累的社会资本来帮助改善当地生产生活方式,推动当地经济发展;另一方面,社会资本也可以促进返乡就业创业青年系统学习当地文化及传统知识,并使其更好地融入当地生活中。

3. 马斯洛需求层次理论

马斯洛需求层次理论是马斯洛在 1943 年提出的心理学中的激励理论,该理论将人类的需求分为生理需求、安全需求、社交需求、尊重需求、自我实现五个层级。这五种需求自下而上,逐层递加。因此,根据马斯洛的需求层次理论,在吸引返乡青年就业创业的过程中,也要注意青年人才需求的满足。随着我国经济水平的不断提升,青年人才的需求不仅是简单的生理需求和安全需求,如今的他们都渴望更高层次的需求,他们渴望被肯定,渴望实现自我价值。

4. 推拉理论

推拉理论最早是由 19 世纪的美国社会学家莱温斯坦对人口迁移的规律进行研究而提出的,将影响人口迁移的因素归纳为"推力",即原居地的排斥力,和"拉力",即移入地所具有的吸引力。推拉理论被国内学者广泛运用于人口迁移现象的分析中,能够较好反映出迁入地和迁出地之间的人口流动是如何被推拉两股力量所影响,为研究城乡人口流动问题提供了一种较为全面具体的解释范式。大量学者借鉴推拉理论的研究框架分析农村劳动力迁移、农户耕种意愿等问题。

5. 人的全面发展理论

马克思提出了人的全面发展理论,该理论主要包括四个方面内容。一是人的需要的全面发展,"他们的需要即他们的本性"[1]。人需要的全面发展是人全面发展的内驱力和源动力。二是人的能力的全面发展,能力的全面发展可以使人不再拘泥于社会分工,而是从自己的兴趣、需要出发从事或变换劳动。三是人的社会关系的全面发展,当社会活动丰富时,人们之间的关系才能由片面到全面,由贫乏到丰富,由封闭到开放。四是人的个性的全面发展,在马克思看来,人的个性的全面发展是人的全面发展的综合体现和最高标准[2]。在返乡就业创业青年培养过程中,应该以促进他们的全面发展为目标,包括提高他们的知识、技能、创新能力、身心健康、社会关系、职业道德等,帮助返乡青年实现自我价值,为乡村振兴做出更大的贡献。

(三)相关概念

1. 乡村振兴

习近平总书记在党的十九大报告中提出了乡村振兴战略,明确要按照产业兴

---

① 中共中央马克思恩格斯列宁斯大林著作编译局. 马克思恩格斯全集:第十卷[M]. 北京:人民出版社,1998:514.
② 王蔺. 劳动教育与创新创业教育融合的价值研究:基于马克思主义人的全面发展理论[J]. 北京邮电大学学报(社会科学版),2021,23(5):104-110.

旺、生态宜居、乡风文明、治理有效、生活富裕的总要求推进乡村经济社会建设的发展。刘彦随指出"乡村振兴是在遵循乡村发展规律的前提下,激活乡村人口、土地、产业等要素的活力,推动乡村转型和城乡融合,提升乡村地域的可持续发展能力和竞争力。"①黄祖辉指出"乡村振兴战略与城市化战略是相互交融的关系,城市化离不开乡村人口和要素的融入,而乡村振兴和现代化也离不开城市对乡村的带动。"②

综上,本研究对乡村振兴战略定义为按照产业兴旺、乡风文明、生态宜居、治理有效、生活富裕的战略目标,以推进乡村产业、人才、文化、生态和组织"五个振兴"和实现农业农村现代化发展为总目标,通过加强基层党组织建设以及构建自治、法治、德治"三治合一"的乡村治理体系,逐步完善农村基本经营制度,最终实现农业、农村、农民全面发展的重大战略部署。

2.返乡就业青年

现有文献研究中对"乡"的解释有两种:一种解释是家乡,另一种解释是乡村。张艳认为返乡就业是指在外地读书学习,毕业后回到自己生源地就业的行为,这里认为"返乡就业"中的"乡"不是乡村,而是大学生的生源所在地③。邓红波在对返乡就业进行界定时认为返乡就业是指民族大学生毕业后返回家乡工作,家乡既是指民族大学生生活的地方,也是其社会关系存在最广泛的地方。本研究中的返乡侧重于乡村这一概念,认为返乡是拥有在外求学经历或工作经历,在城市学习或工作一年以上后,最终决定返回乡村工作和生活的行为。

国内学者对返乡就业的定义也有很多。徐留杰认为,乡村就业就是指在乡镇及乡镇以下的村落,从事相关劳动并获取相应报酬或补贴,偏向于服务性质的就业④。史家敏将返乡就业定义为"就近非农就业",且特指第一代农民工在户籍地乡镇地域外务工或者经商六个月以上,由于就业压力大而被迫返乡就业或者在农民工返乡就业的政策支持吸引和其自身传统思想影响下,回到其原户籍所在地及乡镇地域继续进行非农就业的一种趋势⑤。

对于"青年"的年龄范围,《中长期青年发展规划(2016—2025年)》所指的青

① 刘彦随.中国新时代城乡融合与乡村振兴[J].地理学报,2018,73(4):637-650.
② 黄祖辉.准确把握中国乡村振兴战略[J].中国农村经济,2018(4):2-12.
③ 张艳."凤还巢":北京陕西籍女研究生返乡就业心路历程研究[D].北京:中国青年政治学院,2011.
④ 徐留杰.大学生乡村就业问题及引导策略研究[D].武汉:武汉轻工大学,2021.
⑤ 史家敏.第一代农民工返乡就业困境与对策:以黔东南州黄平县为例[D].重庆:重庆大学,2020.

年年龄范围是 14～35 周岁。重庆市农业农村委和团市委合作开展的高素质青年农民培育,年龄放宽到 45 周岁以下。同时根据《中华人民共和国民法典》第十七条的规定,十八周岁以上的自然人为成年人,不满十八周岁的自然人为未成年人。综合来看,可将青年的年龄放在 18～45 周岁。

综上,"返乡就业青年"在本研究中被定义为拥有在外求学经历或工作经历,在家乡以外城市学习或工作一年以上后,返回乡村从事合法的社会劳动,进行非小农就业,创造一定经济价值,获得劳动报酬,并且稳定工作三月及以上,年龄在 18～45 岁的青年群体。该群体包括农场、养殖场、农民合作社、农产品加工企业、创意休闲农业、农村电商、民宿、农家乐等涉农经营主体以及基层组织工作者①。

3. 返乡创业青年

目前学界对"返乡创业"尚未形成统一界定。黄恒涛和黄建新指出农民工外出务工时间在半年以上之后,利用自己已经掌握的资金和技术,返回家乡创业的过程被称为返乡创业②。张涛等人在研究中认为创业是一种对资源进行优化整合的行为③。张若昕则认为返乡创业特指在外务工半年以上,受到自身或者外部因素影响回到流出地家乡创办企业的过程④。黄霏认为回乡创业是指户籍上仍在乡村的农户,由于在务工、经商的过程中积聚了相应的资本,回到原户口所在地的乡村或城镇,创办经济实体的行为⑤。

综上,本研究将"返乡创业青年"定义为年龄在 18～45 岁的,拥有在外求学经历或工作经历,在家乡以外城市学习或工作一年以上后,并最终决定主动返回乡村创业的青年群体,利用自己在外掌握的资金技术,对拥有的资源进行优化整合,进一步发展产业,从而创造出更大经济或社会价值的活动,比如发展现代农业、建立农产品加工厂等。

4. 返乡就业创业青年

目前没有特别针对返乡就业人员的国家文件,但是在国家对农村劳动力转移

① 薛肖飞.农村籍大学生返乡就业意愿实证研究[D].重庆:西南大学,2015:5.

② 黄恒涛,黄建新.政策工具视角下农民工返乡创业政策量化分析[J].西华大学学报(哲学社会科学版),2022,41(2):99-110.

③ 张涛,熊晓云.创业管理[M].北京:清华大学出版社,2007:29-31.

④ 张若昕.四川省 H 县农民工返乡创业的政府支持研究[D].泸州:西南医科大学,2022.

⑤ 黄霏.睢县农民工返乡创业困境与对策研究[D].郑州:河南财经政法大学,2022.

就业、农民工返乡创业等方面有一些相关政策,这些政策间接涉及返乡就业创业人员。在《国家发展改革委办公厅关于推广支持农民工等人员返乡创业试点经验的通知》(发改办就业〔2021〕721号)文件中,虽然没有直接使用"返乡就业群体"这个词汇,但文件对农民工的就业、培训、社会保障等方面进行了详细的规定,涵盖了返乡就业人员的相关特征。例如,依托用好各类资源,以乡情、乡愁为纽带,在相关领域有经验等。

综上,返乡就业创业青年是指那些拥有在外求学或工作经历,在家乡以外城市学习或工作一年以上后,最终决定去往乡村创业或就业的青年群体。他们利用在外掌握的资金技术,通过对拥有的资源进行优化整合,进一步发展产业,从而创造出更大的经济价值或社会价值。

(四)青年返乡就业创业与乡村振兴的内在机理分析

1. 乡村振兴战略为青年返乡就业创业提供机遇

乡村振兴战略的提出为广大青年返乡就业创业提供了新机遇。城市反向推力和农村正向拉力的共同作用是吸引农村青年回农村发展的现实基础。乡村振兴为返乡青年提供了良好的就业创业环境,政府提供积极的政策引导和支持,为青年人才返乡就业创业创造更有利的条件。一是创造良好的发展环境。政府加大对农村地区的投资,改善基础设施建设,提供良好的就业创业环境。鼓励和支持农村企业的发展,提供优惠政策和资金支持,为青年人才提供创业机会。二是建立培训与指导机制。建立完善的职业技能培训体系,开展适应农村发展需要的培训项目,提高青年人才的专业素养和创业能力。同时,引导和组织有经验的企业家、专家等提供创业指导和咨询服务,帮助青年人才实现创业梦想。三是促进农产品加工和现代农业发展,鼓励青年人才参与农产品加工产业,提高附加值和市场竞争力,吸引青年返乡就业创业。

2. 青年返乡就业创业可有效助推乡村振兴战略实施

青年返乡就业创业能充分运用农村的资源、政策、环境优势,通过调整乡村人力资源结构、推动产业振兴、保护和传承乡村传统文化等促进乡村振兴。

青年返乡就业创业助推乡村人才振兴。人才是实施乡村振兴的第一资源,是推进乡村振兴的关键力量。青年返乡就业创业有利于满足乡村治理所需的技术型、治理型等人才的需求,充实乡村人才的队伍,为乡村振兴提供强有力的人才支撑,更重要的是能够促进农村人力资本的结构优化,带动农村居民整体素质的提升,使青年人才资源得到更加合理配置。

青年返乡就业创业助推乡村产业振兴。青年人才返乡就业创业能够为乡村产业注入新活力、提供新思路,促进乡村产业振兴。一方面,可以引领农民摒弃旧观念,接受新思想,认识新事物,激发对农村建设的创新活力,增强造血功能,不断提高新农村建设水平;另一方面,能够带来先进的科学技术和经营管理理念,促进农业科技的推广应用,改善农村产业结构,推动农业农村现代化发展,为农村经济建设提供坚强的理论支撑和技术保障。

青年返乡就业创业助推乡村文化振兴。青年返乡就业创业能够为乡村带来多元文化,在创业过程中潜移默化地将先进文化、先进观念渗透到乡村中去,大力挖掘当地丰富的物质文化和精神文化,传承当地乡村优秀文化,丰富当地居民的精神生活,不仅可以转变当地村民的思想观念,还能带动当地特色旅游产业发展,为乡村经济发展起到重要的推动作用,逐步实现乡村文化振兴。

3. 青年返乡就业创业与乡村振兴战略的联动关系

乡村振兴,关键在于人才振兴。优秀青年人才返乡就业创业能够为乡村注入活力,在破除乡村发展中的人才瓶颈、促进乡村产业化升级和推动乡村文化发展方面起着重要作用。同时,乡村振兴的不断深化推进,农业农村现代化阔步前行,为青年提供了良好的就业创业环境和广阔的发展空间,两者相互联系、相互促进。

乡村振兴为青年返乡就业创业搭建平台。随着乡村振兴战略的提出,国家及政府部门相继颁布了一系列的政策鼓励吸引广大青年返乡就业创业,其中最重要的便是为青年返乡就业创业提供平台等具有吸引力的现实条件。

乡村振兴需要青年返乡就业创业注入活力。青年返乡就业创业可以有效发展乡村产业,将为乡村振兴提供经济基础和人才支撑,吸纳当地的剩余劳动力,吸引更多的年轻人留在乡村,减少人口外流,提高当地居民的收入水平,促进乡村经济可持续发展。更重要的是,青年返乡就业创业还为人才、文化的振兴提供了发展契机,发掘本土特色文化,将更多的乡村文化输出到全国各地,促进乡村振兴战略的实现。

乡村振兴和青年返乡就业创业相互联动、相互促进。一方面,青年人才返乡就业创业能够缓解农村"老龄化""空心化"等问题,为乡村振兴注入人才力量;另一方面,乡村振兴战略的推进也能为返乡青年创造良好的就业创业环境,进一步助推青年人才返乡发展。

（五）建立返乡就业创业青年发展评价体系

针对返乡就业创业青年的发展情况、面临的现实问题及需求等，分别设计了两套质量评价指标体系。

一是对于返乡就业青年发展质量评价体系主要从收入水平、工作环境、工作稳定性、基本保障、自我实现、社会交往、家庭因素、满意度这八大一级指标及对应合计21个二级指标进行综合评价。

二是对于返乡创业青年发展质量评价体系主要从创业绩效、创业环境、创业资源、创业能力、自我实现、社会交往、家庭因素这七大一级指标及对应合计17个二级指标进行综合评价。以上指标体系可以用于分析和评估乡村振兴背景下重庆市返乡就业创业青年的现状和发展趋势，为后续的政策建议提供参考。

基于该体系进行调查问卷和访谈设计，以期全面了解返乡就业创业青年的发展状态。经过对返乡就业创业青年培养相关政策梳理分析，结合现有研究，本文将收入水平、工作环境、工作稳定性、基本保障、自我实现、社会交往、家庭因素和满意度作为返乡就业青年发展质量的评价维度，将创业绩效、创业环境、创业资源、创业能力、自我实现、社会交往和家庭因素作为返乡创业青年发展质量评价的维度，见表1和表2。

表1 返乡就业青年发展质量评价体系

一级指标	序号	二级指标	三级指标
收入水平	1	平均月收入	就业平均月收入
	2	工资满意度	当前薪资满意度
工作环境	3	加班	加班频繁情况
	4	设备环境	所处的人为布置的与工作相关的环境，包括设施、设备、工具、周边工厂企业等健全程度
	5	发展环境	工作的发展前景，健全的培养体制
	6	卫生环境	工作卫生环境干净整洁程度
工作稳定性	7	失业焦虑	失业焦虑程度
	8	劳动合同签订率	是否签订了劳动合同
	9	晋升机会	完善的考核、聘用、裁撤制度，晋升通道是否畅通

续表

一级指标	序号	二级指标	三级指标
基本保障	10	五险一金及其他保障	提供养老、医疗、失业保险等参保
	11	粉尘、高温、噪声危害	是否存在粉尘、高温、噪声、高空作业、电离辐射等职业危害,对于该职业危害的应对措施是否满意
自我实现	12	社会贡献、社会责任	对乡村振兴做出的贡献有哪些
	13	自我提升	自己能力、见识、思想高度上的增长,自我价值实现程度
	14	人生规划	与职业发展、生活规划上的契合度等
社会交往	15	乡村适应情况	是否后悔返乡,是否适应当下乡村生活
	16	人际交往	同事关系、朋友关系、家庭关系是否融洽和谐
家庭因素	17	家庭幸福	家庭生活质量有无提高
	18	家庭支持	家人支持程度大小
	19	家人陪伴	对家人陪伴程度变化情况
满意度	20	自身满意度	对当前工作的整体满意情况
	21	政策支持满意度	对吸引返乡就业、创业政策的满意程度

表2 返乡创业青年发展质量评价体系

一级指标	序号	二级指标	三级指标
创业绩效	1	收入	企业营收、个人收入
	2	发展前景	规模大小、发展潜力
创业环境	3	政策支持环境	税收减免、用地优惠、创业手续办理、政府提供的信息咨询服务
	4	金融服务环境	银行贷款、网上银行
创业资源	5	人力资本	资金、人力
	6	社会资本	土地、文化、信息资源
创业能力	7	创新能力	推广、宣传、技术研发
	8	交际能力	沟通协作、人脉圈
	9	管理运营能力	经营战略、风险承担、管理经验

续表

一级指标	序号	二级指标	三级指标
自我实现	10	价值感	返乡创业是否增加自身的价值感、成就感
	11	自我提升	自己能力、见识、思想高度上的增长
	12	人生规划	与职业发展、生活规划上的契合度等
社会交往	13	乡村适应情况	是否后悔返乡,是否适应当下乡村生活
	14	人际交往	同事关系、朋友关系、家庭关系等是否融洽和谐
家庭因素	15	家庭幸福	家庭生活质量有无提高
	16	家庭支持	家人支持程度大小
	17	家人陪伴	对家人陪伴程度变化情况

二、重庆市返乡就业创业青年现状与特征分析

(一)返乡就业创业青年基本状况

重庆市通过政策支持、平台支撑、荣誉激励等系列举措鼓励青年返乡。截至目前,重庆市返乡青年群体逐年增多,就业类型多集中在加工制造类,创业类型多集中在新型农业、乡村文旅等方面,进一步推进了乡村振兴。

1.不同年龄阶段返乡就业创业青年特征

结合学者唐晓平、王天霞,以及张凯的调查研究[1][2],根据《中国人口与就业统计年鉴 2023》《中国统计年鉴 2023》《重庆统计年鉴 2023》的官方统计数据,近年来,重庆地区返乡就业创业的青年年龄分布呈现出较为稳定的特点,主要集中在

---

[1] 张凯.重庆市就业年龄实证调查研究[J].知识经济,2007(12):77,79.

[2] 唐晓平,王天霞.流动人口对人口年龄结构影响的实证分析:以重庆市为例[C]//中国人口学会.中国人口学会第八次会员代表大会暨2014年年会论文集.北京:中国人口学会第八次会员代表大会暨2014年年会,2014.

18~25 岁、25~35 岁和 36~45 岁三个年龄段。

18~25 岁的年龄段中,返乡就业创业青年占比约20%。这些青年通常刚刚步入社会,充满激情和活力,在行业选择上,他们可能会偏向于选择那些对知识技能要求相对较低,但需要大量劳动力的行业,如建筑、制造、物流等。这些行业虽然辛苦,但只要有稳定的工作和合理的待遇,就能满足他们的基本生活需求。同时,这些行业也有较大的发展空间,他们可以通过学习和实践,不断提升自己的技能,实现职业发展。在资金方面,由于他们可能缺乏初始资金,因此更倾向于选择那些投资较小、回收期较短的行业或项目。同时他们更倾向于尝试新兴产业和互联网创业,注重运用互联网技术和智能化手段,创新产业发展模式。

在 25~35 岁的年龄段中,返乡就业创业青年占比最高,约达到58%。这些青年具备较强的创新能力和实践经验,往往在就业市场上具备一定的竞争优势。他们更关注传统行业的转型升级,如现代农业、智能制造、环保产业等,结合自身技术和专业知识,发展高附加值的产业,提升家乡产业链水平。

在 36~45 岁的年龄段中,返乡就业创业青年占比约19%。这一年龄段的青年大多数已在城市积累了丰富的工作经验,具备一定的资本和资源。他们选择回到家乡创业,往往会结合自身专长和家乡特色,发展出有竞争力的产业,如生物医药、新能源、现代服务业等,为家乡的产业结构优化和升级贡献力量。

总体来看,重庆返乡就业创业青年的年龄分布呈现年轻化趋势,对于推动当地经济发展、促进产业升级具有积极意义。

2.返乡就业创业类型行业分布特征

总的来看,重庆市返乡就业创业青年主要集中在农业、制造业、服务业和信息技术等领域。从就业类型看,由于青年选择返乡就业的动机大多是家庭因素、政策吸引,且就业更多依靠当地的产业类型和发展情况,因此青年返乡就业多集中在加工制造业和村民委员会中。从创业类型看,重庆市青年返乡创业涵盖了农业、服务业、旅游业、工业等多个行业,依托于乡村丰富的农业资源,农业领域的创业项目在数量上占据优势。同时,随着乡村旅游业的兴起,越来越多的青年选择回乡投资旅游相关项目。此外,融合了一二三产业的多元化创业模式,也正成为众多青年创业者的新选择。

3.创业园区与返乡前地域分布特征

(1)重庆市返乡创业园区地域分布

创业基地建设是推动青年返乡创业就业的重要内容之一,承担着孵化企业、培养人才、转化成果的重要任务。在重庆市政府以及有关部门的大力支持下,经过六年的培育和发展,66个市级返乡创业园区已覆盖35个区县,吸纳返乡创业市场主体3 680家,带动城乡劳动力就业5.2万人,在全面打赢脱贫攻坚战、助力乡村振兴中发挥了重要作用。根据重庆市市级返乡创业园区基地分布情况可以发现,一是制造业、科技研发类型企业多集中于重庆主城乡村地区;二是农业、服务业类型企业多集中于重庆县城乡村地区。

(2)重庆市返乡就业创业青年返乡前的地域分布

根据重庆市统计局发布的《2021年重庆市国民经济和社会发展统计公报》《中国统计年鉴2021》,发现重庆市返乡就业创业青年在返乡前的地域分布和地域特征表现为:县外市内主要流向万州区、涪陵区、黔江区等;在市外层面,重庆市返乡青年就业创业的主要来源地为四川省、贵州省等周边省份,以及广东、浙江、江苏等经济发达地区。这些地域特征优势主要体现在良好的经济环境、丰富的工作机会、优质的教育资源等方面,是重庆市青年返乡前外出务工和学习的主要原因。

总的来说,重庆市返乡就业创业青年对于农村经济的发展、农村社会的进步,以及我国农村发展的趋势都有着重要的影响,是我国农村发展的重要力量。

(二)重庆市返乡就业创业赛事服务

1.创业比赛服务情况

国家和重庆市举办了各类赛事活动,其中涉及返乡就业创业的赛事主要有4个,见表3。

表3　返乡就业创业相关赛事

比赛名称	主办单位	举办年限	奖赏措施
中国"互联网+"大学生创新创业大赛"青年红色筑梦之旅"	教育部与政府、各高校	2015年至今,每年一届	国赛金奖40万元、国赛银奖10万元、国赛铜奖5万元
"渝创渝新"创业创新大赛	重庆市人力社保局、市财政局、市妇联	2017年至今,每年一届	获得一等奖、二等奖、三等奖、优胜奖的项目,分别给予10万元、5万元、2万元、5 000元的扶持资金奖励

续表

比赛名称	主办单位	举办年限	奖赏措施
重庆市农民工返乡创业大赛	重庆市人力社保局、市农民工工作领导小组	2018 年至今,已办三届	一、二、三等奖荣誉,获奖项目依次可得 3 万元、2 万元、1 万元参赛补助
西部农民工返乡创业大赛	重庆市人力社保局、四川省人力社保厅	2020 年至今,已办三届	一等奖 1 名,给予 20 000 元参赛补助;二等奖 2 名,各给予 10 000 元参赛补助;三等奖 8 名,各给予 5 000 元参赛补助;优胜奖 30 名,各给予 2 000 元参赛补助

2. 返乡就业创业人才选拔与培养

国家和重庆市相关部门通过开展"就业创业"相关计划和项目,为返乡就业创业青年提供各类服务,包括提供返乡实习和就业岗位、返乡创业资金帮扶等服务,见表 4。

表4　返乡就业创业相关计划与项目

主办单位	项目名称	主要内容
重庆市团委	"燕归巢"青年返乡就业	帮助返乡青年、大学毕业未就业学生实现更加充分更高质量就业
人力资源和社会保障部、教育部、科技部等十部门	百万就业见习岗位募集计划	组织高校毕业生等青年进行岗位实践锻炼的就业准备活动
农业农村委、财政部	"头雁"项目	培养乡村产业振兴带头人
重庆共青团	"乡村好青年"行动计划	推动乡村人才振兴,引导青年在农业农村领域担当作为
重庆市团委	青锋计划	为优秀创业青年提供创业帮扶借(贷)款和"一对一"导师辅导
重庆市团委	大学生"扬帆计划"	引导大学生就业的实习活动,提供地市级、县区级政府和企业实习

续表

主办单位	项目名称	主要内容
共青团中央	大学生就业创业帮扶计划	帮助大学生就业、创业,资助返乡青年下乡开展初创型小微项目

3.返乡就业创业青年参与的荣誉激励

荣誉激励是为返乡就业创业青年提供的精神服务,受到表彰的个人得到肯定和荣誉,有助于发挥模范带头作用,广大青年也会以受表彰的先锋为榜样,学习他们勇挑重担、开拓进取、攻坚克难的奋斗精神,为新时代新征程新重庆建设贡献青春力量,为全面推进乡村振兴、加快农业农村现代化做出新的更大贡献,见表5。

表5 重庆市相关荣誉奖项

主办单位	荣誉名称
团市委、市农业农村委	重庆市乡村振兴青年先锋
市乡村振兴局、重庆日报报业集团	重庆乡村振兴十大年度人物
市人力社保局、市农业农村委	重庆"百名新型职业农民"
重庆市委、市政府	重庆市杰出英才奖
重庆市人力社保局、团市委	重庆青年五四奖章
省、市、县、乡团组织	乡村好青年

(三)重庆市返乡就业创业区县考核评价方式

重庆市对区县的返乡就业创业工作开展考核评价旨在通过绩效考核监督区县的职责履行,促使区县更好地开展返乡就业创业青年培育。区县在开展返乡就业创业工作时常依托相关政策、项目、财政资金开展,重庆市重点从政策措施落实、项目运行与资金使用三个方面评价区县的工作成果。

(1)区县是否贯彻落实相关返乡就业创业政策

政策绩效评估是对特定政策实施过程和效果的评价,它可以检验政策落实的效果,及时发现并纠正政策在制定、落实中的偏差,为政策的进一步优化提供可靠依据,实现政策资源的合理、有效配置。在对区县政策绩效开展评估时,可以基于满意度从政策宣传、政策执行、政策效果三方面设计具体评价指标①。

（2）区县对相关项目的建设、开展与运行是否规范有效

返乡就业创业的项目涉及方方面面，这里重点评估培训项目。培训项目是提升返乡就业创业人力资本的重要手段，相关项目必须得到规范落实，可以从培训落实力度来开展评价，在培训落实力度下，增设培训内容、培训师资力量、培训配套设施、培训补贴力度和培训效果等指标②。

（3）区县对相关财政资金的使用、配置是否科学合理

资金评价可以借助审计局数据，对相关资金的使用开展专项审计，以此为依据评价区县在相关财政资金使用上是否科学合理。具体可以从配套政策、项目、资金，区县新增创业、就业人数，以及扩大的创业、就业规模和相应的返乡就业创业绩效等几方面来衡量。

（四）重庆市返乡就业创业青年培养政策分析

近年来，返乡入乡就业创业呈现蓬勃发展态势，激发了全社会创新创业创造活力，加快推进乡村振兴，促进城镇化建设和城乡融合发展，稳定扩大就业效果逐步显现。通过各省市的行动和成效，中央乡村振兴人才振兴战略正逐步落地，为乡村振兴事业注入了新的动力和活力。重庆市也积极贯彻落实党的十九大以来提出的新要求，推动返乡就业创业青年培养政策不断更新演进，为返乡就业创业青年提供更坚实可靠的政策支持，助推乡村振兴事业蓬勃发展，见表6。

表6　重庆市返乡就业创业青年培养政策一览表

政策名称	印发部门	印发时间
《重庆市人民政府办公厅关于支持返乡下乡人员创业创新促进农村一二三产业融合发展的实施意见》（渝府办发〔2017〕70号）	重庆市人民政府办公厅	2017-05-25
《重庆市人民政府关于促进乡村产业振兴的实施意见》（渝府发〔2019〕38号）	重庆市人民政府	2020-01-03

---

① 牟小刚.返乡创业政策绩效评估的实证分析与对策：以陕西省返乡创业政策满意度的调研为例[J].陕西理工大学学报（社会科学版），2022，40（4）：75-81.

② 方鸣，瞿玉婧，谢敏，等.政策认知、创业环境与返乡创业培训绩效[J].管理学刊，2021，34（6）：32-44.

续表

政策名称	印发部门	印发时间
《重庆市人民政府关于印发重庆市推进农业农村现代化"十四五"规划（2021—2025年）的通知》（渝府发〔2021〕22号）	重庆市人民政府	2021-08-24
《加快推进乡村人才振兴的重点措施》	重庆市人民政府	2021-09-10
《重庆市农业农村委员会关于印发重庆市农村创业创新"十四五"方案的通知》	重庆市农业农村委员会	2021-12-31
《共青团重庆市委办公室关于印发〈关于开展"乡村好青年"行动计划进一步助力乡村振兴的实施方案〉的通知》（渝青办〔2022〕13号）	共青团重庆市委办公室	2022-03-03
《中共重庆市委重庆市人民政府关于做好二〇二三年全面推进乡村振兴重点工作的实施意见》（二〇二三年二月一日）	中共重庆市委 重庆市人民政府	2023-03-29
《重庆市乡村人才振兴工作专班办公室关于印发2023年乡村人才振兴重点工作任务清单的通知》（渝人社办〔2023〕149号）	重庆市人力资源和社会保障局办公室	2023-06-09

综上，从中央到地方出台的支持青年返乡就业创业的各类政策不断增加，政策类型不断丰富，扶持力度不断增大。具体来看，在政策类型上，从政策工具视角切入剖析现有政策文本可将其大致划分为供给型、环境型和需求型三类。

供给型政策工具主要体现政策对青年返乡创业就业的推动力，是指政府通过青年返乡就业所需的资金、人、物等直接要素的投入推动青年返乡就业创业；环境型政策工具主要体现为政策对青年返乡就业的影响力，是指政府为了吸引青年返乡就业创业，通过平台建设、社会保障、风险防范等手段为返乡就业青年塑造一个有利的发展环境，进而吸引青年返乡就业；需求型政策工具主要体现为政策对青年返乡就业的拉动力，具体指政府通过示范引领、产业创新、互助合作等方式，加快产业发展，增加当地就业创业机会，提升青年返乡就业创业的自主性，进而拉动青年返乡就业创业。在扶持力度上，从各级政府发布的支持青年返乡就业创业的政策内容可见，财政补贴对象不断扩大、财政补贴金额不断增加、税收减免额度和担保贷款额度不断增大等。

三、返乡就业创业青年发展质量评价与影响因素分析

（一）发展质量评价

对返乡就业创业青年的访谈结果显示,返乡就业人员的工资性收入都不高于2022年重庆全市城镇非私营单位就业人员年平均工资,并且有75%都是在个税的起征点以内,还有25%的受调查者返乡后工资每月低于2 000元。2023年就业薪酬报告发布了4月的青年失业率,达到20.4%,这是2018年以来首次突破20%。2023年有应届生招聘计划的企业占比为77%,22%的企业表示2023年应届生的招聘需求增加。近四成企业表示几乎每年都会上调应届生起薪,14%的企业表示将整体上调2024届应届生的起薪。因此就收入水平这一指标而言,返乡就业创业青年发展质量优势并不突出,吸引力也不足。返乡就业的收入水平较城市收入水平明显不足,导致受调查者整体对于工资薪酬感到相对满意的仅有37.5%。

就工作稳定性而言,受调查者的失业焦虑低于城市务工人员,工作单位也基本有较为完善的考核制度,但有较多的人员并没有签订劳动合同。青年工人外出务工的期望是多样的,对工作意义和价值的理解也是多方面的。他们不仅满足于找到一份工作,更有多方面的考虑,主要看重薪资水平、学习技能的机会、生活环境和工作条件,往往在综合考量的基础上,做出长远的选择。但他们实际获得的工作待遇与其期望值之间有着比较明显的错位和反差。这在客观上为他们较频繁地更换工作和流动提供了外在推力,因此返乡就业的工作稳定性对于在外务工人员有着较强的吸引力。

返乡就业者们对于工作强度以及工作环境调查结果的整体评分集中在较好选项。返乡青年同样更多关注的保险为养老、医疗和生育三项,关注度可达到80%以上,对于现阶段的在外务工人员就业关注度能够达到94.8%,说明就业人群在择业时的考虑思维在整体上有明显的提升。调查数据显示,工作环境的安全保障率与城市就业差距并不明显,但是整体的社会保障参保率明显低于城市就业人员的社会保障参保率。2023年薪酬报告显示,各企业从福利待遇上来讲,交保险的企业能够达到70%左右,其中25%的企业是能够提供全面的五险一金的;40%的企业只能够提供三险,还有5%的企业是分年度给员工购买商业保险的。从对员工的投资来讲,70%以上的企业开始从留人和留住人的角度出发,确保人员的不流失或者减少流失。相比城市企业的高参保率,我们所调查到的返乡就业的基本保

障较低,对返乡就业人员吸引力较低。

返乡就业、创业的自我实现以及社会交往、家庭因素和整体满意率等指标在指标中位于较高水平。吸引人才返乡就业、创业,当然要打"感情牌",用家乡情吸引人才回归,但从根本上说,还需用职业和事业发展空间吸引人才。否则,即便人才返乡,也可能在几年之后因觉得没有发展前途而选择离开。对于吸引在外务工青年到小县城、基层就业,应该给到基层就业的人才上升的机会,人才到了基层,需要有流动的机会,但把离开基层"上升"到其他职业岗位视为职业、事业发展成功,将使基层难以留住人才,使基层人才队伍建设陷入"悖论"。

就创业发展空间这一指标来看,当前的创业形势以及创业前景都比较好。就外在环境这一指标而言,创业的政策环境、团队构成和创业公司所处阶段都有较高分数。其中企业规模集中在大型和微型企业。年营收这一经济指标由于不同的企业经营的年限不同,没有明显特征。成本投入小型企业大概在 20 万元,大型的需要高达上百万元,成本预计的回收周期集中在 2~5 年。从经济指标来看,青年返乡创业存在困境,包括项目投资大、周期长、回报慢、利润低,基层在机制保障、办事效率、创业环境等方面可能还存在欠缺,提供更多的政策支持、降低返乡创业者的破产率是提高返乡创业发展质量的重要手段。

返乡创业调研结果也显示家庭生活质量提升率达 85.8%。社会交往、自我提升和满意度指标,整体超过了平均水平,完全无提升的占 0%。此外,根据调研结果,目前影响返乡发展质量的消极因素主要集中在资金、材料、场地和宣传等因素,这 4 类问题受到消极倾向的选择较多。对于返乡青年来说,资金支持是最为关键的环节。目前返乡青年创业资金仍然以自身积蓄和亲戚朋友借款为主,银行贷款只占很少的一部分,创业企业普遍面临极大的资金缺口,导致生产设备、原材料等物质资源落后。

(二)影响因素分析

个体特征、资源积累、返乡环境三个维度与青年返乡就业创业密切相关,是青年返乡就业创业的关键因素。

个体特征包括性别、年龄、文化程度、婚姻状况、政治面貌等。返乡就业者没有较为明显的特征,但返乡创业者以男性青年占主体,女性青年的比例也在提升。林龙飞、陈传波基于全国 24 省 75 县区 995 名返乡创业者的实地调查的研究显示,返乡创业青年群体中女性占比为 13.85%,比中老年返乡创业群体中的女性比重高4.35%。这表明随着代与代之间的转化,以性别为固化标签的就业创业开始松解,尽管当前男性青年依旧是返乡创业的主体(86.15%),但越来越多的女性青年开始在返乡创业中扮演重要角色。这一渐变特征与程伟提出的"女性农民工返乡创业比例不断提高"结论一致。返乡青年的年龄集中在 30 岁以上,受访群体中返乡创业者的平均年龄在 40 岁,而返乡就业群体的年均年龄则在 30 岁。从教育水平来看,20.27% 的返乡创业青年拥有中专及以上学历,而返乡就业群体中高中及以上学历占比为 77.7%,整体学历水平高于返乡创业群体。

资源积累包括经济资源、能力资源和公共资源。对于返乡青年而言,无论是选择就业还是创业,其收入普遍低于城市收入水平,因此,经济资源的支撑对他们做出返乡决定至关重要。这包括求职阶段的生活花销、创业初期的启动资金等。能力资源则体现在返乡青年的创新性思维和创新性技术。访谈发现,这些返乡青年多在 30 岁左右,拥有丰富的打工经验,相较其他常住在乡村的中老年居民,返乡青年具有更多的知识和能力。这使他们在农业生产上能够采取规模化、商品化和专业化的经营模式,比如家庭农场,并且他们在科技应用和经营管理上更具有创新意识。公共资源包括县域教育、医疗卫生及养老服务的保障。已婚的返乡青年占据返乡青年群体的绝大多数,对于子女教育、养老服务保障等因素考虑较多,因而乡村的公共服务资源对其是否返乡就业创业产生一定影响。

返乡环境不仅包括家庭环境,还包括在乡村的工作环境。影响当今青年返乡就业发展的主要因素,包括乡土情结、就业状况和政策环境。通过观察可以发现,返乡就业者受就业状况的影响因素较大。乡土情结和政策环境的影响则可以通过社会交往和整体政策满意度这两个问题来体现,根据调查,这两个问题的选择集中在非常满意、较为满意选项上,一定程度上反映了乡土情结和政策环境对吸引青年返乡就业发展的影响效果。影响当今青年返乡创业发展的主要因素,同样包括家庭因素和政策因素。接受调查的创业者获得政府提供帮助率达 100%,其中包括补贴、小额贷款等资金帮助,税收减免、用地优惠等政策支持,创业手续办理和信息咨询等服务支持。数据显示,返乡创业者家庭支持其返乡创业率达 85.8%,其得到家庭帮助率 100%,包括但不限于经济资助、人脉关系、技术支持、劳动支持、精神支持等。

（三）小结

整体而言,返乡就业创业青年对返乡后的工资薪酬满意度、接受度都比较低。虽然返乡创业青年无论是创业发展空间,还是创业规模以及经济效益等都有较好的发展前景,但仍存在资金、材料、场地、宣传等制约因素。

四、返乡就业典型做法和案例

（一）重庆市典型做法

在当前的经济形势下，越来越多的农民工、高校毕业生等人员选择返乡就业创业。为了推动乡村振兴战略，促进更充分、更高质量就业，重庆市也因地制宜出台返乡就业创业政策。

针对高校毕业生就业，重庆市重点抓好"三个精准"，全力推动高校毕业生尽早就业。一是精准筹集岗位资源，通过深化校企合作、拓宽就业渠道、举办线上线下招聘会等方式，广泛搜集并发布适合高校毕业生的就业岗位信息。二是精准提供政策支持，包括创业扶持、就业补贴、职业培训补贴等，以降低毕业生的就业成本，提高就业积极性。三是精准提供分类服务，根据毕业生的专业背景、就业意向及能力特点，提供个性化的就业指导和服务，帮助毕业生明确职业定位，提升就业竞争力。

对于农民工返乡创业，形成从政策支持到平台服务的"闭环"帮扶措施。在政策制定上，重庆市开通了创业担保贷款线上申报系统，实现了贷款审核、担保、放款、贴息全流程线上操作，申请材料相比之前减少72.7%。在平台建设上，搭建了"渝创兴农"返乡创业咨询服务平台，建立起返乡创业服务专家库。同时，加强返乡创业园区建设，发现培育更多的劳务品牌、家政品牌，进一步优化创业环境、完善服务体系，建立常态化返乡创业服务机制，开展创业者之间的传、帮、带活动。

综上，重庆市通过实施一系列返乡就业创业政策，为农民工、高校毕业生等人员提供了良好的创业环境。这些政策不仅降低了创业门槛，减轻了创业负担，还提供了丰富的培训和教育资源，有力地激发了青年返乡就业创业的激情，吸引越来越多的青年人返乡，为乡村振兴注入活力。

（二）区县典型做法

1. 渝北区人力社保局打造从"扶上马"到"送一程"服务平台

渝北区人力社保局创新发展"政府搭平台+平台聚资源+资源促创业"模式，实现从"扶上马"到"送一程"延伸服务，加大创业带动就业倍增效应，进一步集聚创业资源、汇聚创业要素、整合创业力量。在创新创业支持方面，坚持经济导向、需求导向和问题导向,层层压实责任,完善帮扶政策,优化营商环境;在创新创业帮扶方面围绕深化创业氛围,强化创业帮扶力度和精准度,开启了创业导师领航计划、导师帮创加速计划、乡村振兴护航计划,推动实现更加充分高质量就业。

2. 垫江县发扬"垫小二"精神,为创业者营造一流营商环境

垫江深入实施"产业发展突破年""基层组织提升年""干部作风建设年"三大专项行动,坚决兑现"垫小二"精神,营造一流营商环境。通过线上推进"垫小二"中小企业综合服务平台利企服务,线下开展"千人联千企"专项行动和金牌"垫小二"助企行动,并创新开展"垫小二"政务服务大众点评,将评价标准、打分权力交给企业,在全市行政服务大厅率先设立"办不成事"窗口,着力解决企业办不成的"疑难杂症",以服务的"温度"提升企业办事的便利度和满意度。

(三)返乡就业青年典型案例

1. 案例简介

重庆市江津区石门镇李家村党委书记、主任带领李家村全村 34 户 107 名脱贫户增收致富,通过村集体公司和合作社,整合土地等资源,围绕晚熟柑橘、民俗大院和乡村旅游发展,建起 8 个民俗大院和 15 户农家乐,每年吸引游客超过 10 万人次,村集体经营性资产已达到 1 200 万元,带动当地产业做大做强。

2. 案例经验

一是关注市场需求。该同志在返乡创业中关注市场需求,通过满足游客的需求,实现了村庄的经济转型和发展。同样的返乡就业青年可以借鉴这种方式,关注市场需求,提升自我技能,使技能更好地匹配市场,增加就业优势。

二是借助政策支持。该同志在返乡创业中充分利用了政府提供的政策支持,例如重庆市的"三变"改革政策。返乡就业青年可以关注和学习相关的政策支持,提升信息获取的能力与自我成长的意识,密切关注动向,为自己争取更多的资源和优势,合理调整自己的就业方向。

三是承担社会责任,尤其是返乡从事乡村治理的人才。该同志在返乡创业中积极承担社会责任,带动了全村的经济发展,同时也关注环保和社会公益事业。返乡就业青年可以借鉴这种方式,在实现自身发展的同时,积极承担社会责任,回馈社会。

(四)返乡创业青年典型案例

1. 滕文强:智慧稻田梦

(1)案例简介

2016 年,滕文强回到家乡潼南,创办重庆稻梦空间农业发展有限公司,发展稻蟹、稻虾等特色种养。如今,滕文强的基地规模已有 586 亩(1 亩≈666.67 平方米),并发展起稻田养蟹、稻田养虾、养鱼、养鳖等多种稻田综合种养模式。2021 年起,滕文强开始尝试将智慧农业与稻田综合种养结合,用数据作为农资发展产业。滕文强说:"我们建成了'5G+智慧农业',基地内的设备连接了物联网,还有水质监测系统,全程采用无人机直播,省力又省心,另外,公司计划采用'物联网+认养农业'的生产方式,消费者可以通过设在田间的监控,在手机上实时看到我们的农场。"

(2)案例经验

从该案例中总结如下经验:第一,青年返乡创业要重视自身人力资本的提升。滕文强毕业后并没有直接返乡创业,而是在重庆从事农产品销售,积累了大量经验、人脉、市场知识后,才响应家乡政策号召回乡创业。第二,因地制宜选择产业。虽从事的第一产业,但滕文强并非从事传统农业,而是为他的公司设计了一条产业链,包括有机大米、综合种养、预制菜等,实现农产品附加值的增加。第三,推动产业结构的转型升级。滕文强抓住数字时代来临的契机,在现有产业基础上计划发展 5G+智慧农业、物联网+认养农业等新业态,是提高农业产业效益、促进农业现代化转型的重要方式。

2. 敖琴贵:"兰花仙子"翩翩来

(1)案例简介

敖琴贵在 2016 年创建了"巴渝南苑",到 2021 年已成为重庆地区第一家开展中国兰花规模化种植探索的生产基地。如今,她的"巴渝南苑"兰花基地已入驻重庆市綦江区三角镇牟坪生态农业园,规划面积 100 余亩。为了广泛选育全国名兰,小敖主动奔赴四川、贵州等省市学习,重点选育和收藏了春兰"巴山溢彩""云上彩虹"等 300 多个新老名品,基地的盆兰保有量常年在 2 万盆以上,项目估值逾 1 000 万元。同时,小敖通过微信、QQ、淘宝店和直播带货等渠道,远销北京、上海等 14 省市,成为三角镇党委政府的重点扶持项目。

（2）案例经验

从该案例中总结如下经验：一是要加强规模化发展。兰花基地入驻重庆市綦江区三角镇牟坪生态农业园，规划面积100余亩，基地的盆兰保有量常年在2万盆以上，做到了生产规模化，品种多样化，最终实现了规模化销售。二是要善于利用直播平台等新媒体渠道，进一步加大产业宣传力度，拓宽销路。三是政府要加大对产业的扶持力度。"巴渝南苑"兰花基地成为三角镇党委政府的重点扶持项目，并由政府注资50万元壮大成为集体经济项目，市区领导、区县农业考察团和全国各大兰花协会等纷纷前来考察学习、交流探讨，为基地注入了资金和流量。

五、重庆市返乡就业青年培养存在的问题与发展需求

重庆市返乡就业青年在就业背景、就业类型、就业行业等方面存在一定差异，因此在政策需求上也具有一定的异质性。为了解返乡就业青年真实的政策需求，通过电话访谈或实地访谈的方式对18名返乡就业创业主体开展了半结构式访谈。

（一）优惠政策信息获取和解读需求强烈

主要表现为缺少政策信息来源平台、政策零散，导致出现政策知晓滞后、政策享受不及时或错失。为了引导、鼓励与支持农民工、中高等院校大学毕业生、退役军人等群体返乡创新创业，重庆市人力资源和社会保障局、农业农村委等相关政府机构陆续发布了系列政策文件。但是，由于政府发布政策信息、企业发布招聘信息渠道过少、宣传不到位，部分受访者表示他们缺少政策信息来源，难以及时、全面了解到政府发布政策信息和企业发布的资源信息，导致政策知晓滞后、政策享受不及时或错失。调研发现，目前重庆尚未形成返乡就业创业政策集，各区县、各部门政策分散。

青年返乡就业创业带有一定的生存特征，及时了解政策信息并获得政策支持对他们来说至关重要。特别是对返乡创业青年而言，他们返乡创业要投入大量的精力、财力、物力，面临未知的风险、承担较大的压力，能否快速、便捷地获取各类创业信息关系到返乡创业青年的成败。因此，他们对方便快捷的信息获取平台、高效有用的信息获取渠道需求强烈。

在政策信息需求内容上，返乡创业青年更多关注培训项目政策、财政补贴政策、融资贷款政策、创新创业大赛等方面信息，但这些信息往往分散于各行业部门、各区县信息网站，尚未形成返乡就业创业政策集，很多返乡就业青年对现行政策缺

乏了解,导致错失享受政策。在政策信息获取渠道上,返乡创业青年的政策信息获取渠道单一,效用有限。调研发现,返乡创业青年更多依托参加培训时加入的交流群、创业朋友等社交圈子了解政策信息。

(二)财税金融支持政策的范围仍需细化

长期以来,启动资金不足是返乡创业者乃至所有乡镇小微企业初创时期的最大难题,能否顺利融资往往直接决定了返乡青年自主创业的成功率。

在财政补贴方面,受访者表示,目前财政补贴政策单一,大多数采取项目制的方式,并且需申请人自行申报,同时,政策性补贴形式也不够丰富,未结合地域与行业需求分类设计,希望进一步推动产业补贴多样化。

在融资贷款方面,需要进一步落实贷款政策,拓展融资渠道。有创业者提到存在贷款难的问题,有的贷款需要资产或抵押物,而初创企业并不具备这样的条件。同时,农业担保公司和小微企业担保等政策尚未落实,因此,需要政府有关部门进一步拓宽贷款渠道,落实支持性贷款政策。

(三)农业保险供给种类与总量仍需扩大

返乡创业青年对农业保险需求大,但目前存在供给不足、赔付水平不合理等问题。目前重庆市青年返乡创业的领域主要集中在第一产业和第一、第三产业融合产业,这些产业类型受气候变化、自然灾害、社会事件等不确定因素的影响更大,更需要借助保险手段实现风险转移,但仅仅依靠保险市场的供给显然难以满足返乡创业者的创业需求。

当前重庆各财产保险公司的农业保险产品种类有限,签订小额农业保单的意愿普遍不强。同时,由于农业保险产品的收益率较其他财产保险更低,且部分农业从业人员的保险意识不强,农业保险投保体量相对较小,难以符合"大数法则"。这一定程度上反映了重庆农业从业者的保险意识问题和保险机构的市场策略问题,需要更多发挥政府在农业保险体系建设中的积极作用,见表7。

表7　2020年中西部相关省市主要保险公司农业保险费收入及占比

省、直辖市	重庆	贵州	云南	陕西	湖北	四川	湖南
农业保险费（百万元）	696.7	1 669.8	1 767.2	1 796.9	2 204.4	3 351.8	4 499.5

省、直辖市	重庆	贵州	云南	陕西	湖北	四川	湖南
总保费 （百万元）	27 887.5	25 669.6	34 220.9	26 091.2	43 591.5	63 971.2	51 013.1
比重（%）	2.50	6.50	5.16	6.89	5.06	5.24	8.82

数据来源：《中国保险年鉴2021》。

从事现代规模种养业的返乡创业青年表示对农业保险有较大需求，但现在存在农业保险门槛高、覆盖面不够、农业保险成本高、压力大等问题。"农业保险是我们抵御自然风险的首要选择，因为我们有2 000多亩，买保险要花二十几万元，这个成本是比较高的，如果说我们的农委能提供价格相对比较低一点的保险，或者他们再补贴一部分，能让我们的压力小一点。"（电话访谈记录：HJ）

农业保险不仅对从事现代规模种养业的返乡创业青年很重要，对于依托第一产业开展乡村休闲旅游、农文旅融合等乡村新业态的返乡创业青年也同样重要。有返乡创业青年指出："现在的赔付水平是二十年前的一个参照水平，拿二十年前的物价来赔付显然是不合理的。我们对保险的基本要求就是赔付金额起码能够把租金覆盖了。"（实地访谈记录：GHY）

除了农业保险外，返乡创业青年对务工人员的工伤险也有较大需求。青年返乡创业更多依托当地劳动力进行农产品种植养殖，而目前重庆市农村劳动力的平均年龄普遍偏高，很多不符合保险购买条件。有受访者表示："在我们农场工作的，50多岁算年轻了，70多岁算正常，我们也咨询过保险公司，想买团体险，但没办法，买不了。"（实地访谈记录：GHY）

可见，目前返乡创业青年在保险政策上还有较大需求，有关部门应该进一步完善保险政策体系，补足农业保险、农村劳动力意外险等保险体系，满足返乡创业者风险防范需求，提高返乡创业青年的风险抵御能力。

（四）人力资本提升内容与方式亟待创新

在培训内容上，现有的培训课程内容较为局限，多集中在产业技能、服务准则等普遍性领域，而返乡青年更需要增加企业管理、资源对接、品牌打造、媒体运营等更具针对性的能力提升课程。另外，还有创业青年指出希望增加销售渠道对接、商务谈判、品牌打造等方面的培训内容。"我个人感觉可能就是品牌打造，还有那个销售渠道对接这一块需要培训提升一下。因为很可能就是他会养会种，但是他可

能不会卖。"（电话访谈记录：TWQ）

此外，还有创业青年认为目前重庆市开展的一些培训课程尚未根据创业类型、产业特征等形成差异化教学，导致培训内容供需失衡，造成培训低效。因此，希望在培训内容上能更多听取返乡创业者的真实诉求，尽可能提高培训精准度。而且对于从事不同产业的返乡创业青年而言，他们在培训内容的需求上存在明显差异。比如，对于从事第一产业的创业青年而言，他们更看重资源对接、农业技能培训等方面的内容，而对于从事休闲农业第一与第三产业融合的创业青年而言，他们更重视的是小红书、抖音等社交媒体账号运营，希望以此更好地推广自己的品牌，吸引更多顾客。

在培训方式上，受访青年表示，课堂与实地相结合的授课方式更具实用性，或者更多侧重实践培训；也有返乡青年倾向线上学习的方式，赞同通过考核认证获取相应资格证书的做法；对目前采取的导师巡诊、师徒制等新做法，有创业者认为，目前导师巡诊相关费用太高，初期创业者难以承担。

在新型职业农民的认定方面，调查发现，新型职业农民认定的价值没有得到充分挖掘。一方面，新型职业农民在项目申报、竞标过程中没有体现出像其他技能证书一样的作用；另一方面，对新型职业农民的认定条件模糊，科普不够，市场认可度较低，需要进一步健全新型职业农民认定—扶持—管理的政策体系。

（五）乡村就业创业的市场环境有待优化

就业创业环境是影响青年返乡就业创业的持续性因素，其作用几乎贯穿青年返乡就业创业的全过程，也因此成为青年返乡就业创业考虑的首要因素。

区域创新创业指数能够较为全面地反映某一区域在一年之内的创新创业环境质量，重庆的区域创新创业环境在持续改善，但其改善速度与其他省区市相比并不具备竞争力。近10年来重庆区域创新创业指数呈现明显的上升趋势，由于区域创新创业指数为相对数，因此这一趋势表明重庆的创新创业环境质量与排位第一的广东的实际差距在不断缩小。但从排名情况来看，一方面，重庆该项指标的排名区间在13~17名，处于中等水平，这一位次与重庆的直辖市地位和经济社会发展水平不对等；另一方面，重庆在31个省区市中的排名出现了明显的倒退趋势，已跌至统计期内的最低点，这表明重庆创新创业环境质量的提升速度长期处于相对劣势地位，区域创新创业竞争力在逐渐减弱，见表8。

表8 重庆区域创新创业指数及排名变化

年份	重庆区域创新创业指数	31个省区市中排名
2011	72.01	13
2012	72.94	14
2013	78.25	13
2014	82.21	13
2015	85.43	14
2016	87.30	14
2017	88.14	15
2018	90.22	16
2019	89.28	17
2020	90.01	17

数据来源:北京大学企业大数据研究中心发布的中国区域创新创业指数(IRIEC)。

注:2021年数据尚未发布,因此采用2011—2020年的数据。

调研发现,返乡创业青年普遍存在市场资源对接难题,他们需要政府介入搭建资源交互平台,提供市场资源支持。对于从事第一产业的创业青年而言,他们在产量提升方面能够自己控制,但是在市场资源方面还是存在局限,而且鉴于农产品的特殊性,有的时候一旦错过售卖期可能会招致大量损失,因此需要政府提供更多的市场信息,降低创业青年的信息不对称,帮助他们开拓市场。对于从事农文旅融合的创业青年而言,他们容易出现市场空窗期、周中客源少等问题,因此,需要政府能够统筹区域发展资源,整体推介,提高知名度,增加客源量。

(六)社会保障与配套基础设施继续提升

欠发达地区尤其是农村地区对于返乡青年的权益保障与城市的青年权益保障还有一定差距。在社会保障方面,调研发现,返乡就业创业的青年处于就业或者创业无保障或弱保障的状态。其一,薪资待遇低。针对性的就业补贴政策相对较少、落地效果不佳,兜底政策的缺乏导致就业和创业稳定性面临较大压力。其二,就业机会少。农村地区的产业结构相对简单,发展水平较低,经济增长方式单一,很难提供大量的返乡就业机会。尤其是偏远地区的村镇,缺少产业支撑,青年返乡后难以找到与自身所学专业相关的工作岗位,久而久之,返乡就业青年甚至最终脱离乡村转向城市寻求更多的个人发展机会。其三,合法合规的劳动合同签订不足。农村劳动关系"松散",权益保障也相对"松散",返乡就业创业青年对合法合规劳动合同签订了解较少、关注度低,其劳动关系的"成立"往往缺乏合法合规劳动合同签订的流程。其四,社保缴纳不及时。在调查中发现,部分返乡就业创业青年面临着社保缴纳缺乏保障的现状。社会保障不足给返乡就业创业青年增加了"后顾之忧",薪资水平较低、缺乏合法合规的劳动合同签订、社保缴纳不及时等现状导致青年返乡就业创业之后存在一定的心理落差,需进一步完善针对性的社会保障制度。在基础设施方面,有青年表示乡村基础设施有待进一步完善,如交通、学校等。

六、返乡就业青年培养路径与建议

(一)明确"三个突出"的返乡创业青年培养思路

立足突出重点、突出成效、突出创新的培养思路,全方位培养、引进、用好返乡就业人才,加快建设乡村振兴人才中心和创新高地,建立乡村振兴引才用才聚才"制高点",以引才聚智推动乡村振兴高质量发展。

1.突出重点,制定乡村人才发展规划

坚持把乡村振兴人才工作作为一项重大而紧迫的战略任务,用战略思维、开放视野和发展观点谋划和推动人才工作的开展。根据区域经济社会实际发展的需求和特点,确定乡村人才战略目标,制订人才需求发展规划,采取分步落实的措施,强化管宏观、管政策、管协调、管服务。同时,立足发挥优势找准突破点,满足实践需求找准着力点,谋划实施重大乡村振兴人才工程和项目,搭建人才成长宽阔平台,确保人才引得进、留得住、用得好、出效益。

2.突出成效,实施乡村振兴人才引育措施

坚持招商引资和招才引智同步实施,突出引进和培养带创新创业项目的青年人才,把引进人才与引进项目结合起来,与重点产业发展结合起来,实现人才引进与项目对接、与产业互动。同时,制订人才培养规划,建立人才教育培养信息库,实行分类培养和滚动式管理。发挥现有高层次人才作用,建立"名师、名医、名匠"等工作室,"带人授徒,带班授业",建团队,创特色,立品牌。利用乡村振兴培训基

地、高等院校培训基地平台,选拔德才兼备、有发展前景、乡村振兴产业急需人才,培养自己的"土专家"人才队伍。发挥自有职业技术教育潜能,以"招生即招工、上课即上岗、毕业即就业"为主线,使更多的新生劳动者成为技能型专门人才。

3. 突出创新,建立人才激励制度

探索建立引、留人才和人尽其才的收入分配机制,努力从制度上保证各类人才得到与他们的劳动和贡献相适应的报酬。推行效率优先、兼顾公平、按劳分配,把管理、技术、专利、发明等要素纳入收益分配体系,重实绩、重贡献,向优秀人才和关键岗位倾斜,推进人力资源与人力资本的多元化价值分配体系,满足多样化的人才需求。建立以政府奖励为先导、用人单位奖励为主体、社会力量奖励为补充的多元化人才激励机制,重奖在各行业、各领域做出突出贡献的优秀人才,充分调动各类人才干事创业的热情和激情,真正使人才在对社会贡献和事业成功中获得成就感,赢得尊重,体会归属感。

(二)建立"五位一体"的返乡创业青年培养路径

返乡创业青年主要存在创业资金缺乏、社会资源零散、知识能力储备不足等问题,应立足问题,聚焦返乡创业青年主体培养,构建集创业平台搭建、整合政策资源、举办创新创业赛事、加强就业指导、加强校地合作"五位一体"的返乡创业青年人才培养体系,进一步推动返乡青年创业项目的发展和优化升级。

1. 搭建优化创新创业平台,拓展创新创业空间

依托产业集聚区、特色商业区、商务中心区、服务业专业园区等现有各类园区,改造提升一批乡情浓厚、特色突出、产业集中、营商环境良好的返乡入乡创业产业园。利用创业产业园,打造影响力大、覆盖面广、实施效果好的创新创业活动,助力解决项目融资难题,持续为创业青年与投融资机构等主体之间搭建桥梁。同时,也要做好产业园区的"优胜劣汰",建立科学、合理、有效的园区绩效评价和奖励体系,使产业园区真正发挥其孵化功能和培育功能,为返乡创业青年提供更加优质的创业服务。

2. 强化政策支持,增添创新动力

一方面,积极整合现有的政策资源,强化对青年人才创新创业的扶持政策,比如为返乡创业青年提供税收优惠、资金扶持等支持措施,降低创业成本,提高创业

成功率;与此同时要发挥政策的激励作用,对于发展优秀的产业,要给予更多的资金、人才等支持,激发青年创业者干事创业的动力。另一方面,要针对各类企业分类施策,特别是针对初创企业,开展惠企政策问卷调查,研究出台中小企业纾困帮扶政策,强化政府性融资担保机构融资增信效能;开展多样化民营和中小企业转贷业务,提供"一链式"精准服务,加强初创企业的生存力。

3. 依托创业赛事,实现资源配套提供

定期举办相关创新创业大赛,采用路演等方式筛选出优质的青年创新创业项目,建立青年优质创新创业项目库,对优质项目进行定点帮扶,为项目的实施落地提供政策、资金、人才等配套创业资源的支持。同时也要提升创业资源提供的可持续性,做到资源随着项目走,跟进项目的落地实施,特别对于"头雁"青创项目,对于优秀创业项目带头人,要优先给予创业、用地、金融信贷等扶持政策。

4. 加强校地合作,做好人才培育

政府和高校建立起长期稳定的创新创业人才培养合作机制,依托科研机构、科教园区,以及普通本科高校、职业院校等各级各类学校,引导开设返乡入乡创业特色产业相关专业培训班、实训实操班等,为青年返乡创业青年精准提供实用性强的培训课程。另外,要贯彻"优中选优,持续扶优",在培养过程中选拔出优秀的创业带头人,将"头雁"培养计划贯彻到底,选拔出优秀的青年返乡创业者,将选拔出来的优秀青年返乡创业者进一步送到国内一流高校进行中长期定制化、体验化的孵化培育,进一步提升青年创业者的综合创新创业能力。

5. 加强创业指导,提供一站式服务

一方面,加强创业创新导师队伍建设,依托创业平台,吸纳优秀企业家、行业专家、创业导师等组建返乡创业专家库,为返乡创业人员提供政策咨询、创业指导、技能培训、投融资、法律等"一站式"综合"智力支撑",撬动知识、技术、能力、资金、政策等要素的加快集聚。另一方面,建立"菜单式"导师选择模式,青年可根据自己的需求自由选择导师,促使青创导师和创业青年结成"一对一帮扶对子",为项目提供更为精准、更为细致的咨询服务,提升指导的效能。最后,也要对优秀的创业指导老师给予奖励,激励导师提供更加优质的知识输出。

(三)返乡就业青年培养政策建议

1. 健全返乡就业青年培养组织保障,发挥相关部门合力

(1)加强部门协同,凝聚组织合力

成立返乡青年就业创业工作领导小组,并确定市人力社保局为牵头部门,负责返乡创业就业青年培养工作的组织协调,组织部、农业农村委、财政局、乡村振兴局等部门协同服务,建立健全各部门协同合作与有效沟通机制,确保有关创业项目顺利推进和资金精准使用,为返乡就业创业青年培养工作提供多元立体化的组织保障。

(2)明晰部门职能职责,做好培养服务工作

立足青年返乡创业就业发展实际,推进人力社保局、财政局、农业农村委等各部门分工合作,制订工作方案,明确任务分工,落实部门责任,理顺部门关系,明晰各部门职责。

(3)构建覆盖县、乡、村三级的创业服务网络

推动返乡创业"一站式"综合服务平台建设,利用公共服务平台的联动优势,集聚金融、人才、技术、市场等各方面优质资源,为青年返乡发展提供信息服务;梳理返乡就业创业政策,开展相关政策解读,降低信息不对称程度,全力打通政策落实的"最后一公里"。

(4)加强考核与结果运用

对各区县开展评价时要注意区分地方特殊性,按照一区两群对区县返乡就业青年培养工作进行"赛马比拼",避免笼统地将结果直接比较。建立健全考核结果的反馈机制,实现考核结果的有效运用,营造乡村振兴抓就业、促创业的良好氛围。

2. 加强返乡青年就业创业全要素支持,提供全链条服务

(1)拓宽财政补贴经费来源

设立专项经费,对符合条件的返乡创业青年提供免费培训和跟踪服务,帮助提高创业素质,增强创业信心和能力;通过合理运用社会消费性支出、财政投资性支出和转移支出等,增加地方财政对返乡创业青年发展的资金来源;落实地方财政部门涉农资金增量奖励政策,对于资金增量有突出表现的地方,给予定向费用补贴政策和税收优惠政策。

（2）加大对返乡创业青年的财政资金补贴力度

一是扩大补贴范围。实施"以奖代补"，扩大对创业主体、农业产业补贴、农机补贴、农业保险等的财政补贴范围。二是深化实施税费减免政策。细化规范返乡创业的税费征收项目，放宽税收优惠范围，下沉相关优惠措施，完善税收结构，减免返乡创业青年应交税费；对返乡入乡退役军人从事个体经营或在乡企业招用退役军人、本土人员，可按规定享受税收优惠、企业社会保险补贴政策，进一步降低乡村企业发展成本。

（3）健全融资贷款体系，实现返乡就业青年"应享尽享、应贷尽贷"

一是设立多样化的专项贷款，优先支持重点创业园区基础设施建设，为青年创业提供良好条件。与金融机构建立良好互动机制，创新金融服务方式和手段。二是深化推广"银行保险+政策性担保"合作融资风险防范模式，鼓励保险公司为返乡入乡创业人员提供贷款保证保险产品；建立政府财政担保体系，以财政资金为保障成立返乡创业扶持资金、返乡创业互助资金等，提供可持续性的财政资金担保服务，并加大农业保险补贴，兜底农业生产。三是探索创新青年返乡创业信用贷款政策。扩大农村产权抵押融资范围，探索将农机具等生产设施及种植养殖生物资产纳入抵押范围；鼓励银行业金融机构开发符合返乡创业青年需求的信贷产品，加强对纳入信用评价体系的返乡创业青年的金融服务。

（4）盘活农村资源资产，优先保障返乡青年创业用地

在国土空间规划允许范围内，土地配置向具有发展潜力的返乡创业青年需求倾斜。开展县域农村闲置宅基地、村庄空闲地等土地综合整治，优先为返乡创业青年提供用地保障；规范农村土地流转制度，在土地"三权分置"的基础上引导土地要素合理流动；依法依规改造利用盘活工厂、公用设施等闲置房产、空闲土地，为返乡入乡创业人员提供低成本办公用地；鼓励承包农户依法采取转包、出租、互换、转让及入股等方式流转承包地，鼓励长期外出务工的农民家庭将相对闲置的承包地集中流转给返乡入乡创业企业，用于农业生产经营。

（5）打造多元化赛事，强化留乡激励措施

持续开展创业创新大赛、创业大讲堂、座谈会等活动，通过以赛促进、以赛争优，激发创新创业活力；抓好示范带动，及时总结农村创业创新经验，选树一批创业创新典型区县、乡镇、园区、基地和优秀带头人典型案例，对优秀杰出的返乡创业青年辅以相应的精神和荣誉激励，提振返乡创业青年积极性；积极组织返乡就业创业青年参与市内外具有影响力的农业博览会、展销会、推介会等，全方位、多层次、立体式地培养和推介返乡创业青年。

3. 健全乡村就业创业青年人才库,创新培养内容与方式

(1)摸清返乡就业青年底数,实施动态管理

人力资源和社会保障部门牵头,与相关部门进行数据共享,全面掌握返乡就业青年底数。依托社区服务中心和乡(镇),以社区网格和村为单位,建立返乡创业青年人员信息台账、创业项目信息台账、留乡意愿台账、发展现状台账等4个基础台账,及时掌握返乡创业青年的基本情况、项目发展情况及留乡意愿,提高青年返乡就业创业信息监测、需求分析、趋势研判的准确度,为有针对性地开展返乡就业创业青年培养各项服务工作打好基础。

(2)开展师徒制和创业指导员培养,精准联系和指导返乡就业创业青年

积极探索"师徒制"人才培养体系。结合产业发展趋势,组建专业化、规模化、制度化的创业导师队伍,制定创业导师志愿服务管理办法,根据服务工作量、导师层级和服务实效,按规定给予服务补助,发挥"师带徒"效应。组建由企业家、创业成功人士、专业技术人员等组成的专家志愿服务团队,建立全市返乡创业培训导师库,发挥"导师"在开展项目评审、创业指导、政策咨询、融资服务等活动的积极作用,延伸"导师"服务链条。

创新探索创业指导员模式,由人力资源和社会保障部门牵头组建创业指导员团队,为返乡创业青年提供全过程服务。分类建立特色种养业、休闲农业、一二三产融合等不同类型的创业指导员人才库,引导返乡创业青年围绕地方特色优势产业发展,为有需求的创业青年提供返乡创业项目选择、政策信息、融资贷款、公共服务等全流程服务。

(3)积极创新优化青年返乡创业培训内容与培训方式

加强企业管理、商业计划书撰写、市场营销、团队管理等方面的培训内容设计。根据返乡创业青年的特点,开发一批特色职业和示范性培训课程,合理引导退役军人参加学历教育,鼓励其报考农业类高职院校,按规定享受优待政策,支持他们参加农业类相关职业技能培训;针对不同地区、不同产业提供定制化的培训内容,积极引导返乡创业青年的产业选择;深入实施青年农场主、新型职业农民、农村青年创业致富"领头雁"、头雁计划、农村妇女创业创新等重点培训项目。

(4)多渠道创新培训培养方式

充分利用门户网站、远程视频、微课堂、融媒体等现代信息技术手段,提供灵活便捷的在线培训;支持有条件的职业院校、企业深化校企合作,依托现代农业示范园(科技园)、产业化示范基地、农业产业园区等,建设一批农村创业创新孵化实训基地,提供职业技能培训基础平台;邀请专家和能人,开展线上课程或线下讲学,促进理论知识和实践经验相结合;组织专门的线下创业培训班、创业论坛等,为创业

经验分享提供平台支持;推进高校、中职学校等调整涉农专业设置,鼓励增设涉农专业,采取委托培养、订单培养、定向就业等方式开展农科生培养,前置高校毕业生的技能培训。

4.拓宽返乡就业青年培养资源,提升返乡就业青年留乡动力

(1)提升返乡创业园区带动效果

持续打造资源要素集聚、基础设施齐全、服务功能完善、创业创新成长快的农村创业创新园区,发挥典型创业园区的示范效应,吸引更多返乡创业主体入驻。提升园区服务供给能力,提供包括公共服务、咨询服务、金融服务等多元化服务;加大对创业园区的政策支持,包括税收优惠、财政补贴、金融支持等,降低企业运营成本,提高创业园区的吸引力;引导科技、人才、信息等创新要素向园区集聚,提升园区创新服务能力,在园区发展面向市场的新型农业技术研发、成果转化和产业孵化机构,建设农业科技成果转化中心、科技人员创业平台、高新技术产业孵化基地,服务返乡就业创业青年。

(2)提升数字赋能助推返乡创业青年发展

打造高效便捷的返乡创业青年培养"线上平台",继续完善"渝创兴农"返乡创业咨询服务平台,提高数字化、智能化服务水平,以数"智"全面赋能青年返乡创业。搭建资源共享门户网站、公共资源交易平台,不断优化"美好生活"返乡创业产品展示交易平台,着力为返乡创业群体解决产品展销等难题;依托线上平台,打造涵盖创意集聚、资本对接、成果转化、创业支持等功能的线上服务模块,实现创业创新要素与创业创新需求的精准匹配,推动返乡创业企业间产业链、创业链、就业链的联动,为返乡创业提供线上便捷服务。

(3)为返乡就业创业青年发展提供信息服务

加强市场数据分析和监测,为返乡创业青年提供更加精准、更全面的市场信息,了解返乡创业青年的创业现状和需求,做到资源的精准对接。

参考文献

[1] 张海鹏,朱钢.返乡农民工创业的现状、意愿及问题[J].中国发展观察,2018(6):53-56.

[2] LIN L Q,REVINDO M D,GAN C,et al. Return home and start new businesses:internal migration in China[J]. Asian-Pacific Economic Literature,2021,35(1):49-66.

[3] MOREIRA FERREIRA A D S,LOIOLA E,GUEDES GONDIM S M,et al. Effects

of entrepreneurial competence and planning guidance on the relation between uni-versity students' attitude and entrepreneurial intention[J]. Journal of Entrepre-neurship,2022,31(1):7-29.

[4] ANWAR I,THOUDAM P,SALEEM I. Role of entrepreneurial education in shaping entrepreneurial intention among university students: testing the hypotheses using mediation and moderation approach[J]. Journal of Education for Business,2022,97 (1):8-20.

[5] GHOUSE S M,BARBER D,HARRIS M L,et al. Role of gender and exposure on entrepreneurial attitudes of Omani university students[J]. Journal for International Business and Entrepreneurship Development,2021,13(1):1-21.

[6] DULIN G C. The effects of personal computer and on-line games to the study habits of students in the college of business,entrpreneurship and accountancy[J]. Interna-tional Journal of Advanced Research in Management and Social Sciences,2015,4 (11):190-203.

[7] KRICHEVSKIY D,QIRJO D,CHRYSOSTOME E. Does the level of economic de-velopment and the market size of immigrants' country of birth matter for their en-gagement in entrepreneurial activities in the USA? Evidence from the Princeton's New Immigrant Surveys of 2003 and 2007[J]. Journal of Small Business and Entre-preneurship,2016,28(3):223-249.

[8] MIRALLES F,GIONES F,RIVEROLA C. Evaluating the impact of prior experience in entrepreneurial intention[J]. International Entrepreneurship and Management Journal,2016,12(3):791-813.

[9] ORAZEM P F,JOLLY R,YU L. Once an entrepreneur,always an entrepreneur? The impacts of skills developed before,during and after college on firm start-ups [J]. IZA Journal of Labor Economics,2015,4(1):1-27.

[10] 崔岩,张宾,赵常杰.农村青年返乡意愿影响因素研究:以外卖骑手为例 [J].中国青年社会科学,2022,41(5):78-86.

[11] 王兴周,庞嘉楠,李岩崇.家庭责任伦理与新生代农民工返乡创业[J].青年探索,2022(6):85-97.

[12] 袁剑,吴重庆.青年县域城乡流动及对乡村振兴的参与研究[J].青年探索,2022(1):20-29.

[13] 刘志阳,李斌.乡村振兴战略视野下的农民工返乡创业:基于"千村调查"的证据[J].福建论坛(人文社会科学版),2019(3):34-41.

［14］刘甲坤,万利.发展环境与乡土情怀并行:乡村振兴战略背景下大学生返乡就业创业意愿研究［J］.创新与创业教育,2022,13(3):36-46.

［15］何慧丽,苏志豪.返乡青年何以返乡?:基于主体性视角的考察［J］.贵州社会科学,2019(10):72-78.

［16］张艳斌.返乡青年的形成机制及主体性建构:基于个体化的视角［J］.兰州学刊,2022(8):125-134.

［17］梁栋.青年农民从事农业的市场与组织困境及其突围:基于西部 L 镇 31 个青年农民的个案研究［J］.中国青年研究,2018(3):97-105.

［18］梁伟,陈锋.青年职业农民的乡土嵌入机制与村庄再造:基于 D 镇返乡创业大学生的案例研究［J］.中国青年研究,2022(5):111-118,110.

［19］董怡琳.场域关联与关系再生产:返乡创业青年的雇工逻辑:基于鲁西南 Z 村电子厂的个案研究［J］.农林经济管理学报,2022,21(1):111-119.

［20］罗敏.从"离乡"到"返乡":青年参与乡村振兴的行动逻辑:基于 H 省 Z 市1231 名青年的问卷调查分析［J］.中国青年研究,2019(9):11-17.

［21］孔青,徐宪红,郑丹.新发展理念下大学生创业 SWOT 策略研究［J］.河南社会科学,2018,26(11):113-117.

［22］胡清华.新生代农民工人力资本投资策略探析［J］.学术交流,2012(12):108-111.

［23］陈奕山.乡村振兴与乡村青年人就业问题［J］.青年探索,2022(1):30-39.

［24］中共中央马克思恩格斯列宁斯大林著作编译局.马克思恩格斯全集:第十卷［M］.北京:人民出版社,1998:514.

［25］王菡.劳动教育与创新创业教育融合的价值研究:基于马克思主义人的全面发展理论［J］.北京邮电大学学报(社会科学版),2021,23(5):104-110.

［26］习近平.决胜全面建成小康社会夺取新时代中国特色社会主义伟大胜利:在中国共产党第十九次全国代表大会上的报告［N］.人民日报,2017-10-28(1).

［27］新华社.中共中央、国务院印发《乡村振兴战略规划(2018—2022 年)》［N］.人民日报,2018-09-27(1).

［28］张艳."凤还巢":北京陕西籍女研究生返乡就业心路历程研究［D］.北京:中国青年政治学院,2011.

［29］徐留杰.大学生乡村就业问题及引导策略研究［D］.武汉:武汉轻工大学,2021.

［30］史家敏.第一代农民工返乡就业困境与对策:以黔东南州黄平县为例［D］.重庆:重庆大学,2020.

［31］薛肖飞.农村籍大学生返乡就业意愿实证研究［D］.重庆:西南大学,2015:5.

［32］黄恒涛,黄建新.政策工具视角下农民工返乡创业政策量化分析［J］.西华大学学报(哲学社会科学版),2022,41(2):99-110.

［33］张涛,熊晓云.创业管理［M］.北京:清华大学出版社,2007.

［34］张若昕.四川省 H 县农民工返乡创业的政府支持研究［D］.泸州:西南医科大学,2022.

［35］黄霏.睢县农民工返乡创业困境与对策研究［D］.郑州:河南财经政法大学,2022.

［36］郜亮亮,杜志雄,中国农业农村人才:概念界定、政策变迁和实践探索［J］.中国井冈山干部学院学报,2017,10(1):115-125.

［37］王柱国,尹向毅,乡村振兴人才培育的类型、定位与模式创新:基于农村职业教育的视角［J］.中国职业技术教育,2021(6):57-61,83.

［38］徐源.乡村振兴战略下的农村实用人才队伍建设研究:以重庆市梁平区为例［D］.重庆:中共重庆市委党校,2018.

［39］郭文慧.乡村振兴战略下吉林省农村实用人才队伍建设研究［D］.长春:吉林大学,2020.

［40］丁梦娇.我国农村人才政策量化研究:基于 2002—2022 年农村人才政策文本分析［D］.石家庄:河北经贸大学,2023.

［41］张凯.重庆市就业年龄实证调查研究［J］.知识经济,2007(12):77,79.

［42］唐晓平,王天霞.流动人口对人口年龄结构影响的实证分析:以重庆市为例［C］//中国人口学会.中国人口学会第八次会员代表大会暨 2014 年年会论文集.北京:中国人口学会第八次会员代表大会暨 2014 年年会,2014.

课题负责人:朱 琳

课题组:西南大学

课题主研人员:张菲倚 陈 娜 肖 颜 汪艳霞 朱 琳(成都理工大学)

李文琢 周 梅 夏万琪 尹悦娇 李婧妍 李东麟 彭荣华

汪柳欣 衡 馨

重庆市商贸流通领域劳动力需求特点研究

摘　要：当前重庆市商贸流通领域存在企业招聘不到理想的人才、劳动力不能实现充分就业两难。为了解全市商贸流通领域劳动力需求情况，课题组特对全市600余家商贸流通企业劳动力使用现状和需求进行调查，分析全国就业状况和商贸流通领域就业情况，重庆市就业和商贸流通行业发展情况，全市商贸流通领域企业劳动力使用现状、需求特点、存在主要问题，针对性地提出了行业增加就业的对策建议。

关键词：重庆市　商贸流通　劳动力　需求　研究

一、全国商贸流通领域劳动力市场研究

（一）全国劳动力及就业情况分析

1. 全国劳动年龄（适龄劳动）人口总量呈现逐年减少态势

我国劳动参与率在世界上较高，劳动力资源丰富，但劳动年龄人口数量和比例双双下降。2018—2022年，全国劳动年龄人口总量从8.97亿人减少至8.76亿人，年均减少0.6%，如图1所示。总体而言，我国人口红利并未消失，新的人才红利正逐步形成。

2. 全国劳动年龄人口就业人数逐年减少

由于人口负增长、老龄化水平提高，2022年末全国劳动年龄人口（15～64岁）已经降至9.68亿人，占总人口的68.55%，与2010年相比减少了3073万人，占比

下降了 5.98 个百分点。中国劳动力市场正面临着劳动人口规模和比重持续下降的情况。2018—2022 年,全国就业人数从 7.76 亿人减少至 7.34 亿人,年均减少 1.39%,如图 2 所示。其中城镇就业人员比重占 63% 以上。

图 1　全国劳动年龄人口数

数据来源:国家统计局

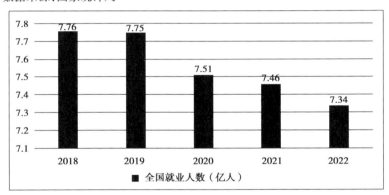

图 2　全国就业人口情况

数据来源:人社部

3. 全国劳动力就业结构不断优化

党的十八大以来,伴随着经济转型升级、供给侧结构性改革及高质量发展不断推进,新业态、新模式层出不穷,全国就业结构持续优化。

(1)服务业成为吸纳就业的主导产业

2018—2022 年,全国一二三产业吸纳就业人数比例从 26.1%、27.6% 和 46.3% 优化至 22.9%、29.1% 和 48.0%,见表 1。其中一二产业吸纳就业人数减少,第三产业吸纳就业人数增加,2022 年第三产业吸纳就业人数达 3.59 亿人。

表 1　全国一二三产业吸纳就业人数占比情况

年份	2018	2019	2020	2021	2022
一产就业（%）	26.1	25.1	23.6	22.9	22.9
二产就业（%）	27.6	27.5	28.7	29.1	29.1
三产就业（%）	46.3	47.4	47.7	48.0	48.0

数据来源：国家统计局

（2）非单位成为就业主渠道

随着就业观念不断变化，劳动力就业价值观也发生了较大变化。非单位就业占据主导地位，2018—2022 年，全国就业人数中非单位就业人数占比虽然有所下降，但始终保持在 77% 以上，见表 2。

表 2　全国单位和非单位就业人数情况

年份	2018	2019	2020	2021	2022
单位就业占比（%）	22.2	22.2	22.6	22.8	22.9
非单位就业占比（%）	77.8	77.8	77.4	77.2	77.1

数据来源：国家统计局

（3）单位就业情况

有限公司和国有单位成为就业主要吸纳单位，其次是股份公司、外商企业和港澳台商企业，如图 3 所示。

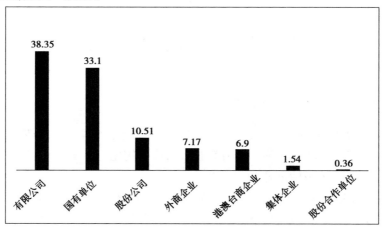

图 3　全国就业单位情况

数据来源：国家统计局

吸纳就业单位的行业主要为制造业,其次是教育业、卫生社会工作,再次是金融业、批发零售业、交通运输仓储邮政业、租赁和商务服务业、房地产业、信息软件业等。除制造业外,其余吸纳就业单位全部为服务业,如图4所示。

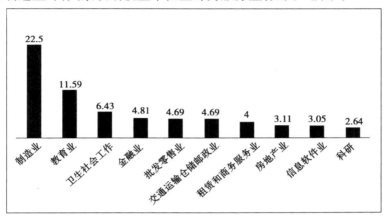

图4 全国单位吸纳就业主要细分行业分布

数据来源:国家统计局

4.全国劳动力就业工资逐年增长

（1）不同性质单位就业人员工资存在差异

2018—2022年,全国单位就业人员平均工资从68 380元/(人·年)增长至92 492元/(人·年),年均增长7.84%。非私营单位年均增速明显高于私营单位,私营单位就业人员年均工资额相对较低,二者之间的年均工资比达到1.7,见表3。

表3 全国就业人员平均工资

年份		2018	2019	2020	2021	2022
总平均[元/(人·年)]		68 380	75 229	79 854	88 115	92 492
其中	非私营[元/(人·年)]	82 413	90 501	97 379	106 837	114 029
	私营[元/(人·年)]	49 575	53 604	57 727	62 884	65 237

数据来源:国家统计局

（2）不同省市工资差距较大

2022年全国非私营单位劳动者年均工资中北京、上海最高,超19万元;其次是天津、浙江、广东、江苏,超过12万元;再次是重庆、福建、云南、山东、四川、内蒙古等地区,工资超过10万元;而黑龙江、江西、吉林等省年均工资相对较低,不到9万元,见表4。

表4 全国各省市工资排名

省市	北京	上海	天津	浙江	广东	江苏	重庆	福建	云南	山东	四川	内蒙古	陕西	安徽
工资(万元/年)	21.51	19.18	12.95	12.88	12.49	12.17	10.7	10.38	10.31	10.22	10.18	10.01	9.88	9.86

数据来源:国家统计局

5.全国就业人口年龄分布相对均衡

其中30~49岁人数最多,占52.7%,而30岁以内年轻人就业人数占比较低,仅占17.7%。

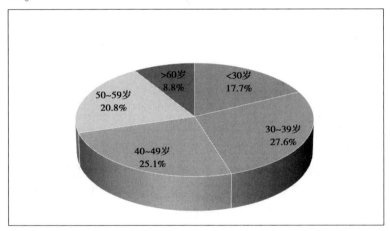

图5 全国就业人数年龄构成

数据来源:第七次人口普查

(二)全国商贸流通领域发展情况研究

1.社会消费品零售总额(社零额)保持增长态势

国家及地方大力促进消费,推动商贸流通业稳定发展。2018—2022年,全国社会消费品零售总额从37.78万亿元增长至43.97万亿元,年均增长3.87%,如图6所示。

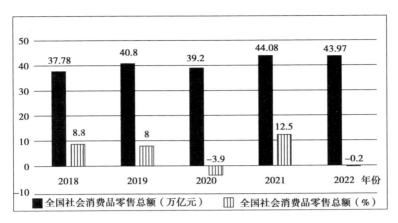

图6 全国社会消费品零售总额及增速

数据来源:国家统计局

2. 限上批发和零售业规模逐年增长

规模以上批零企业规模保持较快增长态势。2018—2022年,全国批发零售企业数量、销售额分别从21.15万户、69.12万亿元增长至32.1万户、111.77万亿元,年均分别增长10.99%、12.77%,如图7所示。

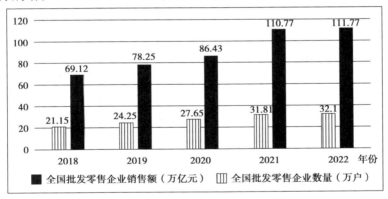

图7 全国限上批零业规模

数据来源:国家统计局

3. 限上餐饮业规模稳定增长

2018—2022年,全国餐饮业企业数量和营业额分别从2.63万户、5 623亿元增长至3.49万户、7 470亿元,年均分别增长7.33%、7.36%,如图8所示。

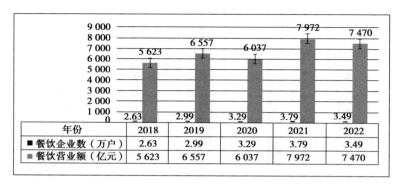

图 8   全国限上餐饮业规模

数据来源:国家统计局

(三)全国商贸流通领域劳动力(就业)情况分析

1. 行业吸纳就业人数呈线性增长

社会消费品零售总额与行业就业高度相关(相关系数为 0.882),2018—2022年,全国商贸流通领域就业人数从 15 130.7 万人增长至 16 515 万人,年均增长2.21% ,如图 9 所示。商贸流通领域就业人数占全国总就业人数的比例为 22% ~ 23.5% ,批发零售业是全国吸纳劳动力的主要行业。

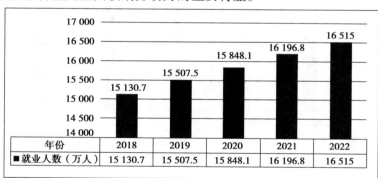

图 9   全国商贸流通领域就业人数

数据来源:国家统计局

2. 行业就业结构存在明显差异

(1)不同产业吸纳就业人数不同

批发零售业占比最大,其次是住宿餐饮业,而居民服务业就业人数最少,见表5。

表5　2022年全国商贸流通领域就业产业构成

行业	批发零售业	住宿餐饮业	居民服务业	合计
就业人数（万人）	10 349	3 597	2 569	16 515
占比（%）	62.66	21.78	15.56	100

（2）非单位灵活就业人员占比较大

非单位（个体户）就业人数远多于单位就业人数（占65%以上），其中个体形式成为商贸流通业吸纳就业的主力军，表明就业呈多样化态势，见表6。

表6　2022年全国商贸流通领域就业单位构成

类型	单位	非单位	小计
批发零售（%）	26.49	42.59	69.08
住宿餐饮（%）	4.67	14.77	19.44
居民服务（%）	2.86	8.62	11.48
小计	34.02	65.98	100

3. 行业劳动力工资持续增长

（1）行业平均工资较快增长

在劳动效率、劳动力供求关系等多重作用下，2018—2022年，商贸流通行业平均工资从63 629元/（人·年）提高至83 892元/（人·年），年均增长8.1%，如图10所示。

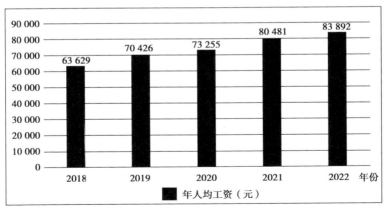

图10　全国商贸流通领域劳动力工资水平

数据来源：国家统计局

221

（2）行业内部不同产业间工资存在较大差距

批发零售业从业人员工资最高,而住宿餐饮业、居民服务业从业人员工资低,低于全国平均水平[远低于 92 492 元/(人·年)的全国平均工资水平],见表7。

表7　2022 年全国商贸流通领域各行业平均工资

行业	批发零售业	住宿餐饮业	居民服务业	全国平均
人均工资[元/(人·年)]	97 679	51 886	55 130	92 492

数据来源:国家统计局

（四）全国商贸流通领域劳动力（就业）发展趋势

1. 未来全国就业人口规模逐年降低

随着人口总量减少,预计 2023—2030 年,全国就业人数将从 7.22 亿人减少至 6.43 亿人,年均减少 1.65%,如图 11 所示。

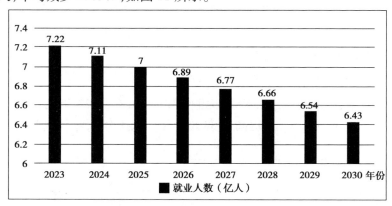

图 11　全国就业人数发展趋势

2. 商贸流通领域吸纳劳动力呈现增长态势

根据全国产业结构和就业态势推算,2023—2030 年,预计全国商贸流通领域吸纳劳动力人数将从 1.68 亿人增长至 1.94 亿人,年均增长 1.96%。商贸流通领域将成为吸纳劳动力的重要行业,占比从 23% 提高至 30%。

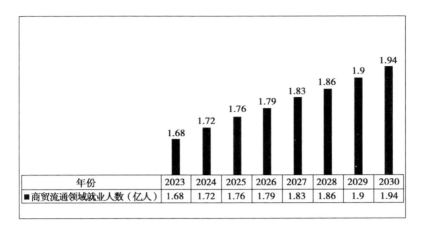

年份	2023	2024	2025	2026	2027	2028	2029	2030
■商贸流通领域就业人数（亿人）	1.68	1.72	1.76	1.79	1.83	1.86	1.9	1.94

图12　全国商贸流通领域吸纳劳动力发展趋势

3.商贸流通领域劳动力需求特点预测

（1）就业形式以个体为主

将推动商贸流通领域就业个性化、多样化、小型化。单位就业人数将逐步减少。

（2）产业业态、经济形态变革将进一步推动劳动力就业形态变化

电子商务、线上线下、连锁化、贸易+服务、便利化配送需求融合发展,推动就业形态向个性化、夜间化、便利化、社区化、就近化等方向发展。

（3）数字经济催生就业创新模式

人工智能、大数据、云计算、移动互联、物联网等新一代信息技术广泛应用,催生在线服务新模式,使更多劳动者依托平台就业,形成更加灵活、专业化、多层次的就业体系。

（4）就业结构性矛盾突出

大学毕业生、农村转移人员、退伍军人等群体就业需求大,对现有就业人员结构形成冲击。行业结构不断调整,对劳动力就业技能带来挑战。劳动力就业考虑个性化需求,对企业招工带来挑战,商贸流通领域劳动力面临供需错位矛盾。

（5）宏观环境对企业劳动力需求带来影响

面对经济复苏减弱、需求萎缩、投资信心不足以及外贸低迷,给企业带来的经营压力不断加大,导致企业利润下降,用机器代替工人来控制成本,引发裁员减员。

（6）劳动力技能与企业需求存在矛盾

当今国内教育体制机制与市场对劳动力需求存在矛盾,劳动力的知识和技能水平不能适应企业需求,影响劳动力就业。

（7）劳动力市场体系将日益完善

国家将持续完善劳动力市场体系、健全公共就业服务体系,加强就业服务机构、平台和市场建设,加强职业指导、信息分析、创业指导,实现城乡公共就业服务便利共享,为便利就业提供支撑。

二、重庆市商贸流通领域劳动力发展情况分析

（一）重庆市商贸流通业发展情况

1. 重庆市社会消费品零售总额不断增长

全市抓住国际消费中心城市建设机遇,大力开展消费促进活动,促进商贸流通业发展。2018—2022 年,全市社零额从 1.07 万亿元增长至 1.39 万亿元,年均增长6.76%,行业发展带来就业机会,如图 13 所示。

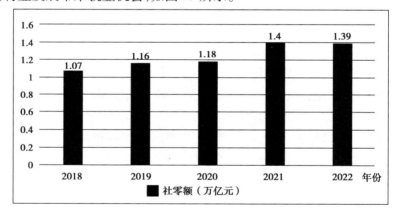

图 13　重庆市社零额情况

数据来源:重庆统计年鉴

2. 重庆市批发和零售商品销售总额逐年增长

全市加快批发零售业融合变革创新,推进全面数智化,提升企业经营能力,用新业态新场景带动新消费,批发零售实现较快增长。2018—2022 年,全市批发和零售总额从 2.8 万亿元增长至 3.85 万亿元,年均增长 8.29%,如图 14 所示。批零业占社会消费品零售总额的 87% 左右。

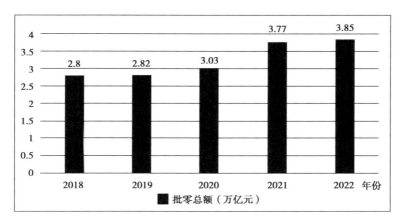

图 14　重庆市批零总额

数据来源:重庆统计年鉴

3. 重庆市餐饮收入保持增长态势

全市通过打造特色夜市街区,发展特色餐饮,促进餐饮消费。2018—2022 年, 全市餐饮收入从 1 357 亿元增长至 1 970 亿元,年均增长 9.77%,如图 15 所示。

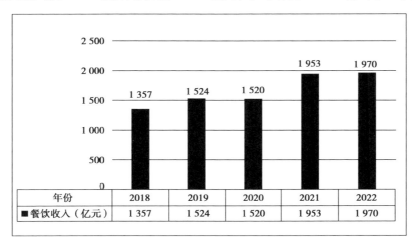

图 15　重庆市餐饮收入

数据来源:重庆统计年鉴

（二）重庆市商贸流通领域劳动力情况

1. 重庆市就业形势稳定

（1）全市劳动力就业人数基本保持稳定

人社部门主动而为,采取开展就业专场招聘和就业帮扶等一系列举措,力促重庆本地就业,就业形势稳定。2018—2022 年,全市就业人数在 1 662 万 ~ 1 676 万人,基本保持稳定,如图 16 所示。

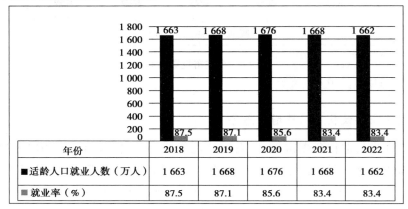

年份	2018	2019	2020	2021	2022
■适龄人口就业人数（万人）	1 663	1 668	1 676	1 668	1 662
▨就业率（%）	87.5	87.1	85.6	83.4	83.4

图 16　重庆市就业人数

数据来源:重庆统计年鉴

（2）第三产业成为重庆市就业主导产业

从就业人数来看,第三产业吸纳就业人数最多,大多年份占 50% 以上,其次是第二产业,保持在 25% ~ 26% 。从变动趋势来看,第一产业就业比例减少,第二产业就业比例呈现波动趋势,第三产业就业比例增加,如图 17 所示。

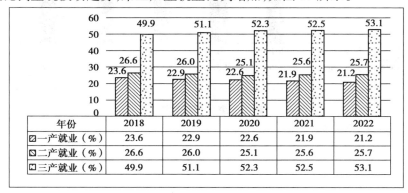

年份	2018	2019	2020	2021	2022
▨一产就业（%）	23.6	22.9	22.6	21.9	21.2
▨二产就业（%）	26.6	26.0	25.1	25.6	25.7
▢三产就业（%）	49.9	51.1	52.3	52.5	53.1

图 17　一二三产业就业情况

数据来源:重庆统计年鉴

2. 重庆市商贸流通领域就业呈现增长态势

（1）行业就业人数总体呈增长态势

社零额与行业就业人数呈显著相关（0.714），相关系数弱于全国水平。2018—2022年，全市商贸流通领域劳动力就业人数从471万人增长至484万人，年均增长0.68%，增速远远低于1.96%的全国平均水平。其中2021年吸纳就业人数达到最高490万人，2022年受疫情防控影响，行业吸纳就业人数有所减少，如图18所示。全市商贸流通行业就业人数占全国行业的2.58%。

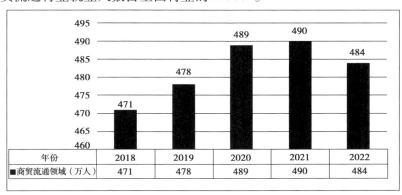

年份	2018	2019	2020	2021	2022
■商贸流通领域（万人）	471	478	489	490	484

图18 商贸流通领域就业情况

数据来源：重庆统计年鉴

（2）行业五大产业吸纳劳动力规模不同

批发零售业在全市商贸流通领域行业就业人数最多，占53%左右，而居民服务与住宿餐饮吸纳就业人数较少，各占21%～26%，见表8。

表8 商贸流通领域各行业就业情况（综合测算）

年份	2018	2019	2020	2021	2022
批发零售业就业人数（万人）	243	249	258	260	258
住宿餐饮就业人数（万人）	105	107	109	107	103
居民服务就业人数（万人）	123	122	122	123	123

3. 重庆市商贸流通领域劳动效率不断提升

（1）行业人均社零额保持增长态势

2018—2022年，全市商贸流通领域年人均社零额从22.72万元增长至28.72

万元,年均增长 6.04%,如图 19 所示。

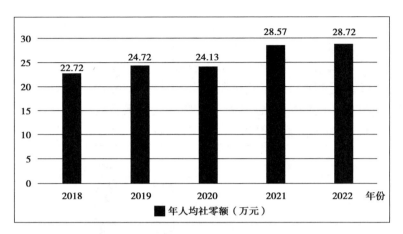

图 19　全市商贸流通领域劳动效率情况(综合测算)

(2)批零领域人均销售收入逐年增长

2018—2022 年,全市批零领域年人均销售收入从 115.2 万元增长至 149.2 万元,年均增长 6.68%,如图 20 所示。

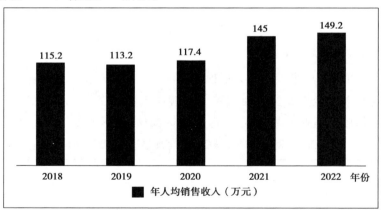

图 20　全市批零领域劳动效率(综合测算)

(3)住宿餐饮领域人均销售收入呈较快增长态势

2018—2022 年,全市住宿餐饮领域年人均销售收入从 12.92 万元增长至 19.13 万元,年均增长 10.31%,特别是 2020—2021 年劳动效率提升较快。

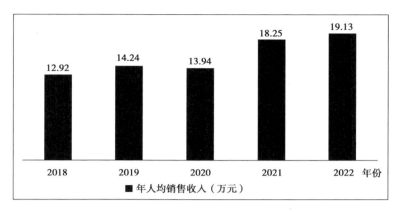

图 21　全市住餐劳动效率（综合测算）

4. 重庆市商贸流通领域工资情况

（1）行业人均工资持续增长

2018—2022 年全市商贸流通领域年人均工资从 4.85 万元增长至 5.9 万元，年均增长 5.07%，如图 22 所示。但全市行业人均工资水平远低于全国水平，增速也低于全国 8.1% 的平均水平。

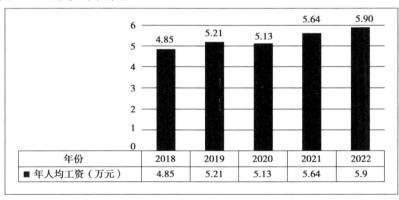

图 22　全市商贸流通领域人均工资（综合测算）

（2）不同性质单位人均工资存在明显差异

非私营企业工资明显高于私营企业工资，见表 9。

表 9　全市非私营企业和私营企业工资（综合测算）

年份	2018	2019	2020	2021	2022
非私营企业工资［万元/（人·年）］	5.62	6.35	6.44	7.29	7.62
私营企业工资［万元/（人·年）］	4.48	4.67	4.81	4.86	5.09

（3）不同产业人均工资差别较大

全市商贸流通领域五大产业中，批发零售业人均工资最高，其次是生活服务业和住宿餐饮业。从增速来看，住宿餐饮业增速最快，年均增长 8.8%，其次是批发零售业，年均增长 8.33%，生活服务业增速最低，年均增长 5.19%，见表10。

表10　全市商贸流通领域行业工资（综合测算）

年份	2018		2019		2020		2021		2022	
性质	非私营	私营	非私营	私营	非私营	私营	非私营	私营	非私营	私营
批发零售业工资[万元/（人·年）]	6.68	4.65	7.49	4.87	7.77	4.96	8.8	5.39	9.2	5.64
住宿餐饮业工资[（万元/（人·年）]	4.15	4.02	4.88	4.22	4.52	4.0	4.86	4.31	5.08	4.5
生活服务业工资[万元/（人·年）]	4.91	4.56	5.5	4.7	5.62	4.13	6.58	4.36	6.88	4.56

（三）重庆市商贸流通领域劳动力发展趋势

1. 行业就业规模不断增长

与全市适龄人口就业人数减少相反，商贸流通领域吸纳就业规模不断增长，吸纳劳动力人数将从 2023 年的 494 万人增长至 2030 年的 543 万人，年均增长 1.12%，见表11。商贸流通行业就业人数占全市就业人数比重从 29.9% 提高至 33.9%，行业对就业贡献不断提升。

表11　全市就业人数及商贸流通领域就业人数预测（综合测算）

年份	2023	2024	2025	2026	2027	2028	2029	2030
全市就业人数（万人）	1 654	1 648	1 640	1 632	1 624	1 618	1 610	1 600
商贸流通领域就业人数（万人）	494	507	513	519	525	530	537	543

2. 行业劳动力就业结构不断优化

批发零售业吸纳就业人数仍最多，占 54% 左右，其中新型零售业对就业贡献较大；其次是生活服务业、住宿餐饮业，见表 12。从增速来看，批发零售业吸纳就业人数占比增速最快，累计提高 0.46 个百分点；住宿餐饮业和居民服务业吸纳就业人数占比呈下降趋势，累计降低 0.33 和 0.13 个百分点。

表 12 全市商贸流通领域不同行业就业人数预测（综合测算）

年份	2023	2024	2025	2026	2027	2028	2029	2030
批发零售业就业人数（%）	54.05	53.06	53.02	52.99	53.33	53.77	54.00	54.51
住宿餐饮业就业人数（%）	22.06	22.09	22.03	22.16	22.10	22.08	21.97	21.73
居民服务就业人数（%）	23.89	24.85	24.95	24.86	24.57	24.15	24.02	23.76

3. 重庆市商贸领域劳动力收入将不断增长

（1）行业员工收入总体水平呈缓慢增长态势

受行业经营效益增长缓慢影响，2023—2030 年，行业劳动力人均收入从 6.1 万元/年增长至 7.62 万元/年，年均增长 3.22%，如图 23 所示。

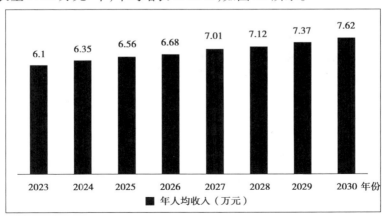

图 23 全市商贸流通领域劳动力收入发展趋势（综合测算）

（2）批发零售行业劳动力人均收入领先整个行业

2023—2030 年，全市批发零售行业劳动力人均收入从 6.78 万元/年增长至

9.4 万元/年,年均增长 3.98%,如图 24 所示。

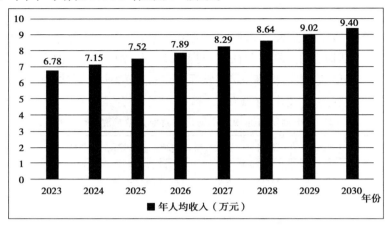

图 24　全市批发零售业工资发展趋势(综合测算)

(3)住宿餐饮行业劳动力收入增长缓慢

2023—2030 年,全市住宿餐饮业平均收入从 4.75 万元/(人·年)增长至 5.65 万元/(人·年),年均增长 2.52%,如图 25 所示。

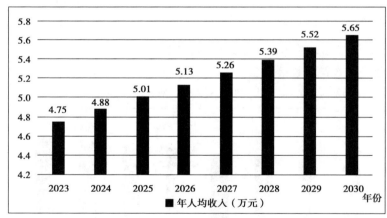

图 25　全市住宿餐饮行业收入发展趋势(综合测算)

(4)生活服务行业劳动力工资增速较慢

2023—2030 年,全市生活服务业员工人均收入从 5.33 万元/年增长至 6.29 万元/年,年均增长 2.39%,如图 26 所示。

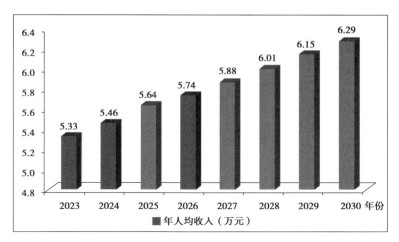

图26 全市生活服务行业工资发展趋势(综合测算)

三、重庆市商贸流通领域企业劳动力需求特点分析

(一)重庆市商贸流通领域企业(商户)吸纳劳动力现状特点分析

1.企业(商户)劳动力聘用规模较大

每家企业(商户)平均吸纳就业人数为 269 人,其中 50 人以内的最多,占 63.82%,其次是 100 人以上,如图 27 所示。其中限上大型零售企业聘用人数较多,而限下小规模企业聘用人数较少。

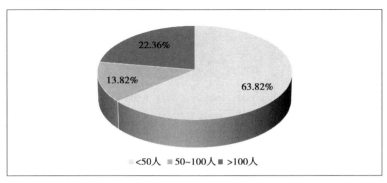

图27 全市商贸流通企业人数特点(实地调研)

2. 全市商贸流通领域企业劳动力现状和结构特点

(1) 年龄结构呈现正态分布形态

企业(商户)吸纳劳动力平均年龄为 38.86 岁,其中劳动力就业年龄以 30~45 岁人数最多,其次是 25~30 岁和 45~60 岁人员,如图 28 所示。行业中老年就业人员较多,年轻人就业人数较少。

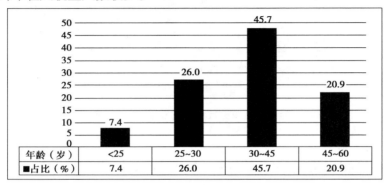

年龄(岁)	<25	25~30	30~45	45~60
■占比(%)	7.4	26.0	45.7	20.9

图 28 全市商贸流通企业劳动力年龄结构(实地调研)

(2) 中等收入劳动力群体占比较大

行业劳动力人均月收入为 5 554.8 元,其中以 3 000~6 000 元中等收入为主,占 53.96%;其次是 6 000~9 000 元和 3 000 元以内,如图 29 所示。

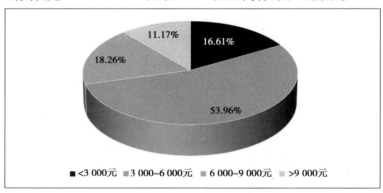

■<3 000元　■3 000~6 000元　■6 000~9 000元　■>9 000元

图 29 全市商贸流通企业劳动力工资结构(实地调研)

(3) 学历总体偏低

吸纳劳动力以高中和初中学历为主,占 65% 左右,而本科及以上学历仅占 12%,如图 30 所示。

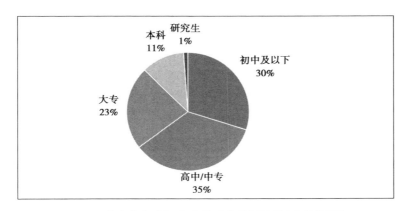

图30 全市商贸流通企业劳动力学历结构（实地调研）

（4）劳动力聘用方式以正式工为主

大多数企业（商户）聘用方式为正式员工，占比达95.00%；其次为临时工，占比为3.90%；最少的则是实习生，占比为0.51%，如图31所示。

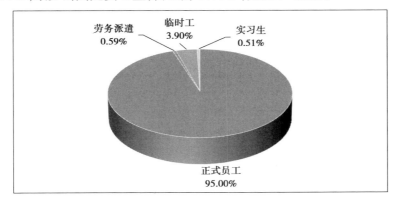

图31 全市商贸流通企业劳动力聘用方式（实地调研）

（5）工种结构以营销类最多

企业（商户）聘用岗位中营销类就业人员占比达56.09%，包含销售、运营、营业员、客服等；其次为文职人员，包含文职、后勤、财务、管理等，占比10.89%；最少的则是餐饮技能人才（例如厨师），占比3.3%，如图32所示。

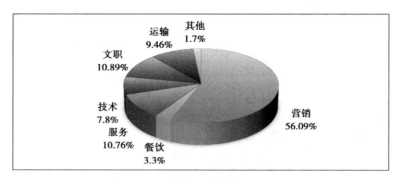

图 32 全市商贸流通企业（商户）劳动力工种结构

3. 全市商贸流通领域企业对劳动力的培训情况

（1）入职培训情况

行业企业（商户）对劳动力进行入职培训比例高达73.4%，有26.6%的企业未进行入职培训。企业对劳动力进行入职培训的平均时长为33.3小时，其中大多数企业培训时间集中在20小时以内，占64.28%，见表13。

表 13 全市商贸流通领域企业入职培训情况（实地调研）

培训时长（小时）	<20	20~40	>40
占比（%）	64.28	15.91	19.81
平均培训时长（小时）	5.1	25.14	73.59

（2）定期培训情况

行业企业（商户）对劳动力定期培训的比例达到44.15%，培训平均时长为211.91小时，其中培训时间在20小时以内的占73.53%，见表14。大型企业培训时间较长，小型企业培训时间较短。

表 14 全市商贸流通领域企业定期培训情况（实地调研）

培训时长（小时）	<20	20~40	>40
占比（%）	73.53	7.35	19.12
平均培训时长（小时）	5.36	22.4	1 079.2

（3）其他培训情况

商贸流通领域企业（商户）对劳动力开展其他形式培训的比例为8.44%，平均培训时长为6.61小时。大多数企业培训时长在20小时内。

4. 企业(商户)对劳动力的招聘渠道呈现多样化趋势

网络、企业内推占比最大,其次是人才市场、校招、广告等,如图 33 所示。

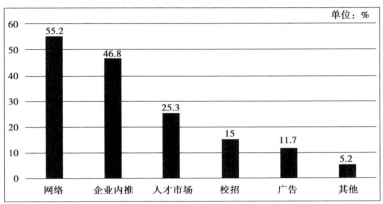

图33 企业劳动力招聘渠道(实地调研)

(二)劳动力供求关系

1. 企业内部劳动力供求总体处于平衡状态

企业(商户)认为劳动力供求平衡占 58.4%,认为不足占 24.7%,如图 34 所示。企业招工比例较低,而需要就业人数不断增长,导致行业劳动力总体呈现供大于求的态势。

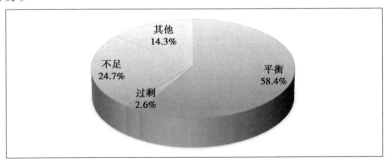

图34 劳动力平衡情况(实地调研)

2. 劳动力过剩的原因

部分企业认为企业内部劳动力过剩,导致裁员情况。首先是宏观经济下行导致企业经营不景气、减少劳动力需求,典型的是重庆百货,2019 年吸纳就业人数约

237

3 万人,2023 年仅为 2 万人。其次是机器替代工人,例如大中型餐饮、住宿行业使用机器人替代营业员和服务人员。最后是商业模式变化减少劳动力,例如,餐饮业采取中央厨房模式,减少厨师、杂工的需求。

3.劳动力不足的原因

少数企业认为内部劳动力供不应求。主要原因有五点。一是年轻人就业人数减少,劳动力老龄化、知识老化及对员工身体状况担忧等影响企业(商户)劳动力招聘。二是适合的专业人才和技术人才供给较少,导致企业(商户)招聘不到合适的人才。三是员工吃苦耐劳精神差,不能胜任目前工作,企业(商户)招聘不到优秀人才,宁愿选择岗位空缺。四是员工流动性较大,部分岗位经常空缺。五是用工成本高,企业(商户)难以承受等。

四、重庆市商贸流通企业对劳动力需求的情况分析

(一)全市商贸物流企业劳动力需求意向

1.需求意向

全市商贸物流企业(商户)对劳动力平均需求意向约为 30.5%,大多数企业对劳动力无需求,如图 35 所示。

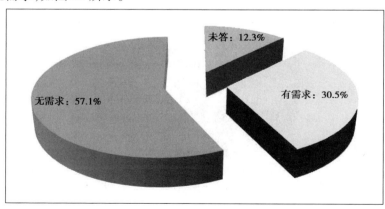

图 35　劳动力需求意向(实地调研)

2.有劳动力需求的行业较少

有劳动力需求的行业主要是批发业、零售业,其次是餐饮业,再次是批零兼营和住宿业,但需求比例均不高,如图36所示。

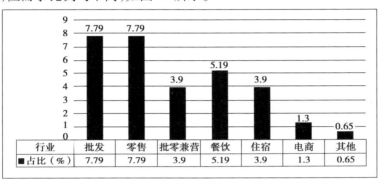

图36 需求劳动行业占比(实地调研)

(二)全市商贸物流企业劳动力需求规模

30.5%有劳动力需求企业平均需求人数30.33人/家,全市有21.6万余家商贸流通企业,则全市需求劳动力总人数为199.81万人,其中限下企业较多,需求人数在20人以内占比最大,见表15。

表15 全市商贸流通企业劳动力需求数量(实地调研)

需求人数(人)	<20	20~40	>40
需求比例(%)	65.7	21.2	13.1
需求平均人数	5.68	11.43	228.46

(三)需求劳动力考虑的主要因素

需要劳动力单位优先考虑劳动者能力,其次是敬业精神和薪酬,再次是服从管理、工作经验、专业对口等因素,见表16。

表16 全市商贸流通企业需求劳动力考虑的主要因素(实地调研)

考虑因素	薪酬	敬业精神	能力	学历	专业	通勤	经验	证书	服从	其他
占比(%)	43.5	46.0	56.5	17.5	27.3	14.9	31.8	3.2	37.0	37.0

（四）需求劳动力类型

1.需求工种相对集中

以营销居多,占44%以上,远远超过其他工种,其次是技术、管理人才,再次是操作工人和策划内勤人员,其他类型人才需求较少,见表17。

表17　全市商贸流通企业需求劳动力职位（实地调研）

类型	管理	技术	营销	操作工人	研发	策划	物流	财务	内勤	其他
占比（%）	22.7	25.3	44.2	12.3	2.6	10.4	3.9	1.3	10.4	3.9

2.需求学历层次较低

呈现学历越高需求越小的特点,其中初中及以下、高中学历需求最多,超过47%;而本科、硕士学位需求较少,不到12%,见表18。

表18　全市商贸流通企业需求学历占比（实地调研）

学历	初中及以下	高中	大专	本科	硕士及以上
占比（%）	26.45	21.46	17.92	11.32	0.67

（五）其他需求

全市商贸流通企业（商户）对劳动力需求考虑的主要因素为勤劳吃苦、爱岗敬业、善于沟通、技术能力强、对企业忠诚度高。

五、重庆市商贸流通企业劳动力需求存在的主要问题

（一）宏观经济对企业经营带来的影响

1.商贸流通企业经营压力较大,对劳动力需求下降

外部环境复杂严峻,经济复苏艰难,对企业经营造成较大影响。重庆市经济运行面临来自国际国内新的困难与挑战,国际市场需求减弱,全球经济金融风险积

聚,地缘政治格局深刻调整,外部环境复杂严峻。国内需求不足,部分领域存在风险隐患。全市经济发展承压,特别是第二季度经济增长出现波动,增速有所回落,部分企业经营面临困难,业务量减少,对劳动力的需求减少。

2. 消费有效需求不足,企业减少用工

消费增速下滑,商贸流通企业发展内生动力不足。居民消费占 GDP 的比重长期偏低且提升困难、人口数量红利加速衰减、劳动力人口达峰、人口老龄化加剧、城镇化放缓等因素对居民消费的抑制作用日益凸显,消费需求不足,对商贸流通企业(商户)经营带来不利影响。

(二)企业转型缓慢造成经营状况不佳

1. 企业连锁化发展遭遇寒潮,出现裁员情况

本次调查企业中,大多数连锁商超、连锁餐饮企业在连锁化发展中受阻,导致经营网点收缩,例如重百、永辉等大型企业不断减少连锁网点数量,导致企业用工量减少。

2. 面临数字化转型压力,人工成本较高

随着移动互联网、云计算、大数据、物联网、人工智能等新一代信息技术的广泛应用,对传统型商贸流通企业经营带来冲击。"互联网+"推动商贸流通企业转型,但全市商贸流通企业转型缓慢,对新一代技术在商业设施人流统计分析、精准化制定营销策略方面应用较少,企业经营管理还处于较为传统和粗放阶段,经营效率不高,人力成本偏高。

3. 消费场景创新不足,人流量减少

疫情之后,消费者对消费场景提出了更高需求,对线下消费景观生态化、服务个性化、产品多样化、消费沉浸化和体验化需求增加,对线上直播带货、视频平台、社交平台、O2O 电商消费需求增加。面对消费场景需求变化,大多数商贸流通企业感到无所适从,不愿增加更多投入,导致消费人流量减少,企业(商场)经营不景气,简单采取裁员等降低成本方式,导致企业用工减少。消费习惯深刻变化,企业转型调整缓慢,商贸流通企业(商户)尚未把握新消费发展趋势,推动企业经营品种、经营模式转型,大多数企业反而采取收缩策略,导致收入下降、用工减少。

4. 大型商业设施供给过剩,导致各商贸流通设施经营困难

截至 2022 年底,全市商品交易市场经营面积近 3 250 万平方米,数量达 2 180 个。城市商业综合体达 65 个,总经营面积达 430 万平方米以上,而大型商业设施面积高达 3 700 万平方米,供给过剩,出租率不断降低,仅为 60% 左右,部分大型商业设施经营困难,商业设施经营商户减少,大型商业设施吸纳就业人数呈减少态势。

(三)劳动力就业结构性矛盾突出

1. 企业(商户)需求劳动力年轻化

行业企业劳动力年龄供给普遍集中在 30 ~ 45 岁和 45 岁以上,行业劳动力供给老年化程度较高,而企业更加需要 18 ~ 30 岁年轻劳动力,与企业需求形成错位。

2. 学历结构需求高学历化

行业企业(商户)劳动力学历主要集中在高中及以下,而企业需求劳动力学历不断提升,达到高中及以上水平,企业想通过提高学历来提升工作效率。高学历供给越来越多,但高学历者不愿到商贸流通行业就业。"学历通胀"情况较为严重,行业劳动力学历供需存在较大差异。

3. 技能结构需求具有实质操作能力

行业企业对新入职劳动力要求具备行业专业知识和实际工作能力、操作技巧,而大多数新入职员工缺乏相关知识和实操能力。

4. 个人品德与企业需求存在差距

大多数企业希望劳动力能够吃苦耐劳、勤奋敬业、踏实稳定,但新生代劳动力则不愿吃苦,敬业精神较差,工作稳定性差。

5. 工资需求存在偏差

大多数商贸流通企业经营困难,想通过降低工资来降低经营成本,而劳动力特别是年轻新生劳动力对工资薪酬期望较高,导致劳资双方在工资薪酬方面存在偏差和矛盾,企业退而求其次使用工资较低、学历较低、年龄较大的劳动力,导致新生劳动力就业困难。

（四）新就业形态对传统就业形态形成挑战

1. 以灵活就业为特征的新就业形态对企业招工造成影响

现代信息网络和通信技术所驱动的新型灵活就业形态快速发展，雇用关系相对灵活、工作自主权较高、进入门槛较低，对商贸流通企业固定用工和季节性用工方式带来挑战，特别是物流配送、电商直播等新就业形态对商贸流通企业招工带来影响，企业招聘优秀劳动力难度加大。

2. 就业边界日渐模糊

线上就业、平台就业、居家经商、共享就业等新模式催生了平台电商、外卖配送、生活服务、平台微商、自媒体、平台直播、共享物流司机等新就业形态。与传统就业方式相比，灵活就业在劳动时间、工作场所、工作条件、劳动关系等方面均有显著区别。长期就业与短期就业、固定就业与灵活就业之间的边界越来越模糊。商贸流通企业传统招工形式的固定用工形态与求职者灵活就业需求形成错位。

3. 技术进步与产业转型，引发劳动力结构性就业矛盾

智能化机器人在批发零售、餐饮、住宿业中逐步得到推广应用，对就业规模、就业结构和人才需求等方面带来影响。特别是"机器换人"的趋势日益明显，导致商贸流通领域低技能劳动者需求萎缩和技术性失业。商贸流通领域劳动者的技能、知识结构和素质的提升短时间内难以迅速跟上产业升级的要求，结构性就业矛盾更加突出，在就业替代与就业创造过程中对行业劳动力市场形成冲击。低技能劳动力、新成长劳动力和转移劳动力的就业问题日益突出。

（五）商贸流通领域劳动力就业质量不高

1. 整个行业仍在享受人口红利

全市商贸流通行业劳动力呈现出数量多，但受教育和学历水平较低，技能性、专业性、高学历劳动者较少，已经不适应科技变革和市场需求变化的需要，与全国高质量就业要求存在差距。

2. 就业形态变革缓慢

现代就业形态的空间变革较快，线上就业发展快，对线下招工和就业带来影

响,弹性工作模式对传统固定工作模式带来影响。传统固定工作模式已经不能胜任多人一岗或一人多岗、工作多样化的需求。工作年限延长和工时缩短并存,对传统用工模式带来巨大影响,就业形态变革缓慢已经制约全市商贸流通领域就业高质量发展。

(六)商贸流通领域中介服务方式面临优化调整

传统的以线下为主的劳动力市场和现状以网络招聘为主的方式均不能很好地满足商贸流通领域劳动力供需双方需求,导致企业认为招工难,劳动者认为找工作难,亟须实现劳动力招聘渠道和中介服务的多元化。

(七)企业劳动力招聘和使用存在的主要问题

1. 企业劳动力招聘存在的主要问题较为集中

主要表现为求职者要求高、应聘者少、技能差、年龄偏大、敬业度差、不服从管理等,如图 37 所示。

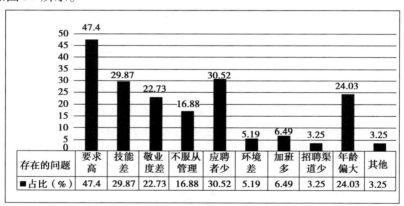

存在的问题	要求高	技能差	敬业度差	不服从管理	应聘者少	环境差	加班多	招聘渠道少	年龄偏大	其他
■占比（%）	47.4	29.87	22.73	16.88	30.52	5.19	6.49	3.25	24.03	3.25

图 37　招聘存在主要问题(实地调研)

2. 企业劳动力管理中存在的主要问题较多

主要表现为用工成本高、"五险一金"花费大,其次是劳动技能不足、年龄大、不服从管理等,如图 38 所示。

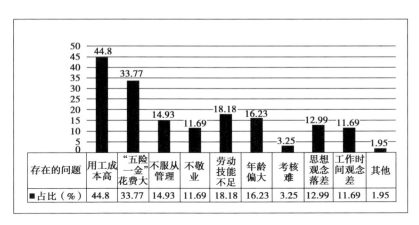

图38　劳动力管理中存在的问题（实地调研）

3.劳动力用工风险成本偏高

企业认为目前劳动力用工成本偏高还存在"五险一金"等人力使用附加成本，员工突然辞职和新员工不熟悉本职工作、劳动效率偏低等转移用工风险，以及招聘、缺勤、沟通不畅、安全风险、内耗、辞退等隐性成本。

六、重庆市商贸流通领域劳动力高质量就业对策建议

针对不断变化的就业形势，全市商贸流通行业应该从优化完善相关政策与公共服务机制、增强产业就业能力、规范发展灵活就业、大力发展劳动力服务产业、技术创新赋能商贸流通领域就业、构建区域协同发展的就业格局、建立失业风险防范机制等方面针对性采取相应措施，推动全市商贸流通领域就业高质量发展。

（一）优化完善相关政策与公共服务机制

1.探索制定本地商贸流通领域劳动政策

在《中华人民共和国劳动法》《中华人民共和国劳动合同法》的基础上，由人社部门牵头，联合商务部门，制定重庆商贸流通领域就业相关政策，完善裁员、欠薪等问题处理措施，将平台企业服务外包人员、灵活就业人员纳入监管范围。建立完善行业新业态劳动者管理平台及职业技能培训机制，补齐社会保险参保、缴费、享受待遇的短板弱项。推动在行业开展多层次社会保险制度试点，建立"社会保

险+商业保险+社会救助"直通车的社会保障模式。探索建立分段计算、合并计发的城镇职工与城乡居民基本养老保险待遇衔接机制。

2. 继续实施援企稳岗政策,强化就业优先政策

继续执行阶段性降低"五险一金"保险费率政策,针对商贸流通领域劳动力密集特点,探索短期以政策形式、长期以立法形式降低养老保险、医疗保险、生育保险和住房公积金费率,提高政策覆盖面,以切实降低全市商贸流通领域企业用工成本。加大财政奖补力度,鼓励商贸流通领域龙头企业、重点企业扩岗稳就业,对其吸纳高校毕业生、退伍军人等重点群体就业的,兑现社会保险补贴、一次性吸纳就业补贴、职业培训补贴等政策。鼓励区县政府出台扩岗稳就业政策,给予就业贡献较大的企业奖励或补贴。

3. 加大金融扶持力度

支持银行等金融机构开发"扩岗稳就业"系列普惠金融产品,向商贸流通领域"链主"企业、重点企业提供相关稳岗贷款或者供应链金额,并给予利率优惠。发挥国有金融担保机构作用,为本地区商贸流通企业提供信用担保,降低担保费率。运用再担保、再贷款政策支持金融机构增加普惠小微贷款投放,为行业企业提供无还款续贷和新增贷款额度。推广商务领域预付款融资、"长江渝融通"普惠小微线上融资服务平台,提高小微企业融资便利度。鼓励区县政府为本地商贸流通领域企业稳岗贷款提供担保费补贴和贷款贴息。

4. 加大技能培训支持力度

制订商贸流通领域紧缺职业(工种)目录,推动各类高校、职业院校、职业培训机构和企业适时开展重点行业、重点人群、急需人才转岗培训,用好就业补助资金、失业保险基金、职业技能提升行动专款资金、企业职业教育经费等资金,给予职业培训补贴支持。全面推动"智能+技能"数字技能人才培养试验区建设,对符合条件的人员,给予技能提升补贴。对企业人员获得相关职业资格证书或职业技术高级证书,同样给予相关补贴。加强业务指导,推进为每个重点企业配备1名就业服务专员,建立岗位收集、技能培训、送工上岗联动机制。

5. 完善就业公共服务机制

推动利用商贸流通领域"市、区(县)、乡镇(街道)"三级商业设施,建设市、区(县)、乡镇三级劳动力市场和临时性、定期集中的乡镇劳动力市场等就业公共服务设施。推进就业公共服务便民化,发挥商贸流通行业网点多的优势,增加商贸流通网点劳动力招聘信息功能,推动就业公共服务进社区、进乡镇,实现城乡居民就业服务便利化。

6.健全完善就业支撑体系

健全和完善重点群体就业支撑体系,由市商务委联合市人力社保局、市教委,持续做好高校毕业生就业工作,强化实习见习工作,加强对大学毕业生的帮扶和指导。推进城镇青年和农村劳动力转移就业。促进退伍军人优先就业。健全和完善职业技能提升体系,完善人才培养体系。推动职业教育提质培优。推进校企合作、产教融合。探索职业院校混合所有制改革,组建行业职业教育集团。弘扬工匠精神,大力发展技工教育。

7.健全商贸流通领域创业带动就业扶持体系

（1）优化创新创业环境

加大创业支持政策力度,在用地、用房、融资、税费、财政专项资金等方面给予初创实体优惠政策,降低创业成本。完善重点人群创业风险救助机制,加大对创业失败人员的帮扶力度,提供就业服务、就业援助和社会救助。降低商贸流通领域创新创业门槛,鼓励商贸流通设施所有者和经营管理方将空置写字楼、商业综合体、专业市场打造成商贸流通领域众创空间、孵化器、加速器和产业园全链条创新孵化设施,采取房租、物管费等优惠措施提供低价、优质的专业服务。支持市属高校建设商贸流通领域创新创业实践平台。支持行业龙头企业和链主企业将创新创业企业纳入供应链体系,采购"双创"企业产品和服务。

（2）鼓励劳动者到商贸流通领域创新创业

重点支持大学生、留学回国人员创业,开展创业引领计划,健全创新创业教育教学体系和实践平台,开展"双创"活动、丰富高峰论坛、推进银企对接、选树创业先进典型、浓厚创业创新氛围,鼓励返乡入乡创业。鼓励各类劳动力在工业品下乡、农产品进城、城乡共同配送、乡村民宿餐饮等领域创业。落实国家创新创业巾帼行动,鼓励支持更多女性投身商贸流通领域创新创业实践。

（3）提升创新创业公共服务能力

完善"双创"公共服务体系,为商贸流通领域"双创"企业提供公共技术、检测检验、财税会计、营销推广、数据分析、法律政策、管理咨询、教育培训、行业监测等服务。大力引进股权投资基金,为"双创"企业提供融资服务,完善"双创"信息服务,建立信息服务平台,提供政策、教育培训、指导辅导等资源,及时收集国家、地区、行业需求,为"双创"人员精准推送行业和市场动态等信息。实施商贸流通领域县(区)、乡、村三级创业体系建设,开展"双创"系列活动,积极参加全国双创活动周、全国创新创业大赛,提升"渝创渝新"创业创新大赛层级,探索举办商贸流通领域各赛场,促进更多优质项目孵化成长。

(二)增强商贸流通产业就业能力

1. 以国际消费中心城市建设提振消费、助推就业

(1)聚力打造国际消费新坐标,提升重庆消费聚集能力

大力推进重庆 CBD 建设,推动全市大型商圈提档升级、扩容提质,推动特色商业名街名镇建设,打造场景化、差异化、智能化、国际化的高品质商业设施,促进商业与相关产业跨界融合,吸引更多外地消费者、旅游者到重庆打卡、消费,提升重庆商贸流通业就业承载力。拓展生活服务新场景,推动商旅文体深度融合,发展商业+体育,发展商业艺术品交易业态。发展康养消费业态,培育社区服务,以新场景满足居民个性化、多样化需求,增加就业岗位。

(2)深入推动对外开放高地建设,带动相关产业吸纳就业

聚焦全球消费资源,打造全球商贸流通知名品牌总部经济。大力发展全球总部、区域总部、研发中心、采购结算中心、物流分拨中心、组织运营中心、营销中心、服务中心、职能总部。大力发展首店、首发、首秀、首展"四首经济"。打造进口商品集散分拨中心。大力推动 RCEP、欧洲及美洲等地区大宗商品在重庆聚集、中转、分拨,带动相关产业发展。大力发展国际会展服务业,引进国际知名会展机构,做大做优"智博会""西洽会"等国家级展会,培育壮大国际知名行业展会,打造会展之都,发展配套产业。积极支持跨境电商产业发展,引进国际优质品牌,发展电商线下实体品牌店、维修店。

(3)推动本地国际知名品牌建设,增强本地企业就业能力

壮大升级"重庆老字号""中华老字号"品牌,优化完善重庆老字号供应链体系,发展个性化、定制化、文创化精品。发展重庆老字号品牌集合店,推动商贸流通领域专精特优企业建设,吸引更多优秀劳动力加盟,不断提升企业素质。

2. 推动商贸流通产业转型发展,打造劳动力就业主阵地

(1)推动重庆批发零售业转型升级,以创新激发行业活力,提升就业吸纳能力

支持全市批发业充分利用互联网,大力发展平台经济,向生产、零售环节延伸,

实现由商品批发向供应链管理服务转变。引导全市商品交易市场向线上线下融合的电商、物流园区、展贸中心转型,增强市场活力。推动零售业向数字零售转型。发展线上网店、带货直播等业态,线下增强体验性,发展体验经济,完善配送和售后等服务,开展全渠道营销,发展爆品经济。推动以商品销售为主的零售业向"商品+服务"、多业态融合发展转型。推动大中型零售商店向连锁化、社区化转型,发展线上线下多业态融合的智能体验社区商店。深化电子商务应用,推进新零售模式发展,推出分享经济、品牌定制、包销、社交电商等新业态创新发展。

（2）推动住宿餐饮业多元化发展

在做大做优传统旅游酒店、商务酒店、经济酒店的同时,大力发展个性化民宿、度假型酒店、乡村酒店、康养酒店、主题酒店、培训会议酒店。发展"互联网+"个性化、定制化酒店,培育重庆市本土化知名酒店品牌,发展露营、鸟屋、树屋、房车等个性化住宿形态。推动国际美食之都建设。在巩固传统火锅、江湖菜的基础上,推动传统渝菜创新发展,引进国内国际知名美食,推动餐酒搭配、餐艺结合、餐旅结合、餐饮结合等新业态发展,推进环球美食文化、茶饮文化、酒吧文化交流互动,通过多元化发展促进住宿餐饮业复苏,增加就业。

3.推动县域商业体系建设,实现就业本地化

（1）完善县、乡、村三级商贸物流网络体系,实现城乡就业一体化发展

完善县城综合商贸中心和县城配送中心、乡镇商贸中心和集配站及村级综合便民店三级商贸物流网点。改造或新建农贸市场,实现全市乡镇全覆盖。推动村级商店服务综合化,实现全覆盖。推动城市大中型商超下乡,发展新型乡村便利店,完善快递收发、农产品经营等服务,方便农民便利消费和就近消费,发展就近就业。

（2）提升农产品流通能力,增强乡村产业吸纳能力

推进农产品"三品一标",加快推进品种培优、品质提升、品牌打造和标准化生产,提高优势农产品规模化、集约化水平。增强农产品产后商品化处理能力,建设产地集配中心、产地仓等设施。提高农产品初加工水平,完善农产品预冷、低温加工、仓储保鲜、冷藏冷冻、冷链配送等功能,大力发展生鲜电商+冷链宅配、中央厨房+食材冷配等新模式,提升农产品错季、溢价销售能力。完善农产品销售网络体系,举办形式多样的对接采购会、洽谈会、展示交易会等产销对接活动,促进农产品销售,助力乡村产业兴旺,带动农村居民就业。

4.推动行业企业数字化发展,增强高素质劳动力吸纳能力

(1)培育"互联网+流通"产业新业态,增加高学历人才就业机会

打造全方位、多场景、沉浸式消费体验,发展线上线下一体化服务。推动商贸流通领域企业"上云用数赋智",支持行业平台企业、数字化服务商为产业链大中小企业提供智能分析、精准营销、供应链协同等解决方案,增加高技术人员就业。

(2)推动数商兴农工作,增加新业态就业规模

培育知名电商平台或网络直播平台,建立健全适应农产品网络销售的供应链体系和电商销售体系,更好满足工业品下乡和农产品进城需求。壮大农村网商微商,发展移动电商、社交电商、体验电商、直播电商等新模式,带动电商直播、多媒体及相关技术就业。

(三)规范发展灵活就业

支持个体经济、自由职业、非全日制及新就业等灵活就业形态发展,进一步拓展就业新渠道,培育发展新动能,促进灵活就业增量提质。

1.鼓励个体经济发展

鼓励个体劳动者注册个体经营户,创办投资小、见效快、易转型、风险小的小规模经济实体,重点发展特色小店、创意商业小店、夜市经济小店、农产品销售小店、社区生活服务小店等商业业态。鼓励网点登记为个体经营户,引导个体经营户进入政府划定的便民商业集聚区、夜市经济集聚区、特色商业集聚区发展,给予占道、清洁、租金、物管等费用减免,打造人气旺、"烟火气"浓的小店商业聚集区,增加商贸流通领域就业规模。

2.引导自由职业规范发展

引导自由职业、兼职、劳务服务等就业形态规范发展。支持有能力、有技能的劳动者成为农产品经纪人、自由文创、自主研发等自我雇佣者,引导以个人身份从事职业活动的自由职业规范发展。支持家庭帮工等自由职业发展,支持利用互联网平台从事线上线下融合的商业数据分析、商业分析报告编制、商业资料分析、产品及广告设计、多媒体编辑、维修服务等订单劳务服务新就业业态发展。探索发展以小团队为核心的自由职业新形式创新发展,重点支持配送车队、商业分析及报告编制小组、产业及广告多媒体咨询服务小团队、农产品及日用品销售小团队、护理

康养等生活服务小团队发展。

3.支持平台经济外包服务等新就业业态发展

提升新经济就业能力,推动电商新零售、网络货运、网络家政服务、外卖及配送、远程办公、数字商旅等平台经济发展,为劳动者居家办公、移动办公、兼职就业创造条件。培育发展电商新业态,推动商贸流通领域直播电商基地、网红直播基地建设,壮大直播团队,培育发展直播电商、在线内容、社交营销、云逛街、无接触销售配送等新模式。

4.支持非全日制就业发展

支持商贸流通领域批发零售、产品销售、售后服务、保洁保安服务、住宿餐饮、物流配送、农产品流通等行业季节性用工、临时用工、节假日用工、生活照料及陪护、按工作量计酬的临时就业市场发展,增强养老、托幼、心理疏导、社区商业服务等商贸流通服务业吸纳就业能力。支持连锁加盟发展,支持通过品牌自愿加盟方式发展品牌连锁店、便利店和社区生鲜店、餐饮店、宾馆、维修店、社区服务点、O2O社区店,在便利店社区居民日常消费的同时,增加社区商业就业能力。

(四)大力发展劳动力服务产业

1.发展劳动力专业服务

发展商贸流通行业专业化服务。大力发展人力资源管理咨询、猎头、培训、人才测评、高级人才寻访等相关产业,为商贸流通领域企业提供代理招聘、人才推荐、管理咨询、培训、绩效管理、经营指导等服务。大力发展就业第三方公益服务产业。通过财政补贴或政府购买服务等方式,为劳动力供求双方提供专业化全过程服务。发展行业专业化、定制化服务模式,由专人负责为重点群体、重点企业制订个性化就业(招聘)方案。推动重庆高校加强与第三方专业服务机构合作,开展人才订单服务,定制化开设教学班级。

2.优化服务方式

推广线上线下互动的服务方式。线下因地制宜建设劳动力市场、零工市场,根据商贸流通领域企业需求建设商贸流通行业专业人才市场,满足企业转型升级对人才的需求。探索推动灵活用工市场建设,提供多样化、个性化、定制化服务。在商贸流通重点企业建立常态化劳动力服务机制,为企业提供用工保障服务。推广"智能就业"服务,实现智慧劳动力市场全覆盖、智能自助终端设备乡镇全覆盖。建立平台数据库,为用人单位精准匹配劳动者,同时为劳动者提供政策咨询、就业失业登记、劳动纠纷处理和劳动相关行政事项办理。创新招聘形式,开展直播招聘、应聘,建设立足重庆、辐射全国的"重庆英才·职等你来"国家级网络直播带岗商贸流通频道招人招才公共服务基地,并在市内高校和各区县设立直播分中心(分基地)。

3.推进服务多元化

发展"互联网+公共服务""物联网+公共服务",逐步推进公共就业服务智能终端设备建设,推进智能机器人线上答疑、线下指导服务。推广"15分钟服务圈"合理设立线下服务窗口、自助服务网点,拓展网上服务平台、移动客户端、手机 App、12333 咨询电话、有线电视等线上服务渠道。

(五)技术创新赋能商贸流通领域就业

1.新技术推动就业结构调整

积极推动移动互联、大数据、云计算、物联网、人工智能等新一代信息技术深度融入商贸流通业,有效催生新产业、新业态,提供以信息技术研发、运维、数据分析、智能监控、监测及管理为核心的新就业机会,加快培育适应数字经济就业岗位的技能人才,持续提升劳动者数字技能,推动行业转型升级和就业提质扩面相互促进。

2.发展数字商务领域劳动力

抢抓数字商务发展机遇,大力吸引商业街区、智慧商圈、数字化改造、商场及商店数字化场景改造、数字化促销、流通数字化智能化、生活服务化等专业人才进入商贸流通领域就业,为行业转型提供支撑。依托国家"数商兴农"战略,持续发展农村电商、数字化农村产品初加工和产后商品化处理、直播电商和短视频等新业态新模式催生的新工种,助力全面推进乡村振兴。

3.加强对中小企业创新活动的资助

催生更多创业和就业机会,国家科技计划和人才计划应更多面向商贸流通领域中小企业和平台,通过"赛马制""揭榜挂帅制"等优选大量有创新潜力的中小企业,给予资金支持。加快培育行业"专精特新""小巨人企业""独角兽企业""哪吒企业""瞪羚企业"。增设商贸流通领域"中小企业科技创新基金"等,对创新型中小企业进行资助,提升企业技术创新能力,创造更多高质量就业机会。

(六)构建区域协同发展的就业格局

1.推动成渝地区双城经济圈就业市场协同发展

推动成渝两地共建人才、劳动力和零工市场(人力资源产业园),实现资源共享、协同联动,共同搭建劳动力市场对接交流平台,实现跨区域提供劳动力服务。组建成渝商贸流通领域企业招聘联盟,鼓励企业跨区域提供劳动力服务,跨区域吸纳就业,举办川渝地区高校商贸流通领域毕业生招聘会,推进促就业专项行动。探索推动劳动力和高端人才资源共享,推动劳动力跨区域合理流动。

2.建立协同促进就业创业机制

推动建立高校互通共享的商贸流通领域劳动力教育和培养机制,促进成渝商贸流通企业与成渝两地高校建立劳动力及人才培养机制,鼓励成都企业到重庆高校招聘高校毕业生,定制专业人才。推动设立成渝劳动力服务产教联合体,设立劳动力产教融合培养基地,促进产业聚合。推动产城科教融汇,为成渝经济发展提供劳动力保障。推动实现"五险一金"政策两地互联互通。共建共享多样化就业服务平台,实现数据、资源、信息共享。共同打造"智汇巴蜀""才兴川渝"人力资源品牌。建立成渝创业孵化协同发展机制,推动两地创业政策共享,加强创业孵化基地合作交流。

(七)建立失业风险防范机制

1.建立和完善行业失业就业统计监测预警调查体系

在商贸流通领域分行业建立重点企业库,建立劳动力就业监测企业数据库,充分涵盖限上、限下企业。支持第三方机构按期抽取数据库样本开展调查监测,分析商贸领域就业贡献,并通过人力资源市场、网上招聘等渠道探索监测行业企业劳动力变化情况。

2.全面加强失业风险应对处置

针对商贸流通领域就业人数多的特点,发挥行业协会优势,对发现的苗头性、趋势性和规模性裁员等情况及时向相关部门提供预警信息。完善失业风险应急预案,建立就业风险储备金和分级响应政策储备库,有效防范化解失业风险。建立困难企业与职工协商机制,采取依法调整工时、薪酬、工作方式等,稳定工作岗位,指导企业依法依规裁员。积极应对商贸流通领域智能化等新技术应用对就业的影响,指导企业开发新的工作岗位,构建企业内部、企业之间、行业之间、商业业态之间转岗机制。

3.建立劳动者帮扶机制

不断提升劳动者知识和技能,以应对人工智能的挑战。完善失业保障体系,扩大失业保险覆盖范围,保障失业人员简便、按时领取失业保险金。采取"低保渐退"等措施,提振失业人员就业意愿,畅通失业人员救助渠道,建立失业人员常态化帮扶机制。加强对劳动者教育引导,树立正确的人生观、价值观、就业观,增强对企业的责任感、认同感和归属感,做到爱岗敬业、遵纪守法、诚实守信、勤奋拼搏,以合理合法方式表达自身诉求。教育引导企业履行社会责任,提高依法用工、保障职工合法权益、丰富职工文化生活的意识,构建和谐的劳动关系。

课题负责人:张　雷
课题组:重庆工商大学
课题主研人员:龚英　简玉兰　叶　勇　王年倩　崔　亮　李欣漪

数字化背景下高校毕业生就业指导服务转型研究

摘　要:近年来,高校毕业生就业形势严峻复杂,面临多重困难和挑战。2024届全国普通高校毕业生规模预计达 1 179 万人,同比增加 21 万人。重庆市 2024 届高校毕业生将突破 36 万人,同比增加 2.4 万人。推动大学生就业工作数字化升级,是实现更加充分更高质量就业的关键举措,实践探索构建"成渝地区双城经济圈高校毕业生就业指导服务数字平台生态系统",推动数字化背景下高校毕业生就业指导服务转型,助力高校毕业生就业工作高质量发展。

关键词:数字化　高校毕业生　就业指导　服务转型

一、绪论

(一)研究背景与意义

1. 研究背景

当前,高校毕业生就业形势严峻复杂,面临多重困难和挑战。就业结构性矛盾依然突出,"就业难"与"招人难"并存,"供给侧"高校毕业生的求职信息和"需求侧"用人单位的岗位信息有效匹配有待加强,就业指导服务的针对性、有效性还需进一步提高。为此,要精准促进供需对接,以人岗匹配为目标,根据学历专业、技能水平、就业意愿等针对性推送岗位信息,提高对接匹配精度。我国已经步入数字经济时代,党中央和国务院高度重视数字经济和数字中国建设发展,习近平总书记指出"要推动各领域数字化优化升级","运用大数据促进保障和改善民生"。教育部打造并全新升级的"国家 24365 大学生就业服务平台",为学生提供 24 小时不打烊的"云"就业服务,成为推动高校就业工作高质量发展的最大增量。

2.研究意义

推动大学生就业工作数字化升级,是实现更加充分更高质量就业的关键举措,对促进全国统一人力资源大市场建设,推动有效市场和有为政府更好结合,进一步完善高校毕业生就业工作体系,具有非常重要的意义。要抓紧建成省级集中的就业信息资源库和信息平台,变"人找政策、人找服务"为"政策找人、服务找人"。重庆市人力社保局持续推动就业工作数字化转型,实施了"一库四联盟"就业服务机制改革(其中,"一库"指人力资源信息库,"四联盟"为就业服务联盟、培训联盟、创业联盟和人力资本联盟),有效破解了底数不清、趋势不明、匹配不准等问题。然而,与其他就业人群相比较,大学生就业具有自身的特点,为此,重庆市大学中专毕业生就业指导服务中心打造了重庆智慧就业平台,建立了专家库和专家咨询平台,在高校集中地方建立了10个工作服务站,为高校毕业生适时提供精准政策咨询、问题问诊以及一揽子帮扶计划,取得了良好的实际成效。下一步,如何更加有效对接"国家24365大学生就业服务平台",进一步提升重庆智慧就业平台的效能,推动数字化背景下高校毕业生就业指导服务转型,成为我市高校毕业生就业工作高质量发展的重要议题。本课题运用数字平台生态系统理论,深入研究数字化背景下高校毕业生就业指导服务转型的内涵、机理和实现路径,实践探索构建"成渝地区双城经济圈高校毕业生就业指导服务数字平台生态系统",并提出相应的管理策略。

（二）研究内容

本课题研究主题是数字化背景下高校毕业生就业指导服务转型问题,研究范围包括数字化背景下高校毕业生就业指导服务转型的概念和内涵、数字化背景下高校毕业生就业指导服务转型的目标、数字化背景下高校毕业生就业指导服务内容的转型、数字化背景下高校毕业生就业指导服务手段的转型、数字化背景下高校毕业生就业指导服务质量评价的转型、数字化背景下高校毕业生就业指导服务转型的影响因素、数字化背景下高校毕业生就业指导服务转型的机制与路径、数字化背景下高校毕业生就业指导服务转型的战略与策略等八个方面的具体问题。

二、理论基础与文献综述

（一）理论基础

1. 数字平台生态系统理论

本课题借鉴经济管理领域的数字平台生态系统理论。该理论源于商业生态系统学说。Moore 将商业生态系统定义为：一个由相互作用的组织和个人组建的经济共同体，包括供应商、生产者、竞争对手和其他利益相关者，生产对顾客有价值的商品和服务，而顾客本身就是生态系统的成员。随着信息与通信技术领域的进步，在商业生态系统学说的基础上平台生态系统应运而生。平台生态系统是大型互联网平台基于初始产业领域的多样化扩张而构建出的跨产业的多元网络生态经济圈。数字平台生态系统理论本意是信息通信技术的进步带来的数字经济的发展，使数字经济时代生产要素的使用与流转彻底脱离了物理空间和时间的束缚。

2. 生涯辅导理论

舒伯提出生涯发展理论。随后，Holland、Krumboltz、Galett 等众多学者陆续提出新的理念和方法。1971 年，美国教育总署署长马兰提出生涯教育理念，引导学生关注个人的发展。美国全国职业信息统委会开发的《国家生涯发展指导纲要》确立了自我认知、环境探索和生涯规划等三个青少年生涯辅导领域。美国的 Swain 认为生涯决策的影响因素包括价值观、生涯兴趣、家庭社会环境及教育和职业的咨询，这些对最后设定的生涯目标有着决定性作用。由此，提出生涯规划模式包括"自己的特质""自己与环境的关系"以及"教育与职业资料"等三方面的探索。

3. 职业发展理论

职业发展理论主要代表人物为美国学者金兹伯格和苏帕尔，他们于 20 世纪 40 年代初提出发展性职业咨询和指导概念及其原则，于 50 年代形成理论体系。职业发展理论的主要论点为：职业发展在个人生活中是一个连续长期的过程，可分为几个连续的不同阶段。金兹伯格将职业发展分为幻想、尝试和现实等三个阶段；苏帕尔则把职业发展分为成长、探索、确定、维持和衰退等五个阶段。职业发展是个体不断适应环境和自我调整的过程。在职业生涯中，个体会经历职业选择、职业进入、职业适应、职业调整和职业退出等多个职业发展过程,这些过程相互影响。其中,职业决策是职业生涯中最重要的过程之一。

4.专业选择理论

美国的霍兰德提出的职业性向理论,把人格分成六大类,即现实型、研究型、艺术型、社会型、企业型和常规型。与之相应,职业类型也可以分成现实型、研究型、艺术型、社会型、企业型和常规型等六大类。人格与职业环境的匹配是形成职业满意度、成就感的基础,如果个体的人格类型与职业环境类型属于同一个类型,那么该个体的职业满意度和成就感就会处于较高水平。

(二)文献综述

1.高校毕业生就业指导服务的主要措施

现阶段有关高校就业指导服务的研究主要集中在以下四个方面。一是就业市场的研究。这方面的研究主要关注就业市场的变化和趋势,包括行业就业需求、薪资水平、就业前景等方面。就业指导机构通过对就业市场情况的分析,为毕业生就业目标的树立、就业方向的选择和就业方案的制订提供指导意见。二是对就业指导课程的研究。部分研究关注职业指导课程的效果和影响,包括课程的内容、形式、教学方法等方面。三是学者更多地关注就业咨询服务的研究。这方面的研究主要关注就业咨询服务的有效性和质量,包括咨询服务的流程、效果和影响等方面。四是涉及毕业生就业心理的研究。这方面的研究主要关注毕业生的就业心理和就业压力的影响,包括毕业生的自我认知、职业期望、就业自信心等方面。

2.高校毕业生就业指导服务工作存在的主要问题

高校毕业生是国家未来建设与发展的主力军,国家高度重视高校毕业生的就业问题,并不断出台和优化相关促进就业的政策与措施。目前,各地高等教育主管部门以及高校均成立了常态化专门机构与雇主对接,为大学生提供求职与指导服务,但高校就业工作也存在以下问题亟须解决。第一,就业信息不对称,缺乏综合性和真实性。就业指导工作中面临信息分散杂乱、整合度较低和质量不佳等问题。就业信息与公司的招聘信息缺乏有效联通,无法形成有效对接,招聘信息缺乏综合管理,导致就业信息内容不全面,毕业生难以判别优劣。第二,"慢就业"现象凸显,就业观念趋于稳定。近些年,许多大学生毕业之后的工作意向更偏向于走进体制内,择业概念保守,很多家长也支持子女去考公和考研。第三,就业指导个性化缺失,缺少针对性和精准性。高校就业指导工作基本是进行传统就业理论课程灌输,或者在毕业季时邀请教师和行业专家开展就业问题专题指导讲座。然而,由于高校毕业生个性突出、职业价值观差异大,难以提供一对一的、个性化的、有针对性的深度指导就业咨询服务。

3. 大数据背景下高校就业指导服务转型

随着信息技术的不断发展,人工智能和大数据应用也越来越丰富,大数据在高校就业指导服务中所扮演的重要角色也慢慢被学者关注。一方面,部分学者根据管理信息系统理论,提出建立高校就业管理信息系统,曾志明等学者认为高校就业管理信息系统应包含就业公共信息服务、毕业生与用人单位求职招聘、毕业生就业管理和毕业生就业指导与创业教育四个子系统,增强高校就业管理的互动性、自主性和参与性。随着大数据、人工智能、区块链技术等引发的教育信息化变革,学者提出了构建基于大数据的高校智能就业服务模式。有研究指出,大数据就业服务的精准化应该达到就业平台智慧化、就业服务人员专业化、就业服务方式多样化的要求。另一方面,一些学者提出搭建具体的大数据就业服务平台,如刘洪超等学者构建了集就业、招聘、教育、评估、监测、研判等于一体的高校智能就业服务平台,通过将学生职业画像和雇主岗位画像进行精准对比和匹配,为毕业生制订精细化的就业指导方案。

4. 研究评述

长期以来,高校缺乏对毕业生就业数据分析和精准就业指导服务,直接影响学生的精准就业。此外,高校通常对往届毕业生的就业信息缺乏有效的监测与分析,无法准确预测市场未来需求的变化,无法准确改革与发展高校教学课程,导致人才培养与就业需求之间产生结构性的矛盾。随着大数据技术的引入,为解决此类问题和矛盾提供了新的解题思路。

现阶段,有关利用大数据技术构建高校毕业生就业服务体系的研究较少,并且大部分研究多集中在构建高校就业信息系统上,该部分研究将重心放在了就业信息的收集与存储,每个管理系统是相互独立的,智能化水平较低。但是随着毕业生就业形势日趋严峻,毕业生越来越关注内在自我,要求高校毕业生就业指导更加精细化和个性化。同时随着大数据和人工智能技术的深入发展,为高校毕业生就业指导工作更加精细化提供了新的技术基础。

（三）本研究的分析框架

本研究深入总结重庆市大学中专毕业生就业指导服务中心建设和运作"重庆智慧就业平台"的成功经验，基于数字平台生态系统理论，构建本课题研究的理论分析框架，系统研究数字化背景下高校毕业生就业指导服务转型的影响因素、数字化背景下高校毕业生就业指导服务转型的机制与路径，在此基础上提出数字化背景下高校毕业生就业指导服务转型的战略与策略，为数字化背景下高校毕业生就业指导服务转型发展提供理论支撑和实践借鉴。

三、"重庆市普通高校毕业生智慧就业平台"案例分析

信息化时代，随着信息技术的迅猛发展，"互联网+就业"是促进高校毕业生更加充分、更高质量就业的重要手段。为此，重庆市大学中专毕业生就业指导服务中心认真贯彻落实习近平新时代中国特色社会主义思想，以开展主题教育为契机推动高校毕业生就业工作走深走实，对接教育部24365高校智慧就业平台建设，打造出"重庆市普通高校毕业生智慧就业平台"/24365高校智慧就业平台，探索高校毕业生就业指导服务转型发展。

（一）"重庆市普通高校毕业生智慧就业平台"发展历程

早在2014年，重庆市大学中专毕业生就业指导服务中心就组建了"重庆高校就业创业指导专家库"，聘请一批企业专家、行业专家和高校从事就业创业工作授课、研究及具有丰富管理经验的政策咨询人员，运用各种形式为毕业生解答求职过程中面临的各种困惑，实施高校毕业生就业指导服务转型发展。

针对部分高校反映的就业服务指导不足的问题，重庆市大学中专毕业生就业指导服务中心联合人社部门分片区建立了10个高校服务站，申请专项配套经费，选派专人驻站。服务站对所属片区高校实施就业创业政策宣讲，面向高校师生定期举办就业创业能力提升班，整合市内外专家资源到校开展培训，提升学校就业工作队伍水平和学生就业竞争能力。针对毕业生去向落实率较低、岗位不足的高校，服务站还积极组织用人单位进高校，协助高校开展园区访企拓岗对接、校企合作对接。

（二）"重庆市普通高校毕业生智慧就业平台"发展现状

目前"重庆市普通高校毕业生智慧就业平台"专家库的成员已近300人，每年为高校提供巡讲、在线直播、个性化咨询等服务，直接服务学生10多万人次。"重庆市普通高校毕业生智慧就业平台"/24365高校智慧就业平台，集聚了4万余家用人单位、50万余个需求岗位，最大限度整合数据资源。平台还通过收集毕业生求职意向，实现人岗智能精准匹配，"点对点"推送给用人单位和待就业学生。"重庆市普通高校毕业生智慧就业平台"/24365高校智慧就业平台已实现就业服务、手续一网通办，签订一份三方协议的时间由原来平均15天缩短到只需几小时，就业数据更加真实准确。

"重庆市普通高校毕业生智慧就业平台"/24365高校智慧就业平台分为学生、学员管理员和学校管理员三大使用端，每个使用端分成相应的模块。其中，学生端包括学生激活、学生登录、在线简历管理、现场活动报名及入场、生源信息核对、推荐表注册、签约/解约中心、管理员强制解约等八大模块；学员管理员端包括用户管理、就业管理两大模块；学校管理员端包括用户管理、就业市场、就业管理、网站管理等四大模块。

（三）"重庆市普通高校毕业生智慧就业平台"的经验

1. 立足三个精准，推动就业服务数字化走深走实

一是精准确定帮扶对象。根据重庆高校地域分布分散的情况，对边远地区和薄弱高校，设立了永川、万州、合川、江津等7个服务工作站，每个服务站对应7～10所区域高校，实现就业指导服务触角延伸。二是精准建立问题清单。市就业中心全员面向高校职能部门、二级院系和辅导员开展全覆盖、沉浸式调研，在此基础上聚焦突出问题展开分析研讨，精准制定了就业创业问题清单。三是精准制订帮扶方案。根据片区问题清单，市就业中心组织市内外专家，采取实地或视频方式问诊，提出"一校一策"解决方案，在此基础上，依托服务站落实帮扶措施，实施跟踪帮扶和服务。

2. 突出三个聚焦，帮助高校补齐工作短板

一是聚焦能力提升。依托服务站开展就业创业工作队伍培训，着力解决一线辅导员流动性大、政策业务不熟悉等问题。同时指导高校完善政策文件制度，规范就业创业工作过程管理，建立健全就业工作考核机制、就业质量评价体系以及招生就业联动机制等工作。二是聚焦工作规范。服务站固定1名技术人员，解决片区

高校在数据采集报送、数据审核、数据统计分析、人脸识别电子签章系统、招聘会系统使用等方面问题。三是聚焦个性需求。对边远地区高校岗位不足的问题,整合市级部门资源"送岗位进高校";针对渠道拓展的问题,联系工业园区和市外企业开展访企拓岗和校企合作对接;针对民办高校队伍流动性大的问题,分校实施队伍专题培训。

3. 完善三项机制,确保就业指导服务取得实效

一是完善运行机制。服务站由市教委和市人力社保局共建,双方共同选派人员驻点服务,所有对片区高校的服务,通过服务站统筹实施。同时为服务站的运行提供专项经费和场地支持,确保机构、场地、经费和人员"四到位"。二是完善监督机制。市教委会同人力社保部门对服务站工作人员进行监督管理,根据进校解决问题的次数、开展活动的情况等建立量化考核指标体系,对工作进度、服务质量和服务效果实施评价考核,确保工作推进取得实效。三是完善协作机制。市教委、市人力社保局作为转变工作作风、推动重心下沉的重要举措,与全市就业创业工作一同安排。市就业中心牵头,与高校和工作站形成定期会商机制,政、校、站紧密协作配合,推动政策落实到位,指导帮扶到位。

(四)"重庆市普通高校毕业生智慧就业平台"的不足分析

通过前期的运行实践,课题组发现"重庆市普通高校毕业生智慧就业平台"仍然存在一些不足之处,需要进一步做深做细做实就业指导服务工作,切实帮助高校解决学生就业创业工作过程中存在的具体困难和问题,推动就业创业工作提质增效、提档升级。

1. 工作机制需要进一步完善

一是需要针对边远地区和薄弱高校片区进行集中选址。重点针对边远地区和薄弱高校建立服务工作站,同时将站点建立在相对集中的高校,确保辐射"1 小时服务圈",实现全覆盖。二是需要建立更加全面的问题清单。重庆市就业中心需要进一步与距主城区较远的高校就业创业服务站一起,分片区调研解决大学生就业、创业面临的问题,形成更加全面的问题清单。三是需要针对问题清单提出更加系统的解决方案。根据片区问题清单,组织市内外专家,针对高校问题进行问诊,提出"一校一策"的解决方案,服务工作站根据解决方案实施帮扶和服务。四是需要建立更为有效的监督机制。根据解决方案,就业中心工作组和高校实时监督服务站落实进度和情况,建立量化考核指标体系,对服务站人员的服务质量和效果实施年度考核,确保工作取得实效。

2.推进工作需要落实"最后1公里"

一是助力高校建立健全就业创业工作机制。需要就业中心牵头,依托服务站对所属片区高校实施就业创业政策宣讲,指导高校完善政策文件制度,帮助高校规范就业创业工作过程管理,辅助高校建立健全就业工作考核机制、就业质量评价体系以及招生就业联动机制等工作。二是做深做实就业创业培训服务工作。坚持问题导向,根据学校实际需求制订适合本校的就业创业培训方案,整合市内外专家资源到校开展培训,同时对培训效果进行跟踪,提升学校就业工作队伍水平和学生就业竞争能力。三是推进智慧就业平台更好地服务高校。就业中心需要每年针对全市举办智慧就业平台使用市级培训,服务站固定若干名技术人员,负责片区内高校智慧就业平台的使用指导,主要包括数据采集报送、数据规范性、数据审核、数据统计分析、数据调查核查、人脸识别电子签章系统、招聘会系统、宣讲会系统的使用等。四是送就业市场服务进高校。市就业中心会同其他市级部门组织用人单位进高校,协助高校开展园区访企拓岗对接、校企合作对接等工作。五是送创业服务进高校。高校服务站需要根据片区学校的需要,协助学校开展创业教育,指导学校创业基地建设、创业项目孵化、项目参赛和成果转化等工作。

3.就业创业服务工作需要创立新格局

一是需要树立结果导向,重塑服务机制。便捷高效的工作机制是推动工作落实的关键,高校服务工作站的建立是打破原有高校汇报请示机制,让就业创业服务走进高校,切实解决高校和毕业生就业的具体困难和问题的创新举措。二是需要变问题为课题,狠抓落实落地。服务站需要进一步聚焦高校实际,变问题为课题,根据高校实际困难和问题,整合全市资源对服务站实施精准帮扶,补齐短板。三是需要强化站点落地,扎实推进服务。目前10个服务站点已经完全落地实施,驻站人员均到站办公,已经完成就业创业大调研,智慧就业平台使用到校指导服务,送创业政策、送岗位、送就创专家等活动到学校。但是,需要确保服务成效落地生根。

四、数字化背景下高校毕业生就业指导服务转型的问题研究

(一)问卷调查

1.调查问卷编制

为了进一步评价我市高校毕业生就业指导服务中的数字化应用情况,本研究

编制了相应的调查问卷,对使用重庆市普通高校毕业生智慧就业平台/24365 高校智慧就业平台(下文简称"平台")的高校毕业生以及高校毕业生就业指导服务人员进行问卷调查,收集一手数据,并进行相应的数据统计分析。本研究编制了包含37 个题项的调查问卷,从信息获取、流程、便捷性、可靠性、有用性、效率、满意度以及向他人推荐度等多个维度评价"重庆市普通高校毕业生智慧就业平台/24365 高校智慧就业平台"提供的就业指导服务。

2. 问卷调查实施

2023 年 9—11 月,课题组联系重庆市各高校的就业管理部门的老师,采用分层抽样法抽取问卷填答对象,在问卷星发布调查问卷,由各高校的联络人将调查问卷的网络链接发给抽取到的毕业生进行在线填答。最终,通过问卷星共收集有效样本 7 734 份。

(二)问卷调查数据分析

被调查的学生中,男性占比 56.19%,女性占比 43.81%。大学专科占比65.55%,大学本科占比 31.37%,硕士研究生占比 2.47%,博士研究生占比0.61%。本次调研的学历分布基本吻合我国学历层次分布,数据具有一定的代表性。被调查的学生中,2024 届毕业生占比最高,为 71.19%;2023 届毕业生占比为9.09%,2022 届毕业生占比 4.27%,其他往届毕业生占比 15.45%。可以看出,"24365 高校智慧就业平台"的用户较多地集中在应届毕业生,往届毕业生在毕业后仍会选择通过"24365 高校智慧就业平台"搜集工作岗位信息。

图 1 显示,被调查的学生中,理学和工学学生占比最高,分别为 26.96% 和26.91%;历史学、哲学和农学学生占比最少,分别为 0.17%、0.21% 和 0.37%;其余学科占比分别为医学 11.08%、管理学 11.68%、经济学 6.06%、艺术学 4.94%、法学 4.31%、文学 4.11%、教育学 3.21%。

图 2 显示,被调查的学生中,"24365 高校智慧就业平台""一周以上才使用 1次"的学生占比为 43.12%;"每天使用 4 次及以上"的学生占比为 9.89%;"一周使用 1 次""3~4 天使用 1 次""2~3 天使用 1 次""每天使用 1 次"和"每天使用 2~3次"的学生占比分别为 14%、4.84%、9.45%、8.4% 和 10.29%。

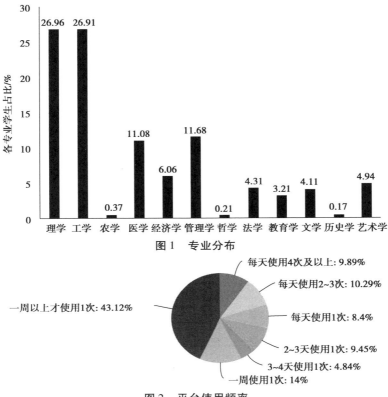

图1 专业分布

图2 平台使用频率

1.高校毕业生对就业指导服务转型发展的基本评价

（1）平台招聘信息真实可靠性调查情况（图3）

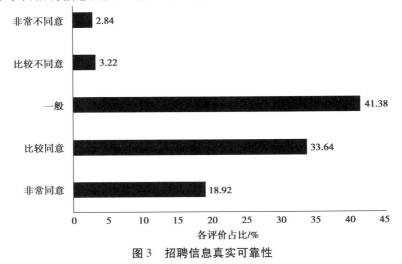

图3 招聘信息真实可靠性

（2）平台招聘信息时效性调查情况（图4）

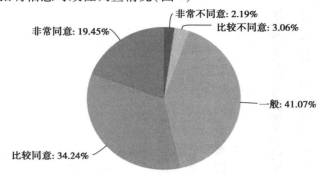

图4　招聘信息时效性

（3）平台招聘信息内容简明易懂调查情况（图5）

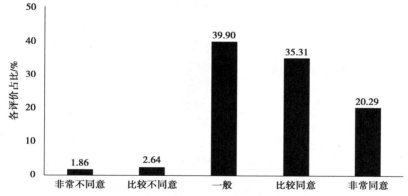

图5　招聘信息内容简明易懂

（4）平台招聘信息全面性和丰富性调查情况（图6）

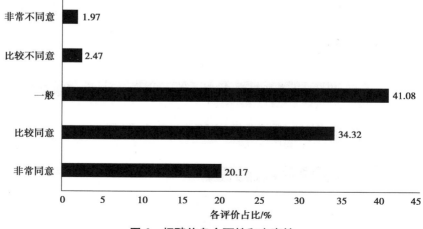

图6　招聘信息全面性和丰富性

（5）平台定制化就业信息调查情况（图7）

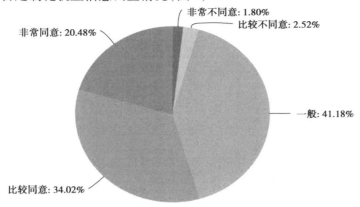

图7　定制化就业信息

（6）平台提供就业信息的专业程度调查情况（图8）

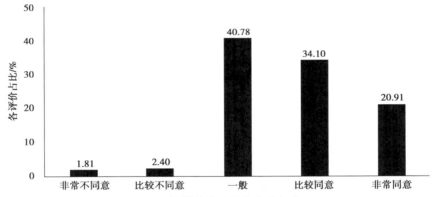

图8　提供的就业信息专业程度

（7）平台活动通知多样性和及时性认可度调查情况（图9）

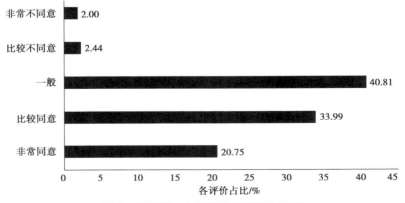

图9　活动通知多样性和及时性认可度

267

（8）平台界面布局的简洁性和合理性调查情况（图10）

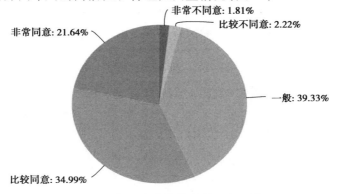

图10 界面布局的简洁性和合理性

（9）平台界面响应速度满意度调查情况（图11）

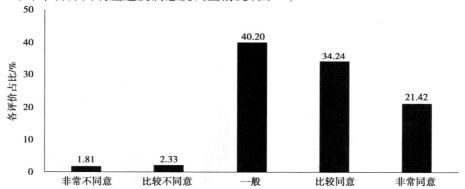

图11 界面响应速度

（10）平台界面功能清晰易懂性调查情况（图12）

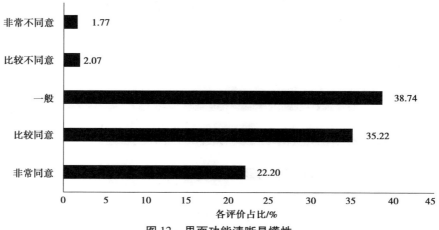

图12 界面功能清晰易懂性

（11）平台界面操作顺畅性调查情况（图13）

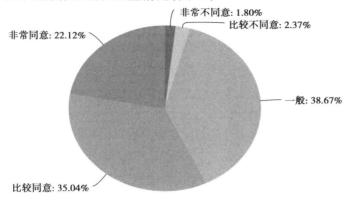

图13 界面操作顺畅性

（12）平台界面可操作性满意度调查情况（图14）

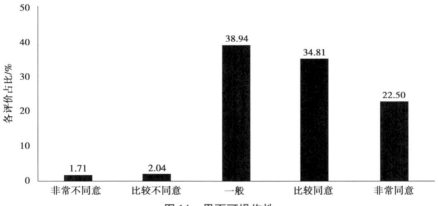

图14 界面可操作性

（13）平台运行稳定性调查情况（图15）

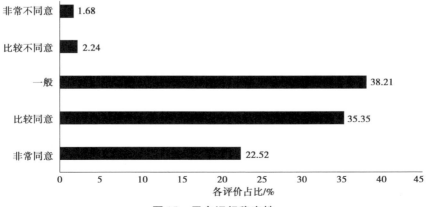

图15 平台运行稳定性

（14）平台对求职帮助性调查情况（图16）

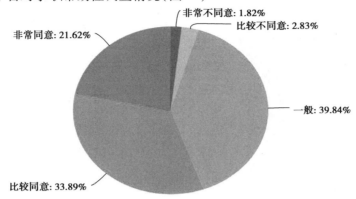

图16　平台对求职帮助性

（15）平台满足求职需求的有效性调查情况（图17）

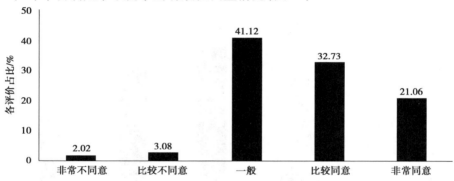

图17　平台满足求职需求的有效性

（16）平台提高求职效率调查情况（图18）

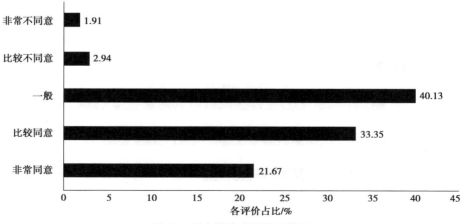

图18　平台提高求职效率情况

（17）平台提供的就业服务符合预期调查情况（图19）

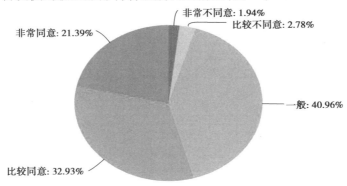

图19　平台提供的就业服务符合预期情况

（18）平台使用效果调查情况（图20）

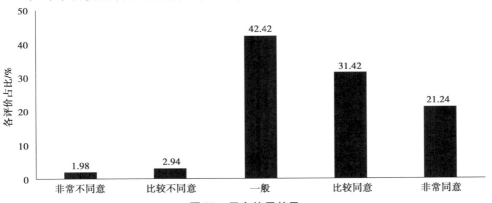

图20　平台使用效果

（19）平台整体的体验满意度调查情况（图21）

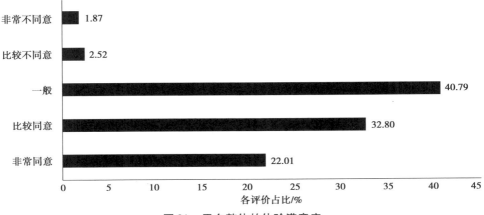

图21　平台整体的体验满意度

271

（20）平台提供的信息、服务、求职过程满意度调查情况（图22）

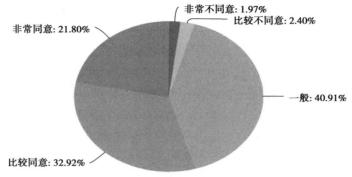

图22 平台提供的信息、服务以及求职过程满意度

（21）平台外观、设计、服务满意度调查情况（图23）

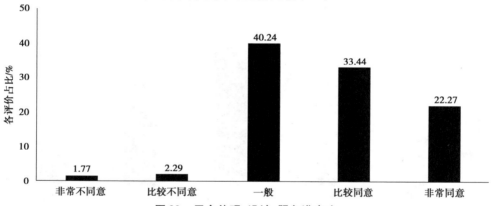

图23 平台外观、设计、服务满意度

（22）使用平台满意度调查情况（图24）

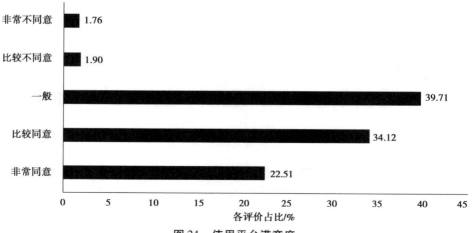

图24 使用平台满意度

（23）平台保护学生个人隐私调查情况（图25）

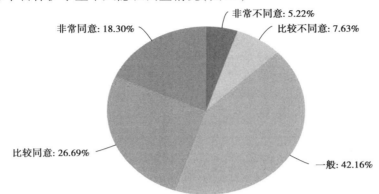

图25 平台对个人隐私信息的保护情况

（24）使用平台安全性调查情况（图26）

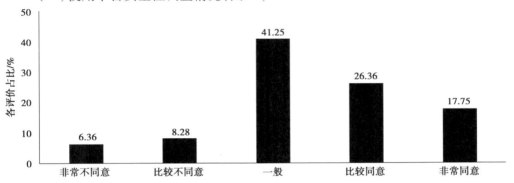

图26 对不合理收费或欺诈性收费的担忧

（25）使用平台产生影响调查情况（图27）

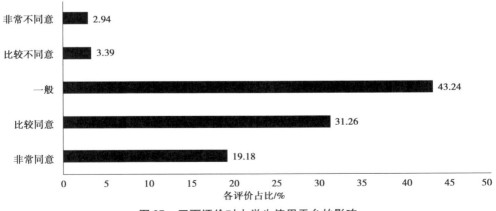

图27 正面评价对大学生使用平台的影响

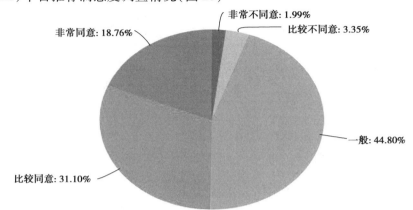

（26）平台推荐满意度调查情况（图28）

非常不同意：1.99%

比较不同意：3.35%

非常同意：18.76%

一般：44.80%

比较同意：31.10%

图28　平台推荐的满意度

（27）推荐该平台意愿程度调查情况（图29）

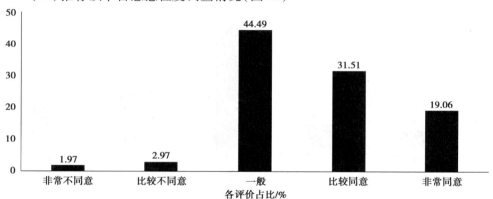

图29　对平台的推荐意愿

（28）从平台获取服务类型调查情况（图30）

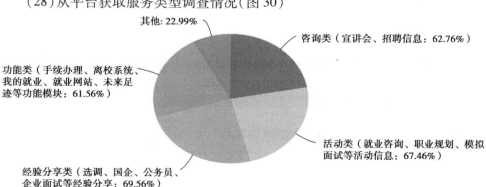

其他：22.99%

咨询类（宣讲会、招聘信息：62.76%）

功能类（手续办理、离校系统、
我的就业、就业网站、未来足
迹等功能模块：61.56%）

活动类（就业咨询、职业规划、模拟
面试等活动信息：67.46%）

经验分享类（选调、国企、公务员、
企业面试等经验分享：69.56%）

图30　能够从平台获取的服务类型

（29）希望从平台获取就业服务类型调查情况（图31）

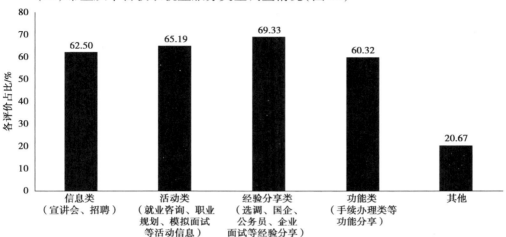

图31 希望从平台获取的就业服务类型

（30）希望平台改进意愿调查情况（图32）

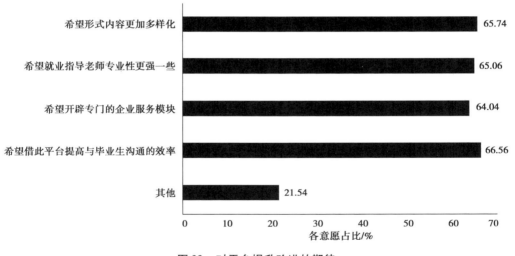

图32 对平台提升改进的期待

2.高校毕业生对就业指导服务转型发展的差异性评价

（1）毕业生的平台使用频率在性别、学历、学科、毕业身份等方面存在的差异性

性别模型说明不同的性别在使用频率的选择上具有显著性差异。男生每天使用的频率显著高于女生,使用频率（每天使用 1 次）、使用频率（每天使用 2 ~3 次）和使用频率（每天使用4 次及以上）分别是9.641%、11.275%和12.586%。

学历模型说明不同的学历在使用频率的选择上具有显著性差异。博士研究生的使用频率最高,本科生的使用频率最低。

学科模型说明不同的学科类型在使用频率的选择上具有显著性差异。农学、哲学、历史学、理学和工学专业的学生使用频率较高,经济学、管理学、艺术学、教育学的使用频率较低,医学的使用频率最低。

毕业生身份模型说明不同的身份在使用频率的选择上具有显著性差异。2024届毕业生使用频率最高,其次是2022届毕业生,2023届和其他毕业生的使用频率大体相同。

(2)毕业生对平台可靠性的认知在性别、学历、学科、毕业身份等方面存在的差异性

性别模型说明不同的性别在招聘信息真实可靠的选择上具有显著性差异。男生对招聘信息真实可靠的质疑度大于女生,男生质疑占比7.5%,女生信任占比53.6%。

学历模型说明不同的学历在招聘信息真实可靠的选择上具有显著性差异。博士研究生对招聘信息真实可靠的看法两极化,完全不认可和完全认可的占比均较高,分别是25.532%和21.277%;硕士研究生对招聘信息真实可靠的看法最积极,占比约60%。

学科模型说明不同的学科类型在招聘信息真实可靠性的选择上具有显著性差异。哲学专业的学生对招聘信息真实可靠性的态度两极分化程度最严重,完全不认可和完全认可招聘信息真实可靠的占比均最高,分别是37.500%和12.500%。

毕业生身份模型说明不同的身份在招聘信息真实可靠性的选择上具有显著性差异。2024届毕业生对招聘信息真实可靠性的认可度最高,2022届毕业生对招聘信息真实可靠性的质疑度最高。

(3)毕业生对平台时效性的认知在性别、学历、学科、毕业身份等方面存在的差异性

性别模型说明不同的性别在招聘信息时效性的选择上具有显著性差异。男生认为招聘信息时效性较弱,占比6.4%;女生对招聘信息的时效性态度较为中立,非常赞成的比重为14.758%,非常质疑的比重为1.328%。

学历模型说明不同的学历在招聘信息时效性的选择上具有显著性差异。大多博士研究生对招聘信息时效性持质疑态度,占比约为23%;专科生对招聘信息时效性非常满意的占比最高,为22.327%。

学科模型说明不同的学科类型在招聘信息时效性的选择上具有显著性差异。农学专业的学生对招聘信息时效性的满意度较低,非常满意的占比为0;哲学专业的学生对招聘信息时效性的满意度两极分化,非常满意和非常不满意的占比最高,分别为25.000%和12.500%。

毕业生身份模型说明不同的身份在招聘信息时效性的选择上具有显著性差异。2024届毕业生对招聘信息时效性非常满意的占比最高,为20.341%,2022届毕业生对招聘信息时效性非常不满意的占比最高,为3.636%。

(4)毕业生对内容简明易懂性的认知在性别、学历、学科、毕业身份等方面存在的差异性

性别模型说明不同的性别在招聘信息内容简明易懂的选择上具有显著性差异。相比女生,男生对招聘信息内容简明易懂的满意程度较低。

学历模型说明不同的学历在招聘信息内容简明易懂的选择上具有显著性差异。专科生对招聘信息内容简明易懂的满意程度较高,博士研究生对招聘信息内容简明易懂的满意程度较低。

学科模型说明不同的学科类型在招聘信息内容简明易懂的选择上具有显著性差异。大多哲学和历史学专业的学生不认为招聘信息内容复杂难懂,理学、工学和法学专业的学生对招聘信息内容简明易懂性满意度较高。

毕业生身份模型说明不同的身份在招聘信息内容简明易懂的选择上具有显著性差异。2023届毕业生对招聘信息内容简明易懂的满意度最高,占比约为57%;2022届毕业生对招聘信息内容简明易懂的非常满意度最高,占比约为3.333%。

(5)毕业生对平台信息的全面性和丰富性的认知在性别、学历、学科、毕业身份等方面存在的差异性

性别模型说明不同的性别在信息全面性和丰富性的选择上具有显著性差异。相比女生,男生对平台信息的全面性和丰富性的满意程度较低。

学历模型说明不同的学历在信息全面性和丰富性的选择上具有显著性差异。博士研究生对平台信息的全面性和丰富性显著不满意,占比约为28%。

学科模型说明不同的学科类型在信息全面性和丰富性的选择上具有显著性差异。哲学专业的学生对平台信息的全面性和丰富性非常不满意,占比约为12.5%;教育学专业的学生对平台信息的全面性和丰富性满意度最高,占比约为61%。

毕业生身份模型说明不同的身份在信息全面性和丰富性的选择上具有显著性差异。2022届和2023届毕业生对平台信息的全面性和丰富性不满意程度较高,占比均约为7%;其他届毕业生对平台信息的全面性和丰富性满意度最高,占比约为65%。

(6)毕业生对平台定制化信息的认知在性别、学历、学科、毕业身份等方面存在的差异性

性别模型说明不同的性别在定制化信息的选择上具有显著性差异。相比女生,男生对平台定制化信息的满意程度较低。

学历模型说明不同的学历在定制化信息的选择上具有显著性差异。博士毕业

生对平台定制化信息满意度最低,而专科生对平台定制化信息满意度最高。

学科模型说明不同的学科类型在定制化信息的选择上具有显著性差异。哲学和历史学专业的学生对平台定制化信息非常不满意,占比分别为 6.3% 和 7.7%,而教育学专业的学生对平台定制化信息的满意度最高,占比约为 60%。

毕业生身份模型说明不同的身份在定制化信息的选择上具有显著性差异。2022 届毕业生对平台定制化信息的不满意程度最高,占比约为 8%;2024 届毕业生对平台定制化信息的满意度最高,占比约为 56%。

(7)毕业生对信息专业化的认知在性别、学历、学科、毕业身份等方面存在的差异性

性别模型说明不同的性别在专业化信息的选择上具有显著性差异。相比女生,男生对信息专业化的满意程度较低。

学历模型说明不同的学历在专业化信息的选择上具有显著性差异。博士研究生对信息专业化的满意度最低,专科生对信息专业化的满意度最高。

学科模型说明不同的学科类型在专业化信息的选择上具有显著性差异。哲学专业的学生对信息专业化的满意度最低,而教育学专业的学生对信息专业化的满意度最高。

毕业生身份模型说明不同的身份在专业化信息的选择上具有显著性差异。2023 届和 2024 届毕业生对信息专业化的满意度较高,而 2022 届毕业生对信息专业化的满意度较低。

(8)毕业生对平台活动通知的多样性和及时性的认知在性别、学历、学科、毕业身份等方面存在的差异性

性别模型说明不同的性别在活动通知的多样性和及时性的选择上具有显著性差异。相比女生,男生对平台活动通知的多样性和及时性的满意程度较低。

学历模型说明不同的学历在活动通知的多样性和及时性的选择上具有显著性差异。博士研究生对平台活动通知的多样性和及时性的满意度最低,不满意度占比约为 25%;硕士研究生和专科生对平台活动通知的多样性和及时性的满意度最高,均约为 56%。

学科模型说明不同的学科类型在活动通知的多样性和及时性的选择上具有显著性差异。哲学专业的学生对平台活动通知的多样性和及时性的满意度最低,不满意度约为 37%;理学专业的学生对平台活动通知的多样性和及时性的满意度最高,满意度约为 58%。

毕业生身份模型说明不同的身份在活动通知的多样性和及时性的选择上具有显著性差异。2022 届毕业生对平台活动通知的多样性和及时性的满意度最低,不满意度占比约为 8%;2023 届和 2024 届毕业生对平台活动通知的多样性和及时性的满意度较高,均约为 56%。

（9）毕业生对平台界面布局的简洁性和合理性认知在性别、学历、学科、毕业身份等方面存在的差异性

性别模型说明不同的性别在界面布局的简洁性和合理性的选择上具有显著性差异。相比女生，男生对平台界面布局的简洁性和合理性的满意程度较低。

学历模型说明不同的学历在界面布局的简洁性和合理性的选择上具有显著性差异。博士研究生对平台界面布局的简洁性和合理性的满意度最低，不满意度占比约为 23%；硕士研究生对平台界面布局的简洁性和合理性的满意度最高，约为 60%。

学科模型说明不同的学科类型在界面布局的简洁性和合理性的选择上具有显著性差异。哲学专业的学生对平台界面布局的简洁性和合理性的不满意度最高，占比约为 25%；教育学、理学和管理学专业的学生对平台界面布局的简洁性和合理性的满意度最高，约为 60%。

毕业生身份模型说明不同的身份在界面布局的简洁性和合理性的选择上具有显著性差异。2022 届毕业生对平台界面布局的简洁性和合理性的满意度最低，而 2024 届毕业生对平台界面布局的简洁性和合理性的满意度最高。

（10）毕业生对平台响应速度的认知在性别、学历、学科、毕业身份等方面存在的差异性

性别模型说明不同的性别在响应速度的选择上具有显著性差异。相比女生，男生对平台响应速度的满意程度较低。

学历模型说明不同的学历在响应速度的选择上具有显著性差异。博士研究生对平台响应速度的满意程度最低，而硕士研究生对平台响应速度的满意程度最高。

学科模型说明不同的学科类型在响应速度的选择上具有显著性差异。哲学专业的学生对平台响应速度的满意程度最低，而教育学专业的学生对平台响应速度的满意程度最高，其不满意占比和满意占比分别约为 19% 和 62%。

毕业生身份模型说明不同的身份在响应速度的选择上具有显著性差异。2024 届毕业生对平台响应速度的满意程度最高，满意程度占比约为 57%，不满意度占比约为 3.8%。

（11）毕业生对平台的功能清晰易懂性认知在性别、学历、学科、毕业身份等方面存在的差异性

性别模型说明不同的性别在功能清晰易懂性的选择上具有显著性差异。女生对平台的功能清晰易懂性的满意程度较高，占比约为 59%。

学历模型说明不同的学历在功能清晰易懂性的选择上具有显著性差异。硕士研究生对平台的功能清晰易懂性的满意度较高，约为 61%；博士研究生对平台的功能清晰易懂性的满意度较低，不满意度约为 23%。

学科模型说明不同的学科类型在功能清晰易懂性的选择上具有显著性差异。教育学和管理学专业的学生对平台的功能清晰易懂性的满意度较高,均约为61%;哲学和历史学专业的学生对平台的功能清晰易懂性的满意度较低,满意度分别为38%和38%。

毕业生身份模型说明不同的身份在功能清晰易懂性的选择上具有显著性差异。2024届毕业生对平台的功能清晰易懂性的满意度最高,满意度和不满意度占比分别约为59%和3%,其他毕业生对平台的功能清晰易懂性的满意度较低,满意度占比仅为48%。

(12)毕业生对平台操作顺畅性的认知,在性别、学历、学科、毕业身份等方面存在的差异性

性别模型说明不同的性别在操作顺畅性的选择上具有显著性差异。女生对平台的操作顺畅性的满意程度较高,占比约为58%。

学历模型说明不同的学历在操作顺畅性的选择上具有显著性差异。硕士研究生对平台的操作顺畅性的满意程度最高,占比63.8%;博士研究生对平台的操作顺畅性的满意程度最低,占比约40%。

学科模型说明不同的学科类型在操作顺畅性的选择上具有显著性差异。教育学专业的学生对平台的操作顺畅性的满意度最高,占比63%,而哲学和历史学专业的学生对平台的操作顺畅性的满意度相对较低,分别约为44%和46%。

毕业生身份模型说明不同的身份在操作顺畅性的选择上具有显著性差异。2024届、2023届和2022届学生对平台的操作顺畅性的满意度较高,占比均约为58%。

(13)毕业生对平台操作容易性的认知在性别、学历、学科、毕业身份等方面存在的差异性

性别模型说明不同的性别在操作容易性的选择上具有显著性差异。女生对平台的操作容易性的满意程度较高,占比约为58%。

学历模型说明不同的学历在操作容易性的选择上具有显著性差异。硕士研究生对平台的操作容易性的满意程度较高,满意度占比约为62%;博士研究生对平台的操作容易性的满意程度最低,不满意度约为21%。

学科模型说明不同的学科类型在操作容易性的选择上具有显著性差异。管理学和教育学专业的学生对平台的操作容易性的满意程度最高,占比约为61%;哲学专业的学生对平台的操作容易性的满意程度最低,不满意度占比为25%。

毕业生身份模型说明不同的身份在操作容易性的选择上具有显著性差异。2024届毕业生对平台的操作容易性的满意程度最高,满意度占比约为59%;而2022届毕业生对平台的操作容易性的满意程度最低,不满意度占比约为6.3%。

（14）毕业生对平台运行稳定性的认知在性别、学历、学科、毕业身份等方面存在的差异性

性别模型说明不同的性别在运行稳定性的选择上具有显著性差异。女生对平台运行稳定性的满意程度较高，占比约为 59%。

学历模型说明不同的学历在运行稳定性的选择上具有显著性差异。硕士研究生对平台运行稳定性的满意度最高，占比约为 65%，而博士研究生对平台运行稳定性的满意度最低，满意度占比约为 24%。

学科模型说明不同的学科类型在运行稳定性的选择上具有显著性差异。管理学和教育学专业的学生对平台运行稳定性的满意度最高，占比约为 62%；而农学、哲学和历史学专业的学生对平台运行稳定性的满意度较低，占比分别为 48%、44% 和 46%。

毕业生身份模型说明不同的身份在运行稳定性的选择上具有显著性差异。2023 届和 2024 届学生对平台运行稳定性的满意度最高，占比分别为 60% 和 59%。

（15）毕业生对平台的求职帮助性认知在性别、学历、学科、毕业身份等方面存在的差异性

性别模型说明不同的性别对平台的求职帮助性的选择上具有显著性差异。女生对平台的求职帮助性的满意程度较高，占比约为 55%。

学历模型说明不同的学历在对平台的求职帮助性的选择上具有显著性差异。硕士研究生对平台的求职帮助性的满意度最高，占比约为 59%；而博士研究生对平台的求职帮助性的满意度最低，占比约为 25%。

学科模型说明不同的学科类型在对平台的求职帮助性的选择上具有显著性差异。教育学专业的学生对平台的求职帮助性满意度最高，占比约为 60%，其次为管理学、理学和工学专业的学生，占比分别为 57%、58% 和 57%。

毕业生身份模型说明不同的身份在对平台的求职帮助性的选择上具有显著性差异。2024 届毕业生对平台的求职帮助性的满意度最高，占比为 57%，其次为 2022 届毕业生，占比为 57%。

（16）毕业生对平台满足求职需求的有效性的认知在性别、学历、学科、毕业身份等方面存在的差异性

性别模型说明不同的性别在平台满足求职需求的有效性的选择上具有显著性差异。女生对平台满足求职需求的有效性的不满意程度较低，占比约为 4%。

学历模型说明不同的学历在平台满足求职需求的有效性的选择上具有显著性差异。专科生对平台满足求职需求的有效性的满意程度最高，占比为 55%；博士研究生对平台满足求职需求的有效性的满意度最低，占比为 32%。

学科模型说明不同的学科类型在平台满足求职需求的有效性的选择上具有显著性差异。教育学、理学和农学专业的学生对平台满足求职需求的有效性的满意度较高,占比分别约为57%、57%和56%。

毕业生身份模型说明不同的身份在平台满足求职需求的有效性的选择上具有显著性差异。2024届毕业生对平台满足求职需求的有效性的满意度高于其他届毕业生,占比约为55%。

(17)毕业生对平台提高求职效率的认知,在性别、学历、学科、毕业身份等方面存在的差异性

性别模型说明不同的性别在平台提高求职效率的选择上具有显著性差异。男生和女生对平台提高求职效率的满意程度相差不大,但女生对平台提高求职效率的不满意程度较低,占比约为4%。

学历模型说明不同的学历在平台提高求职效率的选择上具有显著性差异。硕士研究生和专科生对平台提高求职效率的满意程度最高,占比均约为56%;博士研究生对平台提高求职效率的满意程度最低,占比约为31%。

学科模型说明不同的学科类型在平台提高求职效率的选择上具有显著性差异。教育学、理学和工学专业的学生对平台提高求职效率的满意程度较高,占比分别为59%、58%和57%。

毕业生身份模型说明不同的身份在平台提高求职效率的选择上具有显著性差异。2024届毕业生对平台提高求职效率的满意程度最高,占比约为57%;其他毕业生对平台提高求职效率的满意程度最低,占比约为47%。

(18)毕业生对平台的服务预期在性别、学历、学科、毕业身份等方面存在的差异性

性别模型说明不同的性别在对平台的服务预期的选择上具有显著性差异。男生和女生对平台的服务预期的满意程度相差不大,但女生对平台的服务预期的不满意程度较低,占比约为3%。

学历模型说明不同的学历在对平台的服务预期的选择上具有显著性差异。专科生对平台的服务预期的满意程度较高,占比约为56%;博士研究生满意度最低,占比约为38%。

学科模型说明不同的学科类型在对平台的服务预期的选择上具有显著性差异。教育学和理学专业的学生对平台的服务预期的满意程度最高,占比均约为57%;历史学专业的学生对平台的服务预期的满意程度最低,不满意度占比约为8%。

毕业生身份模型说明不同的身份在对平台的服务预期的选择上具有显著性差

异。2024届毕业生对平台的服务预期的满意程度最高,占比约为56%。

（19）毕业生对平台使用效果的认知在性别、学历、学科、毕业身份等方面存在的差异性

性别模型说明不同的性别在使用效果超出预期的选择上具有显著性差异。男生对平台使用效果的不满意程度较高,占比约为6%。

学历模型说明不同的学历在使用效果超出预期的选择上具有显著性差异。专科生对平台使用效果的满意程度最高,占比约为54%;博士研究生对平台使用效果的不满意程度最高,占比约为28%。

学科模型说明不同的学科类型在使用效果超出预期的选择上具有显著性差异。教育学和理学专业的学生对平台使用效果的满意程度最高,占比约为57%;哲学专业的学生对平台使用效果的不满意程度最高,占比约为19%。

毕业生身份模型说明不同的身份在使用效果超出预期的选择上具有显著性差异。2024届毕业生对平台使用效果的满意程度最高,占比约为54%;2022届毕业生对平台使用效果的不满意程度最高,占比约为8%。

（20）毕业生对平台使用体验感的认知,在性别、学历、学科、毕业身份等方面存在的差异性

性别模型说明不同的性别在整体体验愉快便利的选择上具有显著性差异。男生对平台使用体验感的不满意程度较高,占比约为5%。

学历模型说明不同的学历在整体体验愉快便利的选择上具有显著性差异。专科生和硕士研究生对平台使用体验感的满意度最高,均约为56%;博士生对平台使用体验感的满意度最低,仅占34%。

学科模型说明不同的学科类型在整体体验愉快便利的选择上具有显著性差异。教育学和理学专业的学生对平台使用体验感的满意度最高,占比约为58%;哲学专业的学生对平台使用体验感的满意度最低,占比为25%。

毕业生身份模型说明不同的身份在整体体验愉快便利的选择上具有显著性差异。2024届毕业生对平台使用体验感的满意度最高,占比约为56%;而2022届和2023届毕业生对平台使用体验感的不满意度最高,占比分别约为8%和7%。

（21）毕业生对平台隐私信息保护的认知,在性别、学历、学科、毕业身份等方面存在的差异性

性别模型说明不同的性别在担心泄露个人隐私信息的选择上具有显著性差异。男生对平台隐私信息保护度的不满意程度高于女生,占比约为12%。

学历模型说明不同的学历在担心泄露个人隐私信息的选择上具有显著性差异。专科生对平台隐私信息保护度的满意度最高,占比约为47%;博士研究生对

平台隐私信息保护度的满意度最低,不满意度占比23%。

学科模型说明不同的学科类型在担心泄露个人隐私信息的选择上具有显著性差异。教育学专业的学生对平台隐私信息保护度的满意度最高,占比约为50%;哲学专业的学生对平台隐私信息保护度的不满意度最高,不满意度占比25%。

毕业生身份模型说明不同的身份在担心泄露个人隐私信息的选择上具有显著性差异。2024届毕业生对平台隐私信息保护度的满意度最高,占比47%;2023届毕业生对平台隐私信息保护的满意度最低,不满意度占比为18%。

(22)毕业生希望获取的内容在性别、学历、学科、毕业身份等方面存在的差异性

性别模型的多重响应分析交叉表显示,卡方检验的显著性 P 值为 0.001^{***} ,P 值大于 0.05 ,在 $\alpha=0.05$ 水平上呈现显著性,拒绝原假设,说明不同的性别在希望获取的内容的选择上具有显著性差异。男生更希望获得经验分享类信息,其次为活动类和咨询类;女生同样更希望获得经验分享类信息,其次为活动类和功能类信息。

学历模型说明不同的学历在希望获取的内容的选择上具有显著性差异。本科生、专科生和硕士研究生更希望获得经验分享类信息,而博士研究生更希望获得活动类信息。

学科模型的多重响应分析交叉表显示,卡方检验的显著性 P 值为 0.065^{*} ,P 值大于 0.05 ,在 $\alpha=0.05$ 水平上不呈现显著性,接受原假设,说明不同的学科类型在希望获取的内容的选择上不具有显著性差异。管理学、艺术学、文学、教育学、经济学、理学、法学、工学和哲学专业的学生更希望获得经验分享类信息,而历史学专业的学生更希望获取功能类信息,医学专业的学生更希望获得活动类信息。

毕业生身份模型的多重响应分析交叉表显示,卡方检验的显著性 P 值为 0.004^{***} ,P 值大于 0.05 ,在 $\alpha=0.05$ 水平上呈现显著性,拒绝原假设,说明不同的身份在希望获取的内容的选择上具有显著性差异。每一届学生均更希望获得更多有关经验分享类的内容。

(23)毕业生更关注的信息在性别、学历、学科、毕业身份等方面存在的差异性

性别模型说明不同的性别在更关注的信息的选择上具有显著性差异。男生和女生关注的内容顺序一致,依次为经验分享类、活动类、信息类、功能类和其他。

学历模型说明不同的学历在更关注的信息的选择上具有显著性差异。本科生和专科生更关注经验分享类信息;硕士研究生更关注信息类内容;博士生对经验分享类信息和功能类信息的关注度一致。

学科模型的多重响应分析交叉表显示,卡方检验的显著性 P 值为 0.014^{**} ,P

值大于0.05,在α=0.05时水平上呈现显著性,拒绝原假设,说明不同的学科类型在更关注的信息的选择上具有显著性差异。管理学、艺术学、文学、医学、经济学、理学、工学、法学和历史学专业的学生均更关注经验分享类内容;哲学专业的学生更关注活动类信息;教育学专业的学生对活动类和经验分享类内容的关注度均较高;农学专业的学生更关注功能类内容。

毕业生身份模型说明不同的身份在更关注的信息的选择上具有显著性差异。每一届毕业生均更关注经验分享类内容。

(三)数字化背景下高校毕业生就业指导服务转型存在的问题

问卷调查结果显示,高校毕业生总体上对"重庆市普通高校毕业生智慧就业平台/24365高校智慧就业平台"在信息获取、流程、便捷性、可靠性、有用性、效率、满意度以及向他人推荐度等多个维度上均存在积极的评价。仅有3.66%~5.25%的受访者持消极评价的态度,94.75%~96.34%的受访者持一般和积极评价的态度。然而,问卷调查也表明,高校毕业生对平台的满意度有待提升,平台满足高校毕业生的差异性服务需要加强。此外,重庆市普通高校毕业生平台的就业服务生态系统尚未建成。

通过调查走访相关高校的就业指导服务部门的工作人员及部门领导,从高校毕业生就业指导服务的提供方来看,尚存在工作意识、责任落实、专业队伍、工作实效,以及工作保障等方面的问题。具体问题如下文所述。

1. 工作意识问题

在数字化背景下,高校毕业生就业指导服务转型存在的工作意识问题主要包括以下四个方面。

一是缺乏数字化思维。在传统的就业指导服务中,工作人员往往习惯于线下操作,缺乏对数字化工具和技术的理解和应用能力,导致他们在工作中无法有效地利用数字化手段来提高服务效率和质量。

二是忽视用户需求。在转型过程中,有些工作人员可能过于关注数字化技术的运用,而忽视了用户需求和体验,导致提供的就业指导服务与毕业生的实际需求脱节,无法满足他们的期望。

三是缺乏数据安全意识。在数字化背景下,数据的安全性至关重要。然而,一些工作人员可能缺乏对数据安全的重视和防范措施,这可能导致毕业生个人信息泄露或被滥用。

四是缺乏创新和适应能力。面对数字化转型,一些工作人员可能因为习惯了传统的工作方式而缺乏创新和适应能力,无法快速学习和适应新的工作模式和技能要求,阻碍就业指导服务的顺利转型。

2. 责任落实问题

数字化背景下,高校毕业生就业指导服务转型的责任落实问题主要包括以下三个方面。

一是责任不明确。调查发现,在高校毕业生就业指导服务转型过程中,大多数高校都没有明确责任分工和责任人,导致工作混乱和重复,影响就业指导服务转型发展的质量和效率。

二是缺乏监督和评估机制。多数高校尚未建立有效的监督和评估机制,无法对工作人员的就业指导服务转型工作进行有效的评估和监督,难以确保就业指导服务转型的质量和效果。

三是缺乏反馈机制。多数受访者表示没有建立有效的就业指导服务转型反馈机制,无法及时了解毕业生对就业指导服务转型的需求和反馈意见,无法对就业指导服务转型进行及时调整和改进。

3. 专业队伍问题

在数字化背景下,高校毕业生就业指导服务专业队伍面临着多种挑战和问题,主要包括以下五个方面。

一是专业知识和技能的缺乏。在许多高校,从事就业指导服务的工作人员可能缺乏专业的知识和技能,无法有效地提供高质量的就业指导服务。

二是缺乏数字化思维。在传统的高校就业指导服务中,工作人员往往习惯于线下操作,缺乏对数字化工具和技术的理解和应用能力,这导致他们在工作中缺乏有效地利用数字化手段来提高就业指导服务效率和质量的思维。

三是缺乏数据管理和分析能力。目前许多从事就业指导服务的工作人员缺乏对数据管理和分析的能力,无法有效地利用数据来改进就业指导服务。

四是工作人员配备不足。在一些高校中,从事就业指导服务的专业人员配备不足,导致无法有效地应对毕业生的就业指导服务需求和问题,影响就业指导服务转型的及时性和质量。

五是缺乏团队建设和合作精神。目前各高校存在培养与就业不协同、招生与就业不联动,无法实现就业大数据的采集、分析和应用,导致对毕业生的就业指导服务提供的效率和质量受到影响。

4. 工作实效问题

数字化背景下,高校毕业生就业指导服务转型工作实效存在的问题主要包括以下四个方面。

一是数字转型程度不高,就业指导服务内容单一。不少高校对数字化手段的使用领域比较有限,融合度不深,缺乏个性化的指导和咨询服务,无法通过数字化手段的运用提供多样化就业指导服务。

二是数字转型存在差异,就业指导服务质量参差不齐。不同高校、不同地区的就业指导服务水平存在差异,导致一些高校提供的就业指导服务不够专业、不够全面。

三是数字化手段运用不透,就业指导服务方式不够灵活。一些高校提供的就业指导服务方式较为传统,缺乏线上服务和移动应用程序等新型服务方式。

四是数据信息割裂,数据共享和合作机制不健全。目前一些高校缺乏数据共享和合作意识,无法有效地利用数据资源和合作伙伴关系来提高毕业生就业指导服务数字化转型的实效。

5. 工作保障问题

数字化背景下,高校毕业生就业指导服务的工作保障问题主要包括以下四个方面。

一是工作机制不健全。一些高校缺乏一套完整的工作机制,导致服务工作不够规范、不够高效。

二是缺乏专业的数字化就业指导服务人才队伍。一些高校缺乏专业的师资力量,导致服务水平不够专业、不够全面,主要表现在缺乏对就业市场、职业规划等方面的深入理解和实践经验。

三是数字化平台建设不完善。一些高校缺乏数字化平台的建设和维护,还存在数字化平台的功能不完善、界面不友好、信息更新不及时等问题。

四是缺乏与社会和企业的合作。一些高校缺乏与社会和企业的合作,无法有效地利用数字化手段来整合社会资源,提高毕业生就业指导服务水平。

五、数字化背景下高校毕业生就业指导服务转型的策略

数字化背景下,高校毕业生就业指导服务必须以高质量发展理念引导转型,以数字化平台赋能驱动转型,以社会各方协同助推转型。

（一）打造高校毕业生数字化就业服务平台生态系统

高校毕业生数字化就业服务平台生态系统是一个由多个要素组成的复杂系统，主要参与方包括大学生、院校、企业、政府和其他相关服务提供商。高校毕业生作为主要受益者，可以通过该平台系统获取就业信息、职业规划指导、实习机会等资源，提高就业竞争力。院校可以在高校毕业生数字化就业服务平台生态系统提供就业指导和资源，帮助高校毕业生更好地就业。企事业单位可以发布招聘信息，筛选合适的人才，与高校毕业生进行在线可视化面试和沟通。政府可以提供政策支持和就业培训资源，促进高校毕业生就业。其他相关服务提供商可以提供职业测评、职业培训、职业咨询等服务。通过建立高校毕业生数字化就业服务平台生态系统，实现高校毕业生和企事业单位之间的高效对接，促进高校毕业生就业指导服务工作高质量发展。

高校毕业生数字化就业服务平台生态系统主要包括以下 10 个方面的组成模块。

一是平台基础设施。高校毕业生数字化就业服务平台生态系统的基础设施包括网络基础设施、数据中心、服务器、存储设备等硬件设施，以及操作系统、数据库、中间件等软件设施。这些基础设施为整个生态系统提供了基础支撑和运行环境。

二是招聘与求职服务。高校毕业生数字化就业服务平台生态系统提供招聘和求职服务，包括在线招聘、在线求职、职业规划、技能提升等服务。这些服务帮助企业和个人实现更高效、更便捷的招聘和求职。

三是数字化技能培训。高校毕业生数字化就业服务平台生态系统提供数字化技能培训服务，包括在线课程、在线培训、实践操作等方式，帮助求职者提升自身的职业技能和职业素养，提高就业竞争力。

四是数据分析与决策支持。高校毕业生数字化就业服务平台生态系统通过数据采集和分析，提供数据支持和决策依据，帮助企业和个人更好地了解市场动态、行业趋势和人才供需情况，为招聘和求职提供更有针对性的指导和建议。

五是信息安全与保障。高校毕业生数字化就业服务平台生态系统需要保障信息安全和隐私保护，确保企业和个人的信息安全和合法权益。这包括数据加密、网络安全防护、用户隐私保护等措施，以维护整个生态系统的稳定和安全。

六是合作伙伴网络。高校毕业生数字化就业服务平台生态系统需要与各类合作伙伴建立合作关系，包括招聘机构、教育机构、人才评估机构、猎头公司等，共同提供更全面、更优质的服务。合作伙伴网络为高校毕业生数字化就业服务平台生态系统增加多样性和灵活性,促进资源共享和优势互补。

七是政策支持与监管。高校毕业生数字化就业服务平台生态系统需要政府提供一定的政策支持和监管,包括财政支持、税收优惠、行业标准和管理制度等。政策支持与监管有助于规范市场秩序、保障公平竞争和促进高校毕业生数字化就业服务平台生态系统的健康发展。

八是社会参与和共治。高校毕业生数字化就业服务平台生态系统需要鼓励社会参与和共治,通过公开透明的方式与公众建立互动和沟通机制,及时回应社会关切,推动数字化就业服务的民主决策和社会监督。社会参与和共治有助于增强数字化高校毕业生数字化就业服务平台生态系统的社会信任和认可。

九是创新与研发。高校毕业生数字化就业服务平台生态系统需要不断进行创新与研发,引入新的技术和业务模式,优化产品和服务,以满足市场和用户不断变化的需求。创新与研发有助于提升高校毕业生数字化就业服务平台生态系统的竞争力和可持续发展能力。

十是用户体验与服务优化。高校毕业生数字化就业服务平台生态系统需要关注用户体验和服务优化,以提高用户满意度和忠诚度。这包括界面设计、操作流程优化、客户服务等方面的改进和完善,以提高用户体验和服务质量。

综上所述,在数字化背景下,高校毕业生就业指导服务转型需要打造高校毕业生数字化就业服务平台生态系统,通过各方的合作和共同努力,以实现高校毕业生数字化就业服务资源共享、优势互补、精准发力、协同发展的目标。数字化就业服务平台生态系统的构建和发展是一个不断迭代和优化的过程,需要各方资源的整合、多元化服务模式的探索、技术平台的构建、用户反馈的收集与优化、数据分析与智能推荐的应用,以及持续改进和不断创新。

(二)拓展高校毕业生数字化就业服务平台生态系统的功能

如前所述,"重庆市普通高校毕业生智慧就业平台"/24365 高校智慧就业平台分为学生、学员管理员和学校管理员三大使用端,每个使用端分成相应的模块。三大使用端的核心是就业服务,属于高校毕业生培养链的后期的毕业生就业指导,高校毕业生培养链的全流程的作用发挥不足,如前期的专业设置、专业选择,中期的就业素养训练,就业后的职业发展等方面缺乏应有的指导作用。为此,本研究提出以下拓展功能,以实现"高校专业设置—招生—专业选择—就业工作—职业发展"一体化。

1.增加数字化就业服务平台生态系统的专业设置精准预测功能

为专业设置提供精准信息和趋势预测需要不断收集和分析数据、调查和研究、预测和评估、跨领域合作与信息共享、毕业生就业情况跟踪、调整和优化以及关注新技术和新模式。

2.增加数字化就业服务平台生态系统的专业选择功能

数字化就业服务平台生态系统可以通过提供专业介绍和职业前景信息、职业测评和性格测试、专家指导和建议、在线课程和学习资源开放、实习机会和行业实践机会提供、社交网络和经验分享及就业市场分析等方式帮助大学生进行专业选择。

3.增加数字化就业服务平台生态系统的就业素养的培育功能

数字化就业服务平台生态系统可以通过提供个性化职业规划指导、实施个性化职业技能培训、提升就业意识和准备、提供实习机会和就业推荐、进行个性化心理辅导和支持、构建职业能力提升社交网络和资源共享、提供个性化远程学习和在线咨询、实施个性化职业测评和人才匹配等方式为大学生就业素养的培育提供全过程的信息和服务支持。

4.增加数字化就业服务平台生态系统的精准化和个性化服务功能

数字化就业服务平台生态系统可以通过精准信息匹配、个性化岗位需求精准推送、个性化职业咨询与规划、个性化线上招聘会与面试、人才库建设与共享、个性化培训与发展、构建求职社交网络与资源共享、个性化就业政策咨询、个性化创业支持与辅导、个性化在线测评与选拔等方式为高校毕业生与企业的"人岗精准匹配"提供精准信息和一站式数字化服务。

5.增加数字化就业服务平台生态系统的职业发展支持功能

数字化就业服务平台生态系统可以开展职业发展咨询、职业机会拓展、整合终身学习资源、职业发展技能培训、社交网络与团队协作和提供创业指导服务等,帮助高校毕业生更好地规划自己的职业发展路径,提高职业竞争力,实现职业发展目标。

（三）突破高校毕业生数字化就业服务平台生态系统的边界

数字化就业服务平台可以突破区域隔阂,提供跨地区就业指导服务,为高校毕业生提供跨地区就业信息和资源,帮助他们拓展就业渠道,增加就业机会。构建高校毕业生就业指导服务平台生态系统,通过数字化技术的应用,成渝地区双城经济圈内用人单位和高校毕业生可以更快速地找到合适的招聘和求职对象,提高招聘和求职的效率,降低招聘成本,促进成渝地区双城经济圈内的人才流动,实现区域内人才的合理配置和优化。

成渝地区双城经济圈高校毕业生就业指导服务平台生态系统的构建可以从建立成渝地区双城经济圈高校毕业生就业指导服务合作机制、实现成渝地区双城经济圈高校毕业生就业指导服务信息共享、开展成渝地区双城经济圈高校毕业生就业指导服务联合培训、建立成渝地区双城经济圈高校毕业生就业指导服务合作的评价机制、强化成渝地区双城经济圈高校毕业生就业指导服务生态合作与共赢等方面入手。通过与成渝地区双城经济圈内高校、培训机构、中介机构等合作,提供更加全面和专业的就业服务,也可以为成渝地区双城经济圈内的企业提供更多的人才资源和职业发展建议。

六、数字化背景下高校毕业生就业指导服务转型的保障

数字化背景下,高校毕业生就业指导服务工作转型发展有赖于高校毕业生就业指导服务工作人员的政治责任感、使命感和全局意识。为此,必须构建高校毕业生就业指导服务转型目标引导机制、高校毕业生就业指导服务转型责任落实机制、高校毕业生就业指导服务转型质量评估机制,以及高校毕业生就业指导服务转型协同治理机制。

（一）高校毕业生就业指导服务转型的领导保障

领导保障是高校毕业生就业指导服务转型的关键因素。数字化背景下,高校毕业生就业指导服务的转型需要得到领导层面的保障,通过加强顶层设计,制定高校毕业生就业指导服务数字化转型战略;树立高校毕业生就业指导数字化服务意识,培育高校毕业生就业指导数字化服务的文化;加强制度建设,制定并完善就业指导数字化服务的各项制度,建立数字化服务文化和意识,提供领导保障。

（二）高校毕业生就业指导服务转型的组织保障

组织保障是高校毕业生就业指导服务转型的重要支撑。数字化背景下，高校毕业生就业指导服务的转型需要加强组织保障，建立健全政校组织保障。在政府层面，由省市高校毕业生就业指导服务中心统一协调高校、用人单位、中介机构、社会团体共同参与高校毕业生就业指导服务平台系统建设。在高校层面，成立由校领导、就业指导部门、院系领导、专业教师等组成的就业指导工作领导小组，明确各自的责任和义务，形成全校性的就业指导服务体系。

（三）高校毕业生就业指导服务转型的资金保障

资金保障是高校毕业生就业指导服务转型的重要基础。数字化就业服务平台需要建立在稳定的数字化基础设施之上，政府层面要为数字化基础设施建设提供资金保障，包括网络设施、数据中心、云计算平台等，需要加强数字化基础设施建设，为平台的稳定性和可靠性提供基础保障。政府可以通过财政资金投入和补贴等方式，支持数字化就业服务平台的建设和发展。例如，对平台的基础设施建设、技术研发、运营维护等提供资金支持，以及对平台提供的服务项目给予一定的补贴或奖励。政府还可以通过税收优惠政策，鼓励企业和个人使用数字化就业服务平台。例如，对在平台上进行招聘或求职的企业和个人给予一定的税收减免或优惠，以降低他们的成本和风险。高校层面，需要从设立高校毕业生就业指导服务的转型专项经费、争取外部资金支持、加强资金管理、合理分配资金和加强资金监管等方面提供资金保障。

（四）高校毕业生就业指导服务转型的人才保障

人才保障是高校毕业生就业指导服务转型的核心要素。数字化背景下，高校毕业生就业指导服务转型的人才保障应从建立专业化的就业指导数字化服务团队、加强团队的专业培训和进修、建立校企合作机制、加强团队的经验交流和合作、建立完善的激励机制、加强数字化服务人才引进和培养等方面进行，通过建立专业化的就业指导团队、加强团队的专业培训和进修、建立校企合作机制、加强团队的经验交流和合作、建立完善的激励机制以及加强人才引进和培养等措施的实施，可以有效地推动高校毕业生就业指导服务的数字化转型。

（五）高校毕业生就业指导服务转型的考核评估

考核评估是高校毕业生就业指导服务转型的重要环节。建立完善的评价体系，对平台的服务质量、用户体验、信息安全等方面进行评价和评估，为平台的改进和优化提供依据。高校毕业生就业指导服务转型的考核评估可以从高校毕业生就业指导服务转型的数字化水平评估、高校毕业生就业指导服务平台系统服务质量评估、高校毕业生就业指导服务平台系统对毕业生就业服务质量评估、高校毕业生就业指导服务平台系统对毕业生职业发展支持度的评估、高校毕业生就业指导服务平台系统社会认可度评估等方面进行。

此外，高校毕业生就业指导服务转型还要加强数字化高校毕业生就业服务平台生态系统治理。需要采取建立完善的管理机制、加强信息安全保护、推动数据共享和开放、加强用户权益保护等措施来确保高校毕业生就业服务平台生态系统的合法性、稳健性和可持续性。

参考文献

［1］刘苗苗．教育部高校学生司司长 王辉 打造数字化高校毕业生就业大市场［J］．瞭望，2022(31):47-49.

［2］许真．高校毕业生就业指导服务体系创新研究［J］．才智，2014(8)：166.

［3］林佩芳．上海市高校毕业生就业保障机制研究［D］．上海：上海工程技术大学，2013.

［4］张梦琦．大数据背景下基于商业生态系统视角的商业模式创新研究［D］．杭州：浙江大学，2017.

［5］丁露．高中阶段生涯辅导活动课程开发研究［D］．天津：天津师范大学，2013.

［6］代悦，杨云．青少年生涯辅导体系构建［J］．人民论坛，2015(36):164-166.

［7］张震．QH 能源公司核心员工流失问题及对策研究［D］．济南：山东大学，2020.

［8］葛跃田，徐春霞，艾克木·尼牙孜．行动导向教学法中合作学习的研究［J］．新课程研究（中旬刊），2011(11):74-76.

［9］刘向明，何笤．别忽视你的职业规划［J］．高校招生，2008(10):52-53.

［10］刘洪超，滕鑫鑫，白浩．基于大数据的高校智能就业平台建设与应用［J］．现

代教育技术,2020,30(2):111-117.

[11] 曾志明,黄路明,李谊滨,等. 高校就业管理信息系统的研究与构建[J]. 湖北社会科学,2013(7):168-171.

[12] 张希玲. 大数据时代高职院校精准就业服务的基本要求与发展策略[J]. 教育与职业,2020(15):58-63.

[13] 杜小杰,张星. 党信平台"党员一点通"的设计与实现[J]. 电脑知识与技术,2018,14(21):81-82.

[14] 崔建中. 谈推进中医药院校就业工作体系建设[J]. 成功(教育),2013(8):216.

课题负责人:徐珮杰

课题组:重庆市大学中专毕业生就业指导服务中心

课题主研人员:许　杨　谭建伟　尹　亮　卜　靖　李爱国　张铁力　韩伟亚

　　　　　　吴珍妮　杨元超

重庆高校毕业生留渝就业现状及促进机制研究

摘 要：在国家经济结构改革的背景下，各城市开始产业结构优化升级，追求"高质量"发展。人才作为经济社会发展的第一资源，是衡量区域竞争力的关键要素，因此成为各城市纷纷吸引的对象。近年来，全国各地掀起了一轮"人才争夺战"，在制定住房政策、落户政策等方面加大了对人才的吸引力度，吸引各级各类人才。

高校毕业生是劳动力市场的高素质人群，其人力资本价值对地区经济发展与社会进步具有巨大的积极作用，更是各地人才争夺的重点。重庆市处于"提质增效"的经济增长模式转变时期，未来将进行以大数据智能化为发展方向的产业升级，进入传统重点产业智能化改造以及新兴产业领域。为积极推动产业升级与经济发展，重庆市对高校优秀毕业生的吸引工作极为重视，开展了"百万英才兴重庆"引才活动，立足于本市对高校毕业生的人才需求，对全国各地优秀高校本科及以上学历毕业生和与产业发展相关专业的毕业生加大吸引与引进力度，增强产业结构与人才结构的匹配度，提高重庆人才队伍层次水平。

重庆本地高校毕业生也是重点吸引群体，但数据发现，重庆本地高校毕业生留渝就业现状有以下值得关注的问题：总体而言，重庆高校毕业生留渝比例有待提高，硕博研究生毕业留渝比例低于本科生、重庆本地重点高校毕业生留渝比例偏低、外地生源留渝就业比例较低、新兴产业对口人才留渝比例低。因此，为重庆更好地吸引和留住一批高校优秀毕业生，研究重庆本地高校学生的留渝意愿具有积极价值。为此，本文以重庆市高校本科及以上学历学生为研究对象，综合运用文献分析法、问卷调查法、专家咨询法及统计分析法，着重研究重庆高校学生毕业留渝就业意愿及影响因素，在此基础上探讨促进重庆高校学生毕业留渝就业的对策建议。

本研究主要涉及三部分内容：第一，编制就业区域选择影响因素表；第二，分析重庆市高校学生毕业留渝就业意愿及影响因素；第三，提出促进重庆高校学生毕业留渝就业的对策建议。

关键词:重庆高校学生　就业选择　留渝就业　留渝意愿

一、研究背景

重庆聚焦国家战略需要和全市重点产业发展需求,始终把加强制度建设作为全面落实"聚天下英才而用之"的重要抓手,深化引才机制改革,形成了统分结合、上下联动、协调高效、整体推进的工作格局。出台一系列人才举措,激励优秀科学家及其团队和青年人才在渝就业创业,推进人才强市建设,在新重庆发展大局中占有重要地位。重庆市委六届二次全会和市委经济工作会议,为建设"新重庆"擘画了美好蓝图,在"扎实推进中国式现代化","推动经济运行整体好转,实现质的有效提升和量的合理增长,为全面建设社会主义现代化国家开好局起好步"的新时代背景下,各城市开始进行新一轮战略产业布局和产业结构优化升级。追求"高质量"发展,人才作为经济社会发展的第一资源,是衡量区域竞争力的关键要素,因此成为各城市纷纷吸引的对象。近年来,全国各地掀起了一轮"人才争夺战",在制定住房政策、落户政策等方面加大了对人才的吸引力度,吸引各级各类人才。为积极推动产业升级与经济发展,重庆市政府对高校优秀毕业生的吸引工作极为重视,形成了《重庆市加快集聚优秀科学家及其团队的若干措施》《重庆市支持青年人才创新创业的若干措施》《加快西部(重庆)科学城人才双向离岸创新创业发展的若干措施》《重庆市引进高层次人才若干优惠政策规定》和《重庆市引进海内外英才"鸿雁计划"实施办法》,同时立足于本市对高校毕业生的人才需求,对全国各地优秀高校本科及以上学历毕业生和与产业发展相关专业的毕业生加大吸引与引进力度,增强产业结构与人才结构的匹配度,提高重庆人才队伍层次水平。

人才是区域经济社会发展的重要力量,地区发展必须有大量的高素质劳动力作为保障,高校毕业生是劳动力市场的高素质人群,其人力资本价值对地区经济发展与社会进步具有巨大的积极作用。城市间的竞争归根到底是人才的竞争,近年来,各地区纷纷出台人才政策,抢夺高素质的人才。北京、上海、西安、武汉等20余城市从住房、落户政策等方面对优秀人才加大了吸引力度,其中高校毕业生也是各城市人才吸引工作中的重点关注群体之一。重庆市已由高速增长转向高质量发展,处于转变增长方式、优化经济结构、转换增长动力的攻关期,为实现"提质增效"的经济增长方式转变目标,未来的重庆将进行以大数据智能化为发展方向的产业升级,进入传统重点产业智能化改造以及新兴产业领域。为促进产业升级背景下的经济发展,重庆市实施了"鸿雁计划""近悦远来"聚才工程等项目,旨在吸引更多人才为重庆经济社会发展建功立业。在对高校优秀毕业生的吸引举措上，开展了"百万英才兴重庆"引才活动，引进高学历、高层次、高素质的毕业生来渝发展。重庆本地高校毕业生是人才吸引的重要群体，但有关数据显示：重庆高校本科及以上学历毕业生近三年留渝平均比例约为 60%，其中硕博研究生留渝比例为 45%，低于本科生；重庆本地重点高校毕业生留渝平均比例约为 30%，有待提高；外地生源留渝就业比例较低，呈现出以回生源地就业为主的特征；新兴产业对口人才留渝比例较低。因此，为更好地留住本地高校学生毕业留渝就业，特别是硕博研究生、重点高校学生、外地生源与重庆产业发展需求相关的学生等群体，必须充分了解他们留渝就业的意愿，深入分析影响他们留渝就业意愿的因素，从而提出针对性的对策建议，以增强对重庆高校毕业生的吸引力，壮大高层次人才队伍。

二、研究评述

(一)概念界定

就业是指在法定年龄内，具有劳动能力的人为获取报酬或劳动收入而从事的合法的社会职业。这一概念包含了三个方面的含义：一是就业条件，即劳动者需具有从事相关职业的劳动能力，包括劳动权利能力和劳动行为能力；达到法定劳动年龄，即年满 16 岁；二是就业获得，所从事的劳动是有报酬或劳动收入的职业，而不是义务劳动；三是就业规范，这种劳动是社会经济发展需要且合法的。高校学生就业是指处于高等教育阶段的学生毕业后选定一种组织形式，从事一种合法的社会劳动，并取得一定的报酬或收入。

意愿是指个人对事物所产生的看法或想法，并因此而产生的个人主观性思维，由此形成的思考方式，代表个人的主观性思维，反映人对人事物的态度，在心理—行为研究领域被看作行为的客观预测指标。高校学生留渝就业，首先要有留渝就业的意愿，其次在意愿的推动下采取行动，所以意愿是行为的内在驱动，也是先导，通过影响和控制个人行为，达到特定目标。由此，本报告将留渝就业意愿界定为高校学生毕业后选择留在重庆就业的主观态度和期望程度。

(二)理论基础

通过查阅大量文献发现，高校学生毕业时的就业状态随着国家经济和政策的变化而呈现出不同。但总体而言，由于从中央到地方政府对高校毕业生就业情况

（包括择业观、就业心态、心理等）的高度重视，历年来我国高校毕业生的就业状况表现良好。国内外学者通过文献分析、问卷调查等方法，把高校毕业生就业作为热点主题进行研究，包括就业现状、影响因素以及就业区域选择。

1. 高校毕业生就业现状的研究

高校毕业生的就业现状较大程度受到国家和地区区域经济发展大环境的影响，同时也受到国家战略布局和产业经济结构调整的影响。Shi Li 等以中国高校的就业问题为切入点，研究了在大学毕业生面临失业的背景下，中国高等教育扩张对其影响。Alm 和 Winters 集中研究了美国各州间大学生迁移就业现象，并认为这对美国的人才发展是有利的。李迅从教育、就业、创业三个方面，对中国当前的青年人才培养进行了现状和发展趋势分析，依据《2017 年中国大学生就业报告》的相关数据，总结出当前中国的青年人才就业率呈稳定趋势，就业地区的选择主要偏向以一线城市、沿海地区、新一线城市为主，而东北部、中西部区域人才流入较少。杨钋、门垚、马莉萍把高校毕业生就业流动总结为不动、聚集、交换和发散四种方式，通过在麦可思（第三方咨询公司）的样本数据中抽取 7 万多份本科生样本，研究发现，不动模式比例最高，交换模式比例最低；收益较低的不动模式和收益较高的聚集模式分别由下面几个群体选择，前者为非重点院校的女生、学历低的父亲等弱势群体，后者为重点院校背景的男生、有学历素质较高的父亲、中西部生源。马莉萍、潘昆峰通过建立条件逻辑斯特模型，基于 2009 年全国高校毕业生就业调查数据，对高校毕业生在全国 31 个省市中选择的就业地点及其生源地和院校地之间的关系进行了探索，并控制了其中选择偏好所带来的误差影响。研究结果表明，选择回生源地就业是毕业生的主要倾向，且毕业生的所读院校地也是他们考虑留下的选择之一。"211"院校毕业生、硕博研究生更倾向于离开生源地就业，且更倾向于留在院校地就业。颜彭莉经过政策汇集发现，"人才争夺战"在一线城市落户门槛日益变高和新一线城市的迅速发展中产生，并且由原来的高校毕业生往北上广深就业的大趋势逐渐向具有人才政策吸引力的二线城市靠拢。

2. 高校毕业生就业影响因素的研究

结合大量文献的研究，可把就业的影响因素分为内部因素和外部因素，内部因素包括就业能力、期望薪资、家庭、性别、生源地、教育背景等因素，而外部因素则包括国家就业政策、区域经济发展、就业前景、高校等因素。Menon 等以问卷调查的形式，对大学生就业期望与实际收入的关系进行了研究，发现就业的关键因素包括在校学习课程、家庭所在地、在校表现三点，而影响期望收入的关键因素是家庭收入和性别,其次影响就业的不仅仅是教育背景,还有性别、国家政策、自身能力、行业前景和工作岗位。Senrano 和 Llamazares 等研究了欧洲地区大学生的就业问题,分析就业现状和教育背景的关系,结果表明拥有较好的教育背景对就业能力的提升有显著作用,进而在找工作的时候就业优势就显现出来了。Tao Li 和 Juyan Zhang 以父母学历、性别和生源地等因素为自变量,基于对当前大学生就业现状分析的基础上,通过回归分析,探索了大学生在择业过程中受到哪些因素影响以及影响的程度大小。张丽华、李晓芳和王一然则认为高校的培养机制对于大学生的就业能力的培养和职业发展的促进至关重要,通过发放问卷回收的数据进行回归分析,发现就业能力在高校培养机制对职业发展中起中介调节作用,且高校培养机制对大学生的职业发展作用特别显著,从而希望高校从学生本身能力训练、专业课程的设置、就业指导的重视三方面来全面提升培养效果,从而对大学生的职业发展起到促进作用。宋齐明基于就业能力对高校学生就业的重要性,数据主要运用 2015 年教育部发展规划的样本,以本科毕业生群体为主,重点分析了当前我国大学生就业能力的培养现状和影响因素,将就业能力分为知识掌握、认知性技能、组织胜任技能、职业态度四个维度,通过结构方程模型深入分析发现,工科类毕业生对高校就业培养评价偏低,认知性技能的培养在高校里面最为欠缺。金春和张玉柯研究了人格特质、认知能力与大学生就业选择的关系,运用的样本数据是河北省劳动力市场的实地调查研究,通过最小二乘法和 Probit 回归分析研究得到,开放式、积极的人格特征在就业选择上占有一定的优势。李梦竹研究了阶层背景对大学生就业去向的影响,以湖北省某所"985"高校 2010 级本科生为样本,发现弱势阶层的大学生毕业后倾向于就业,而优势阶层的大学生更多地选择深造。孙带和冯鹤林通过建立 Delta 灰色关联度模型,认为就业讲座开展次数是影响大学生就业的核心因素。任立肖、彭雪和张丽进行了创业教育、社会资本和大学生就业质量的协同研究,发现社会资本对就业质量呈正向显著相关。张文玉和蒋承从不同的视角,在大量研究家庭社会资本存量对大学生就业影响的基础上,兼顾家庭社会资本的使用量对大学生就业的影响为主题,来做比较研究。胡永远、周洋和王峰从产业结构升级的角度来研究其是否对大学生就业产生影响,通过建立模型发现,二者互相都有促进作用,原因在于大学生就业对产业结构升级有反向促进作用,因此产生了产业结构升级对大学生的需求,说明产业结构升级对大学生需求具有长期动态影响。石永昌基于偏好视角,对大学生和用人单位的偏好进行了深入分析,力求破除就业难的困境。程芳以长期回报的角度分析大学生的职业决策,文章最后提出要提高大学生职业决策的长期回报,需要从深入理解国家及地区发展战略、及时掌握行业发展动态、实时把握职位信息等方面着手。

3.高校毕业生就业区域选择的研究

课题组在对国内外学者的相关研究进行分析后认为,高校学生就业区域选择的影响因素可分为经济、社会、个人及家庭因素。

（1）经济因素

由于我国地区间的经济发展水平不均衡,一定程度上会影响高校学生毕业后的就业流动。Ishitani 基于全美国的调研数据,对大学生就业地区选择的影响因素展开了研究,发现地区的经济发展水平、大学是否位于美国西部地区和所读大学的层次水平等外部因素在一定程度上影响了大学生的就业地选择。Becker 和 Ekholm 等分析了德国和瑞士经济的变动对于当地大学生毕业时就业地区选择的影响。Prazeres 以英国本地和国际毕业生为对象,研究了当时经济发展对其择业流动的影响。彭邓华基于区域人才吸引力的视角,构建了区域人才吸引力的评价指标,对全国主要省市的人才吸引力进行比较,指出了影响高校毕业生就业区域流动的主要因素:区域薪酬水平、区域企业规模和区域生态环境。孙祥在运用全国相关统计数据和合肥工业大学调研问卷,分析并把握 15 年各地区大学生的实际流向现状的基础上,把就业地区选择的影响因素分为三部分:外部拉力——基础环境因素和用人单位因素、外部推力——家庭因素,以及内在动力——个人因素,通过实证分析,得出了就业区域的基础环境是大学生就业的主要拉力,并结合人才流动势差效应理论,认为大学生的就业区域流向会朝经济发达地区集中流动。王利国研究东北地区大学生的就业影响因素,在依靠数据了解到东北地区高校学生毕业留本地比例与全国相比有较大差距,有明显就业外流倾向,因此,基于 PSTR（Panel Smooth Transition Regression Model）模型,提出通过产业结构的优化和民营经济的发展提升东北大学生留本地比例。葛玉好、牟小凡、刘峰从扩展的托达罗人口流动模型视角,研究发现,全国各省市间的收入差距、就业机会的差别是影响大学生就业区域选择时考虑的关键原因。

（2）社会因素

从社会角度方面来看,城市的自然环境与生活环境、政策环境等对高校毕业生在就业区域选择时会产生一定的影响。Angelina 和 Rowe 等以澳大利亚留学生为研究对象,分析他们毕业后的区域流动现状,发现大学生在选择就业城市时把地区的医疗水平、教育水平和社会保障制度作为主要考虑因素,而大学生的性别、专业和年龄则对他们选择就业城市时的影响显著性不强。Jiangping Zhou 指出了基础设施建设,特别是交通因素是大学生工作上下班时的重点考虑因素。柴天姿把就业区域流动的影响因素分为外部拉力——用人单位、政府政策、高校就业引导和地区经济人文环境,以及内部拉力——个体因素和家庭因素,发现高校学生毕业就业区域流动是外在拉力和内在动力共同作用的结果,且外在拉力的影响大于内在动力,特别指出政府的就业吸引政策、社会保障制度的完善及良好的城市环境是吸引大学生就业的一个重要因素。李晴在京津冀协同发展的战略背景下,以促进大学生毕业去往河北就业为就业目的,认为社会因素是影响大学生就业区域选择的主要外部因素,并建议河北要不断改善社会环境、加快交通基础设施建设。高鹏以武汉市在读大学生为研究对象,用问卷调查的方式分析武汉大学生留汉意愿以及相关影响因素,研究发现,政策对于武汉大学生的吸引力度最大,这在武汉市提出“百万大学生留汉工程”的背景下,给政府提供了一定的参考。刘紫莲综合运用探索性因子和验证性因子相结合以及离散选择法的多种数据研究模式,分别对应届本科毕业生和应届硕博研究生毕业生群体进行分析发现,两个群体在城市选择的因素上有明显差异,本科生更看重就业平台和发展机会,而硕博研究生更注重生活。杨晓军以2000—2013年中国123个大城市的面板数据为研究基础,分析了户籍制度改革对毕业生流入的影响。陆奕行等发现房价也是影响大学生就业地区选择的关键因素。郭阎思彤和李红勋调查北京高校大学生留京的意愿,以北京林业大学的学生为样本,发现部分学生的留京意愿很强,城市因素对其意愿的影响最为显著,包括住房及房价、自然环境和交通情况、北京户口问题等。黄兢综合文献资料把城市公共服务能力作为影响高校学生和就业区域流动的首要观察变量,选取了15个指标,使用层次分析法计算了70个城市的公共服务能力,并把房价作为经济饱和度指数的主要计算因子,经过区域对比得出城市公共服务能力和相对收入水平对高校学生区域流动有显著影响,且高房价在一定程度上抑制流动。

（3）个人及家庭因素

个体需求和家庭的因素是影响大学生就业地区选择的核心因素之一。Patrick Rerat通过Logistic回归分析的手段,在对大学生就业区域选择的影响因素研究上,得出了生源地、家庭教育、父母教育背景等家庭因素在大学生移民行为的决策中产生重要作用。Parsad和Gray从性别的角度——男性大学生和女性大学生的区域流动特征展开了研究,最终发现男性大学生流动性更为显著。李光明、朱建良和董燕军在对浙江大学学生省内就业的区域流向调查中发现,目标学生所考虑的首要因素是个人未来的幸福生活。何仲禹和翟国方通过对7个城市的1 600多份调查问卷搜集,通过数据分析发现,大学生在毕业选择就业区域时,会以生源地为界限对劳动力就业市场进行二元划分,生源地等家庭因素对他们来说,在考虑就业的城市影响因素时最为重要。李钰以甘肃省女性高校毕业生为研究对象,发现他们多数愿意去西部就业,究其原因,学历、学习成绩等因素是核心。陈希路通过构建能够识别本省市毕业生在对应当地就业的比重的实证模型,发现影响毕业生就业区域的选择不能完全用发展机会、生活成本、收入水平说明,就地择业是他们把初始积累的人力资本作为首要考虑因素的结果。征春秀基于上海某高校 2012 届毕业生的就业数据,生源地的不同对大学毕业生的就业区域选择有显著意义上的作用,来自城市的大学生在区域选择上更多样化。

三、重庆市高校学生毕业留渝就业整体情况分析

随着婴儿出生率逐年降低,人口老龄化成为趋势,适龄就业劳动力成为各大城市的争抢对象,高校毕业生作为知识密集度最高的青年人群,成为各大城市争先恐后抢夺的人才资源。根据智联招聘联合泽平宏观发布的《中国城市人才吸引力排名:2022》报告,重庆在吸引人才的排行榜中位列第 20 名。在具体数据方面,重庆的人才流入占比为 1.4%,硕士及以上流入占比为 1.7%,应届生人才流入占比为 2.2%,人才吸引指数为 40.6。各城市的抢人大战政策主要集中在放松落户要求、提供住房优惠和吸引特定人才等方面。首先,很多城市对特定人才出台了人才新政,放松了落户的要求。例如,一线城市北上广深都出台了针对人才的优惠政策,二线城市积极出台人才政策,主要针对高校毕业生群体,以武汉为例,提出了"百万大学生留汉"计划。西安、郑州等市将人才定义为中专以上学历。其次,这些城市针对住房问题也有相应的优惠政策。例如,提供"人才公寓"(租金补贴 1 500~5 000 元/月),或者提供购房补贴(1 万~10 万元)。此外,一些城市还出台了针对技能人才的政策。例如,杭州不仅放宽学历落户门槛,还提出放宽技能人才落户以及全面放开县域落户。

从泽平宏观公布的"2022 年最具人才吸引力城市 100 强"榜单来看,重庆位列 24 名,不具有绝对的优势,见表 1。

表 1 2022 年最具人才吸引力城市 100 强

排序	城市	排序	城市	排序	城市	排序	城市
1	北京	26	温州	51	廊坊	76	乌海
2	上海	27	金华	52	潍坊	77	临沂
3	深圳	28	郑州	53	芜湖	78	嘉峪关
4	广州	29	湖州	54	鄂尔多斯	79	盐城
5	杭州	30	台州	55	贵阳	80	淮安
6	南京	31	福州	56	淄博	81	眉山

排序	城市	排序	城市	排序	城市	排序	城市
7	成都	32	舟山	57	太原	82	新余
8	苏州	33	中山	58	株洲	83	宜宾
9	武汉	34	南通	59	丽水	84	宣城
10	无锡	35	烟台	60	包头	85	盘锦
11	青岛	36	昆明	61	乌鲁木齐	86	玉溪
12	长沙	37	南昌	62	克拉玛依	87	景德镇
13	济南	38	惠州	63	南宁	88	湘潭
14	宁波	39	镇江	64	海口	89	金昌
15	佛山	40	大连	65	拉萨	90	漳州
16	厦门	41	沈阳	66	江门	91	莆田
17	东莞	42	泉州	67	长春	92	保定
18	天津	43	石家庄	68	徐州	93	宁德
19	合肥	44	泰州	69	三亚	94	秦皇岛
20	西安	45	扬州	70	绵阳	95	大庆
21	嘉兴	46	东营	71	唐山	96	兰州
22	常州	47	衢州	72	攀枝花	97	银川
23	绍兴	48	威海	73	德阳	98	连云港
24	重庆	49	马鞍山	74	洛阳	99	日照
25	珠海	50	呼和浩特	75	咸阳	100	宜昌

资料来源:智联招聘、泽平宏观。

根据重庆市现有相关文献资料分析发现,当前重庆市高校学生留渝方面存在以下不足。

(一)整体留渝比例有待提高,高层次学历的毕业生留渝比例较低

根据重庆市教委近三年高校毕业生就业情况的统计数据显示,我市高校毕业生就业地区首选重庆市,从就业区域分布总体情况来看,留渝就业的人数占比为66%左右,占毕业生总数的比率连续三年在56%以上;其次是选择到东部地区就业,占毕业去向落实数(不含应征入伍)的比率连续三年在13%以上,占毕业生总

数的比率连续三年在11%以上。各类学历层次毕业生留渝就业的比率存在差异，专科毕业生留渝比率连续三年保持在80%以上（占专科毕业生总数的比率在72%以上），高于本科毕业生留渝就业比例（本科毕业生占该学历层次毕业去向落实数的56%以上，不含应征入伍，占本科毕业生总数的比率在44%以上）和研究生留渝就业比率（毕业研究生占该学历层次毕业去向落实数的40%左右，占毕业研究生总数的比率在33%以上）。可见，重庆对于毕业生留渝的吸引力还有待提高，尤其是对高层次学历的人才留渝比例，有较大的提升空间。

（二）本地重点高校学生毕业留渝工作比例偏低

根据重庆大学近三年高校毕业生就业情况汇总统计的数据，重庆大学学生留渝就业人数比例均在33%左右（参见重庆大学学生职业发展与就业指导中心编制的2020届、2021届、2022届毕业生就业质量报告）[1]。结合澎湃新闻近期发布的数据，对全国各地985高校毕业生本地就业率的统计，重庆处于全国中等水平，其中东部地区985高校毕业生本地就业率在40%以上，上海达到了60%以上，浙江大学达到了60%；中西部这一比例在30%～50%区间内，四川大学毕业生留本地比例接近50%；另外，西南大学作为重庆211重点本科院校，2021年、2022年毕业生留渝率分别为29.27%、28.76%，其中，2021届留渝本科毕业生的比例为26%，毕业研究生的比例为33.24%，2022届留渝本科毕业生的比例为29.10%，毕业研究生的比例为28.42%。[2]

（三）新兴产业对口专业学生本地高校供给能力不足，且留渝比例偏低

重庆邮电大学2018年8月发布了《重庆市"大数据智能化"人才白皮书（2018年）》，对新兴产业对口的重庆本地高校相关专业毕业生供给现状进行了调查，发现目前重庆市关于提出的12大智能化产业对应的新兴产业人才供给能力不足。

结合2023年9月，重庆发布的"33618"的战略产业布局来看，智能网联新能源汽车、新一代电子信息制造业、先进材料、智能装备及智能制造、食品及农产品加工、软件信息服务、新型显示、轻合金材料、生物医药、新能源及新型储能、卫星互联、元宇宙、生物制造、生命科学、前沿新材料等都属于新兴产业，但是专业人才供给能力是相对薄弱的。以对应新一代电子信息制造业、软件信息服务、新型显示等

---

① 重庆大学2020、2021、2022届毕业生就业质量报告。
② 西南大学2021、2022届毕业生就业质量报告。

产业急需的计算机专业类人才为例,供应总量也是相对不足的。如果再按照留渝平均数33%来计算,高层次人才匹配重庆新兴战略产业的留渝供给量就更加不足了。(由于重庆市教育委员会学生处·重庆市大学中专毕业生就业指导中心编制的《重庆市普通高校毕业生就业质量报告(2020—2022 年)》里未有专业留渝数据,本报告专业留渝数据根据前序报告的均值进行估算。)

可见,高校中高端学历新兴产业人才供给不足,留渝比例较低,且对口专业设置较为滞后。因此,除了注重加强新兴产业紧缺人才的吸引力度,高校一方面应该加大对相关专业硕博研究生的培养力度,另一方面对口专业设置亟须加快步伐,增强未来人才结构和产业结构的匹配度,助推产业转型升级。

四、重庆市高校学生毕业留渝就业意愿及影响因素研究

(一)重庆市高校学生毕业留渝就业意愿分析

1.总体情况分析

课题组针对 2020、2021、2022 三届毕业生就业去向落实率进行调研发现,近三年重庆高校学生愿意留渝就业的比例是67.36%(2020 届毕业生留渝就业去向落实率为66.24%、2021 届毕业生留渝就业去向落实率为67.00%、2022 届毕业生留渝就业去向落实率为68.84%),与重庆2023 届高校毕业生留渝意愿比率基本吻合;课题组在针对以重庆大学、西南大学、重庆工商大学、重庆交通大学、西南政法大学、重庆理工大学、重庆师范大学七所院校的在读本科及硕博研究生为2023 届毕业生研究样本,进行留渝就业意向调研后,发现重庆高校学生愿意毕业留渝就业的比例是64.26%。在剩下35.74%的没有意愿在重庆就业的学生中,接近60%的学生愿意去经济发达城市,且大致呈现出回生源地的特点。

第一,从整体来看,重庆高校学生毕业留渝就业意愿与现状基本吻合。调研数据显示(图 1),六成以上(64.26%)的重庆高校学生愿意毕业留渝就业,其中30.20%的学生选择"非常愿意",34.06%的高校学生选择"比较愿意",这与就业报告数据显示的实际毕业生留渝比例基本吻合。

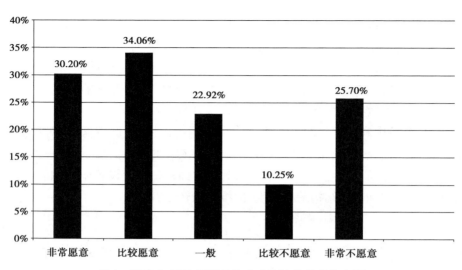

图1 重庆市 2023 届高校毕业生留渝就业总体意愿

第二,对于不愿意留渝就业的重庆高校学生,问其想去的城市时,56.48%的学生愿意去北、上、广、深和东部沿海发达地区,分别是 30.53% 和 25.95%(图2)。因为这些地区经济较为发达,就业机会更广,一直都是较多高校毕业生就业地区的首要选择。其中东部地区生源选择东部沿海发达地区最多(46.67%),中部地区生源选择北、上、广、深最多(39.39%),西部其他地区生源选择中西部其他城市最多(35.9%),除中部地区生源外,大体上呈现出回生源地就业的特点。

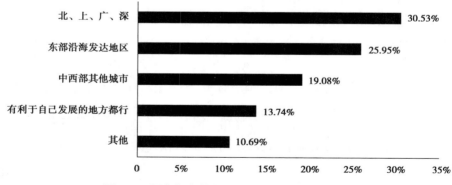

图2 不愿意留渝学生毕业后就业去向选择情况

2.重点群体分析

第一,硕博研究生留渝意愿较本科生偏低。调研发现,不同学历的重庆高校学生呈现的留渝意愿特征有较小差异(图3)。本科生群体中,有 62.8% 的学生表示愿意毕业后留在重庆发展,而硕博研究生有 55.9% 的学生同样表示愿意,可以看出硕博研究生群体中愿意留渝比例较本科生群体偏低。硕博研究生学历更高,面对就业市场的工作选择和机会更广泛,加之各地人才政策的吸引力增大,增加了他们往外就业的可能性。

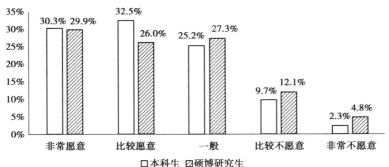

图3 不同学历学生留渝就业意愿比较

第二,重点高校学生留渝意愿较普通本科院校显著偏低。调研发现,不同学校性质的学生留渝意愿有明显差异。重点高校和其他普通本科院校的对比数据显示,重点高校表示毕业后愿意留渝就业的学生比例为51.3%,明显低于普通本科院校愿意毕业后留渝就业的学生比例(70.3%)。通过单因素方差分析,把留渝意愿程度从"非常愿意"到"非常不愿意"依次赋分为5到1分,分析结果发现,重点高校(均数3.51)和普通本科院校(均数3.98)间的留渝意愿存在极其显著性差异($P=0$,$P<0.05$)。进一步分析发现,重点高校的外地生源比例比市内其他高校要高,加之两所重点院校的生源综合质量较好,在就业市场竞争中占有优势,就业机会更多,在众多人才政策吸引的背景下,增大了离开重庆的可能性。

此外,结合近年重庆市教育委员会的招生政策,市属本科高校在招生时,将一定比例的生源名额限定于重庆地区。调研组从专业教师访谈获悉,专业教师觉得生源地的同质化,不方便多元文化的交流和碰撞,无论什么专业,在打开视野和了解不同地域文化和人文知识方面,都有弊端。同时,目前的毕业生留渝数据大部分是建立在生源地为重庆的基础上的,对于研判重庆作为新一线城市真正靠实力影响和留住人才,具有相对"混淆性"。

第三,外地生源留渝意愿显著偏低,东部地区生源留渝意愿最低。对重庆本地生源和外地生源留渝意愿分析发现,83.3%的重庆本地生源表示愿意毕业后留在重庆发展,而外地生源中仅有39.6%(图4)。单因素方差分析发现,重庆本地生源(均数4.30)和外地生源(均数3.22)间的留渝就业意愿存在极其显著性差异($P=0$,$P<0.05$)。

进一步把外地生源分为东部地区、中部地区和西部其他地区(不含重庆)进行

市经济综合发展实力强(51.2%)、环境质量和居住条件好(40.8%)、生活宜居(32.6%),用人单位影响因素前三名分别是平台和发展机会好(80.1%)、薪酬待遇高(57.2%)和工作福利好(40.4%);稳定性因素前三名分别是明显更高的薪酬待遇(81.7%)、能提供更好的发展机会(45.5%)和工作福利好(40.5%)。

对于不愿意留渝就业的硕博研究生,区域影响因素前三名分别是重庆地区生活宜居(46.2%)、重庆在全国综合经济发展排名(37.2%)和人才政策有吸引力(31.7%);用人单位影响因素前三名分别是薪酬待遇高(88.6%)、工作福利好(58.6%)和工作比较稳定(35.2%);稳定性因素前三名分别是薪酬待遇(84.5%)、更好的工作福利(46.7%)和工作地点离家更近(52.3%)。

(2)重点高校学生留渝就业影响因素分析

对于愿意留渝就业的重点高校学生,区域影响因素前三名分别是重庆在全国综合经济发展排名(51.4%)、生活宜居(37.8%)、人才政策有吸引力(35.6%),用人单位影响因素前三名分别是薪酬待遇高(79.7%)、工作福利好(60.3%)和工作比较稳定(53.6%),稳定性因素前三名分别是更高的薪酬待遇(78.9%)、更好的工作福利(48.5%)和能提供更好的发展机会(47.3%)。

(3)外地生源留渝就业影响因素分析

对于愿意留渝就业的外地生源,区域影响因素前三名分别是重庆在全国综合经济发展排名(48.2%)、生活宜居(33.5%)、环境质量和居住条件好(31.4%),用人单位影响因素前三名分别是薪酬待遇高(81.5%)、工作福利好(55.7%)和工作比较稳定(48.5%),稳定性因素前三名分别是更高的薪酬待遇(73.0%)、更好的工作福利(43.8%)和能提供更好的发展机会(35.6%)。

3. 小结

重庆市2023届高校学生毕业留渝就业意愿特征如下。

①重庆2023届高校学生毕业留渝就业意愿调查结果与实际留渝现状(2020—2022届留渝情况)基本吻合。

②硕博研究生留渝意愿比本科生低,比例为55.9%。

③重点高校学生留渝意愿显著比普通本科院校低,比例为51.3%。

④外地生源高校学生留渝意愿(39.6%)显著偏低,其中东部地区生源留渝意愿(20.2%)最低。

重庆高校学生毕业留渝就业意愿影响因素特征总结如下。

①重庆在全国综合经济发展排名成为影响留渝意愿最关键区域影响因素,其次社会环境包括人才吸引的政策环境、生活环境、产业结构布局等也是重要需求,

具体落实到重庆人才政策有吸引力、环境质量和居住条件好、重庆地区生活宜居（房价、物价等价格低）、想从事的工作所在行业收入高这几个影响因素不容忽视。

②薪资水平、福利待遇和工作稳定性是影响留渝意愿的最重要的用人单位因素，同时留渝就业意愿强烈的毕业生也十分看重个人在用人单位的发展，以及用人单位提供的平台和机会。

③薪酬福利同时也是人才稳定的关键因素，个人发展需要没有得到很好满足也会加大人才流失的风险。

④从重点群体来看，愿意留渝的学生主要看重重庆发展潜力、环境质量和居住条件。除此之外，硕博研究生中的愿意留渝群体和外地生源的愿意留渝群体看重重庆在全国的综合经济发展排名、宜居情况，重点高校学生的愿意留渝群体和产业紧缺人才的愿意留渝群体看重人才吸引政策；不愿意留渝的学生主要看重庆在全国的综合经济发展排名、生活宜居情况和人才吸引政策。

五、促进重庆市高校学生毕业留渝就业的对策建议

（一）重视引才工作，明晰权责边界

公共政策的功能在于引导发展、调节利益和分配资源。如何使引才工作的效果达到较高程度，必须做好顶层设计。从引才理念的角度，一方面需高度重视重庆高校学生留渝就业工作；另一方面要厘清政府、市场与企业三者的关系，发挥市场的调节作用，将政府在人才发展领域从"台前"转到"幕后"，从"管理"转向"服务"，强化政府在引育人才中积极扶持的意识，促进企业发挥关键作用。

1. 高度重视重庆高校学生留渝就业工作

在对重庆高校学生留渝就业的引才工作上，政府必须高度重视，联合人才管理部门、企业和第三方人才中介等社会机构，把高校学生引才工作放在全市重要工作地位来部署，全面提供了重要支撑和保障。比如在引才资金上，成立重庆高校学生留渝工作专项基金，为引才工作的顺利展开提供财政支持。

2. 明晰权责边界，厘清政府、市场、企业的关系

目前，由于市场的盲目性、滞后性、信息的不对称以及引才环境缺乏足够的吸引力等因素，重庆市乃至全国绝大多数省市人才引进工作都是政府在主导、推动。

尽管短期来看取得了一定成效,但就长期而言,市场的主体作用没有充分发挥,资源的配置效率不高,社会与企业的力量更是相对薄弱,难以发展,需要进一步理清和协调政府、市场和企业的关系,成为"市场调节,政府搭台,企业唱戏"的模式。

首先,政府可以督促高校在学生学习阶段发挥直接引导作用,在大学校园对重庆的城市魅力和优势进行宣扬,营造校园内部浓厚的城市情谊氛围,近距离加强高校学生和重庆的感情联结。其次,发挥市场在人才配置中的决定性作用。尤其在人才评价上参照国际惯例,从传统的"学历+职称"标准转向以能力、业绩等构建起来的市场化、多元化评估标准。最后,必须强调的是要留住重庆高校学生,企业必须走在第一线,企业发展壮大,能够更好地满足大学生的薪酬福利需求、成长发展需求,才能更好地促进高校学生毕业留渝工作。

(二)完善重庆高校学生留渝就业吸引政策,加强就业服务保障

1.完善引人政策,提升重庆人才吸引力

一是分类分层为人才提供安家补助、购(租)房补贴,如首套购房发放定额补贴或提供定向购房优惠;提供公租房,加大筹建人才公寓的力度,为高校毕业生提供定向配租住房,并为存在交通不便的人才公寓提供惠民公交。加大住房公积金对人才安居的扶持力度,支持高校毕业生本地购房等现有政策体系,加大对人才安家、购房的资金扶持力度,让高校毕业生从落户、安家、就业、创业方面都感受到重庆对高校毕业生的重视。注重对引进重庆高校毕业生的企业给予一定的补贴。二是为有创业意愿的高校毕业生群体提供一个良好的创业载体和舞台,为初次创业的高校毕业生提供安全、完善的工作设施和廉价的创业场所,提供专业化和多元化的孵化器,提供创业资金的扶持与奖励,提供免抵押贴息贷款资助,支持与资助企业建立人才基金、风险基金等。

在政策落实方面,加大政策落实的监督力度,简化相关人才政策申请流程,切实地为能够享受到人才政策的高校毕业生提供"上门服务"。优化引才政策兑现程序,当引进的高校毕业生在兑现引才优惠政策过程中遇到矛盾或问题时,要以服务人才为指导,综合分析其兑现资格和实际困难,主动与政策兑现程序中涉及的各个单位进行沟通交流,为人才提供"绿色通道",及时、变通地解决人才的困难,保障引才措施落实到位。

2.加强就业市场监管,搭建就业服务平台

一是建立公平的竞争环境,保证人才流动市场的规范运行。第一,完善人才成

长激励机制,包括事业发展空间、人才发展自由度、竞争激励机制、合理流动机制、利益分配机制等。第二,加强就业环境的管控。首先,加强重庆市人力资源市场监管,健全招聘信息管理制度。以人力资源市场为平台,将高校毕业生、劳动力市场和人才流动市场三者贯通,让就业和人才招聘信息在这三个市场间无障碍传播。其次,完善与人才作用发挥的知识产权保护,加大就业权益保护宣传,营造有利于就业公平和人才合理流动的良好环境。

二是加强线上线下就业服务平台建设,全面深入推行"就近办""线上办""马上办""一次办"。

线上就业服务平台方面,第一,完善高校学生资源数据库。动态把握重庆高校学生总体规模、层次结构、就业心理等信息,重点盯紧重庆市产业发展需求紧缺人才的毕业走向,对接"人才短板",高效并具有针对性地引进优秀毕业生。第二,基于重庆的发展战略方向,重视提高企业与产业转型的匹配,搭建企业与高校毕业生间沟通的桥梁。完善"重庆市人才公共信息网"的建设,优化高校毕业生推荐和"企业—高校毕业生"市场对接功能,定期发布供需信息,提高企事业单位人才引进的精确性。

线下就业服务平台方面:第一,由政府搭线,人才工作机构或第三方人力资源管理公司牵头,加大企业全面开展专题招聘、送岗位进高校、网络招聘和校企洽谈等形式丰富的就业"双选"活动组织的力度;第二,由政府相关部门联合高校相关部门,为毕业生开设专门服务窗口,受理人才政策的所有申报事项资料,答复关于人才政策的相关问题,指导其申报资料的准备与填写等。

(三)提升城市经济实力,营造良好就业环境

1.促进产业结构升级,激发产业布局新动力

夯实产业基础、优化产业结构、增强人才结构与产业结构的匹配,实现产业升级以带动地区发展,刺激地区经济增长。

一是升级优势产业,大力发展新兴产业。第一,制造业方面,围绕汽车生产和电子信息制造两大优势产业板块,加大产业集群的建设力度,完善产业配套设施,提升自主研发创新能力,充分运用大数据智能化的手段,大力改造提升传统制造业,推动工业互联网、云服务在重点行业的广泛应用,建设一批智能园区、数字工厂和数字车间,促进制造业加速向数字化、网络化、智能化发展。第二,服务业发展方面,政府提供服务业政策支持,加大创新集群园区的建设力度,降低服务业行业准

入门槛,推进服务业多元化发展,积极推进现代服务业集聚区建设。第三,重视新兴产业开发区域的建设。新兴产业开发区域,是重庆新兴高端产业的集聚区,也是重庆建设内陆开放高地的核心区域,具有产业向国际化发展的有利条件。重庆目前的新兴产业开发区主要集中于两江新区、高新技术产业开发区、经济技术开发区,政府应基于全市开放战略的基础,明确各个新兴产业开发区的核心功能定位和作用,实现错位协调发展,互补协同,重视并大力加强新兴产业开发区域的建设,夯实、增强并发挥开发区政策、机制、开放和人才优势与实力,全面支撑重庆内陆开放高地建设。

二是拓宽人才引进渠道,提升科技创新体系。重庆市大数据技术研发创新发展处于全国中等偏下水平。相对于其他发达省市而言,重庆市仍存在技术研发投入力度不够大、国家级研发平台和国家级重大项目建设能力不足、核心技术专利欠缺等问题,技术创新体系仍有待完善。因此,重庆市一方面应该"引人":针对重庆市产业发展需求,加大国内外"高精尖缺"人才的引进力度,培养壮大产业技术队伍,加快推进人才国际化进程,完善面向国际的教育体系;另一方面应该"加强平台建设":提供资金保障,建立产学研联盟,完善科技保护制度,强化研发机构建设、加大研发投入,构建开放式研发创新体系,发展智能硬件创新创业平台。

2. 提高人才供给与产业需求的匹配度,助推城市经济发展

深化校企产学合作,优化学科专业结构,提升人才供给质量,保持高校毕业生供给与产业发展需求相匹配。第一,增设新兴产业学科博士点、硕士点授权学科,扩大硕博研究生招生规模,提升重庆新兴产业学科建设水平和硕士及以上高端人才数量;第二,优化本科专业结构,加快设置数据科学与大数据技术、智能科学与技术、信息安全等本科专业,夯实专业人才培养基础;第三,举办"互联网+""大数据+""人工智能+"等大赛,加快对高校学生的新兴产业技术研发等专业技能的培养;第四,充分发挥人力社保局、教委等政府职能部门在人力资源、高等院校教育工作上的管理和引导职能,定期组织调研,对区域产业发展情况、学校专业设置情况及毕业生就业情况进行跟踪调查和研究,了解当前企业对用工的专业要求和需求数量,明确企业对员工素质及专业能力的要求,在现有学校教育基础上及时增设相关专业,调整教学方案。

3. 加大扶持和引进力度,提升企业规模与实力

重庆市未来应激活重点产业和发展新兴产业。第一,夯实本地龙头企业实力基础,加大对中小型企业的扶持力度,拓宽融资渠道,简化贷款审批和创办程序;为创新型企业提供投贷联动产品、知识产权质押和项目设计等多种投融资的创新服务,向创业团队提供软硬件、实验设施和活动场所等。第二,以产业发展为导向,出台配套招商引资政策,吸引外地优秀企业的入驻和合作。在制定政策时,提升资金协助、土地与税收等方面的吸引力,营造企业发展的优势氛围,吸引外地知名和优质的高新企业、IT企业和有发展实力的中小企业来渝入驻,深化与腾讯、阿里巴巴、字节跳动等高新龙头企业的合作,以此来增强本地企业的整体规模与实力。

(四)加强城市公共服务配套建设,提高城市生活质量

尽管地区的经济发展水平是吸引人才的重要因素,但生活质量水平的高低也对人才的去留起着关键性的作用。近年来"逃离北上广"的社会现象开始涌现,在北上广打拼的青年因为房价、物价与自身收入的不匹配,过快的生活节奏和巨大的工作压力,选择转移到其他城市生活与工作。调研发现,重庆高校学生在留渝就业影响因素的选择上,十分看重就业地区生活成本、环境质量及居住条件,因此,重庆市要注重城市生活成本的管控与生活环境的优化,全面提升城市生活质量,加强城市公共服务配套建设,打"感情牌",创造开放包容的"惜才"环境,加强学生与城市的感情联结,给予高校学生生活在重庆的归属感,营造生活幸福氛围,更能从情感上留住本地高校优秀学生毕业留渝就业。

1. 调控城市生活成本,增强区域幸福感

政府加大调控力度,让城市物价、房价等生活成本水平与一线发达城市比较形成明显优势,增强高校学生在重庆生活的区域幸福感,主要采用税收、金融等组合手段把城市生活成本控制在合理范围内。

2. 注重城市生活环境的改善,提升区域宜居感

一是增加公共服务支出,加强教育、医疗、卫生、环境保护、社会保障等公共服务设施的建设力度,使得公共资源的供给与人才的需求相匹配。

二是全面提升城市文化、教育水平,与国际接轨。文化方面,借鉴国际繁荣的人文建设经验,构建文化项目的布局。建设独特的山水文化城市,精心打造渝东北和渝东南的生态旅游发展。教育方面,对标国际一流大学,加大在重庆国际高等教育的布局,全面提升城市教育水平。

三是创造开放包容的"惜才"环境,表示出城市对高校毕业生留渝就业作用的高度认可,营造和谐友爱、鼓励创新、宽容失败的文化。同时鼓励高校毕业生充分参与城市建设的各个板块,发挥主人翁精神,为城市未来的发展出谋划策。

(五)深化企业引才育才理念,重视学生薪酬福利和成长需要

1.结合自身发展目标,制订特色引才计划

企业要以自身发展未来目标为导向,确定所需求的人才类型,寻找与企业未来发展相匹配的人才,因需引才。另外,应重视薪酬福利对高校毕业生的吸引,根据人才层次、企业需求匹配度等指标制定有弹性的薪酬体系。

在引进高校毕业生的过程中,让用人单位走在引才的一线,根据企业发展的具体情况和实际需要,对人才进行筛选和录用,人才工作部门协助用人单位开展引才工作,组织或带领用人单位负责人参与针对高校毕业生的多种引才交流活动,并鼓励用人单位根据自身发展目标,明确人才需求,制订并实施具有特色和吸引力的引才计划,按市场规则吸引高校毕业生。

2.完善人才培养模式,注重人才发展需要

第一,推进政产学多主体联合培养,由政府牵头,加强企业与高校合作,成立校企联合培养机构,构建"政府—企业—高校"联动的人才需求对接和定向培养机制,建立人才培训实践基地。第二,充分利用互联网优势,引进国内外优质知识资源,通过开设季度培训课程、网络课程的方式,将线上与线下、海内与海外、培训与就业相结合,创新人才培训模式,缩短国际上的先进技术流入和投入应用时间。第三,企业内部应建立科学规范的人才职业发展体系,依据不同性质岗位对毕业生能力素质的要求,适当结合大学生自身的能力和特长,制订专项培养计划和发展路径。比如专业类人才培养注重专业能力及沟通协调能力的培养,管理类人才培养除了专业能力的提升,更要注重管理能力的培养。同时注意以企业长期竞争力为出发点,注重对高校毕业生的培养与企业未来发展结合起来,做到人尽其才,个人发展与企业发展相匹配,达到人力资源管理的真正目的。第四,建立良好的内部晋升渠道。当企业出现职位空缺时,要及时提拔优秀的毕业生,通过自我推荐、民主评议、公开竞聘等方式营造公平的毕业生选拔晋升机制。内部提升可激发毕业生的上进心,鼓舞新员工的士气,激励毕业生不断完善和提高岗位技能,加强自我学习与提升,促进毕业生迅速成长,增强企业凝聚力。第五,完善建议和反馈系统。鼓励毕业生对本部门或企业的发展提建议、提意见。对合理化建议和意见要及时给予奖励和表彰,让其感到企业重视其个人价值,培育其归属感及主人翁精神。同时要定期组织毕业生召开座谈会,了解其工作生活状况,认真听取他们的意见和建议,及时处理他们提出的问题,使毕业生切实感受到企业对他们的重视和关心。

参考文献

［1］高鹏. 武汉市大学生留汉就业意愿影响因素实证研究［D］. 武汉：湖北大学, 2018.

［2］陈希路. 宏观视角下的大学毕业生就地择业［J］. 中山大学学报（社会科学版）, 2018, 58(4)：196-208.

［3］李梦竹. 阶层背景对大学生在校表现及毕业去向的影响研究［J］. 当代教育科学, 2018(6)：88-92.

［4］刘紫莲. 应届毕业生就业城市选择影响因素分析与综合评价［D］. 成都：电子科技大学, 2016.

［5］孙带, 冯鹤林. 影响大学生就业因素的 Delta 灰色关联分析［J］. 黄冈师范学院学报, 2018, 38(6)：17-20.

［6］韦小超. 上海高校毕业生留沪就业意愿及其影响因素分析［D］. 上海：华东政法大学, 2018.

［7］李枝霖, 李佳. 东北地区高校大学生就业影响因素分析［J］. 辽宁工程技术大学学报（社会科学版）, 2023, 25(3)：222-229.

［8］党红, 张蓬霞. 高校毕业生就业影响因素研究：基于因子分析法［J］. 中国大学生就业, 2022(23)：31-38.

［9］周兴海. 高校毕业生就业意愿及提升路径研究［J］. 大学（教学与教育）, 2023(8)：193-196.

［10］郝冠杰. 基于大数据分析工科院校大学生就业意愿变化新特征［J］. 科技资讯, 2020, 18(21)：7-10.

［11］杨紫, 刘凯, 王乐乐. 后疫情时代高校毕业生就业意愿的变化分析及对策研究［J］. 中国商论, 2021(8)：187-189.

［12］宋齐明. 大学生就业能力培养现状及影响因素：基于本科毕业生调查数据的实证研究［J］. 教育发展研究, 2017, 37(23)：23-29.

［13］王英. 择业观对大学生就业的影响研究［D］. 西安：西北大学, 2012.

［14］张小菊. 就业认知对高校应届毕业生就业意向的影响［J］. 黑龙江科学, 2022, 13(20)：162-164.

［15］高歌. 大数据背景下高校毕业生就业现状与就业方向分析［J］. 黑龙江科学, 2022, 13(12)：143-146.

［16］ISHITANI T T. The determinants of out-migration among in-state college students in the United States［J］. Research in Higher Education, 2011, 52（2）: 107-122.

［17］ZHOU J P. From better understandings to proactive actions: housing location and commuting mode choices among university students［J］. Transport Policy, 2014, 33: 166-175.

［18］MENON M E, PASHOURTIDOU N, POLYCARPOU A, et al. Students' expectations about earnings and employment and the experience of recent university graduates: Evidence from Cyprus［J］. International Journal of Educational Development, 2012, 32(6): 805-813.

［19］NAKAYAMA M. Case study of employment trends across 25 years of graduates of a Japanese Science and Technology University［J］. European Journal of Engineering Education, 2014, 39(1): 112-123.

［20］RERAT P. The selective migration of young graduates: which of them return to their rural home region and which do not? ［J］. Journal of Rural Studies, 2014, 35: 123-132.

［21］RAZIK R, CINO M, NGUYEN G C. Employment prospects and trends for gastroenterology trainees in Canada: a nationwide survey［J］. Canadian Journal of Gastroenterology, 2013, 27(11): 647-652.

［22］LI S, WHALLEY J, XING C. China's higher education expansion and unemployment of college graduates［J］. China Economic Review, 2014, 30: 567-582.

课题负责人:王　辉
课题组:重庆交通大学
课题主研人员:张　森　颜敏行　袁　理　卜繁强　童　隆　曾　琦　张贻然

重庆市社会保险补贴政策及管理机制研究

摘　要：党的二十大以来，中央进一步加大改善民生、促进社会就业的力度，大力实施就业优先政策，社会保险补贴政策就是其中的重要政策之一。作为中西部地区的战略重镇，重庆市牢牢抓住"一带一路"和长江经济带等重大历史机遇，经济社会发展交出了令人满意的成绩单。在就业领域，就业结构得到了优化，就业人员素质实现了提升，就业保障工作取得了显著成效。但在进一步落实社保补贴政策之时，重庆市也面临较为复杂的经济社会环境，其政策与相应管理机制也值得更深入地探讨分析。

关键词：社保补贴政策　社会福利　稳就业　重庆市

一、绪论

（一）研究背景

党的二十大明确提出，要实施就业优先战略，强化就业优先政策，健全就业公共服务体系；要加强困难群体就业兜底帮扶；消除影响平等就业的不合理限制和就业歧视，使人人都有通过勤奋劳动实现自身发展的机会。党的二十大也明确提出要健全覆盖全民、统筹城乡、公平统一、安全规范、可持续的多层次社会保障体系，扩大社会保险覆盖面。习近平总书记在强调做好"六稳"工作、落实"六保"任务时，始终将就业问题摆在第一的位置。更加充分地保障社会民生，促进高质量就业，是基本实现社会主义现代化的必要条件。

自第七次人口普查以来，我国总人口从 2020 年的 141 212 万人降到了 2022 年的 141 175 万人。然而，在人口缩减的趋势下，我国的失业人口从 2020 年的

1 160 万人上升到了 2022 年的 1 203 万人。2023 届高校毕业生数量多达 1 158 万人,同比增加 82 万人。其次,我国的产业结构不断更新、转变,对于劳动力的专业和能力要求也逐步提高,劳动者劳动能力和就业要求的错配使就业压力进一步加大。伴随着平台共享经济的发展,我国的新就业形态人数也在不断增多。据调查,截至 2023 年初,全国共有新就业形态劳动者 8 400 万人,其中主要包括货车司机、网约车司机、快递员、外卖配送员等群体。这部分人群以男性青壮年为主,其中农业户籍人员占较高比例。促进灵活就业,促进新就业形态的发展,是推进就业促进工作的必然要求,而作为灵活就业促进工作的重要推手,社会保险补贴政策是十分关键的一环,在实际工作中是值得研究的。

除了推动新就业形态发展,促进灵活就业人员就业,鼓励各企业单位招用就业困难人员,帮助失业人员再就业,也是促进整体就业情况的重要环节。2021 年,我国城镇单位就业人员为 17 015 万人。截至 2019 年,我国城镇私营企业就业人员统计为 14 567 万人,城镇个体就业人数为 11 692 万人。单位和企业承担了社会就业的大部分压力,是解决就业问题的中坚力量。社会保险补贴政策,可以通过对企业人力成本的补贴,帮助企业扩大人员招用规模,鼓励企业招用就业困难人员。

社会保险补贴政策是指为鼓励就业困难人员灵活就业,减轻其以个人身份缴纳社会保险费用的压力,或为降低企业的用人成本,鼓励其吸纳就业困难人员就业,对上述个人或单位在缴纳社会保险费用后实行先缴后补,给予一定费用补贴。自 2002 年 9 月中央在北京召开全国再就业工作会议,张左己部长提出社保补贴措施以来,我国失业人员灵活就业社会保险补贴政策逐步完善,在促进再就业,扩大社保覆盖面,提高个人及社会抗风险能力方面发挥了关键性的作用。在实际工作中,社会保险政策不仅可以鼓励灵活就业人员缴纳医保,推动社会整体福利水平的提升,还可以通过对就业困难人员用工成本的补贴鼓励用人单位招用就业困难人员,进而帮助失业人员再就业,提高社会整体就业水平。同时,社会保险补贴政策在发展与施行过程中也暴露出了一些问题。由于我国人口基数庞大,地域辽阔,落实社保补贴政策对于相关部门监管与行政效率形成了一定的挑战。此外,由于各地具体实际情况不同,用工形式的不断更新,社会保险补贴政策需要因地制宜、因时制宜。

重庆市对于就业促进和社保补贴的推进工作一直抱有十分重视的态度,早在 2006 年,重庆市就发布了《关于试行就业补贴促进城市居民最低生活保障人员就业再就业的通知》,尝试通过就业补贴的形式来改善就业困难人员的就业状况。2007 年,重庆市发布了《关于实行就业补贴促进城市居民最低生活保障人员就业再就业的补充通知》,进一步完善了就业补贴政策,同年,重庆市发布了《关于全面推进零就业家庭就业援助工作的通知》,进一步扩大了就业援助工作的范围并强化了就业援助工作的强度。2009年,重庆市发布了《关于进一步做好促进就业困难人员就业社会保险补贴工作有关问题的通知》,重点关注社保补贴工作,进一步发挥了社保补贴工作对就业的促进作用。2014年,重庆市发布了《关于试行开展普通高等学校贫困毕业生岗位补助工作的通知》,将就业补贴、岗位补助的范围扩大到了高校贫困毕业生。2018年,重庆市发布了《关于进一步完善就业相关扶持政策申领程序的通知》,秉持着便民利民的工作准则,进一步完善了就业相关促进政策的普及范围与力度,并对申领程序进行了简化优化。目前,重庆市就业促进工作和社保补贴工作已建立起一个完整的、便利的、成熟的体系,为重庆市的民生发展提供了重要助力。

本文将根据重庆市社保补贴工作目前执行情况,对重庆市社保补贴政策和管理机制进行研究,分析其执行效果,发现可能存在的问题,并提出相应的优化方案。

(二)国内外研究现状

1. 国内研究现状

国内学界对社保补贴政策已进行一系列的研究,探讨了社保补贴政策对就业的促进作用以及社保补贴政策执行过程中存在的一些问题。但目前尚未有针对重庆市具体情况的研究,在研究过程中,可以通过比对不同城市社保补贴政策与管理机制的异同,来精练出最适合重庆市情况的社保补贴政策与管理机制。

2. 国外研究现状

目前,国外对社会保险补贴政策尚缺乏针对性的专题研究,主要是将社会保险补贴纳入降低失业率和促进就业政策的研究中。同时,国外对于公共政策执行层面的研究十分深入,用于分析政策执行成效的博弈、过程、循环、互动、综合、系统等六种理论模式,可以帮助本项目对社保补贴管理机制进行深入分析。

3. 市内外研究现状

目前,重庆市对招用就业困难人员的单位与在申报范围内的灵活就业人员进行了社保补贴,并且在建立线上办事平台,精减办事流程方面做得较好,但补贴范围和力度较其他省市还有所差距。例如,甘肃省有针对通过新业态平台等实现就业的残疾人的社保补贴与就业岗位补贴政策,但重庆市在这方面还无相应政策。在应对新的就业形势、扩大补贴惠及范围方面,重庆市还缺乏力度。

4.研究评述

目前,学界有许多针对就业促进政策、灵活就业相关政策以及公共政策执行效率的项目研究,其中也有关于社会保险补贴政策的相关讨论,可以为本项目研究提供借鉴与参考。但经过文献整理,专题性研究社会保险补贴政策的项目较少,且没有针对重庆市具体情况的专题项目研究。同时,在研究过程中,大多数学者只探讨了政策与执行理论本身,并未结合具体实际情况进行实践性研究。因此,本项目的目的是通过理论与实践的比对分析,探究出适合重庆市当地具体社会情况的社保补贴政策与管理机制,并尽可能地提炼出其中共性的部分,进而对全国社保补贴政策和管理机制的完善做出贡献。

二、定义阐述与理论基础

(一)就业与失业

就业,是指一定年龄内的劳动者为获取报酬或经营收入所从事的活动。从社会学上讲,就业是指具有劳动能力的人,运用生产资料从事合法的社会活动,并获得相应劳动报酬或经营收入的经济活动;从经济学上讲,则是劳动力市场的销售与购买行为,即劳动力满足市场需要,从而实现市场价值和个人价值的行为。

就业的界定有三个条件:第一,劳动者需要在一定的年龄范围内;第二,劳动者需要获得经济报酬;第三,劳动者需要满足每周最低工作时长的要求。目前,国际上的界定标准是每周最低一个小时的工作时长。由此可见,目前的就业观念已不同于传统的长期、稳定的就业观念,它解释了新的灵活就业的社会情况,囊括了更大的范围,包含了更多低工时的灵活工作,如外卖员、家政服务人员、网络主播等。

就业是民生之本,也是社会经济发展的基础与前提。实现社会的充分就业,提高人力资源的流转效率,激发人力资源市场活力,是保障民计民生,维护社会稳定,实现就业与经济良性互动的必经之路。无论是何种行业,何种企业,人才都是企业的立身之本。人才需要以企业为平台实现价值,而企业脱离人才就无法生存发展。创造就业条件,增加就业机会,是经济发展的重中之重。

失业,是指劳动者在一定的年龄范围内,有能力并且有意愿为获得经济报酬而参与工作,但未能找到工作的情况。需要注意的是,失业应是一种被动状态而非主动状态,劳动者有工作能力但不愿意就业的,不应算作失业。从日常生活上讲,我们通常会同时把因能力或意愿而造成失业的人员称为失业人员,但从经济学上讲,只有既有工作能力又有工资意愿的失业人员,才能被统计入失业人口。所以,失业应有三个条件:没有工作、当前可以工作及正在寻找工作。

失业可以分为6个种类,分别是摩擦性失业、结构性失业、周期性失业、技术性失业、季节性失业以及隐藏性失业。

目前,我国正处于供给侧结构性改革的关键时期,社会经济发展也处于快速革新的阶段,如何应对摩擦性失业、结构性失业等自然失业,是社会经济研究的重点,而如何利用社保补贴政策帮助因这些原因失业的人员再就业,也是本项目研究的重点。

(二)灵活就业

灵活就业,是指个体经营、非全日制以及新就业形态等灵活多样的就业形式。灵活就业在劳动时间、收入报酬、工作场所、保险福利以及劳动关系等方面都不同于基于现代工商业与企业制度的传统主流就业形式,但不包括领取营业执照的个体工商户和建立劳动关系的私营企业职工。灵活就业具有非固定、非全时、短期性、灵活性、多变性等特点。灵活就业人员主要由非个体工商户、自营劳动者(包括以个人身份从事职业活动的自由职业者)、家庭帮工、新业态就业人员及其他灵活就业人员组成。新就业形态包括外卖员、网约车司机等职业,主要从业人员以男性为主。

除灵活就业外,非正规就业也是一个大家熟知的名词。一般而言,非正规就业是指没有进行工商登记,不参与社会保险,没有规范的劳动关系的就业形式。严格意义上讲,非正规就业是最早由国际劳工组织针对发展中国家出现的一种特定的就业现象而提出的概念,指的是劳动关系在实践或法律中不受国家劳动法、收入所得税制度、社会保障制度保护以及缺失某些就业福利和权利的就业形势,主要包括非正规部门中的非正规就业和正规部门中的非正规就业。其中,非正规部门是指报酬低、组织度低、保障差、稳定性差、规模小的生产部门或服务单位,从理论上看,非正规就业部门主要参考就业部门的正规性质以及法律法规对劳动者的保障。而灵活就业诞生于成熟工业化的现代发达国家,是基于新兴产业和新型信息通信技术的一种就业形式,主要集中于高技术型行业,典型是高技术劳动力。如一些新兴互联网企业,就可以实现非全日制居家的远程办公。由于发达国家具备较为完备的社会保障制度和就业管理体系,因此它们的灵活就业具有正规就业的性质,而其从业人员也并不会认为自己是非正规就业。

从 20 世纪 90 年代开始,中国涌现出了大量的非正规就业和灵活就业人群,为解决下岗职工的经济来源问题,国家鼓励下岗职工通过个体工商户、私营企业等形式实现再就业,街头摆摊的商业模式一时间成为社会热潮。在这一阶段中,社会急需解决的是就业与收入问题,而对于灵活就业人员的法律和政策保障却没有及时跟上,所以这一时期的灵活就业与非正规就业并无二致。这一时期,我国的灵活就业多为被动的、非正规的就业,是以牺牲就业质量换取劳动机会的就业形式。

而如今,随着科学技术的发展、新就业形态的出现与平台经济的迅速发展,以个人为单位参与社会经济活动成为一种流行。无论是经营个人自媒体的媒体人员,抑或是走街串巷为每家每户及时送去可口饭菜的外卖小哥,都是基于各个网络平台从事非全日制的、灵活的、资金结算快的个人劳动行为。随着这部分人员的逐渐增加,对他们的社会保障与政策支持就成了一个当今我们不得不重视的问题。责任主体模糊、劳动关系隐蔽、就业形式复杂等新的特点使灵活就业成了一个难以企及的领域,以传统劳动关系为基础建立的社会保障体系对其难以覆盖。

综合来看,如今的灵活就业,即本文中所提及的灵活就业,是指现代社会中,基于新就业形态的,包括多种用工方式、劳动形式的就业形式,是一种正由非正规就业向正规就业转变的就业形式。如今,无论是各项政策的出台,还是各种观念的普及,都是在推动我国的灵活就业正规化、规范化与保障化,其目的在于使所有参与社会经济活动的人员都能受到社会保障体系的惠及。对出于个人原因而被动采取灵活就业形式的劳动者,提升其技能水平,增加其可雇佣性,也是促进灵活就业正规化的重要途径。

(三)新就业形态

新就业形态是指依托于互联网、大数据、人工智能等信息技术,进行劳动者与服务消费需求大规模、大范围的组织、调配、任务分派等活动,实现劳动者和消费者直接对接的就业形态。从生产力的角度出发,新就业形态展现了在生产资料智能化、数字化、信息化的状况下,通过劳动者与生产资料对接互动,实现虚拟与实体生产体系灵活协作的工作模式。从生产关系的角度出发,新就业形态展现了就业市场中去雇主化、平台化的趋势特征。

党的十八届五中全会公报首次提出"新就业形态"概念以来,我国新就业形态发展良好,创造了更多就业机会,激发了创新创业活力,推动了就业结构转型,改善了就业环境,提高了就业质量,提升了经济发展水平。党的十九届五中全会明确提出要"支持和规范发展新就业形态","十四五"时期作为全面建设社会主义现代化国家第一个五年,应乘势而上支持和规范新就业形态发展,解决新就业形态发展中的痛点,推进新就业形态持续、健康发展,实现更加充分、更高质量就业的目标。

新就业形态在发展过程中也暴露出了一些问题。由于我国新就业形态发展时间较短,且其在发展过程中打破了旧有行业和法律秩序下的利益关系和管理规范,对传统就业群体、管理手段、劳动法律体系、社会保障政策等形成了一定的冲击,新就业形态的可持续、健康发展需要新动能。换句话讲,当前的新就业形态正处于由"不正规"向"正规"发展的阶段,急需完善的政策与制度加以保驾护航。

目前,全国新就业形态劳动者数量已超过8 400万人,成为职工队伍的重要组成部分,对于他们的福利与劳动保障的深化,是民生建设的必经之路。

(四)社会保险补贴政策

社会保险补贴政策是指为鼓励就业困难人员灵活就业,减轻其以个人身份缴纳社会保险费用的压力,或为降低企业的用人成本,鼓励其吸纳就业困难人员就业,对上述个人或单位在缴纳社会保险费用后实行先缴后补,给予一定费用补贴。如前文所述,社会保险补贴政策同时具备社会民生保障功能和社会就业促进功能,是一种先缴后补的、有针对性的就业促进和社会福利政策。从社会民生保障功能来看,社保补贴政策具有扩大社保覆盖人群,增加社保总体缴纳基数,提高社会总体福利水平以及增强社会总体抗风险能力的作用。从社会就业促进功能来看,社保补贴政策具有降低劳动力市场中总体工作岗位的竞争性和排他性的作用,有利于提高社会整体就业水平。

总的来说,社会保险补贴具有福利性、宏观性、激励性、法制性、间接性五个主要特征。

社保补贴政策的福利性是指社保补贴政策其中一个主要的目的和作用,是减轻企业与灵活就业人员负担,扩大社会福利普及面,提高社会总体生活与收入水平,体现出了该政策的社会福利性质。

社保补贴政策的宏观性是指其目的不仅仅在于福利层面,更是从国家整体经济民生入手,着力提高社会整体就业水平,增强就业稳定性、社会与民众抗风险能力,降低失业率,旨在保障民计民生,推动社会经济的稳定发展。

社保补贴政策的激励性是指该政策对企业的激励作用。该政策通过对招用就业困难人员的用人单位的补贴,促使企业自发地参与解决社会就业问题,是一个双赢的、互惠的政策。

社保补贴政策的法制性是指该政策是国家层面确立的政策,具有明确的标准与规范,是整个就业促进制度中的重要一环。

社保补贴政策的间接性是指该政策并不是直接将转移支付资金补贴给个人或单位,而是采用补贴社保费用这一间接的激励方式,需要企业或个人满足一定条件才能申请。此外,该政策对于就业促进的作用也是间接的,它并不是在企业招用劳动者时直接发放的一次性津贴,而是以企业与劳动者之间实际的、长期的劳动关系为标准给予的补贴。

(五)政策与政策执行

政策是指国家政权机关、政党组织和其他社会政治集团为了实现自己所代表的阶级、阶层的利益与意志,以权威形式标准化地规定在一定的历史时期内,应该达到的奋斗目标、遵循的行动原则、完成的明确任务、实行的工作方式、采取的一般步骤和具体措施。政策的实质是阶级利益的观念化、主体化、实践化的反映。政策具有阶级性、正误性、时效性、表述性等四个特点,而我国社保补贴政策的各项性质也是我们国家总体政策性质的体现。

政策执行是指行政机关、事业单位或其他类型的政策执行机构落实政策规定和实现政策目的的综合过程,主要包含组织、宣传、解释、应用和监督等五项活动。笼统来讲,执行机构在实施政策过程中采取的一系列行动,都可以成为政策执行的过程与组成部分。在实践过程中,政策执行的组织、宣传、解释、应用和监督活动都影响了政策执行的效果,所以在本项目研究中,我们将研究这五个因素对重庆市社保补贴政策执行效果的影响。政策的执行,是在特定时间范围内对特定的目标采取有组织的、灵活的、动态的、协调的策略与行动,旨在尽可能地保障政策制定精神的落实。

政策与政策执行是相辅相成的两个方面。首先,政策是政策执行的基础。政策决定了政策执行的方向和目的,规定了需要落实的实际精神,是一切政策执行的基础和前提。其次,政策执行是政策落实的保障,脱离了实践,理论就无法得以落实,脱离了政策执行,政策就无法落地。同时,合理的政策执行过程也会提高政策的实际效果。另外,政策的执行对政策的制定与修改也有促进和借鉴作用。政策的执行机构在落实政策的过程中,无疑会遇到很多困难和麻烦,其中一部分来源于具体的执行的困难,另一部分来源于政策本身的过于理想化与不合理。实践是检验真理的唯一标准,政策制定者在得到政策执行的反馈后,可以进一步地修改与完善政策,使政策更加高效和合理。政策和政策的执行就好似硬币的两个方面,都不能脱离对方而独立存在。因此,本项目将综合研究政策本身与政策的执行,全面地看待社保补贴政策的执行效果。

三、重庆市社保补贴政策与执行现状

(一)社保补贴政策

社保补贴政策是一个延续性、系统性、时限性的政策,不同时期的社保补贴政策有其独特的历史社会背景,但也是一脉相承,不断发展。如今我国的社保补贴政策也是不断发展演化而来的,要了解目前的社保补贴政策,就要先了解其由来。本文该部分将首先对社保补贴的发展历程进行梳理研究,再对目前的社保补贴政策进行分析。

1. 我国的社保补贴政策

2002 年 9 月,中央在北京召开全国再就业工作会议,首次提出了社会保险补贴政策。2005 年,国务院下发了《关于进一步加强就业再就业工作的通知》,通知包括被征地农民、农村劳动力、高校毕业生以及下岗失业人员的再就业问题,提出了从 2006 年起开始执行的再就业政策,其中就包含了社会保险补贴政策。该政策规定:第一,鼓励企业吸纳就业。服务型和商贸型企业(国家限制的行业除外)新设岗位用于当年新招用持有"再就业优惠证"的人员并与其签订一年以上劳动合同、缴纳社会保险费的,对该企业在此期间为此类人员所缴纳的社会保险费给予最长时间不超过三年的补贴。第二,增加灵活就业人员稳定性。对灵活就业后申报就业并参加社会保险的人员(女性年龄达 40 周岁、男性年龄达到 50 周岁),持有"再就业优惠证"的,给予一定数额、时间不超过三年的社会保险补贴。

2. 重庆市的社保补贴政策

重庆市对于就业促进工作和社保补贴工作一直在努力推进。2006 年,重庆市发布了《关于试行就业补贴促进城市居民最低生活保障人员就业再就业的通知》,尝试通过就业补贴的形式来改善就业困难人员的就业状况。2007 年,重庆市发布了《关于实行就业补贴促进城市居民最低生活保障人员就业再就业的补充通知》,进一步完善了就业补贴政策,同年,重庆市发布了《关于全面推进零就业家庭就业援助工作的通知》,进一步扩大了就业援助工作的范围并强化了就业援助工作的强度。2009年,重庆市发布了《关于进一步做好促进就业困难人员就业社会保险补贴工作有关问题的通知》,重点关注社保补贴工作,进一步发挥了社保补贴工作对就业的促进作用。2014年,重庆市发布了《关于试行开展普通高等学校贫困毕业生岗位补助工作的通知》,将就业补贴、岗位补助的范围扩大到了高校贫困毕业生。2018年,重庆市发布了《关于进一步完善就业相关扶持政策申领程序的通知》,秉持着便民利民的工作准则,进一步完善了就业相关促进政策的普及范围与力度,并对申领程序进行了简化、优化。

目前,根据重庆市人力资源和社会保障局于2018年发布的第174号文件,重庆市主要执行的社会保险补贴政策有两项。

第一,对于满足条件的灵活就业人员,按其实际缴纳职工养老保险费、职工医疗保险(含大额医疗保险)费的2/3给予社会保险补贴。补贴期限除对距法定退休年龄不足5年的可延长至退休外,其余人员最长不超过3年(按其实际缴纳的基本养老保险费和基本医疗保险费的2/3计算)。补贴对象为在我市行政区域内实现以下灵活就业,并缴纳社会保险费的登记失业离校2年内高校毕业生、我市户籍登记失业"4050"人员、低保家庭人员、零就业家庭人员;为自然人及其家庭(近亲属除外)提供孕产妇新生儿照护、婴幼儿照护、饮食服务、保洁服务、老人照料、病人陪护的家政服务人员;个体工商户雇工;在城市管理部门规定区域和时间内,销售农副产品、日常生活用品的商贩(取得工商营业执照人员除外);网约车驾驶员。

第二,对招用登记失业离校2年内高校毕业生、我市户籍登记失业"4050"人员、低保家庭人员、零就业家庭人员,与其签订劳动合同并按规定缴纳社会保险费的用人单位进行社保补贴。单位社会保险补贴标准按其实际为招用人员缴纳的职工养老保险费、职工医疗保险(含大额医疗保险)及生育保险费、失业保险费和工伤保险费计算,个人应缴纳的社会保险费仍由本人负担,其中,补贴期限除对距法定退休年龄不足5年的可延长至退休外,其余人员最长不超过3年。

社会保险可分为养老、医疗、失业、工伤、生育五大类别。政策对用人单位实际缴纳的社保进行补贴,即覆盖养老、医疗、失业、工伤、生育五项保险。政策对灵活就业人员实际缴纳职工养老保险费、职工医疗保险(含大额医疗保险)费的2/3给予社会保险补贴,排除了失业、工伤与生育保险,其中的原因是失业、工伤与生育保险只能由单位进行申请,个人是无法购买的。所以如果要扩大社保补贴政策对灵活就业人员险种的覆盖,首先需要对目前的社保政策进行修改,超出了本项目研究的范围,但这无疑是另一个值得研究的论题,比如灵活就业人员的工伤风险和在生育过程中对生育津贴的需求,都是显著且迫切的。

（二）重庆市社保补贴政策执行情况

正如前文所述，理论不可独立于实践而存在，政策也不可独立于政策的执行而存在，因此，具体分析研究政策执行的过程就显得尤为重要。

1. 重庆市社保补贴政策执行机构

重庆市社保补贴政策由市人力社保局统筹，各区县人力社保局与其所在行政区域的人力社保所具体执行。具体来说，重庆市人力社保局负责的是政策的制定、补贴资金的分配与发放、政策执行的监督以及执行过程中所需要的基础条件的供给。各区县人力社保局主要负责所在行政区域的社保补贴申请的审核以及社保补贴资金的落实。根据本项目实地调研情况，我们发现不同区县的人力社保局具体分工会有所区别，比如有的人力社保局会让同一个科室同时负责招用就业困难人员的单位社保补贴与灵活就业人员的社保补贴（以下简称单位社保补贴和灵活就业社保补贴），而有的人力社保局会让不同的科室负责不同的补贴类目。但通常而言，基层街道人力社保所在负责就业失业登记的同时，也会负责灵活就业人员的登记以及灵活就业社保补贴的初审，而区县一级的人力社保局将负责单位社保补贴的初审与复审，以及灵活就业社保补贴的复审。社保补贴资金的发放则集中于区县一级的人力社保局。

社保补贴政策落实的具体过程需要由其他多个部门协助配合，如各级人民政府、财政局、民政局、残联、退役军人事务局、劳动监察部门、街道办事处，其中涉及财政资金的划拨与发放、就业困难人员的实际个人与劳动情况核实、政策宣传、就业困难人群对点帮扶等多项工作。

从政策执行的过程来看，社保补贴政策的组织工作主要由市人力社保局与区县人力社保局负责；解释和宣传工作由各级人力社保局与人力社保所从上至下共同负责，区别在于解释和宣传的渠道和维度不同；应用工作主要由区县一级人力社保局和人力社保所负责，区别在前文已经提到；监督工作则主要由市人力社保局负责，各区县人力社保局也负责了对区域内人力社保所的监督工作。在执行机构以外，前来办理业务的人民群众也起到了监督的作用，对办事人员的能力素质和态度进行了监督。

在工作人员的能力素质与态度方面，重庆市人力社保局与各人力社保所是做得较好的。课题组除了对人力社保局与人力社保所工作人员的深度访谈，也对前往就业和人才服务机构办理业务的群众进行了访谈。经群众反映，目前窗口服务人员的工作态度良好、专业素质过硬,只是有时候前来办理业务的人太多,等候时间较长,最长的时候超过了半小时,并且联系电话时常占线。针对这个问题,课题组对具体的经办人员也进行了访谈。据工作人员反映,目前工作压力较大,很多窗口,特别是街道的综合服务窗口,只有一到两个人负责,他们需要同时负责群众的接待、初期上门入户的核实、中期电话询问的核实、来电的回复工作以及社区与企业的政策宣传,以及一些其他的临时性的工作。社保补贴政策的执行工作只是他们众多工作中的一部分,所以在平时的工作中,被动性地接待、解释、处理事务的工作就已经占用了他们大量的工作时间,因而很难再抽出更多的时间进行主动性的宣传、走访或者调查工作。基层工作人员人手不足、工作压力较大是当前的主要问题。

2. 重庆市社保补贴政策执行环境

对于政策执行环境,本文将具体从政治、经济、社会等三个方面展开论述。

（1）政治环境

根据习近平总书记关于就业工作的系列讲话、《国务院关于做好当前和今后一段时期就业创业工作的意见》以及《重庆市人民政府关于做好当前和今后一段时期就业创业工作的实施意见》,中央以及重庆市各级政府对于就业促进工作和社保补贴政策十分重视。此外,社保补贴资金来源于国家转移支付资金而非地方资金,所以资金方面的稳定性也是可以保证的。

（2）经济环境

目前,由于三年新冠疫情对经济造成的下行影响、失业人员的增长(我国城镇登记失业人口于 2022 年达到了 1 203 万人)以及新业态就业人员的增长,社会保险补贴政策的重要性和作用也变得越来越大。随着科学技术的不断发展,越来越多的新兴职业与新型就业方式纷纷涌现,使现实经济状况迅速变化。现实情况的变化也对社保补贴政策提出新的要求,就业困难人员的认定范围与社保的补贴力度都需要进一步优化。根据与部分企业人事部门的交流情况,我们得知,在企业发展的上升期,其对于社保补贴政策毫不关心,而在企业生存较为困难的时期,他们会尽可能地寻求各种补贴的帮助,减少其总体成本。政策的目的是让真正困难的人群与企业得到实惠,并且尽可能地避免资金的浪费,这也是本课题研究的目的。

（3）社会环境

根据国家统计局于 2021 年 5 月 11 日发布的《第七次全国人口普查公报》,自2010 年至 2021 年,我国文盲人口减少了 16 906 373 人,文盲率由 4.08% 下降为2.67%,下降了 1.41 个百分点。文盲率的下降有助于政策的宣传、解释、推广工作,有利于民众更准确地认识政策、理解政策。自 2005 年第十届全国人民代表大会第三次会议,时任国务院总理温家宝作政府工作报告,正式提出"建设服务型政府"以来,服务型政府的观念逐渐深入人心。现如今,人民群众对政府的工作态度与工作能力的要求都有明显提高,这使政策的执行需要更为严谨的过程。令人民不能理解的政策,令人民不方便的政策执行,都是我们需要关注且警惕的部分。如今重庆市推出的"直补快办"和"一站式服务"都是对于群众呼声的响应。据调查了解,目前社保补贴政策已可由线上端口申请,有效避免了线下拥挤、排队等候的问题。另外,当前社会环境也起到了对政策执行机构的监督作用,群众可以随时拨打专门的投诉电话或市长热线,以此直述自己面临的问题。总而言之,当前社会环境对于政策的执行效果起到了积极的作用。

3. 重庆市社保补贴政策执行目标群体

目标群体的特性将会影响政策执行的各个方面,包括执行政策的措施、能力以及政策的沟通。

通过区分社保补贴政策申领的群体,申报补贴政策可分为单位和个人。其中,单位申报单位社保补贴,个人申报自己的灵活就业社保补贴。

社保补贴的补贴对象,即本政策的政策执行对象包括如下。

一是招用登记失业离校 2 年内高校毕业生、重庆市户籍登记失业"4050"人员、低保家庭人员、零就业家庭人员,与其签订劳动合同并按规定缴纳社会保险费的用人单位。

二是在重庆市区域内实现下列灵活就业,并缴纳社会保险费的登记失业离校 2 年内高校毕业生、我市户籍登记失业"4050"人员、低保家庭人员、零就业家庭人员。

①为自然人及其家庭(近亲属除外)提供孕产妇和新生儿照护、婴幼儿照护、饮食服务、保洁服务、老人照料、病人陪护的家政服务人员。

②个体工商户雇工。

③在城市管理部门规定区域和时间内,销售农副产品、日常生活用品的商贩(取得工商营业执照人员的除外)。

④网约车驾驶员。

其中,低保户是指,因家庭成员存在重度残疾或疾病丧失劳动力,享受最低生活保障补助的家庭。其住房或收入明显低于当地低保标准的居(村)民。零就业家庭人员是指,户口簿信息中所有在法定劳动年龄内、有劳动能力、有就业要求的家庭成员均处于无业状态(不包括在校学生)。"4050"人员是指处于劳动年龄段中女 40 岁以上、男 50 岁以上的,本人就业愿望迫切,但出于自身就业条件较差、技能单一等原因,难以在劳动力市场竞争就业的劳动者。

综上可知,目标群体有以下五个特点。

①处于劳动年龄段,指年龄符合法定要求的劳动者。

②有一定的劳动能力,但缺乏竞争力,很难靠自己在市场上取得优势。

③有就业以获取报酬的愿望,但无法靠自己的力量找到合适的岗位并参加工作。

④经济困难,但无法依靠自己或家人摆脱经济困难的现状。

⑤除未就业高校毕业生外,其余群体普遍还有劳动能力低下、劳动技能匮乏、文化素质低、年龄普遍较大等情况。同时,据人力社保局工作人员反映,就业困难人员,特别是灵活就业人员,其文化素质较低,除走访、社区宣传、张贴告示等基础公共宣传渠道外,很难了解及理解政策。此外,就业困难人员除在其所在街道了解政策外,很少主动地去了解最新的有益于自身的政策,很多时候还是靠口口相传或者被动地接受宣传。这对于执行机构的宣传方式也提出了要求,不仅要把握住新媒体平台的宣传机会,也要扎实基层的宣传力量。根据重庆市人力社保局提供的社保补贴资金使用数据,我们总结提炼出以下信息,如图1所示。

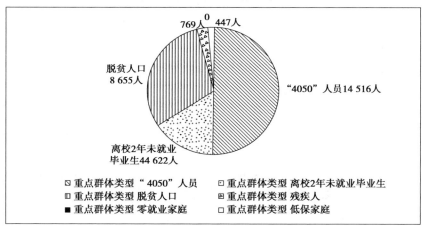

图1　2023年单位社保补贴重点群体分布

在领取单位社保的群体中,"4050"人员、脱贫人口与零就业家庭是主要部分。政策落实的主要群体从另一方面显示出了目标群体的人群特征,即低收入、年龄大、文化低。在政策的实际执行过程中,需要根据具体情况去制定执行的措施。

其中,脱贫人口与残疾人并没有超出社保补贴政策的目标群体,而是根据人员群体的实际个人与家庭情况进行细分的一个子类。脱贫人口与残疾人都没有明确存在于政策的范围之中,但是在实际工作中却也向其发放了补贴,容易给群众造成误解。同时,残疾条件到底应不应该纳入政策的考虑范围,也值得讨论,如图2所示。

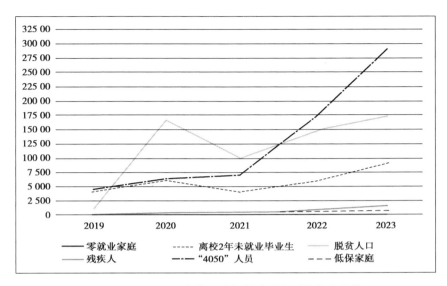

图2 2019—2023年单位社保补贴重点群体年度变化

自2019年以来,单位社保补贴重点群体的分布发生了较大的改变。从绝对数量上看,"4050"人员、脱贫人口以及离校2年未就业毕业生数量呈上升趋势,低保家庭人员和零就业家庭人员的数量呈稳定状态,并且零就业家庭人员的数量常年为0,可以忽略不计,如图3所示。零就业家庭人员为零的现象也体现出了重庆市相关机构工作人员认真负责的工作态度。

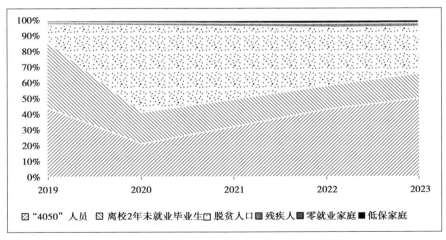

图3 2019—2023年单位社保补贴重点群体年度分布

"4050"人员数量的上升既有其历史原因,也有其现实原因。根据国家统计局抽样调查数据,2016 年我国 40 ~ 59 岁人口数大概为 35 659.9 万人,与之相对比,2021 年我国 40 ~ 59 岁人口数大概为 46 387.6 万人。

脱贫人口在 2020 年急速上升与之后逐渐下降也有其历史原因,2020 年是我国脱贫攻坚的决胜年,帮助 9 899 万农村贫困人口全部脱贫。所以在 2020 年,脱贫人口申领补贴的数量大幅上升,随着脱贫人口生活情况的好转,脱贫人口申领补贴的数量逐渐减少。可以看到,虽然脱贫人口的绝对数量总体上呈上升趋势,但主要原因来自 2020 年绝对数量的剧增,所以可以推测,在今后的补贴工作中,脱贫人口将逐渐变为补贴的次要部分。

在领取灵活就业社保补贴的人群中,"4050"人员占了绝大部分。从现实因素来看,这与灵活就业补贴目标的认定条件有着直接的联系。在重庆,家政行业、个体工商户雇工、商贩以及网约车司机群体中,存在着大量的"4050"人员,而作为离校未就业人员的青年人就显得较为稀少。从这方面来看,"4050"人员在社会中寻找长期稳定工作的能力的确不如年轻人,所以更多地采取灵活就业的方法,也从侧面证明了把"4050"人员定为政策目标的合理性,如图 4 所示。

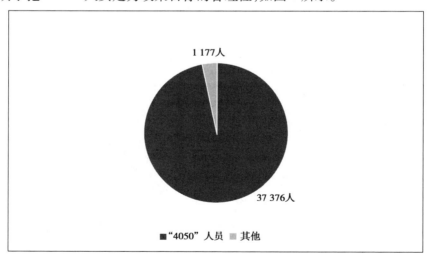

图 4 2023 年灵活就业社保补贴重点群体分布

整体来看,人群的分布十分稳定,主要集中于"4050"人员群体,但可以预见的是,如果改变政策的认定条件,重点群体的分布情况将发生变化。例如,不考虑其他可行性因素,如果我们允许外卖员领取灵活就业社保补贴,那么在重点群体中,除"4050"人员外的人群占比将大幅提高,其中的青年人比例也将大幅提高,如图5所示。

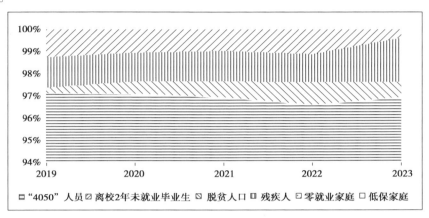

图5 2019—2023年灵活就业社保补贴重点群体年度分布

总的来说,"4050"人员既是单位社保补贴的主要人群,也是灵活就业补贴的主要人群,这也符合就业环境的现实状况。但可以看见,政策对残疾人、难就业青年人、失业中年人以及其他就业困难群体的支持不足,需要对政策加以更新,以适应现实变化。

4.执行政策的措施与能力

(1)政策执行中的组织工作

社保补贴工作在重庆市人力社保局的组织领导下展开,由其就业处进行具体工作的指导。在组织上,得益于高效统一的组织架构,社保补贴政策执行的组织工作可以畅通、高效地运转。但在组织工作中,涉及跨部门合作的事务就会显得略微低效。例如,社保补贴工作中的医保缴纳信息是由医保局提供的独立数据,但据人社部门工作人员反映,医保局所提供的信息往往存在不准确、不及时的情况,并且随后的核对更正工作也会浪费大量精力和时间。所以,在关注组织问题的时候,我们需要把目光聚焦于部门间的协作方面,包括财政、税务、政府、街道等其他单位或部门。

（2）政策执行中的宣传工作

社保补贴政策的宣传工作分为三个方面与两个渠道。三个方面是指，向社会大众公布并宣传政策并解释其含义；向可能符合条件的单位定点具体地宣传政策；向可能符合条件的个人定点具体地宣传政策。两个渠道是指线上渠道与线下渠道。

在社保补贴政策明确后，重庆市人力社保局会在重庆市人力社保局的官网上发布该政策及其办理流程，其中包括文字与视频两部分内容。同时，各级人力社保大厅与人力社保服务综合窗口也会配套相应的宣传手册。对于单位社保补贴而言，因为其申办工作一般由区县一级人力社保局负责，所以其宣传责任也就落在了人力社保局肩上，通常他们会采取企业走访宣传与社交媒体宣传等形式。对于灵活就业社保补贴而言，因为其申办工作一般由人力社保所负责，所以其宣传责任主要在于人力社保服务窗口工作人员，通常他们会采取社区宣传、张贴告示、委托居委会代为宣传等形式。此外，第三方自媒体也是群众了解政策的重要来源之一，群众通过百度、抖音、微信、小红书、微博、快手等社交软件或搜索引擎，也可以了解到相应的政策。但第三方渠道存在政策过时、不准确、不清晰的问题，有时会对群众造成误解。值得注意的是，在以上社交软件或搜索引擎搜索相关政策时，官网的信息来源并不会第一时间弹出，搜索结果会充斥着广告与第三方媒体的信息，并且其信息通常互有矛盾，这也增加了群众了解政策的困难程度。

（3）政策执行中的解释工作

政策执行中的解释工作既包括政策的制定人员对政策的执行人员进行政策的解释，也包括政策执行人员对群众进行政策的解释。解释的内容往往针对政策中囊括较大的、有争议的、不明确的，或需要专业知识的部分。政策的解释工作对工作人员的专业能力和工作态度有着较高的要求，缺乏其中之一，政策就无法清晰、明确地被解释。准确地说，政策的解释工作也是政策沟通中的一部分，强调的是其中对政策理解的部分。

经过课题组人员的明察暗访发现，目前重庆市人力社保综合服务窗口的工作人员专业素质优秀，工作态度良好，暂不存在拒绝解释政策、拒绝办理业务、答非所问等情况。经了解，这得益于一站式综合服务窗口的建立和日常业务培训的推行。总体来说，在窗口询问业务相关信息，一线工作人员可以清晰、准确、快速地说出政策的内涵以及办理业务所需要的文件资料。

（4）政策执行中的应用工作

政策执行的应用工作指对政策的具体应用，重庆市社保补贴政策的应用工作的差异主要集中于对补贴受众的认定与后期的劳动情况定期审查上。各区县人力社保局会根据自身对政策的理解，秉持着应办尽办的原则，在实际工作中对具体补贴人群进行筛选。例如人力资源公司，在有的区县被排除在了补贴名单以外，而有的区县则没有。对于后期的劳动情况审查工作，已知存在的方法有委托第三方公司进行审查，要求人力社保所与街道工作人员进行上门审查，以及不定时的电话审查。具体的审查方法包括查询工资流水，查询社保缴纳信息，核查在岗工作情况等。各区县根据其具体的实际情况选择不同的应用方式，很难判断出孰优孰劣，但好的经验方法值得各区县学习借鉴，这部分将在后文重庆市情况的综述中提及。

（5）政策执行中的监督工作

社保补贴政策的办理机构，即人力社保局、各区人力社保大厅、人力社保所、街道人力社保综合服务窗口，都同时接受两方面的监督。一方面是来自上级机关、人民政府，以及国家监察机关、司法机关等机关部门的监督；另一方面是来自前来办理业务的人民群众的监督。总的来说，目前社保补贴政策的办理过程符合透明、公正、公平的原则，并且各个投诉与举报渠道长期保持畅通，有利于政策的顺利推行。

5. 政策的沟通

社保补贴政策的沟通采取的是先由上至下，然后由内而外的沟通方式。由上至下指的是政策的制定与执行中的内部沟通方式。社保补贴政策由中央起始，层层下达至地方具体执行。文件的传达总是伴随着误解，不同的工作人员对于相同的政策内容可能有着不同的理解与见解，从而导致了政策执行效果的变化。政策的有效沟通有助于消除政策传达过程中的误解与疑虑，统一政策精神与政策目标，提高政策执行效率与效果。在课题组调研过程中我们发现，虽然区县以下级别人力社保局时常接受培训，但对工作中遇到的问题依然需要专业判断与工作经验来解决。政策往往十分精练并且不会轻易更改，这使得一线工作人员需要依靠自己对政策的理解，去应对千奇百怪的特殊情况。例如，对灵活就业人员身份认定的具体过程，政策性文件往往难以详细表述，一线工作人员需要试探性地工作，并从工作的成效中汲取经验，传授给其他工作人员。由内而外的沟通是指政策具体执行过程中的沟通方式，既指政策执行机构内部沟通的过程，也指政策执行机构对外沟通的过程。良好的政策沟通，其目的是将政策与其内涵准确无误地传达给民众，并在过程中尽可能少地产生误解。但在实际工作中，我们发现政策传达中的理解偏差、行政区划变化、工作人员的能力素质与性格特征、沟通过程采取的不同渠道，都有可能导致沟通效果的差异。

在调研过程中,我们发现了一个可以囊括这一系列问题很好的例子,也就是家政与钟点工的问题。从政策的制定上看,家政服务人员很好地概括了这类人群的工作性质,明确地指明了其认定条件。但在具体的执行过程中,家政服务人员是一个难以参照的标准。家政服务人员根据服务的时间长短,主要分为长期家政和短期钟点工,此外也还有月嫂这类工作时长为几个月的具体工作。根据政策执行的要求,要申请灵活就业补贴,首先要登记灵活就业,而灵活就业只能在就业地办理,就业地核查。而钟点工存在两个主要问题:一是就业地不固定,经常在不同的行政区域间变动,就业地难以明确,就业情况难以核实,一线工作人员不知道其该在哪里办理业务;二是其工作的平台性质不确定,有可能属于企业,有可能属于个体工商户。但是在群众眼里,他只认自己是家政服务人员,他不会去管灵活就业认定的问题。在这个例子中,有政策制定与政策执行考虑情况不一致的问题,有工作人员对政策的理解问题,有经办机构之间的沟通问题,也有群众实际看到的政策与听到的政策不同的问题。

在当今社会,政策沟通的渠道是多元化的,并不仅仅依靠纸笔与口述。视频、音频、线上公告等都是政策沟通与宣传的重要途径。此外,政策的沟通也不仅仅是单纯的回答形式,从"人找政策"到"政策找人"也是重庆市政府努力的方向。在调研过程中,我们发现重庆市人力社保部门已开始推行政策推送功能,会通过系统自动地将其满足条件的各项补贴政策推送给企业。这一功能在部分地区已经开始运行,是政策沟通环节的积极创新。

6. 重庆市社保补贴政策执行现状

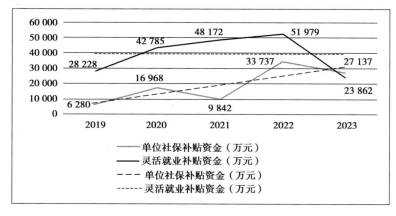

图6 2019—2023 年社保补贴资金使用情况

从社保补贴资金总体的用量上来看,补贴资金的总体规模呈上升趋势,如图7所示。此外,新冠疫情持续的2020—2022年,社保补贴资金用量明显大幅上升,起到了帮助社会共渡难关的作用。补贴资金于2023年明显低于2022年的原因有二:一是2023年还未结束,统计口径较小;二是疫情的结束与经济的逐渐复苏使许多中小企业重新开始招用人员,使得灵活就业补贴资金降低。根据趋势预测以及与人力社保部门工作人员的访谈结果,预计2023年单位社保补贴资金使用量至少会与2022年持平,并且有所上升,而灵活就业补贴基本稳定。此外,社保补贴资金不仅对中小企业起到了关键的作用,对大企业的作用也开始凸显。

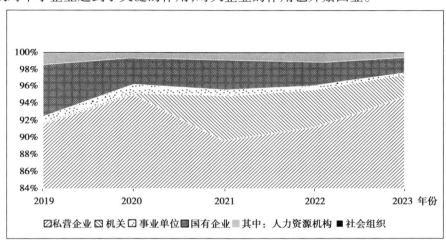

图7 2019—2023年单位社保补贴企业类型分布情况

(三)实地调查研究中重庆市政策执行的优势与不足

根据实际调查研究情况,我们总结出了目前重庆市政策执行的一些优势与不足。

1.优势

从重庆市整体执行来看,"跨省通办"和"全渝通办"是两个受到人民群众一致好评的政策应用措施,但由于社保补贴政策需要核实就业情况和就业地的特殊情况,这两项措施对于社保补贴政策并不适用。但总体来说,其他政策办理流程的优化对于社保补贴政策的推行,也起到了润滑剂的作用。此外,重庆市人力社保局线上服务通道的拓展,也使办理社保补贴政策的流程更加方便,就业服务证可以在线上申请,单位的社保补贴也可以在线上进行申请,电子化的办公流程也简化、优化了工作人员的工作流程,这使工作人员可以把更多的精力放在政策的宣传、人员资格的审核以及后续的劳动情况核实工作中。得益于社保服务的"三统一""三规范"与"三强化",业务平台与办事流程得到了统一,工作人员的专业素质和工作态度得到了提升,群众业务得到了办理。其中,"三统一"是指统一经办系统,由社会保险 3.0 系统升级为"智慧人社"系统,打好"全渝通办"基础;统一事项清单,建立社保对外服务事项清单,实现动态更新、联动管理;统一工作规程、规范办事材料、审核要点等具体经办内容,实现跨区县办事无障碍。"三规范"是指规范窗口设置,开设综合受理窗口对外服务,后台分类推送办理,实现无差别受理、同标准办理;规范业务经办,多形式开展工作人员培训,提升经办服务能力;规范网点建设,在区、镇街、村社三级服务平台基础上深化社银、社邮合作,实现群众办事多点可办、"最多跑一次"。"三强化"是指强化数据共享,通过数据交互、比对和治理,为社保业务网上办、自助办提供支撑;强化自助机配置,为群众提供"7×24 小时"不打烊自助服务;强化平台推广,提高线上办事平台知晓度,真正通过"让数据多跑路,让群众少跑腿",实现群众线上办事"零跑动"。同时,"直补快办"的推行也使社保补贴政策的办理流程得到了简化,速度得到了提升,并且系统向符合政策享受条件的受益对象主动推送政策,告知补贴政策内容、申请流程、经办渠道的做法,也扩大了政策的受众面,扩大了惠及范围。

在各区县人力社保局具体的工作实践中,我们发现了一些好的、值得推广的做法。

社保补贴的主要申报时间在 3 月与 9 月,而部分地区会根据当地具体的社会经济情况对申报时间窗口进行延长,让社保补贴惠及尽可能多的企业或个人,以缓解企业的经营压力与灵活就业人员的生活压力。各地区可以根据具体情况,在以方便企业与群众为目的的基础上,灵活延长申报补贴的申报时间。同时,部分地区委托了第三方企业进行劳动情况的核实与调查,在实际工作中节省了人力,减轻了一线工作人员的工作负担,值得推广。

2. 不足

①个体工商户的性质问题,即个体工商户是否属于企业?是否可以申请享受就业困难人员社保补贴?目前,个体工商户在实际操作中,可以在灵活就业社保补贴和企业社保补贴中二选一。

②政策规定用人单位可以享受补贴,即谁用人谁享受,但实际工作中,因为劳务派遣公司(人力资源中介机构)的存在,导致用人单位与用工单位事实上的不一致,补贴没有实际惠及企业,而是发放给了劳务派遣公司。工作人员也只能劝其不

申请,或者退回补贴。同时,劳务派遣公司派遣员工数量庞大,事实劳动关系仅能根据社保缴纳情况和抽样调查结果予以判断,或者要求人力资源公司提供派遣人员单位及名单。所以,政策需要明确到底由哪一方来享受补贴,是值得讨论的问题。

③适用于离退休不足五年可延至退休的退休年龄标准不清晰,特别是针对特殊工种的视同缴费年限的提前退休、病退及其他原因的退休。

④政策没有明确细分"4050"的申领人群,导致群众误解补贴为待遇,以为满足一定的年龄或其他条件便能领钱,如"4050"人员并不都是就业困难人员,使政策覆盖不够精确,造成了资金浪费。建议不只靠年龄判断就业困难人员,而是进行进一步的人群细分。

⑤灵活就业人员认定范围较窄,并且存在政策执行模糊的部分。通常来说,外卖小哥和未备案的专职网约车司机(如专职顺风车司机)不能领灵活就业补贴,对他们而言,要满足"个体工商户雇工"或"单位雇工"其中一个条件,是不太可能实现的。此外,对于就业地点和就业时间短期内经常发生变化的工作人员来说,如钟点工、月嫂、上门做饭的厨师等,其就业地难以确定,业务办理地点难以确定,就业情况也难以核查。此外,其就业平台情况十分复杂,有的平台是企业,有的是个体工商户,有的是劳务众包平台,实际上部分存在不签合同、不交社保的情况,难以核实其工作真实性。

⑥失业登记时,人员类别选择不对,导致后续发放时不符合政策要求,从而使企业无法领取补贴。针对此类问题,企业可以做社保人员减少—失业登记—就业登记—社保人员增加以重新符合领取社保补贴的要求,存在是否符合享受条件的争议。

⑦对就业困难人员招用的实际劳动状况核实存在困难,只能通过参保关系来进行核实,并且灵活就业人群的真实性很难判断。此外,部分灵活就业人员就业但没签合同,没交社保,真实性难把控,工资发放信息也不完善(可能采取现金、微信或支付宝等形式)。对于灵活就业人员来说,其工作时间没有固定的打卡记录,工资发放也可能是现金、微信或支付宝等第三方途径。

⑧一线工作人员的工作量大,劳动情况核实的方式采取首次上门入户核实、中途电话核实,而政策宣传的方式也主要只是下社区宣传、公告栏宣传、上企业宣传以及社区会议宣传。但因为一线工作人员数量较少,通常综合服务窗口只有两个工作人员,一个社区也只有一个工作人员负责,且平时也需要接待群众。

四、重庆市社保补贴政策与政策执行存在的问题

(一) 政策定性的不明确问题

1. 个体工商户的性质问题

个体工商户是指,在法律允许的范围内,依法经核准登记,从事工商经营活动的自然人或者家庭。

个体工商户的成员,在证件齐全的情况下,既可以以个人名义参与灵活就业人员社保,自愿参加职工基本养老保险和职工基本医疗保险,也可以以单位名义参与社保,为自己购买社会保险。单位社保的险种多于灵活就业人员社保,并且单位社保补贴的金额也高于灵活就业人员社保,所以在二者权衡下,个体工商户的成员会更倾向于以单位名义参保。于是,在实际执行过程中,个体工商户会根据自己的实际情况,在两种社保和补贴中进行选择。

问题的起因在于灵活就业人员社保与单位社保险种不同,并且社保补贴的力度也不同。如果要求个体工商户一致参与单位社保并申请单位社保补贴,单位所承担的保险费会对一些规模较小、利润较低的个体户施加较大的压力,且会增加其招用雇工的成本,限制其扩张。如果要求个体工商户不得参与单位社保的话,对一些规模较大、运行较稳定、制度较完善的个体工商户及其雇工来说,其福利水平也被降低了。考虑到社保补贴政策的目的是提高社会整体福利水平、扩大社会保险覆盖面、提高社会与群众抵抗风险能力、补贴资金压力以及各种实际情况,本文建议,个体工商户及其雇工可以按照单位的名义申请单位社保补贴,但其补贴的金额对应的社保缴费基数不得超过重庆市就业人员平均工资的100%。

2. 人力资源公司申领补贴的问题

目前来讲,虽然劳务派遣员工的社保是以用人单位,即人力资源公司的名义进行参保缴费的,但实际的费用是由实际用工单位承担的,而实际的工作岗位也是用工单位提供的。从经营模式来说,人力资源公司的利润来源是提供劳务派遣员工所得的管理服务费,而非社保补贴的补贴费用。如果实际用工单位经营压力过大,经营成本过高,无法承担相当数量的员工数量,那么人力资源公司也没有办法做业务,赚取管理服务费。而如果用工单位的平均用人成本下降,以总体不变的用人成

本就可以雇佣更多的劳动者,并且有利于其经营发展。总而言之,补贴费用发放给人力资源公司,只能转化为其利润,而发放给实际用工单位,则可以起到帮助企业发展、增加就业岗位、扩大社会总体就业水平的作用。因此,课题组建议是以实际用工单位的名义来进行社保补贴的申报,并且直接打款至实际用工单位账户,其间要求用工单位提供劳务派遣协议、申报员工的劳动合同、工资流水以及参保证明。这种方法,既可以防范人力资源公司挂靠骗补的情况,也可以将政策福利直接下达至企业。

3. 退休年龄标准的问题

退休年龄标准存在两个方面的问题:其一是退休年龄标准涉及面广、灵活程度高的问题;其二是申请延长补贴至提前退休年龄,而到了其申请中所述提前的退休年龄没有退休的问题。

针对这两种问题,根据《重庆市人民政府关于印发重庆市参加企业职工基本养老保险人员办理退休暂行办法的通知》,对于正常按年龄退休的,延长其补贴至退休年龄,对于提前退休的,仍然先按照三年执行。同时,在补贴结束后的两年内提前退休的,可由用人单位提供劳动者相关退休材料与档案材料,申请覆盖此两年的社保补贴。这种方法可以避免工作人员的退休认定工作,可以直接参照人力社保局的退休标准与退休认定,有利于组织分工的进行。同时,先退休、后补贴的方法,也有助于减少后续检查、审核工作的工作量。此外,政策的目的与内涵也得到了保留。

4. "4050"人员细分的问题

"4050"人员原指在 1998 年以来下岗未进入再就业服务中心的国有企业下岗职工和城镇集体企业的下岗职工。而目前的社保补贴政策中,"4050"人员是指,处于劳动年龄中上段,即年满 40 岁的女性与年满 50 岁的男性,就业意愿迫切,但就业能力较差,就业条件较差,难以在劳动力市场上竞争上岗的劳动者。可以发现,政策所指的"4050"人员群体已发生了变化,目前的"4050"仅仅是一个年龄标准,而失去了其"下岗职工"的历史含义。实际工作中,工作人员很难从就业能力和就业条件上去判断是否满足条件,这就为非就业困难人员申请补贴提供了条件。在问题中,我们也提到,领取社保补贴的人员有社保基数超过 100% 社平工资的情况。总体来说,目前按实际缴费的金额进行补贴是不太合理的。对于高缴费基数人员来说,其与用人单位是利益一致的,不会产生异议。但如果我们限制社保补贴目标对象,只补贴其中不高于 100% 社平工资的人员,那么这部分高缴费技术人员是不会愿意以牺牲自己的社保基数为代价,来换取单位的补贴的。如果我们换个方法,依然对其发放补贴,但只补贴其中对应的100%社平工资的部分,超过的不补贴,也会对此现象起到一定的抑制作用。无论采取哪种方法,都能促使其申报的社保缴费基数更接近于员工的实际收入水平。此外,也可以去掉"4050"人员标准,只根据失业条件与就业类型来发放补贴,既简化了条件,也提高了效率。

5.灵活就业人员的认定和核实的问题

申领灵活就业社保补贴,需同时满足人员类别与就业类别两方面的条件。人员类别方面,调研过程中企业与劳动者建议增加退伍军人与残疾人两个人员类别,这对于单位社保补贴也同样适用,因为二者的人员类别判定是一致的。根据项目组访谈了解,退伍军人返回地方后,容易遇到工作职业技能不足、融入社会生活较慢、错过企事业单位最佳工作年龄等问题。而残疾人因其身心部分存在的残疾,在劳动能力受限的条件外,还容易遇到就业歧视、就业困难的问题。将残疾人纳入社保补贴范围的政策已有成例,例如泾川县残联发布的《关于申请残疾人灵活就业人员社保补贴和新业态就业残疾人岗位补贴的公告》,就将"通过新业态平台等实现就业的残疾人"纳入了社保补贴的覆盖范围。

就业类别方面,鉴于平台经济的快速发展与迭代更新,就业方式和具体工种裂变为了不易认定的众多分支。就业的空间、时间与人员三大关键要素都难以精准地区分、判定,对一线工作者的工作水平提出了新的要求。重庆市"全渝通办"、"智慧人社"、社保服务工作业务平台和办理流程的统一,为灵活就业人员的认定和核实打下了更为坚实的基础,为社保补贴覆盖更多困难人群提供了可能性。对于平台就业的灵活就业人员来说,因其工作的不稳定性太高,时刻都有大量的劳动者进入或退出相应行业。此外,也有部分劳动者仅仅把相应行业的工作作为兼职对待。因此,对这类行业所有的劳动者进行社保补贴是不现实的,也是不合理的。但是,对于长期稳定从事这类行业的劳动者来说,社保补贴显得尤为重要。以外卖员为例,部分外卖员仅仅把送外卖的工作当作主业的补充或两项工作间的过渡工作。对于他们而言,是否以外卖员的身份缴纳灵活就业社保并不重要。但对于把送外卖当作主业的外卖员而言,这就密切关系到了其日后的养老与医疗待遇。并且,因为缺乏其他类型的收入,社保费的压力也会显著地增加其日常开销,加重其经济负担,并影响其目前的生活质量。所以,可以仿照其他社保相关政策判定长期工作的条件,以"六个月"为门槛,限制此类工种就业人员申领社保补贴的数量。

针对核实问题而言,灵活运用"智慧人社"平台是对灵活就业人员的劳动情况进行核实的关键。针对就业地点不稳定、灵活就业登记地点不确定等问题,可以要求他们在缴纳社保的区县进行灵活就业登记。针对后期劳动情况难以核实的问题,可以适当增加其劳动证明材料,如平台的服务提供记录、转账记录、收入证明等。此类方法适用于依托于某个平台长期从事短期工作的劳动者,如长期从事钟点工工作的劳动者。对于直接以私人身份为私人提供短期劳动力的劳动者,不给予灵活就业社保补贴。同样,长期的判定方法可参照其他政策,以"六个月"为门槛。

对于此类灵活就业人员的补贴,要严格依照"先缴后补"的原则,缴多少补多少,以避免骗补、错补、漏补等问题发生的可能性。

(二)工作过程中的实践性问题

1. 骗补的相关问题

骗补是指,规定上不具备申领社保补贴资格的人员主动采用某种方法,从而实际上申领了社保补贴的情况。据调查,骗补主要有两种途径,"挂靠"和"登记失业然后重新登记就业"。"挂靠"是指企业或单位为未在该企业或单位工作的劳动者缴纳社保的行为。因为社保补贴政策的存在,用人单位事实上无须承担社保费用。"登记失业然后重新登记就业"是指企业或单位主动为其在职员工做社保参保人员减少,然后令其登记失业,再重新参保登记就业的行为。之后,企业可以为其符合社保补贴政策条件的员工申请社保补贴,从而节省其人力费用。骗补违背了社保补贴政策的目的与精神,窃取了对就业困难人员的帮扶资金。

据调查,现对于"骗补"问题的实际整治,有电话回访、上门核实、社区走访、委托第三方调查公司等若干方法。目前一线部门普遍存在人员短缺、工作负担大的问题,上门核实和社区走访对于一线工作人员来说,是既不效率,也不现实的。委托第三方调查公司是一种效率较高的方法,委托专人定期对各企事业单位的实际用人用工情况进行核查。对"登记失业然后重新登记就业"来骗补的行为,可以通过规定"失业登记时间"来防止。例如,可以要求只有失业登记超过三个月的劳动者再就业时才能申请社保补贴。

目前,在调研中我们了解到,各区县对有"骗补""挂靠"等不良行为的个人与企业进行处罚与公示,并将其纳入相应的黑名单中。

2.政策宣传工作的相关问题

灵活就业人员文化程度较低,除公共宣传渠道外,很难了解政策。有效的宣传手段通常仅限于社区公告、社区宣讲、上门宣讲以及企业走访。并且,群众缺乏主动失业登记意识,企业很少优先招用失业登记人员,更多的是看自己企业内哪些员工符合申领补贴条件,再走"失业—就业"的流程。在实际基层宣传工作中,也存在工作量大、工作人手不足等一系列现实问题。

五、重庆市社保补贴政策与管理机制的优化建议

(一)关于政策的优化建议

1.适当扩大覆盖范围

针对灵活就业认定的问题,建议增加残疾人和退伍军人这两个类别的灵活就业人员。此外,对于依托某些新兴商业平台长期(六个月以上)从事平台工作的劳动者,例如外卖员、顺风车司机等,建议也纳入社保补贴的范围,这有利于增强平台工作人员就业信心、稳定雇佣关系、减轻劳动者的经济负担,以鼓励更多的就业困难人员采取灵活的就业形式,提高社会整体福利水平。

2.优化补贴标准

针对非就业困难人员申领补贴的问题,建议对补贴标准进行限定。要强化社保补贴政策在就业方面的作用,就要让政策向就业困难人群倾斜,鼓励企业对他们的招用。补贴标准方面,建议变更补贴的社保基数标准:方法一是只对社保缴费基数未达到重庆市就业人员平均工资的100%的劳动者进行社保补贴,划分出真正的、低收入的、需要政策帮助的就业困难人群;方法二是不额外增加申领条件,但限定所补贴的社保费用,只对其对应的社保缴费基数不超过重庆市就业人员平均工资的100%的部分进行补贴。综合考虑之下,方法二更为合理与实际,既节省了财政资金,又维持了原有的政策覆盖范围。以上办法能有效地将社保补贴集中于就业困难人员,并且减少社保补贴资金的支出。

3.严格申领条件

针对灵活就业人员判定与核实、"4050"人员判定范围过大以及骗补的问题,建

议对申领条件加以额外规定,并进行更加严格的审核。具体来说,应该对申请者的就业情况进行全面核实,确保他们真正符合社保补贴的资格。对于"4050"人员,也应以实际失业状态和就业类型为具体标准,而非仅仅以年龄设限。建议可以实际登记失业时长来判定就业困难程度,例如以三个月或六个月为门槛设定标准。同时,对于那些通过挂靠、登记失业后重新登记就业等手段骗取社保补贴的行为,应该采取更加严厉的处罚措施,以维护社保补贴政策的公平性和有效性。对于失业再就业的人员,建议增加"只有失业登记超过三个月的劳动者再就业时才能申请社保补贴"的条件。此种方法可以有效防止企业骗补的行为,企业就无法通过"失业再就业"的方法来为其原本不符合条件的工作人员申领社保补贴。

(二)关于管理机制的优化建议

1.优化完善信息化管理

针对信息化系统的问题,建议对系统进行升级和优化,以提高系统的稳定性和准确性。具体来说,可以优化系统自动审核功能,减少人工审核的工作量,推进机械判定工作的自动化,把人力节省在需要发挥主观能动性与沟通能力的社群服务工作;同时对系统设定进行优化和完善,以减少误差和误判的可能性。还可以增加系统自动提示和预警功能,以便及时发现和解决问题。此外,也要优化系统的主动报送功能,减少工作人员与服务对象对政策理解的差异,降低误会与冲突发生的可能性。以上举措能有效提高工作人员工作效率,降低工作人员工作差错发生的可能性,增强群众对政策的了解。

2.增强一线实力

针对基层人力紧缺的问题,建议充实力量,定期定时对一线工作人员开展工作业务培训。在业务培训中,不仅要对其专业能力进行培训,也要鼓励不同区域的人力社保工作人员进行对接沟通,适时邀请其他机关部门工作人员来介绍其所属单位工作与政策情况,帮助一线工作人员树立良好的大局观,对政策本身与政策方向形成正确的认知理解。同时,也要为一线工作人员铺平道路,为其与其他单位部门的沟通合作提供基本条件,方便其工作的推进开展。以上建议有利于提高一线工作人员的专业能力与专业素养,便于一线工作人员开展工作,提高整体行政效率。

3.精准对点管理

针对管理机制的总体优化,精准对点管理是有效的举措。精准对点管理,既指对工作人员的精准管理,也指对服务群体的精准管理。

对工作人员的精准管理是指,要明确每个岗位的岗位职责,每个工作人员的具体岗位、具体工作职责与职权范围,要建立岗位清单、责任清单与任务清单,定标定量地对每个岗位进行管理,以平衡不同岗位的工作量,使人力得到更加充分发挥。同时,也要对每个下属单位的工作情况进行把握,及时地调整人员配置,统筹考虑地区间的工作强度差异,以提高综合行政效率。

对服务群体的精准管理是指,精准判别需要服务的对象、精准判别服务对象的需求、精准满足服务对象的需求,以及精准追踪服务对象的动态。精准判别需要服务的对象,要求工作人员必须对政策及其精神有着全面而深入的了解,从而使其能在实际工作中精准判别符合条件的人员。精准判别服务对象的需求,要求工作人员必须有良好的沟通能力,并对服务对象的状况有清晰的把握,从而使其能在实际工作中充分了解服务对象的实际需求。精准满足服务对象的需求,要求工作人员必须有良好的专业素养,对待业务有着积极的态度,不错办、漏办,服务好每一个对象。精准追踪服务对象的动态,对工作流程的高度自动化、信息化、智能化以及线上业务平台的建设水准提出了要求,例如开发线上的劳动核实功能,使劳动者可以线上自助地进行劳动情况核实,不仅方便了个人,也节省了人力资源,提高了行政效率。在实际工作中,也建议委托第三方公司对服务对象的后续情况进行追踪,例如审核其是否真实在参保单位工作而非挂靠。

精准对点管理有利于提高总体行政效率,提高服务质量,减少机构与服务对象的沟通摩擦。

(三)其他优化建议

政策的宣传工作也是非常重要的。除了传统的宣传方式,如社区公告、社区宣讲、上门宣讲等,还可以利用现代信息技术手段进行宣传,如网络广告、社交媒体等。同时,对于灵活就业人员较为集中的行业和地区,可以开展针对性的宣传活动,以提高政策的普及率和知晓率。也要加速推进"人找政策"向"政策找人"的转变过程,主动通知相关企事业单位符合补贴标准的参保人员,也可以联合相关灵活就业平台,向符合条件的灵活就业人员宣传相关补贴政策。

参考文献

[1]国务院第七次全国人口普查领导小组办公室.2020年第七次全国人口普查主

要数据［M］．北京：中国统计出版社，2021．

［2］2023届高校毕业生预计达1 158万人［EB/OL］．（2022-11-18）［2024-04-28］．中华人民共和国教育部网．

［3］全国新就业形态劳动者达8 400万人［EB/OL］．（2023-03-27）［2024-04-30］．中华人民共和国中央人民政府网．

［4］黄旭阳．发挥政策的效应：利用社会保险补贴政策促进灵活就业的实践与思考［J］．中国就业，2007（1）：43-45．

［5］贾康，张晶晶．摩擦性失业等失业分类的内涵、特征与就业路向［J］．新疆师范大学学报（哲学社会科学版），2023，44（4）：137-145．

［6］杨彦强，张英．中国失业种类的经济学分析［J］．吉林商业高等专科学校学报，1999（3）：41-42，45．

［7］国务院办公厅．国务院办公厅关于支持多渠道灵活就业的意见（国办发〔2020〕27号）［EB/OL］．（2020-07-31）［2024-04-28］．中华人民共和国中央人民政府网．

［8］王永洁．国际视野中的非标准就业与中国背景下的解读：兼论中国非标准就业的规模与特征［J］．劳动经济研究．2018，6（6）：95-115．

［9］任远，彭系哲．2006中国非正规就业发展报告：劳动力市场的再观察［M］．重庆：重庆出版社，2007．

［10］蔡昉，王美艳．非正规就业与劳动力市场发育：解读中国城镇就业增长［J］．经济学动态，2004（2）：24-28．

［11］丁守海，夏璋煦．新经济下灵活就业的内涵变迁与规制原则［J］．江海学刊．2022（1）：98-104，255．

［12］中国共产党第十八届中央委员会第五次全体会议公报［N］．人民日报，2015-10-30（1）．

［13］吴艳．江苏省东台市灵活就业社会保险补贴政策执行研究［D］．西安：长安大学，2022．

［14］重庆市人力资源和社会保障局，重庆市财政局，重庆市民政局．关于进一步完善就业相关扶持政策申领程序的通知（渝人社发〔2018〕174号）［EB/OL］．（2019-11-04）［2024-06-30］．重庆市人力资源和社会保障局网．

［15］国务院．国务院关于做好当前和今后一段时期就业创业工作的意见（国发〔2017〕28号）［EB/OL］．（2017-04-19）［2024-04-07］．中华人民共和国中央人民政府网．

［16］重庆市人民政府.重庆市人民政府关于做好当前和今后一段时期就业创业工作的实施意见［J］.重庆市人民政府公报,2017（19）:1-7.

［17］肖伯文,范英.新冠疫情的经济影响与绿色经济复苏政策评估［J］.系统工程理论与实践,2022,42(2):273-288.

［18］国家统计局,国务院第七次全国人口普查领导小组办公室.第七次全国人口普查公报（第四号）［EB/OL］.（2021-05-11）［2024-05-31］.中华人民共和国中央人民政府网.

［19］十届全国人大三次会议政府工作报告(摘要)［J］.党的建设,2005(4):4-6.

［20］重庆市人民政府.重庆市人民政府关于印发重庆市参加企业职工基本养老保险人员办理退休暂行办法的通知(渝府发〔2004〕95号)［EB/OL］.（2004-11-12）［2024-05-31］.重庆市人民政府网.

［21］泾川县残疾人联合会.关于申请残疾人灵活就业人员社保补贴和新业态就业残疾人岗位补贴的公告［EB/OL］.（2023-06-14）［2024-04-30］.泾川县人民政府网.

［22］重庆市统计局,国家统计局重庆调查总队.2022年重庆市国民经济和社会发展统计公报［EB/OL］.（2023-03-17）［2024-05-28］.重庆市统计局官网.

课题负责人:吴新中

课题组:重庆交通大学

课题主研人员:王　辉　王海鉴　唐钰满　吴　惊　吴　险　张　森　王　静　程　蕊

化解就业结构性矛盾研究

一、绪论

　　就业结构性矛盾是我国就业市场的一个老问题,直接体现为"招工难"与"就业难"共存,反映了人力资源供给与岗位需求之间的不匹配,即劳动力市场供需错位。近年来,随着就业优先战略不断强化,许多具有实效性的措施得以实施,就业结构性矛盾得到了一定程度的缓解,但深层次的矛盾依然存在。

　　2023年以来,我国经济恢复向好,不少行业扩招扩岗,与此同时,青年群体、高校应届毕业生的就业结构性矛盾仍较突出,"有人无岗"与"有岗无人"的问题并存。此外,传统劳动密集型产业逐步通过机械化、智能化等方式转型升级,高技能人才短缺现象较为突出,大数据、人工智能等新兴产业用工需求不断增加,人才供给存在缺口,导致了部分企业招聘技术人才困难。国家统计局的最新数据显示,2023年5月,16~24岁青年人的失业率升至20.8%,连续两个月创新高。其中,大学生失业率是青年失业人口的主体,失业率在28%左右,引发高度关注。

　　近年来,重庆市内产业结构调整加快,当前就业形势总体稳定,招聘需求大于劳动力供给,但双方存在一定错位,招工难与就业难并存的结构性就业矛盾成为就业领域的主要矛盾。因此,只有妥善解决好就业结构性矛盾,才能更好地满足就业需求和企业用工需求,为高质量发展提供更坚实的支撑。

　　本项目聚焦于研究"如何化解就业结构性矛盾",探究重庆市就业结构性矛盾现状、结构性矛盾产生根源,从而提出化解矛盾的对策建议,为相关部门制定就业促进政策提供借鉴,助力高质量就业目标的实现。通过了解就业结构性矛盾的变化和影响因素,可以为产业政策和投资决策提供参考,鼓励新兴产业的发展,推动经济的结构性转型和升级。具体而言,有以下三个应用价值。

①为相关部门政策制定提供理论支撑,帮助政府制定和调整就业政策,以促进就业结构的优化和调整。了解就业结构性矛盾的本质和表现,可以为政府提供指导,制定相应的政策措施,包括产业政策、培训政策、创新政策等,以促进就业的平衡和稳定,减少结构性失业。此外,还可以帮助管理者和政策制定者更好地管理劳动力的流动和安置。对于那些受到结构性失业影响的劳动者,可以通过提供职业咨询、再培训和转岗支持等措施,促进其重新就业。

②为教育和职业培训机构提供参考,帮助他们调整培训内容和课程设置,以适应新兴产业和高技术产业的需求。通过提供与市场需求匹配的技能培训,劳动者可以更好地适应就业市场的变化,提高就业能力和竞争力。

③帮助企业制定发展战略,预测未来就业市场的变化趋势,避免人力资源的结构性匹配问题。企业可以根据就业结构的变化,调整自身的业务结构和技能需求,吸引和培养适应新兴产业的人才,保持竞争优势。

二、就业结构性矛盾的国内外研究评述

随着中国经济发展迈入高质量发展阶段,发展模式由要素驱动向创新驱动转变,对劳动力供给质量提出了更高的要求,亟须激发人口质量红利的积极作用。以创新驱动为核心的技术进步与产业变革进一步加速,劳动力市场人才短缺显著,结构性就业矛盾日益凸显,企业"招工难"与劳动者"求职难"矛盾交织。结构性就业矛盾,广义上是指劳动力的供给与需求结构不一致时引起的就业问题;狭义上是指因技术进步与产业变革等因素引发的劳动者技能、知识、年龄、性别、所处区域等主体特征与市场需求不匹配而引发的就业问题。

(一)人力资源开发理论与就业结构性矛盾

人力资源开发理论是一种关注人力资源的开发和管理的理论框架,其着眼于提高劳动力的技能、素质和能力,以适应不断变化的就业市场需求。人力资源开发理论的应用可以帮助化解就业结构性矛盾。一是人力资源规划。人力资源规划是根据经济发展和劳动力市场需求,对劳动力供需进行预测和分析的过程。在化解就业结构性矛盾中,人力资源规划可以帮助政府和企业预测未来的人力需求,确定适宜的行业和领域,以便调整教育和培训方向,确保劳动力的供应与需求的匹配。二是培训与发展。在化解就业结构性矛盾中,通过投资及推动培训和发展,可以提高劳动者的就业能力和适应能力,使其具备新兴产业和行业所需的技能。政府和

企业可以提供针对性的职业培训计划、技能认证体系和职业发展机会,以减轻就业结构性矛盾。三是引进和留住人才。政府和企业可以通过制定相关政策和措施,吸引高素质人才进入新兴产业和行业,提升劳动力的结构性就业能力。同时,提供良好的职业发展和晋升机制,增加职业吸引力,促进人才留住。四是劳动力市场信息与匹配。人力资源开发理论强调劳动力市场信息的透明度和准确性。在化解就业结构性矛盾中,需要建立健全的劳动力市场信息系统,提供相关数据和就业机会信息,帮助劳动者了解市场需求和就业机会,实现劳动力的精准匹配。五是弹性就业制度,可以适应不断变化的经济结构和就业需求。政府可以通过制定灵活的劳动法律和政策,鼓励创新型就业形式和灵活的工作安排,促进劳动力的流动性和适应性,以应对就业结构性矛盾。

数字经济时代技能需求变化的速度大大加快,一些低技能就业岗位日益高级化,对技能转换能力的要求也越来越高。"十四五"是我国技能型人力资本提质扩容的关键时期。周灵灵提供了在实际操作层面可供选择的政策工具,助力解决"十四五"时期技能型人力资本开发,分别提出了六条"十四五"时期技能型人力资本开发举措:坚持分类指导、统筹规划,始终以市场需求为导向;注重系统培养、多样成才,打通职业教育与普通教育的制度性障碍;优化专业设置、注重产教融合,强化企业主体作用;推进紧缺职业(人才)目录的研究制定和发布;探索通过职业预测来开展技能需求预测;努力营造有利于涵养技能型人力资本的社会氛围。周灵灵指出中国仍存在较大的技能型人力资本缺口,青年就业问题较为突出,人力资本配置状况亟待进一步优化,劳动力市场化程度也还有待提高。为此,在合理应对短期就业压力基础上,需着眼中长期发展,进一步加强人力资本投资,加快建立健全统一开放、竞争有序的人力资源市场体系,不断提高人力资本配置效能。

在数字化背景下,数字人才的流动也引发了学界关注。龚六堂指出数字经济会加剧数字人才流动,产生的"马太效应"需要关注。我国经济发展不平衡,城乡之间、区域之间发展不平衡,区域之间的数字基础设施存在差异,受教育程度也存在差异,这种差异会加剧人才的跨地区流动,特别是数据人才的流动,这种流动呈现巨大的地区差异,要妥善处理数字人才流动给就业市场带来的新机遇和挑战。

从人力资源开发角度来看,郭睿等从人力资本配置视角,运用中国雇主—雇员匹配调查数据,分析了大专及以上学历人员所学专业、学历与工作的匹配程度对其薪酬和工作满意度的影响,研究发现,女性的学历、专业错配率高于男性,人文艺术类毕业生的专业错配率最高;在控制城市效应、个人特征和单位特征后,专业错配、学历错配对薪酬和工作满意度皆有显著负面影响;与专业错配相比,学历错配的影响更大。

针对各地区的就业结构性矛盾,周发云基于武汉城市圈9城市结构性就业矛盾专题调研,深入分析了结构性就业矛盾的表现及成因,指出要坚持优势互补,统筹推进人力资源配置同城化,充分发挥武汉市科教人才等方面的龙头引领作用,其他城市则要利用好人力资源丰富、人工成本相对较低的优势,以武汉城市圈"一小时通勤圈"和"一日生活圈"为依托,取长补短,携手并行,主动适应产业发展需求,科学配置人力资源,促进各类劳动者有序流动。

综上所述,人力资源开发理论在就业领域的运用可以帮助个人和组织实现更好的匹配,提高员工的专业能力和职业发展,同时也有助于组织提升绩效和竞争力。人力资源开发理论为解决就业问题提供了指导和框架,帮助政府和企业在化解就业结构性矛盾中采取有效措施。通过人力资源规划、培训与发展、人才引进和留住、劳动力市场信息与匹配以及弹性就业制度的应用,可以提高劳动力的就业能力和适应能力,促进劳动力市场的稳定和可持续发展。

(二)产业结构调整理论与就业结构性矛盾

随着全球经济的发展,产业结构调整已成为必然趋势。这种调整在带来经济效率提高的同时,也带来了就业结构性矛盾。产业结构调整对就业的影响具有双重性。一方面,通过淘汰落后产业,发展新兴产业,可以创造新的就业机会。另一方面,产业结构调整可能导致一些传统产业的失业,加剧了就业结构性矛盾。新兴产业的快速发展为劳动力市场提供了新的就业机会,但是也存在着一些问题。首先,新兴产业对劳动力的技能和知识要求较高,而市场上具备相应素质的劳动力相对较少。其次,传统产业的失业人员往往出于技能单一、年龄偏大等原因,难以在劳动力市场上重新找到工作。依据产业结构调整理论,准确识别和掌握产业发展趋势,对于化解就业结构性矛盾尤为重要。

产业结构调整理论在化解就业结构性矛盾中发挥重要作用。一是产业结构调整理论强调通过促进产业转型和升级,调整经济结构以适应市场需求的变化。在化解就业结构性矛盾中,可以通过鼓励新兴产业的发展和转型传统产业,来创造更多的就业机会。政府可以采取相关政策措施,如优化产业政策、加大科技创新支持、鼓励创业创新等,以推动产业结构调整,减轻就业结构性矛盾。二是跨部门协同合作。产业结构调整涉及多个部门和利益相关方的合作,政府可以推动相关部门之间的协同合作,以促进就业结构性矛盾的化解。例如,教育部门可以与产业部门合作,开展职业培训和技能提升项目,培养符合新兴产业需求的人才;就业服务部门可以与企业合作,提供针对性的招聘和就业指导服务,帮助劳动者更好地适应产业结构的变化。三是劳动力转移和再培训。产业结构调整通常伴随着劳动力的转移和再培训需求,政府可以制定相应政策和措施,帮助失业或受影响的劳动者实现职业转型。这包括提供培训机会、职业规划咨询和资金支持,以帮助劳动者适应新兴产业的就业需求,并减轻就业结构性矛盾。四是区域发展平衡。产业结构调整需要考虑区域发展的平衡,避免地区间的经济发展不平衡导致就业结构性矛盾的加剧。政府可以通过制定区域发展政策,引导资源合理配置和优化产业布局,促进区域间的均衡发展,减少就业结构性矛盾的地区差异。五是就业政策的协调性。产业结构调整需要与就业政策相互协调,政府可以制定整合性的就业政策,将产业结构调整的目标和就业促进的目标相结合,确保就业政策的有效性和可持续性。这包括激励企业创造就业岗位、提供就业培训、改善就业服务等措施,在支持产业结构调整的同时促进就业增长。

综上所述,产业结构调整理论提供了指导和框架,帮助政府和决策者制定合适的政策和措施,以化解就业结构性矛盾。通过促进产业转型和升级、跨部门合作、劳动力转移和再培训、区域发展平衡以及协调就业政策,可以有效地应对就业结构性矛盾,推动经济的可持续发展和劳动市场的稳定。

(三)教育经济学理论与就业结构性矛盾

教育经济学理论源起于教育经济学,原是研究教育与经济之间的相互关系,后不断演变,衍生出了一系列子理论,涵盖了人力资本理论、技能匹配理论、教育投资理论、教育效率理论、教育公平理论、市场失灵理论等。这些理论在化解就业结构性矛盾中可以广泛应用。教育经济学理论在化解就业结构性矛盾中的应用主要包括技能匹配理论、教育质量理论、教育投资回报率理论和市场失灵理论。

具体而言,政府和决策者可以基于技能匹配理论,制定并推行针对性的教育和培训政策,以提高劳动者的技能水平和适应能力,使其更好地适应新兴产业的需求。这可以包括提高教育质量,加强职业教育和技能培训,以及提供有针对性的技能认证和职业发展支持。此外,教育投资回报率理论可以帮助政府确定教育投资的优先领域和政策方向。通过评估教育投资对就业率、薪资水平和经济增长的影响,可以更好地配置教育资源,使其更符合就业市场的需求,并提高教育投资的效益。市场失灵理论提醒我们教育市场可能存在信息不对称和外部性等问题,需要政府干预来纠正市场失灵并提供必要的教育资源。政府可以通过制定相关政策,提供教育补贴和奖励措施,以及建立健全的信息反馈机制,来引导教育供给与需求的平衡。人力资本理论认为,教育和培训可以提高个人的劳动生产力和就业机会。在就业问题中,个人需要根据自身技能、知识和兴趣,选择与之匹配的职业和行业。

同时,雇主也会根据岗位需求和员工的能力与经验来招聘和选拔员工。因此,在教育和培训中,需要注意个人技能与就业市场需求的匹配,提高就业率和就业质量。同时,解决就业问题的核心在于供需匹配,为达到这一目的,政府和决策者也可以基于技能匹配理论,制定并推行针对性的教育和培训政策,以提高劳动者的技能水平和适应能力,使其更好地适应新兴产业的需求。教育投资理论认为,教育投资的决策往往是基于成本效益分析,即个体会评估接受教育的预期收益是否超过其成本,以决定是否进行投资。这为决策者解决就业难题提供了一个可视化视角,提高教育质量、加强职业教育和技能培训,以及提供有针对性的技能认证和职业发展支持,可以有效解决就业困境中的"需求侧",对劳动者的有效投资,使其更好匹配用人单位的需求。此外,教育投资回报率理论可以帮助政府确定教育投资的优先领域和政策方向,通过评估教育投资对就业率、薪资水平和经济增长的影响,可以更好地配置教育资源,使其更符合就业市场的需求,并提高教育投资的效益。

从人力资本视角来看,胡永远等从大学生就业的实际入手,从人力资本投资角度对调研数据进行分析,指出从宏观情境来看高等教育要与市场需求协调发展。作者在书中提出了"入口松、出口难"的高等教育模式,即在高等教育大众化的趋势下,需要从培养过程强化控制和管理,夯实学生专业基础,使其更加适应激烈的就业市场。

石红梅等通过实证研究证实了当代大学毕业生的就业质量依然取决于他们所拥有的人力资本和社会资本的规模和质量,尤其是人力资本的作用不仅没有被社会资本所替代,反而要显示出比社会资本更为显著的影响。这进一步说明了随着就业市场和政策的不断完善,后置性的大学生人力资本对毕业生就业质量的影响将越来越显著。

张海浪以马克思相关理论为基础理论,结合西方经济学的就业与失业理论、人力资本理论和社会资本理论等,据此构建了"三维度一机制"的分析框架,从制度结构、产业结构和市场结构三个维度分析结构性失业的多重机制,深入解析了我国转型时期结构性失业产生的机制机理,构建了我国结构性失业预警机制深化对经济新常态下结构性就业矛盾的认识。

吴晓刚等聚焦中国城市劳动力市场的教育不匹配现象,基于 2003—2017 年中国综合社会调查数据,使用年龄-时期-世代模型评估教育匹配的变迁趋势,分析发现:首先,伴随中国职业结构的升级,过渡教育整体呈现下降趋势(时期效应)。其次,伴随着义务教育的普及和高等教育的扩招,过渡教育随着出生世代呈现快速上升趋势(世代效应)。最后,一旦个体的教育与劳动力市场的岗位形成错配,将会成为个体职业生涯中的一种长期性现象。

金观平基于当前劳动就业市场供需不匹配,指出应加快构建现代职业教育体系。要瞄准技术变革和产业优化升级的方向,推进产教融合、校企合作,吸引更多青年接受职业技能教育,促进教育链、人才链与产业链、创新链有效衔接。加快构建现代职业教育体系,培养更多高素质技术技能人才、能工巧匠、大国工匠。

总的来说,上述理论不仅提供了对教育问题的经济学解释,也为教育政策制定和实践提供了理论指导,通过理解和应用这些理论,政府和决策者可以制定针对性的教育和培训政策,提高劳动者的人力资本和技能水平,促进劳动力市场的匹配度,从而有效地化解就业结构性矛盾。

三、当前重庆就业现状及主要结构性矛盾

当前重庆市就业形势总体上保持稳定态势,但就业结构性矛盾依然存在,人力资源供给与岗位需求之间不匹配问题突出。《重庆市就业促进"十四五"规划(2021—2025 年)》明确指出,结构性就业矛盾将成为重庆市就业领域的主要矛盾。

(一)当前重庆总体就业状况

1. 总体就业状况稳定且小幅增加

"十二五"以来(2011—2022 年)重庆市总体就业情况稳定,总体就业人数从2011 年的 1 585.16 万人增长为 2022 年的 1 644.37 万人,增加 59.21 万人,增长幅度为 3.74%。其中,在 2016 年总体就业人数达到最高峰 1 717.52 万人(全国总体就业人数于 2014 年达到峰值 76 349 万人),此后就业人数呈现下降趋势,其主要原因为老龄化加深,适龄就业人数减少,此为全国普遍现象,见表1。

表1 2011—2022 年重庆市总体就业情况①

年份	常住人口	就业人员数	就业人员数_第一产业	就业人员数_第二产业	就业人员数_第三产业
2011	2 944.43	1 585.16	604.38	390.8	589.98
2012	2 974.88	1 633.14	592.59	422.73	617.82
2013	3 011.03	1 683.51	580.92	452.21	650.38
2014	3 043.48	1 696.94	555.59	464.48	676.87
2015	3 070.02	1 707.37	526.46	473.7	707.21

① 数据来源:2012—2023 年重庆市统计局统计年鉴。

续表

年份	常住人口	就业人员数	就业人员数_第一产业	就业人员数_第二产业	就业人员数_第三产业
2016	3 109.96	1 717.52	496.01	476.66	744.85
2017	3 143.51	1 714.55	474.88	461.68	777.99
2018	3 163.14	1 663.23	390.62	442.56	830.05
2019	3 187.84	1 668.16	381.48	434.06	852.62
2020	3 208.93	1 676.01	378	421	877.01
2021	3 212.43	1 668.27	366.16	426.83	875.28
2022	3 213.34	1 644.37	388.51	414.42	841.44

2. 第一、三产业间劳动力转移显著

"十二五"以来,重庆市第一产业就业人数由 2011 年的 604.38 万人(占比 38.13%)下降为 2022 年的 388.51 万人(占比 23.63%),减少了 215.87 万人;第二产业就业人数由 2011 年的 390.8 万人(占比 24.65%)增加为 2022 年的 414.42 万人(占比 25.20%),增长幅度较小;第三产业就业人数由 2011 年的 589.98 万人(占比 37.22%)增加为 2022 年的 841.44 万人(占比 51.17%),大幅增加 251.46 万人,增长幅度为 42.62%。这一变化趋势说明重庆市近十年产业转型发展是卓有成效的,符合重庆是中国重要的现代服务业基地、国际消费中心城市的城市定位,如图 1 所示。

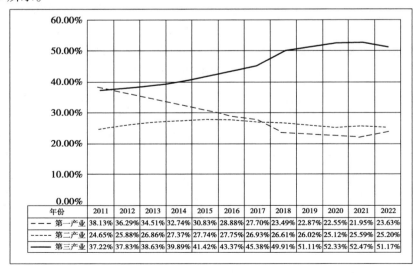

年份	2011	2012	2013	2014	2015	2016	2017	2018	2019	2020	2021	2022
第一产业	38.13%	36.29%	34.51%	32.74%	30.83%	28.88%	27.70%	23.49%	22.87%	22.55%	21.95%	23.63%
第二产业	24.65%	25.88%	26.86%	27.37%	27.74%	27.75%	26.93%	26.61%	26.02%	25.12%	25.59%	25.20%
第三产业	37.22%	37.83%	38.63%	39.89%	41.42%	43.37%	45.38%	49.91%	51.11%	52.33%	52.47%	51.17%

图 1 2011—2022 年重庆三次产业就业情况

3. 现代服务业就业人数显著增加

"十二五"以来重庆市服务业得到了显著发展,尤其是现代服务业①就业人数显著增加。其中,信息传输、软件和信息技术服务业,金融业,房地产业,租赁和商务服务业,科学研究和技术服务业,文化、体育和娱乐业的就业人数均实现了翻倍增长,如信息服务业就业人数由 2011 年的 10.57 万人增加至 2021 年的 24.37 万人,增幅超过 1.3 倍,如图 2 所示。其他行业,如批发和零售业、教育、卫生和社会工作就业人数增长幅度也大幅超过第三产业增长幅度(42.62%)。

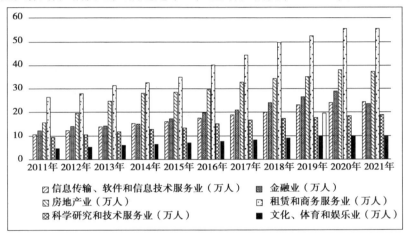

图 2 2011—2021 年重庆现代服务业就业情况

(二)当前重庆市就业的结构性矛盾

为分析当前重庆市就业结构性矛盾,本课题以 2023 年 1—6 月智联招聘、公共就业网供求状况信息为分析样本,反映我市人力资源市场总体运行情况,数据真实可靠。2023 年 1—6 月数据显示,重庆市劳动力共计需求 379.78 万人,供给 386.65 万人,求人倍率为 0.98,总需求人数与总供给人数基本持平,整体就业情况较为平稳。

---

① 现代服务业是相对于传统服务业而言,适应现代人和现代城市发展的需求而产生和发展起来的具有高技术含量和高文化含量的服务业。主要包括以下四大类:1.基础服务(包括通信服务和信息服务);2.生产和市场服务(包括金融、物流、批发、电子商务、农业支撑服务以及中介和咨询等专业服务);3.个人消费服务(包括教育、医疗保健、住宿、餐饮、文化娱乐、旅游、房地产、商品零售等);4.公共服务(包括政府的公共管理服务、基础教育、公共卫生、医疗以及公益性信息服务等)。

1. 产业间劳动力配置失衡明显

（1）一二产业劳动力过剩，三产劳动力缺口较大

从划分三大产业来看，存在明显的结构特征：第一、第二产业均存在明显的劳动力供给过剩（+2.01 万人、+21.54 万人），而第三产业存在较大的劳动力缺口（-89.22 万人），如图3所示。因此，引导第一、第二产业富余劳动力转移至第三产业，是未来就业政策的着力点之一。

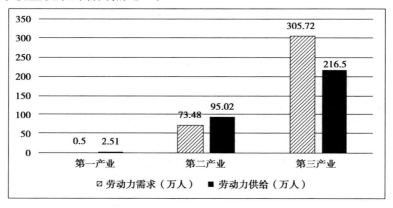

图3　1—6月产业劳动力供需情况

（2）受政策调整影响，部分行业用工需求调整较大

具体到19个行业，劳动力供给过剩最大的5个行业分别是：建筑业（15.7万人）、教育业（4.5万人）、制造业（3.7万人）、水利/环境和公共设施管理业（3.2万人）、房地产业（3.0万人）。根据表2，房地产与建筑业这两个行业劳动力供给过剩近19万人，系房地产行业相关政策调整缘故；教育业劳动力供给过剩近4.5万人，系教培行业变革缘故。此外，整个第二产业的4个行业劳动力供给均为过剩（合计21.5万人），重庆作为工业型大市，大规模的劳动力需求缩减的主要原因在于重庆产业结构调整加快，如煤炭开采和洗选业、房地产业、建筑业的战略性收缩，以及汽车制造业、运输设备制造业等制造业数字化、智能化转型加快，形成较为显著的就业替代效应。

19个行业中存在劳动力需求缺口的均为第三产业，其中缺口最大的5个行业分别是：租赁和商务服务业（-40.7万人）、信息传输/软件和信息技术服务业（-38.2万人）、文化/体育和娱乐业（-19.8万人）、批发和零售业（-2.3万人）、居民服务/修理和其他服务业（-2.2万人）。

表2 重庆1—6月行业劳动力供需情况表

产业	行业	劳动力需求（人）	劳动力供给（人）	供需差额（人）	求人倍率
第一产业	农/林/牧/渔业	4 957	25 027	20 070	0.20
第二产业	采矿业	22 046	24 125	2 079	0.91
	制造业	677 217	714 657	37 440	0.95
	电力/热力/燃气及水生产和供应业	4 005	21 960	17 955	0.18
	建筑业	32 349	189 538	157 189	0.17
第三产业	批发和零售业	83 386	60 212	−23 174	1.38
	交通运输/仓储和邮政业	109 960	105 608	−4 352	1.04
	住宿和餐饮业	43 387	55 929	12 542	0.78
	信息传输/软件和信息技术服务业	914 395	532 762	−381 633	1.72
	金融业	142 260	120 549	−21 711	1.18
	房地产业	224 785	254 767	29 982	0.88
	租赁和商务服务业	1 108 826	701 846	−406 980	1.58
	科学研究和技术服务业	18 936	33 654	14 718	0.56
	水利/环境和公共设施管理业	3 795	36 150	32 355	0.10
	居民服务/修理和其他服务业	64 076	41 636	−22 440	1.54
	教育业	57 553	12 553	45 000	0.56
	卫生和社会服务业	9 591	28 582	18 991	0.34
	文化/体育和娱乐业	270 222	71 999	−198 223	3.75
	公共管理/社会保障和社会组织业	6 084	18 804	12 720	0.32
合计		3 797 830	3 866 492	68 662	0.98

相比较劳动力供给过剩与需求缺口的行业分布情况,重庆市就业体现出较强的跨产业、跨行业转岗的结构性问题,潜在的再就业服务、职业技能培训等服务需求旺盛。

2. 民营企业用工需求大幅下降

从劳动力需求来看,占比由高到低分别为:民营企业 > 股份制企业 > 其他 > 国有企业 > 合资企业 > 外资企业 > 事业单位。劳动力供给占比排序基本与劳动力需求保持一致。

就需求而言,1—6月用人需求仍以民营企业为主,占比达59.64%,但占比情况1—6月呈波动下滑趋势,从1月的占比66.69%下滑至6月的52.28%,下降幅度为14.41%。股份制企业、合资企业用人需求占比分别为14.29%、3.8%,两类企业1—6月总体均呈现波动下滑趋势。国有企业用人需求占比分别为6.8%,1—6月总体均呈现波动上升趋势,用人需求有所增加;外资企业、事业单位总体用人需求相对比较稳定。需引起重视的是,民营企业求职压力增加,原因在于1—6月民营企业用人需求下降,但求职人数保持稳定。

3. 体制内就业偏好显著增强

对比供需情况,股份制企业、合资企业劳动力供需比基本保持稳定,求职压力相对较小;外资企业供需比呈现增大趋势,求职压力有所增加,见表3。其中,事业单位、国有企业供需比较大,国企1—6月供需比为1.73,事业单位1—6月供需比均在2以上(5月、6月分别高达6.85、7.16),竞争激烈,求职压力非常大。企业性质为"其他"类别的用人需求占比为12.64%,从1月的6.6%占比上升至6月的23.67%,呈现较大幅度的增加,这一类就业群体一般为公务员、自主创业人员等。

表3　1—6月按企业性质的劳动力供需情况

单位:%

项目		民营企业	股份制企业	其他	国有企业	合资企业	外资企业	事业单位
1月	需求	66.69	16.03	6.6	3.32	6.18	0.82	0.36
	供给	61.17	12.21	5.11	11.55	6.72	2.27	0.96
2月	需求	65.96	11.21	9.77	2.69	4.15	5.58	0.65
	供给	62.19	12.29	5.2	12.4	4.79	1.83	1.3
3月	需求	57.5	18.66	12.46	5.23	3.98	1.81	0.34
	供给	62.67	14.04	5.83	9.53	4.47	1.99	1.49
4月	需求	55.74	11.83	11.27	15.6	2.53	2.33	0.71
	供给	62.15	12.43	5.5	11.4	4.14	2.71	1.68

项目		民营企业	股份制企业	其他	国有企业	合资企业	外资企业	事业单位
5 月	需求	59.64	16.21	12.08	8.12	2.43	1.17	0.35
	供给	55.45	15.76	5.22	13.73	4.24	3.21	2.4
6 月	需求	52.28	12.75	23.67	5.83	3.5	1.66	0.31
	供给	60.27	13.53	6.14	12.03	3.41	2.4	2.22

4. 劳动力学历供给结构性问题突出

（1）大专及以下学历用工需求占比过高

从企业用工需求来看，1—5 月[①]就业市场需求人才学历层次主要是大专以下占比最高（74.21%），其次是大专（12.87%）、本科（12.30%），硕士和博士相对较低（0.61%、0.02%）。而人才供给学历层次主要是大专和本科，分别占比36.14%、31.44%；其次是大专以下，占比30.74%；硕士和博士相对较少，分别占比1.65%、0.02%。对比供需情况，就业市场对大专以下的劳动力求人倍率高达2.79，求职压力较小，比较容易找到工作。大专、本科、硕士学位求人倍率分别为0.41、0.45、0.42，就业压力较大，仅博士学位求人倍率为0.98，基本能够实现供需均衡。

表4　1—6 月按学历划分的劳动力供需情况

学历	劳动力需求		劳动力供给		求人倍率
	人数（人）	占比（%）	人数（人）	占比（%）	
大专以下	2 265 692	74.21	812 733	30.74	2.79
大专	392 783	12.87	955 355	36.14	0.41
本科	375 493	12.30	831 082	31.44	0.45
硕士	18 495	0.61	43 675	1.65	0.42
博士	641	0.02	653	0.02	0.98
合计	3 053 104		2 643 498		

（2）人力资本利用效率偏低

近年来，全市各类院校毕业生人数逐年增加，2022 年毕业人数达到了42.54 万

---

① 因6 月学历数据获取不完整，此处仅对1—5 月数据进行分析。

人,本科及以上学历占比为36.34%,大专及以下学历占比63.18%,见表5。2023年应届毕业生达33.6万人(不含大专以下),同比增加10.2%,创历史新高。对比1—5月就业市场需求人才学历层次特征(大专及以下占比74.21%),根据2018—2022年重庆市大专及以下毕业生人数占比情况(约为62%),即约有12%的人才需求须由本科毕业生补足,反映出与学历对等的工作岗位数量尚无法得到较好满足。大专、本科、硕士三类就业群体若要顺利就业,需弱化"学历"因素,主动选择"学历降级",进一步加剧就业市场竞争,人力资本利用效率偏低。

表5 2018—2022年重庆市各类院校毕业生人数

项目		博士	硕士	本科	大专	大专以下	合计
2018年	毕业人数(人)	1 093	15 417	105 300	94 427	124 289	342 544
	占比(%)	0.32	4.5	30.74	27.57	36.28	100
2019年	毕业人数(人)	1 110	15 567	108 837	91 982	117 141	336 656
	占比(%)	0.33	4.62	32.33	27.32	34.8	100
2020年	毕业人数(人)	1 144	18 165	112 852	98 715	116 490	349 386
	占比(%)	0.33	5.2	32.3	28.25	33.34	100
2021年	毕业人数(人)	1 359	20 932	112 774	103 009	121 077	361 172
	占比(%)	0.38	5.8	31.22	28.52	33.52	100
2022年	毕业人数(人)	1 600①	24 000	129 000	162 000	106 800	425 422
	占比(%)	0.38	5.64	30.32	38.08	25.1	100

5.优质工作岗位数量不足

从技能等级看,根据公共人力资源市场数据,1—6月有职业资格要求的岗位需求3 105个(表6),同比减少9 376个,下降75.12%。其中初级技能、中级技能的需求人数较多,占比分别为56.46%、40.74%。1—6月提供职业资格的求职人员仅为295人,不到需求量的1/10,说明在职业资格认定方面存在较大不足。此外,对比数据可以明显发现,职业资格三级及以上的劳动力需求显著不足,说明就业市场中优质工作岗位数量不足。

---

① 博士毕业生数量(1 600人)是依据2018年入学博士研究生人数(1 692人)推算的。

表6 技能等级劳动力供需情况表

技术等级或职称	需求			供给		
	人数（人）	占比（%）	上年同期人数（人）	人数（人）	占比（%）	上年同期人数（人）
职业资格五级（初级技能）	1 753	56.46	10 781	161	54.58	1 018
职业资格四级（中级技能）	1 265	40.74	1 501	73	24.75	133
职业资格三级（高级技能）	17	0.55	118	31	10.51	52
职业资格二级（技师）	24	0.77	77	16	5.42	11
职业资格一级（高级技师）	46	1.48	4	14	4.75	11
合计	3 105	100	12 481	295	100	1 225

6.跨区就业有待进一步引导

从区域角度看,1—6月重庆市劳动力市场呈现以下两个特征。①重庆就业市场主要集中在主城都市区。劳动力需求主要集中在主城都市区,占比为97.39%（主城九区89.42%＋主城新区7.97%）,渝东北三峡库区城镇群占比仅为1.90%,渝东南武陵山区城镇群占比仅为0.71%。劳动力供给也存在类似特征,主城都市区占比97.5%,渝东北三峡库区城镇群占比1.89%,渝东南武陵山区城镇群占比0.60%,见表7。其中,主城九区中劳动力供需占比均较大的为渝北区、渝中区、江北区、九龙坡区、沙坪坝区。②区县间劳动力供需余缺显著。就求人倍率来看,重庆38个区县中,沙坪坝区（1.75）、渝北区（1.38）、大渡口区（1.34）、北碚区（1.19）、渝中区（1.17）、永川区（1.72）、开州区（1.91）,均存在不同程度的劳动力供给短缺问题;其中,劳动力供给明显过剩的区县有南岸区（0.79）、合川区（0.56）、潼南区（0.77）、长寿区（0.57）、巫溪县（0.52）、石柱土家族自治县（0.37）,需进一步促进劳动力跨区就业。

表7 1—6月区域劳动力供需情况表

区域	劳动力供给		劳动力需求		求人倍率
	人数（人）	占比（%）	人数（人）	占比（%）	
主城九区	2 790 233	88.96	3 392 235	89.42	1.22
主城新区	267 896	8.54	302 515	7.97	1.13
渝东北三峡库区城镇群	59 354	1.89	72 053	1.90	1.21
渝东南武陵山区城镇群	18 962	0.60	26 749	0.71	1.41

四、当前重庆就业结构性矛盾的成因分析

就业结构性矛盾是各国普遍存在的长期问题,本质是劳动力供给与岗位需求不匹配,而进一步探索矛盾产生根源与关键影响因素,有利于提高就业政策制定与实施的精准性,推进高质量充分就业。

(一)经济短期承压明显,企业脆弱性增强

2023 年上半年全市实现地区生产总值(GDP)14 345.95 亿元,同比增长4.6%,目前全市经济社会已全面恢复常态化运行,企业生产稳步恢复,经济发展总体稳定、长期向好,然而短期内仍然承压明显。尤其受新冠疫情冲击、国际局势动荡等影响,对企业生产经营、用工需求产生了较大负面影响,部分企业自身脆弱性暴露无遗,特别是作为吸纳就业重要主体的民营企业、中小微企业受到的冲击较大。在 2023 年经济下行压力较大的情况下,重庆市 1—6 月全市市场主体达到 330万个,较 2022 年底减少 11.61 万个。

民营经济在稳定增长、促进创新、增加就业、改善民生等方面发挥着积极作用,但是民营企业自身现金流有限、抗风险能力较弱。全国单个企业就业吸纳能力由2018 年的 7.58 人下降为 2022 年的 4.34 人,重庆市单个企业就业吸纳能力由 2018年的 6.58 人下降为 2022 年的 4.81 人,见表8。2023 年 1—6 月重庆就业市场民营企业用人需求从 1 月的占比 66.69% 下滑至 6 月的占比 52.28%,下降幅度为14.41%,企业用工需求持续萎缩,企业就业吸纳能力有所降低。

表8 各类市场主体数量与就业吸纳能力

年份	全国			重庆		
	就业人数 (万人)	市场主 体数量 (万个)	就业吸纳 能力(人)	就业 人数 (万人)	市场主 体数量 (万个)	就业吸纳 能力(人)
2018	75 782	10 000	7.58	1 663.23	252.65	6.58
2019	75 447	12 000	6.29	1 668.16	274.68	6.07
2020	75 064	14 000	5.36	1 676.01	298.28	5.62
2021	74 652	15 360	4.86	1 668.27	320.37	5.21
2022	73 351	16 900	4.34	1 644.37	341.61	4.81

(二)劳动力"逆库兹涅茨化"倾向明显

三次产业就业结构的演变反映出一国人力资源在不同产业之间的配置状况。从演变趋势来看,中国三次产业间劳动力就业配置基本遵循配第－克拉克定理的演化趋势,即第一产业就业减少,第二、第三产业就业增加,但也呈现出不同的演化特征,即存在超越第二产业,直接向第三产业转移的就业特征。

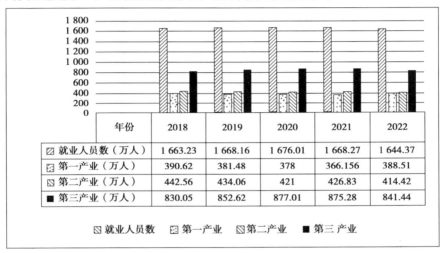

图 4　2018—2022 年重庆市总体就业情况

回顾近十年重庆三次产业结构的演变趋势,呈现出第一、第二产业下降,第三产业上升的产业发展趋势(2012 年的 7.6∶45.8∶46.6,2022 年的 6.9∶40.1∶53),产业结构调整必然带来各类生产要素在产业间的优化配置。考察重庆制造业、服务业的就业结构,由 2012 年的 26.6∶49.9 调整为 2022 年的 25.2∶51.2;具体而言,制造业从业人数由 2016 年峰值 476.66 万人下降为 2020 年的 414.42 万人,而服务业从业人数从 2012 年的 651.98 万人上升为 2020 年的 841.44 万人,呈现逐年上升的趋势。简言之,重庆经济发展中劳动力要素确实呈现出由制造业向服务业流入的趋势,即出现了劳动力"逆库兹涅茨化"倾向。

(三)产业转型加快,而转岗就业推进缓慢

结构性就业矛盾通常起源于劳动力的需求端变化,即因技术进步、产业变革所引发产业转型加快,资本偏向型、技术偏向型的技术进步促使整个劳动力需求结构发生较大变化,尤其会导致就业结构性问题,体现在以下两个方面。一是传统产业

就业岗位减少,随着产业结构转型的推进,一些传统产业企业面临产能过剩、竞争激烈、环境污染等问题,导致企业关闭或减少用工需求;此外,传统企业通过机械化、智能化等方式转型升级,"机器换人"成为普遍现象,部分员工不得不面临转岗、离职等问题。二是新兴产业就业岗位增加。信息技术、生物科技、新能源等产业需要大量人才来支持其发展,尤其是专业技能人才和高素质人才的需求增加,由此导致产业间劳动力配置失衡加剧,劳动力市场的供给结构与市场需求的匹配性进一步降低。

党的十八大以来,重庆持续推进传统产业转型升级,着力构建信息技术、新能源及智能网联汽车等战略性新兴产业集群发展,产业发展的协调性、可持续性进一步增强。当前及未来5年,重庆着力打造"33618"现代制造业集群体系,迭代升级制造业产业结构,全力打造国家重要先进制造业中心。根据前文分析,重庆劳动力就业结构(包含学历结构、技能结构、岗位设置、行业分布等)均与产业转型升级的推进速度、转型方向存在一定差距,即劳动力技能水平与产业转型升级需求不匹配。总体而言,跨产业、跨行业转岗再就业工作需进一步加强。

(四)高校学科专业设置与产业就业需求存在明显错位

通常而言,高校培养机制和培养规模相对稳定、缺乏弹性。短期来看,高校毕业生规模供给与质量供给存在供给刚性,其应对市场需求变化的快速响应能力相对不足。长期来看,受高校的培养模式、师资力量、专业设置等因素的影响,其市场需求自适应能力不足。分析重庆市高等学校学科专业设置,可以发现我市理学、工学类高校毕业生占比仅为36%左右,且近几年(2018—2021年)基本保持稳定。整体来看,重庆地区高等教育培养机制专业技术型人才的供给仍然不足,管理型、服务型与商业型人才较多,人才培养与产业就业需求存在明显错位,见表9。

表9　2018—2021年普通高等学校毕业生数①

学科	2018年		2019年		2020年		2021年	
	毕业生数(人)	占比(%)	毕业生数(人)	占比(%)	毕业生数(人)	占比(%)	毕业生数(人)	占比(%)
哲学	161	0.13	167	0.13	146	0.11	148	0.11

① 本表仅指研究生和普通本科生,不含普通专科学生、成人本专科学生、网络本专科学生和在职人员攻读学位人员。

续表

学科	2018 年		2019 年		2020 年		2021 年	
	毕业生数(人)	占比(%)	毕业生数(人)	占比(%)	毕业生数(人)	占比(%)	毕业生数(人)	占比(%)
经济学	6 722	5.52	7 474	5.95	7 358	5.57	7 040	5.21
法学	7 918	6.50	7 873	6.27	8 249	6.24	8 516	6.31
教育学	5 069	4.16	5 470	4.36	6 111	4.62	8 774	6.50
文学	13 615	11.18	14 763	11.76	15 608	11.81	16 507	12.22
历史学	531	0.44	635	0.51	606	0.46	645	0.48
理学	7 457	6.12	8 016	6.39	7 691	5.82	8 087	5.99
工学	35 692	29.30	37 294	29.71	40 218	30.43	41 448	30.69
农学	2 509	2.06	2 310	1.84	2 565	1.94	2 461	1.82
医学	6 130	5.03	5 753	4.58	5 766	4.36	5 796	4.29
管理学	24 523	20.13	24 223	19.30	25 714	19.46	23 909	17.70
艺术学	11 483	9.43	11 536	9.19	12 129	9.18	11 734	8.69
合计	121 810	100	125 514	100	132 161	100	135 065	100

《2023 届高校毕业生就业数据报告》(猎聘大数据研究院)显示,18 个用工需求激增的新赛道:15 个热门战略性新兴产业(大数据、电子商务、航空航天、绿色低碳、区块链、人工智能、生物技术、网络/信息安全、物联网芯片、新材料、新能源、新能源汽车、游戏、智能制造)和 ChatGPT 相关的 3 个领域(AI 大模型、AIGC、对话机器人)。考察表 2 重庆 1—6 月行业劳动力供需情况,制造业、电力/热力/燃气及水生产和供应业、建筑业等存在大量的劳动力供给过剩,而信息传输/软件和信息技术服务业则存在较大的需求缺口。此外,暂且不考虑高校毕业生流动(包含两种类型:市内毕业生离渝就业、市外毕业生来渝就业)的影响,结合重庆目前的产业发展定位、当前重庆高校毕业生学科背景,显然难以满足重庆当前及未来产业结构转型升级需求。

(五)青年群体就业压力较大,就业观念有待更新

数据显示,全国 16～24 岁人口城镇调查失业率 2022 年 4 月为 18.2%,是 25～59 岁人口城镇调查失业率(5.3%)的 3.43 倍。青年群体的失业率高企,不仅与经

济周期波动和外部突发事件的冲击有关,还与以下两方面密切相关。一方面,高校扩招下的毕业生规模再创新高,就业竞争压力加剧。16～24 岁青年人口数量持续上升,特别是高校毕业生人数不断增加,使人力资源市场难以迅速消化,形成结构性供需不平衡。另一方面,人才培养与产业需求存在脱节,市内高校普遍存在专业调整不够及时,人才培养模式更新较慢,学生就业能力不足,很难与技术进步、产业变革所产生的新就业需求相匹配。

此外,劳动力市场安全感下降,求稳心态上升。面对严峻复杂的就业形势,毕业生及家长普遍存在"就业不将就"心态,倾向于"考公""考编""考研""缓就业""慢就业"。《2023 届高校毕业生就业数据报告》(猎聘大数据研究院)显示,在应届生最想去的企业类型中,排名前二的是央企/国企、政府机关/事业单位,印证了他们对稳定性和安全感的渴求,如图 5 所示。

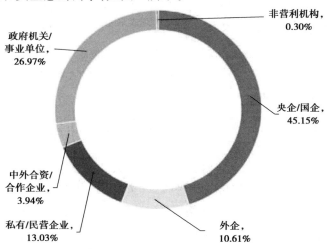

图 5 2023 届高校毕业生就业求职意愿(企业性质)

(六)就业促进政策、就业服务成效有待提升

市相关职能部门为促进高质量就业做了大量努力,"1+5+N"公共实训基地体系、"一库四联盟"①就业服务机制、"公共+市场"用工服务链、"需求+供给"数据采集链、"公共+市场"用工服务链、"培训+就业"定向输送链等,诸多方面已经形成典型经验,然而制度、政策、方案的实施,诸如资源投入不足、缺乏有效的监管和督促

---

① "一库四联盟":"一库"为人力资源信息库,"四联盟"为就业服务联盟、人力资本联盟、创业联盟和培训联盟。

机制、公众认同度低等原因,实施成效不达预期也属正常情况,需不断调整优化。

以"一库四联盟"为例,该就业服务机制为稳就业、促创业、提技能、优服务发挥了积极作用,然而在实际运行过程中也存在一定的不足和问题,如缺乏服务机制成效评价、覆盖面不够广、资源投入有限等,这些不足均会制约"一库四联盟"就业服务机制的成效发挥。此外,技能训练、技能竞赛、技能鉴定、创业孵化、师资培训、课程研发等公共就业服务,还有进一步提升空间。

五、化解重庆就业结构性矛盾的对策建议

就业是最基本的民生。缓解结构性就业矛盾要以习近平新时代中国特色社会主义思想为指导,深入贯彻党的二十大精神,按照市委六届二中全会部署,围绕产业转型升级和劳动者就业需要,需要用发展的眼光和全局性视野来综合衡量和施策。

(一)促进民营经济发展壮大,提升就业吸纳能力

1. 促进民营企业家信心提振和能力提升

通过媒体、会议、咨询平台等渠道,向民营企业宣传和解读当前的宏观经济政策和产业发展规划,使企业家能够更好地了解市场和发展机遇。还可以组织经济专家、行业领袖等为民营企业提供专业支持,包括市场分析、投资决策、管理优化等方面的指导和建议,以提高企业家的战略思维和市场判断能力。通过培训、学习等方式,提高民营企业家的自身素质和领导能力,增强其对市场变化的敏感度和应对能力,从而更好地把握市场机遇和发展方向。

2. 持续优化民营企业营商环境

向纵深推进"放管服"改革,深化审批制度改革,加大简政放权力度,深入推进行政审批标准化、便利化,大力减少各种烦琐而不必要的环节和手续,全面清理阻碍民营企业进入市场的不合理证明、循环证明、重复证明。着力降低民营经济商务成本,建立涉企收费目录清单制度,禁止清单外收费,严禁越权收费、超标准收费;规范劳务中介代招工收费标准,严格落实社保阶段性降费政策;深化改革,降低用能、物流成本;制定免费代办事项清单,采取政府购买服务或资助的方式。强化政府服务意识,提高服务质量,打造政府公共信息服务、共享平台,完善各领域办事公开制度,建设专业服务模式,充分运用云计算、大数据开展"互联网+政务",加快推进行政服务大厅"线下、线上"协同工作改革,逐步增加审批事项互联网办理渠道。

3. 完善融资支持政策制度

加大对民营企业的金融扶持力度,包括提供低息贷款、担保保险等,降低企业的融资成本和难度。健全银行、保险、担保、券商等多方共同参与的融资风险市场化分担机制。健全中小微企业和个体工商户信用评级和评价体系,加强涉企信用信息归集,推广"信易贷"等服务模式。支持符合条件的民营中小微企业在债券市场融资,鼓励符合条件的民营企业发行科技创新公司债券,推动民营企业债券融资专项支持计划扩大覆盖面、提升增信力度。

4. 加强人才引进和培养

加大对人才引进和培养的力度,包括制定更加优惠的人才政策、建立人才库等,吸引更多的人才到民营企业工作和发展。制订人才梯队和继任计划,为企业培养和储备优秀人才。可以通过制订关键岗位继任者计划、选拔和培养潜力员工等方式,提高企业人才的水平和数量。

(二)稳定经济增长预期,增强居民消费信心

1. 切实提高居民可支配收入,提高消费意愿

优化税收政策,减轻居民的税收负担,提高居民的可支配收入,如调整个人所得税税率、提高个人所得专项扣除额度、财产性收入税收减免或优惠。进一步完善社会保障体系,加大对教育、医疗、养老等制度的投入,提高社会保障水平,增强居民对未来收入的确定性和保障性,从而增强消费信心。提高居民财产性收入,鼓励金融创新,丰富金融产品,拓宽居民投资渠道;加强资本市场制度建设,创造良好的投资环境,切实维护中小投资者利益。

2. 改善消费环境,尤其是网络消费环境

加强市场监管,规范市场秩序,打击假冒伪劣产品,提高消费者权益保护水平。健全网络消费监管体系,加强对网络市场的监管,完善相关法律法规。完善网络交易的规则和标准,规范网络经营行为,维护网络消费市场的公平竞争和消费者权益。强化网络安全保障,加强网络安全管理,防范网络诈骗、虚假宣传等行为,确保消费者的信息安全和资金安全。加强企业自律和社会共治,规范经营行为,共同维护网络消费市场的秩序和消费者的权益。

（三）坚持以产业需求为导向，优化劳动力供给结构

1. 围绕重庆市重大战略规划、产业发展政策，建立人才需求预测长效机制

深入调研产业发展状况，针对重庆市重点发展的产业（如聚焦"33618"现代制造业集群体系），掌握各产业发展趋势、市场需求、产业结构等信息，了解各领域、各岗位的人才需求特点，归集人才紧缺情况，摸清全市人才需求类型和数量，建立人才数据库，发布人才需求白皮书。

2. 优化高校学科专业设置，增强人才培养自适应能力

引导高校以市场需求为导向，面向经济社会新发展、科技和产业新变革，超前布局、动态调整专业设置和课程体系，将专业建设和就业工作统筹规划，合理调整高校招生规模和招生结构。推动高校学科专业建设与产业转型升级相适应，形成紧密对接产业链、创新链的学科体系，及时淘汰或更新升级就业率过低、已不适应社会需要的学科专业。做好专业布局，避免同一区域（领域）大量重复设置"过热"专业，不断提高人才培养和社会需求的契合度。

3. 健全高校毕业生就业反馈机制

把高校毕业生就业状况作为高等教育结构调整的重要内容，以及学科评估、招生计划安排等工作的重要依据，建立完善就业与招生培养联动的有效机制。深入开展高校毕业生就业状况跟踪调查，调查结果作为衡量高校人才培养质量的重要参考。组织高校与企业在定向人才培养、就业实践实习基地建设、人力资源提升等方面深化合作，培养更多实用型、复合型和紧缺型人才，满足企业对急需紧缺、关键技术人才的需求。

4. 加快现代职业教育发展

进一步加大对职业教育特别是技工教育的政策扶持，提升职业院校和技工院校的办学水平，完善中高职衔接体系，加强院校基础能力建设，建立行业企业参与的教育质量评价制度，不断提高进入劳动力市场的中高职毕业生的科学文化素质、技术技能水平和就业质量。通过产教融合、校企合作、工学结合，培养生产服务一线的高层次技术技能人才，逐步实现人才培养和就业需求的无缝对接。拓宽职业教育覆盖面，将未升学高中毕业生、新生代农民工、退役军人和失业人员等群体纳入现代职业教育体系。

5.加快开展技术等级评定、职称评审等工作

建立清晰且可操作的标准,应包括具体的技术知识、技能应用、问题解决能力等。完善评审机制,可以采用双盲评审或者随机抽取评价委员的方式,确保评价过程的公正性。建立职业发展衔接机制,技术等级评定应当与员工的职业发展相衔接,使员工能够看到他们技能提升所带来的职业发展机会,可以激励员工积极参与技能等级评定,提高他们提升技能的积极性和动力。

(四)引导青年群体转变观念,拓宽就业思路

1.加强职业规划和职业指导,引导调整就业观念

加强对学生的职业规划指导,对学生进行职业兴趣、职业性格、职业能力和职业价值观等方面的测评,根据测评结果指导学生开展职业生涯规划,设立科学合理的职业目标。引导毕业生尽早认知职业世界,认清形势,进行自身精准定位,保持积极向上的就业心态,树立健康的择业观,积极参与求职活动。提供专业的就业指导和咨询服务,帮助他们了解就业市场和趋势,制定合理的职业规划和发展策略。同时,还可以提供心理咨询服务,帮助解决就业压力和心理问题。

2.加大青年就业创业支持力度

为青年提供创业方面的教育和培训,帮助其掌握创业的基本知识和技能,包括创业计划书撰写、市场营销、财务管理等。可以通过政府补贴、创业基金、众筹等方式,为青年提供创业资金支持。提供创业导师和指导,帮助其更好地了解行业和市场,提高创业成功率。提供场地和设施支持,如创业园区、孵化器、创业交流平台等。此外,还可以提供如税收优惠、社保补贴等政策支持,降低创业成本,提高创业积极性。

3.全面提升青年就业能力

深化教育供给侧结构性改革,鼓励学校根据行业、市场发展需求,灵活调整专业结构和课程设置。加强产学研合作,根据市场需求对青年人进行针对性联合培养。实施"青年学徒制"项目,将职业技能培训、职业素养培训等引入全日制教育体系,推动专业培养与企业实践相结合。结合社会需求,开展紧缺职业技能培训。构建青年职业软技能框架,加强对职场需要的自我认知、人际沟通、团队协作等核

心能力的培养。

4.加强青年就业失业统计和监测

引入非经济活动人口、尼特族率①、未工作持续时间等方面的统计,增加工时、收入、非正规就业、新业态就业等方面的指标,多维度、动态观测和分析青年就业失业状况,调查了解各类青年在就业方面的想法和诉求。针对可能出现的失业率攀高情况,提前做好应对预案,防止失业风险攀升引发社会问题。

5.整合资源信息,强化精准就业服务

相关部门可以把工作做得更细,在搜集岗位信息时利用大数据及时筛检匹配,并精准提供给求职者;高校就业部门可以定期邀请不同类型用人单位的资深招聘负责人对大学生进行现身说法,引导学生及时了解就业行情、拓展就业思路;帮助大学生走出校园,在社会实践中早日明确职业发展方向,树立为梦想奋斗的职业理想,这样结构性就业矛盾也就迎刃而解了。

(五)依托已有数字就业资源,提升就业公共服务成效

1.集成数字资源

以人社西部(重庆)数据实验室为依托,打造"就业数字大脑",全面汇聚"公共+市场"数据,建立全维度就业数据,动态更新重庆数据池、信息仓。迭代升级"一库四联盟",动态更新重庆户籍劳动力及市外来渝就业人员基础信息,为劳动者构建"一人一档"精准"人社画像",形成求职需求数据库。动态集成全市社保参保企业用工需求,广泛搜集岗位信息,形成招聘需求数据库,推动岗位信息市级归集、多点联动发布。

2.创新数字服务

通过精准算法、大数据画像和智能获取与推荐等,精准匹配供给侧的求职者信息与需求侧的用人单位岗位信息,提升就业服务的有效性和针对性。常态化举办"重庆英才·职等您来"直播带岗,开展"码上求职·云端就业"网络招聘,开设各类招聘活动、线上专场专区,推广运用远程面试等新型招聘模式,促进供需高效对

---

① 尼特族率是指退出劳动力市场且不参加学习和培训的群体占比。

接。建设零工市场推行"即时快招"招聘,提供即时发布信息、组织对接、面试洽谈等"一站式"快办服务,满足企业和劳动者即时对接需求。

3. 推行政策找人

充分运用信息化技术,开展部门间大数据比对,主动筛选查找符合政策享受条件的人员对象和用人单位,加快构建政策找人、无感智办、直补快办的落实机制,扩大政策落实率。稳步扩大就业政策"免申即享"范围,对能够通过信息比对核实的,直接兑现各项补贴,推动就业政策应享尽享。

4. 开发数字应用场景

开发困难人员就业援助"一键通"、优化高校毕业生就业创业一件事"打包办"、推广农民工就业创业服务"一键办"、健全企业规模性裁员直报系统等应用场景。建立人力资源信息库"按需派单"、四联盟"精准接单"、服务对象"反馈评单"的工作闭环,一体推进就业数据"建、管、用",拓展数字化思维下的就业工作新渠道,确保供需双方信息对称。

(六)加强结对协作,深化跨区就业

1. 建立信息共享机制

设立跨区就业信息平台,集成各地区劳动力供需信息,包括行业需求、岗位空缺、技能需求及求职者信息等,确保信息的实时更新与准确性。定期举办线上线下的就业信息交流会,邀请企业代表、人力资源专家及求职者参与,促进就业信息的直接对接与交流。利用大数据和人工智能技术,对就业信息进行智能匹配,为求职者提供个性化的就业推荐,同时为用人单位精准推送符合条件的候选人。

2. 加强区域内产业合作

推动产业链上下游企业的跨区域合作,通过签订合作协议、共建产业园区等方式,促进产业间的紧密衔接,为劳动力提供更多跨区就业机会。实施职业技能培训合作项目,根据区域产业发展需求,联合开展针对性的技能培训,提升劳动力的跨区域就业竞争力。鼓励企业采取灵活用工模式,如远程工作、项目制合作等,降低劳动力跨区流动的障碍,提高就业灵活性。

3.建立常态化互动机制

成立跨区就业协调小组,由各地政府、行业协会及企业代表组成,定期召开会议,讨论并解决跨区就业中遇到的政策障碍、权益保障等问题。设立跨区就业服务热线或在线服务平台,为求职者和企业提供政策咨询、法律援助等一站式服务,快速响应并解决跨区就业中的具体困难。开展跨区就业满意度调查,收集反馈意见,持续优化服务流程和政策措施,确保跨区就业机制的顺畅运行和持续改进。

参考文献

[1] 周灵灵.“十四五”时期提升技能型人力资本研究[J].重庆理工大学学报(社会科学),2020,34(12):1-11.

[2] 胡永远,等.大学生就业的理论、实证与政策研究[M].南京:南京大学出版社,2020.

[3] 张海浪.转型期中国结构性失业及其预警机制研究[D].成都:西南财经大学,2019.

[4] 吴晓刚,李晓光.中国城市劳动力市场中教育匹配的变迁趋势:基于年龄、时期和世代效应的动态分析[J].中国社会科学,2021(2):102-122,206-207.

[5] 金观平.有效破解结构性就业矛盾[N].经济日报,2022-03-22(1).

[6] 郭睿,周灵灵,苏亚琴,等.学历、专业错配与高校毕业生就业质量[J].劳动经济研究,2019,7(2):78-100.

[7] 周发云.武汉城市圈视角下缓解结构性就业矛盾的几点思考[J].中国就业,2021(11):52-53.

[8] 龚六堂.数字经济就业的特征、影响及应对策略[J].国家治理,2021(23):29-35.

[9] 周灵灵.数量压力与结构矛盾:新发展阶段的就业特征、挑战与应对[J].行政管理改革,2022(4):64-75.

[10] 石红梅,丁煜.人力资本、社会资本与高校毕业生就业质量[J].人口与经济,2017(3):90-97.

[11] 王坤宇.劳动力市场供需关系错位 就业结构性矛盾亟待破解[J].中国经贸导刊,2023(2):85-87.

[12] 张彬斌.就业扩容提质 促进共同富裕:以加快破解结构性就业矛盾为抓手[J].产业经济评论,2022(2):168-185.

［13］常兴华，王阳. 就业结构性矛盾不容忽视：基于行业、企业的结构性就业分析［J］. 宏观经济管理，2017（6）：27-29，34.

［14］郭睿，周灵灵，苏亚琴，等. 学历、专业错配与高校毕业生就业质量［J］. 劳动经济研究，2019，7（2）：78-100.

［15］郭贝贝. 劳动力供给与结构性就业矛盾：特征、冲击与纾解［J］. 当代经济管理，2022，44（12）：73-80.

［16］刘静，李珊珊，李菁. 河北省就业结构性矛盾分析及破解对策［J］. 经济论坛，2023（3）：24-35.

［17］陈明生. 人工智能发展、劳动分类与结构性失业研究［J］. 经济学家，2019（10）：66-74.

［18］蔡昉. 生产率、新动能与制造业：中国经济如何提高资源重新配置效率［J］. 中国工业经济，2021（5）：5-18.

［19］吴晓刚，李晓光. 中国城市劳动力市场中教育匹配的变迁趋势：基于年龄、时期和世代效应的动态分析［J］. 中国社会科学，2021（2）：102-122，206-207.

［20］李磊，王小霞，包群. 机器人的就业效应：机制与中国经验［J］. 管理世界，2021，37（9）：104-119.

课题负责人：曹大友
课题组：重庆市就业创业促进会
课题主研人员：余　杰　周志开　郑元丽　王越忠　陈余磊　秦建琪　谭清月
　　　　　　　刘珊珊　吕骁梓涵